Frontier Series
日本語研究叢書 24

日本語文法の形式理論
活用体系・統語構造・意味合成

戸次 大介

くろしお出版　2010

まえがき

　計算言語学 (Computational Linguistics) という分野を定義するのは、簡単ではない。関連する国際学会に ACL(Association for Computational Linguistics) があるが、最近の会議では計算機を使って言葉を処理する技術に関する研究発表が大半をしめ、計算言語学は言語学の一分野というより、計算機科学・情報工学の一分野の印象がある。ただ、これは、過去20年間に徐々に顕著になってきた傾向で、その前の、やはり20年の間は、形式性の高い言語学の理論に関する発表も多く一つの核を形成していた。計算言語学は、形式性を重視する言語学の一分野であった。

　戸次君が著した本書は、この形式性を重視する言語学という意味での計算言語学の研究成果の典型である。形式性とは、数学的と言い換えてもよい。数学の中でも数学基礎論の人たちが、たとえば、計算、証明という数学の基盤を構成する概念の直感を排した定義に興味をもった、そういう意味での形式性である。

　言語学で、どうしてこのような形式性が必要になるのであろうか？

　それは、言語が複雑な規則の系であることにある。観察された個々の言語事実をある種の一般化を経て記述すること、言語学者の大半は、こういう言語事実の記述作業にかかわっている。ただ、個々の言語事実を一般化した記述は、一個の独立した記述だけでは完了しない。個別的な事実を一般化して記述した途端、その記述はほかの事実を一般化した記述と相互に関係をもつ。2つの一般化が個々の事実に関して矛盾した予測を行ったり、複数の独立した一般化が相互に関係して予期しない結果をもたらしたりする。規則が演繹の系をなしていて、一般化された複数の規則の組み合わせが予期しない結果となることがある。

　この困難を避けるには、言語の規則を「系」として捉える必要がある。個々の規則以前に「系」を記述する枠組みの定式化が重要になる。個々の証明や計算を議論する以前に、証明、計算を記述する枠組みそのものを関心の対象とした数学基礎論が形式化を指向したのと同じ科学運動が言語学にもおこる。しかも、計算、証明を記述する形式的枠組みと言語の規則性

を記述する枠組みとの間に強い平行性がある、という美しい数学的な結果が初期の理論言語学・理論計算機科学の成果として得られている。

　言語の構造に関する理論、文法の理論が形式性を指向する理由に意味との関係がある。構造の自律性を主張し、統語論を意味論や語用論と切り離して議論する立場もある。これに対して、戸次君がとる範疇文法は、構造と意味との関係を明示的に理論の中に取り込む立場にたつ。構造と意味の対応に関する理論抜きには、十全な統語論は構築できない、とする立場である。この立場からは、意味という非明示的なものを理論の中に取り込み、構造との相互関係を議論しなければならない。ここでは、意味という漠然としたものを形式的に表示しそれを構造と結び付ける必要がある。これの困難な作業に最も成功しているのが、戸次君がくみする範疇文法である。範疇文法は、構造と意味との相互関係を20世紀中葉以降の数学基礎論の成果をうまく使うことで捉える枠組みである。

　さて、形式性を重視する研究者は、ともすれば経験的な側面を無視しがちである。系としての言語の把握という形式的記述の本来の目的からすると奇妙であるが、実際、これまでの範疇文法の研究では、ごく一部の例外を除くと少数の小さな範囲の言語現象の記述が大半であった。特に、日本語については、範疇文法の枠組みに限らず、大きな範囲の言語現象を覆う文法の形式的な記述は、皆無であった。戸次君の今回の著作は、今後の形式的なアプローチによる日本語研究に大きな意味を持つものと考える。

　形式的なアプローチは、とかく難解であるとの印象が強い。ただ、この難解さは表面的なもので、いったん表記や枠組みが理解できると、書かれた内容は明晰そのもので、書かれたままを理解するだけでよい。つまり、書かれたものによって示唆される背後にある深遠な隠された何かを理解しなければならない、というような非形式な記述による言語研究がもつ難解さはない。初めにすこし苦労すると、そのあとの議論の展開は極めて直截的である。

　今回の戸次君の著作が、この方向での日本語研究の端緒となることを期待する。

辻井潤一

謝辞

　本書の構想および執筆に取り組んだ期間、筆者は二つの研究プロジェクトに在籍しました。第一に、科学技術振興機構戦略的創造研究推進事業さきがけプログラム「情報と知」領域に感謝の意を表します。領域アドバイザー・領域研究員の諸先生方には、本研究の構成・方法論に対し、様々な示唆と刺激を与えて頂きました。特に、領域総括の安西祐一郎先生には、数多くの貴重な助言や励ましを頂きました。

　第二に、東京大学 21 世紀 COE プログラム「心とことば―進化認知科学的展開―」に感謝致します。特に、矢田部修一先生、Christopher Tancredi 先生には、筆者の研究の各段階において多くの貴重なアドバイスを頂きました。また、プロジェクトリーダーであった長谷川寿一先生、伊藤たかね先生には多大な励ましを頂きました。

　筆者の恩師である辻井潤一先生には、本書の内容から出版過程に至るまで、様々な局面でご指導頂きました。また、東京大学辻井研究室の皆様、特に宮尾祐介先生、佐藤学氏、小嶋大起氏らとの共同研究は、本書執筆の直接の契機となるものでした。また、東京大学「知の構造化センター」の美馬秀樹先生からは、日本語 CCG パーザ開発の共同研究プロジェクトを通して貴重なコメントを頂きました。

　田窪行則先生、金水敏先生には、本書の内容について様々な問題提起から大小の誤りの指摘に至るまで、大変貴重なコメントを頂きました。また、筆者の言語学の師である傍士元先生、上山あゆみ先生との研究がなければ、本書が完成することはありませんでした。齊藤学先生、片岡喜代子先生とは、共同研究プロジェクトを通して、執筆の諸段階で様々な議論をさせて頂きました。ペンシルヴァニア大学の Julia Hockenmaier 先生には、CCG 研究の観点から貴重なご指摘を頂きました。

　LENLS (Logic and Engineering of Natural Language Semantics) 国際ワークショップのオーガナイザおよび参加者の皆様、特に（故）緒方典裕先生、Eric McCready 先生、中山康雄先生、森芳樹先生、藪下克彦先生、山田友幸先生からは、研究会やワークショップを通して貴重なご助言を多

く頂きました。また、吉本啓先生からは、執筆・出版過程においても多大な励ましを頂きました。

お茶の水女子大学大学院人間文化創成科学研究科理学専攻情報科学コースの先生方には、本書の出版準備を温かく見守って頂き、大変感謝しております。また、同専攻の学生の皆さんには、原稿の細かい誤りから文法理論の本質的な問題に至るまで、日頃様々なご意見・ご指摘を頂いています。

くろしお出版の池上達昭様には、本書の出版に際して大変なご理解を頂き、並ならぬお世話になりました。この場をお借りして御礼申し上げます。

また、本研究は科学研究費補助金（若手 (B) 20700125「CCG と高階動的論理による等位接続構文の形式的記述」（研究代表者：戸次大介）平成 20 年度〜21 年度）の助成を受けたものです。

無論、本書に含まれるすべての誤りの責任は筆者にあります。ただし、本書は形式的に厳密な理論を目指しており、それゆえに「誤りがあるときは明確に誤っている」という点が、本書において推し進めようとした方法論の良い部分でもあります。したがって、本書に含まれる誤りが明確であるゆえに、今後それらの誤りを同様の明確さにおいて指摘し、克服する研究が生まれてくるとすれば、本書の目的は達成されたことになるでしょう。

最後に、母・戸次静子、妻・戸次愛、猫達、そして 2001 年 5 月に亡くなった父・戸次正義に感謝を捧げ、本書の謝辞に代えさせて頂きます。

戸次大介

目次

まえがき i
謝辞 iii

第 1 章　はじめに　　1
　1.1　文科系言語学と理科系言語学の乖離 . . . .　1
　1.2　理論言語学、記述言語学、自然言語処理の径庭 . . . . . .　2
　1.3　形式的、網羅的、統合的な文法理論を目指して . . . . . .　7

第 2 章　組合せ範疇文法 (CCG)　　11
　2.1　歴史 . . . .　11
　2.2　統語範疇 . . . .　13
　2.3　統語素性 . . . .　17
　2.4　意味表示 . . . .　18
　2.5　組合せ規則 . . . .　20

第 3 章　日本語 CCG の構成　　31
　3.1　組合せ規則と日本語 . . . .　31
　3.2　日本語の統語範疇 . . . .　41

第 4 章　語幹と活用語尾　　49
　4.1　五段活用動詞 . . . .　52
　4.2　一段活用動詞 . . . .　72
　4.3　変格活用動詞 . . . .　79
　4.4　形容詞 . . . .　85
　4.5　状詞 . . . .　97

4.6	境界的問題	115

第 5 章　助動詞（二次的活用語尾）　131

5.1	過去形	133
5.2	丁寧形	135
5.3	否定形	140
5.4	推量形	146
5.5	テ形とニ形	154

第 6 章　接尾語（二次的語幹）　157

6.1	動詞性接尾語	157
6.2	形容詞性接尾語	179
6.3	状詞性接尾語	187

第 7 章　体言　193

7.1	格助詞「が・に・を」	193
7.2	量化表現	199
7.3	提題助詞「は」	203
7.4	ノ格名詞句と量化のスコープ	204
7.5	二重ガ格構文	207
7.6	照応	215
7.7	項の省略 (*pro*)	217
7.8	カ節	217

第 8 章　態（ヴォイス）　221

8.1	受動態	221
8.2	使役態	226
8.3	可能態	239
8.4	ら抜き表現	244

第 9 章　複文構造　247

9.1	連体節	247

9.2	連用節	257
9.3	条件節	273

第10章 発話形式と引用 289

10.1	統語範疇 $\bar{S}$	289
10.2	発話形式	290
10.3	引用	296

第11章 おわりに 301

補遺A 高階論理 303

A.1	型と項	304
A.2	自由変項と置換	306
A.3	型付きラムダ計算の公理	307
A.4	高階直観主義論理の公理	309

補遺B 動的意味論 311

B.1	古典的意味論から動的意味論へ	311
B.2	動的命題	316
B.3	動的量化	324
B.4	内包論理への拡張	329

参考文献 331

索引 337

第 1 章

はじめに

1.1 文科系言語学と理科系言語学の乖離

　日本語を研究対象とする言語科学には、変形生成文法[*1]、語彙化文法[*2]、形式意味論、日本語学（国語学）等の文科系言語学と、計算機上で言語を扱う自然言語処理・計算言語学等の理科系言語学の二つの流れがある。この両分野間に、研究レベルでも研究者レベルでも横の繋がりがないと嘆かれて久しいが、少なくとも1980年代までは、学問内容的にもコミュニティ的にも、両分野は互いに影響を及ぼし合う関係にあった。ところが1990年代にさしかかると、自然言語処理のコミュニティにおいて、文科系言語学、

[*1] ここでは、Chomsky (1957, 1965, 1981, 1988, 1995, 2000) 等の、いわゆるチョムスキー派の生成文法を指すための用語として用いている。ただし、Chomsky (1981) 以降のチョムスキー理論には変形規則が存在しないので、これらを「変形」生成文法と総称することには少々不適切な面がある。しかし、チョムスキーの理論の呼び名は標準理論、拡大標準理論、GB理論、原理とパラメータのアプローチ、極小主義等、年代によって移り変わっており、これらを総称する適切な名称がないため、便宜上の都合として了承されたい。なお、本書で単に「生成文法」というときは、変形生成文法と語彙化文法の両方を含むものとする。

[*2] 本書で扱う組合せ範疇文法 (Combinatory Categorial Grammar (CCG): Ades and Steedman (1982), Steedman (1996, 2000), Steedman and Baldridge (2007)) の他、古典的範疇文法 (Categorial Grammar (CG): Bar-Hillel (1953), Lambek (1958))、モンタギュー文法 (Montague grammar: Montague (1973))、語彙機能文法 (Lexical Functional Grammar (LFG): Bresnan (1978, 2001))、主辞駆動句構造文法 (Head-Driven Phrase Structure Grammar (HPSG): Pollard and Sag (1994), Sag and Wasow (1999); Sag et al. (2003)) 等を指す。

ひいては記号論的アプローチそのものに対する失望感が蔓延するようになり、その後、統計的アプローチが成功を収めてからは、コミュニティ間の溝は埋め難いものとなってしまった。

その結果、同じく自然言語を研究対象とする学問分野でありながら、互いの研究成果がほとんど参照されず、また研究者同士が話し合っても共通言語がほとんどない、という状況が広がりつつある。この状況を打開するためには、文科系言語学と理科系言語処理に共通のプラットフォーム的文法理論が必要である。そのような理論には、以下の三つの要請を満たすことが求められる。

1. 日本語の言語現象に対する「網羅性」
2. 計算機で扱うのに充分な「形式的厳密性」
3. 活用体系・統語構造・意味合成に亘る「理論的統合性」

しかし、これまで日本語文法を、形式的な体系を用いつつ網羅的に記述し、なおかつ表層形から意味構造に至るまで統合的に俯瞰するという試みは、初期の変形生成文法に基づいた「変形文法と日本語」(井上 (1976))、GPSG/HPSG に基づいた "Japanese Phrase Structure Grammar"(Gunji (1987)) など、数えるほどしか存在していない。これは英語文法の研究と比較すると、極めて少ないと云わざるを得ない。

これほど形式的・網羅的・統合的研究が少ない理由はどこにあるのであろうか。そこには様々な社会的・心理的要因が絡み合っていると思われるが、本書では研究対象である日本語に内在する問題として、「活用体系」と「統語論」の間にある乖離が、現在の状況が形成されるに至った一要因をなしていることを指摘したい。

1.2 理論言語学、記述言語学、自然言語処理の径庭

理論言語学では、これまで日本語の活用現象は「音韻論」の問題であるとして、活用と統語論の関係についてあまり明確な議論を与えてこなかっ

た*3。一方、国語学・日本語学では、活用現象を主要な研究対象の一つとし、分類学的手法によって記述してきた経緯がある。しかし、記述言語学は文論・構文論と呼ばれる分野を研究対象の一部としながら、理論言語学が提唱するような統語構造への言及・批判は控えめである。両者の間には、文法を構成する概念体系にも、概念の述べ方にも、少なくとも見かけ上は、大きな隔たりがある。

したがって、自然言語処理において実テキストに対する統語解析*4・意味解析を行う目的で、理論言語学や記述言語学を参照しようとすると、活用との関係が明記されていない統語論と、(近代的な意味での) 統語論との関係が明記されていない活用体系が別々に存在し、その関係はどこにも述べられていない、という状況に直面することになる。

形態素解析器と統語解析器が別々に開発されたのは、その状況を反映したものと言える。形態素解析器と統語解析器が扱う言語現象は、大まかにいって活用体系と統語論に対応している。日本語の形態素解析技術 (黒橋 (1998)、松本・北内・山下・平野・松田・高岡・浅原 (2000) 等) は、主に日本語学の文献である寺村 (1984)、益岡・田窪 (1992) を参照する形で開発され、統計的手法を応用して高い解析精度を上げている。

---

*3 この批判がどのような次元で述べられているのかについては、いずれ明確になっていくものと思われるが、ここでは一例を挙げておく。たとえば、動詞性接尾語には「始める」のように連用形接続のものと「しまう」のようにテ形接続のものがある。

    a.   走り始める
    b.   *走って始める
    a.   *走りしまう
    b.   走ってしまう

しかし、このような差を、生成文法および生成音韻論の概念で記述した研究は、これまで存在しなかったのではないだろうか。

*4 統語解析とは、テキスト (文字列) を入力として、統語構造を出力するタスクである。現在は、形態素解析器の精度が高いことから、このタスクはまずテキストに対して形態素解析を行い、形態素解析の出力 (形態素列) を入力として統語構造を出力するというように、二つのタスクにモジュール化されるのが一般的である。日本語の統語解析器としては、HPSG に基づくもの (Yoshida (2005))、CCG に基づくもの (Komagata (1999)) などがある。また、本書の分析に基づいた CCG 統語解析器開発の試みとしては、小嶋 (2006)、Kojima (2007) の一連の研究がある。

しかし、形態素解析の出力は国語学・日本語学の活用体系に基づいているか、もしくはそれに独自の工夫を加えたものである。そして国語学・日本語学の活用体系と、理論言語学の統語論の間には、先に述べたような理論的断絶があるのだから、自然言語処理の研究者としては、形態素解析の出力結果と、参照する統語論の関係について、全く独力で考えなければならない。この作業は理論言語学の専門家でもなく、記述言語学の専門家でもない自然言語処理の研究者にとっては重荷であり、またしばしば活用体系と統語論との関係を捉え損なう原因となっている。

これまでのところ、統語解析器の精度は形態素解析器の精度に比して高いとはいえず、「自然言語処理において理論言語学は役に立たない」という印象を形成している。しかし、この最終的な精度は統語解析器単体の精度ではなく、本来、形態素解析器と統語解析器を足し合わせたものの精度と考えるべきであろう。この最終的な精度にとって、先に述べた理論的断絶は、あまり認識されていないボトルネックなのではなかろうか。

別の言い方をするならば、自然言語処理が理論言語学の統語論に求めているのは、Chomsky (1957) において初めて提唱されたような、古典的な意味における「生成文法」なのである。すなわち、文法が「文」を生成する機械（オートマトン）、もしくはそれと等価な概念としての「文の集合」として定義されている、ということである。この場合、「文」というのはコーパスに現れるような、現実の文を指している。そうだとすれば、少なくとも日本語を対象とする場合には、生成文法の統語論は活用体系を含むものでなければならない。しかし、現在の統語論が生成するのは、厳密にいえば、抽象的な語の並びでしかない。

この点について、理論言語学における日本語統語論研究は過度に楽観的であったように思われる。理論言語学の論文中に描かれた樹形図には、末端に始めから正しい活用形が書かれており、理論がそこに間違った活用形を生成しないということは、いわば好意的に判断されているわけである。

「文そのものを生成する文法」を構築することは、理論言語学者にとって厳しい要請と受け止められるかもしれない。また、理論言語学は自然言語処理への応用のために存在しているわけではない、という意見もあるかもしれない。

しかしながら、もし理論言語学が経験的自然科学であると主張するならば、このことは理論言語学自体にとってもまた、最低限の要請であると考えられる。なぜなら、もし科学と疑似科学の境界を、カール・ポッパーの「探求の論理」(Popper (1934)) の議論に求めるならば、理論言語学の統語論が経験的自然科学であると主張するためには、理論が反証可能性 (falsifiability) を持つ必要がある[*5]。そして統語論が、有限個の規則から、有限のステップによって、特定の文を生成する系として定義されていることを考えると、統語論の反証は、以下のうちいずれかに依るものでなければならない[*6]。

- 直観的に非文法的な文と、文法がその文を生成してしまう過程を示す。
- 文法が生成できないような、直観的に文法的な文を示す。

このとき、ある非文法的な日本語の文が与えられたとして、活用体系を持たない文法が本当にその文を生成すると言えるのだろうか。また、ある文法的な文が与えられたとして、活用体系を持たない文法が、その文を生成できるか否かを問えるだろうか。

以下の文字列を考えてみよう[*7]。文法的な文と非文法的な文の集合の境

[*5] Hoji (2003) では、これまで変形生成文法のコミュニティが、変形生成文法を自然科学と標榜しながら、反証可能性を軽視してきたことが批判されている。

[*6] この二つの反証法は対称ではない。与えられた文法が、ある文を「生成できない」ことを証明することは、現在のほとんどの文法理論にとって難しいことである。

[*7] 文の前に付している「*」の記号は、理論言語学の慣習では、文法性の判断を示す。以下のように五段階を設けるのが一般的であるが、無標と「*」以外の三つについては、必ずしも解釈が統一されているとは言い難い。この点は言語学の方法論上、一考を要する部分ではあるが、本書での意味合いを明記するならば以下の通りである。

無標　　文法的である。
?　　　文法的であるとする話者が、非文法的であるとする話者に比べて十分多い。
??　　　文法的であるとする話者と、非文法的であるとする話者が同程度存在する。
?*　　　非文法的であるとする話者が、文法的であるとする話者に比べて十分多い。
*　　　非文法的である。

すなわち、五つの段階は、話者間での判断の揺れを表すという立場である。この立場では、いくつかの問題が単純化されている。たとえば、単一の話者においては、ある文に対する文法性判断は「文法的」「非文法的」のいずれかに収束すると仮定していること、

界は、(1)(2) の a 群と b 群の間にあるはずである。しかし、活用体系を持たない統語論は、厳密には a 群と b 群の間に線を引くことができない。

(1) a. 　　食べさせられませんでしたよ。

　　b. ＊食べせれましなくですたっよ。

(2) a. 　　飛んでいなかったらしいのです。

　　b. ＊飛ぽたいなくだらしくのでしょ。

したがって理論言語学の統語論が反証可能であるのは、その統語論が文法的な「文」の集合を定義しているときのみである[*8]。そして、日本語において「文」の集合を定義するためには、統語論は活用体系を含むものでなくてはならない。この点で、理論言語学の反証可能性と、自然言語処理が理論言語学に求める基準には、接点があるのである。

一方、記述言語学にとっても、活用体系の正当性をどのように検証しうるか、という問題があろう。たとえば、活用体系の中で「連用形は用言を修飾する」と述べられているとする[*9]。ここで「修飾する」という表現は、文字列の連接を表しているのではなく、統語構造の姉妹関係を表していること

　　標準語の文法性判断における方言の影響をある程度無視していること、何をもって「十分多い」とするかを自明としていること、文理解の文法と文生成の文法を同一視していること、等である。これらの問題は、それぞれに疑問を差し挟む余地のあるものであるが、詳細な議論は別の機会に譲りたい。

[*8] この考え方は理論言語学の真理条件意味論にも拡張できる。すなわち、理論言語学の意味論が反証可能であるのは、その意味論が "well-formed" な「文と意味表示の組」の集合を定義しているときである。意味表示の集合は演繹関係により半順序集合をなしていると考え、文 A から文 B が演繹されるのは、文 A と組になる意味表示 A' が存在し、また文 B と組になる意味表示 B' が存在し、A' から B' が演繹されるときであるとする。実際に演繹関係にある二文が理論的にも演繹関係があるとき、または実際には演繹関係にない二文が理論的に演繹関係にあるとき、その意味論は反証される。この定義は統語論を含んでおり、偽から演繹される文、もしくは真を演繹する文が、文法的な文（ただし命題を表す文に限られるが）と考えることもできるだろう。

[*9] このような言明は記述言語学においては一般的なものと言えるが、厳密に言えば「連用形は用言を修飾する」というような言明は、いわば結果を報告しているようなものであり、分析が分類学的であると言われる所以である。本当に述べなければならないのは、どのような原理や規則が存在するかであって、「連用形は用言を修飾する」というのは分析そのものではなく、むしろそれらの原理や規則の組合せから演繹的に証明されるべき事柄である。同様の議論は第 3.2.4 節の「活用形」においても成り立つ。

とは明白である。なぜなら「太郎に会う」という句は「太郎」という体言から始まっているが、全体としては用言であるからである。したがって「連用形は用言を修飾する」と述べる場合も、「連体形は体言を修飾する」と述べる場合も、それら「用言」「体言」そして「修飾する」といった表現は、統語構造の性質について言及しているのである。したがって、もし統語論がそれらの表現が指す対象を与えていなければ、「連用形は用言を修飾する」「連体形は体言を修飾する」という表現は何も述べていないことになるであろう。元々国語学においては、活用体系は文論の前提として、文論と一体の形で提示されてきた歴史がある。寺村 (1984) において述べられているように、「活用表はそれに続く形式の分類でもあるから、文法観を反映する」のである。

したがって、活用体系の是非とは本来、活用体系単独で論ずることはできず、活用体系と統語論のペアの是非を判ずる中で、相対的に位置付けられるべき事柄である。形態素解析器の是非も、これと何ら変わるところはないと思われる。すなわち、形態素解析器の精度を、形態素解析器単独で論ずることは本来できないのであって、形態素解析器と統語解析器のペアが、実テキストに対してどの程度の被覆率を持つか、文に対してどのような意味表示を形成したか、といった観点から相対的に評価されるべきである。しかし、形態素解析器の精度評価は形態素解析というタスクの内部で行われており、出力がいかなる意味において「正解」であるのかについては判然としないのが現状である。

以上の議論によって明らかになったように、活用体系とは、理論言語学・記述言語学・自然言語処理の要石とも言える存在なのではないだろうか。

1.3 形式的、網羅的、統合的な文法理論を目指して

本書の目的は、文科系言語学と、理科系言語学の間でプラットフォーム的に機能しうる日本語文法理論を提供することである。この文法は、1) 形式的厳密性、2) 日本語の言語現象に対する網羅性、3) 活用体系・統語構造・意味合成に亙る理論的統合性、という三つの要請を同時に満たすことを目指している。以下、それぞれの要請に対する本書の方針を述べる。

形式性 統語論として組合せ範疇文法 (Combinatory Categorial Grammar (CCG))、および意味論として高階動的論理 (Higher-order Dynamic Logic)[*10]を組み合わせることによって、論理学レベルの厳密性を確保する。

網羅性 日本語の語幹、活用語尾、助動詞、接尾語、態（ヴォイス）といった単文構造から、連体節（関係節）、連用節、条件節、引用節といった複文構造に至るまで、広範囲の現象をできるだけ例外のないように捉える。

統合性 これまで音韻論もしくは形態論において説明すべきものとされてきた「活用体系」を、統語論で扱うことを提案する。また、日本語のほとんどの文について、最新の意味表示言語を用いた意味合成過程を示す。

そして本章の前半で述べたように、日本語研究において、これらの要請を満たすためには、活用体系の整備が必須条件となるのである。そして生成音韻論による活用体系が「標準的」であるとすると、本書で採用する考え方は「非標準的」なものである。本書では、活用現象について以下のような立場を取る。

1. 音素単位ではなくモーラ単位で分析する。
2. 音韻論的（文脈依存的）規則は用いず、CCG の統語規則のみで扱う。
3. 活用語尾も「一語」として扱う。すなわち、活用は「語形変化」であるという立場は採らない。

重要な点は、CCG は形式言語理論の観点から言えば、チョムスキー階層における弱文脈依存文法 (mildly context-sensitive grammar) すなわち「1.5 型文法」であるという点である。つまり、1 型文法である文脈依存文

[*10] 本書で採用する意味論は、Bekki (2000a,b) で提案した型付き動的論理 (Typed Dynamic Logic (TDL)) を発展させた独自のものである。第 2.4 節でも簡単に述べるが、正確な定義は補遺 A および補遺 B において導入する。本書は活用体系、統語構造の記述に重点を置いているため、それらに伴う意味合成過程は明示するが、合成された意味表示同士の問題については詳しく扱わない。それらの「意味論的問題」については、機会を改めて議論して行きたい。

法 (context-sensitive grammar) より弱く、2 型文法である文脈自由文法 (context-free grammar) より強力な文法クラスである。

　このことは、生成音韻論による活用体系と本書の活用体系のトレードオフを評価するうえで重要である。本分析では、学校文法と同じ数の活用語尾を必要とする。この点では一見、生成音韻論による活用体系に劣るという印象を与えるかもしれないが、生成音韻論では文理解にも文生成にも、文脈依存文法以上のクラスの規則を適用しなければならない。しかし、本分析では、追加されるのはあくまで「語彙項目」であって、規則は一つも追加されないのである。語幹と活用語尾との接続は、すべて CCG の統語規則でカバーされ、それらの規則は 1.5 型文法のクラスに収まるものである。このことは、人間あるいはコンピュータによる言語処理の観点から見れば、40 個程度の語彙項目の追加が全く問題とならないような差であると考えられるのである。

第2章

組合せ範疇文法 (CCG)

2.1 歴史

Ajdukiewicz (1935) によって提案された古典的範疇文法[*1]は、元々言語学の理論ではなく、数式を記述するための文法であった。その後、Bar-Hillel (1953) により、古典的範疇文法は文脈自由文法 (context-free grammar: CFG) と等価であることが示された。Chomsky (1957) の変形文法、およびその後の生成文法の出発点が、自然言語の文法は文脈自由文法を越える弱生成能力 (weak generative capacity) を持つという主張であり、また自然言語において文脈自由文法を越える部分を変形・移動規則に託していたという事情から、当時、古典的範疇文法は、自然言語を記述するうえでは、理論上は興味深いがそれほど現実的なものではない、という見方が主流であった。しかし、その後の範疇文法には二つの大きな転換が訪れる。

一つ目の転換は、Lambek (1958) によってラムベック計算 Lambek Calculus の概念が提唱されたことである。これは、言語学における統語構造（構文木）の導出過程と、記号論理学における論理式の証明過程を同型と見なせるという主張であり、統語導出を証明システムとして定義しようという試みである。両者ともに木構造という点では共通しており、言語学における辞書 (lexicon) と統語計算規則（たとえば生成文法であれば、merge や move など）は、証明論における公理 (axiom) と推論規則 (inference rules)

[*1] 「カテゴリー文法」と呼ばれることもある。

に対応していると考えることができる。

　ラムベック計算における統語導出と証明の同型性は、言語学をバックグラウンドとする研究者には直感的に把握しにくいところである。一方、自然言語処理の研究者にとっては、プログラミング言語の基礎理論である型理論において、プログラムの型計算を証明システムとして定式化することは一般的であるから、それほど違和感なく受け入れられるであろう。

　この同型性が示されたことにより、統語論に記号論理学の証明論、およびプログラミングの型理論の成果を持ち込むことが可能となった。初期の変形・生成文法が巻き起こした、自然言語の弱生成能力に関する議論が（結論を見ぬまま）次第に収束し、Chomsky (1981) 以降の生成文法が次第に数理的アプローチから乖離していく中で、ラムベック計算が別の取っかかりを提供したことによって、統語論に対する数理的アプローチの潮流が細々と生き残ったことの意義は大きい。

　二つ目の転換は、Ades and Steedman (1982) によって CCG が提案されたことである。追って述べるが、CCG は古典的範疇文法に「関数合成規則 (functional composition rule)」を加え、拡張したものである。この拡張によって、CCG の弱生成能力は文脈自由文法を越えることが知られている。しかし、文脈依存文法ほど強力ではなく、CCG のこのような文脈自由文法と文脈依存文法の中間を為す弱生成能力は「マイルド文脈依存」もしくは「1.5 型」と呼ばれており、自然言語の文法の性質を的確に捉えているのではないかと期待されている。

　CCG は、もはや古典的範疇文法のような「論理学に興味のある一部の言語学者だけが使う、現実離れした理論」ではなく、実際的な文法記述の枠組みとしての可能性を持ち合わせている。換言すれば、「関数合成規則」が、生成文法でいう変形・移動規則が担うような表現能力を持っている、ということである。このことは、両者の第一印象の違いからすると不思議に思われるが、CCG の規則に精通するにつれ、両者の共通点が見えてくるであろう。たとえば、主辞駆動句構造文法の SLASH 記法は、両者の間のミッシングリンクと言えるかもしれない。

　共通点ばかりではなく、変形・移動規則と関数合成規則には重要な差がある。変形・移動規則の弱生成能力は自然言語より遥かに強く、それゆ

えに Ross (1967) の島の制約 (island constraints) が観察され、Chomsky (1970) において下接の条件 (subjacency) 等が提案されることになった。島の制約はその後の生成文法にとって興味深い研究課題を与え続けたが、最新の枠組みを含めて、生成文法の枠内で解決されているとは言い難い。それに対して、CCG の関数合成規則は変形・移動規則ほど強力・自由ではなく、結果として島の制約に自然な説明を与えることになる。これについては Steedman (1996) の第三章において議論されている。

2.2 統語範疇

CCG は語彙化文法の一種である。句構造文法 (phrase structure grammar) では、統語・意味に関わる情報の大部分が規則によって記述され、辞書は比較的単純であるのに対し、語彙化文法では、それらの情報の大部分が辞書に記述され、規則は比較的単純である。たとえば、(3) のような句構造文法[*2]は、(4) のような他動詞構文を生成するが、"eats"、"cooks" がこのような統語環境に現れるということは「"eats"、"cooks" が TV という範疇に属する」という情報によってのみ表されており、その TV がどのような統語環境に現れるのかは、(3) の一行目、二行目のような規則によって決定されている。

(3) $S \to NP\ VP$

    $VP \to TV\ NP$

    $TV \to \{\text{eats}, \text{cooks}, \ldots\}$

[*2] 句構造規則による文法記述は、生成文法において深層構造 (Deep Structure もしくは D-structure) という概念が主張されなくなった今も、決して過去のものではない。実際、日本語学における統語論の規則は、句構造文法の規則であるという暗黙の仮定が置かれているように思われる。たとえば、「動詞は単独で述語になる」「名詞＋格助詞の形式を補足語と呼ぶ」といった言明は、以下のような句構造規則として解釈されることが期待されている。

     述語 → 動詞
     補足語 → 名詞, 格助詞

$NP \to \{\text{Keats}, \text{apples}, \dots\}$

(4)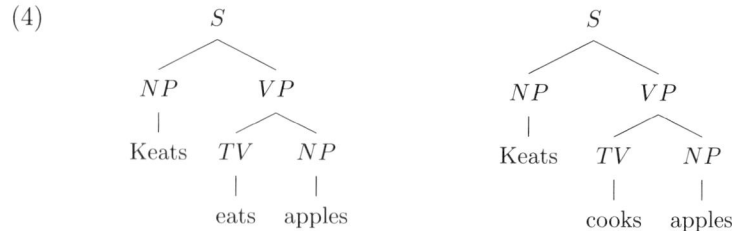

これに対して、CCG では以下のような語彙項目 (lexical item) によって、同様の情報を辞書内で記述する。*3

(5) eats $\vdash (S\backslash NP)/NP$

cooks $\vdash (S\backslash NP)/NP$

Keats $\vdash NP$

apples $\vdash NP$

(5) に現れる $(S\backslash NP)/NP$ のような表現は、統語範疇 (syntactic category) と呼ばれる。統語範疇は、基底範疇 (ground category) と呼ばれる範疇の集合（本文法では $\{N, NP, S, \bar{S}, CONJ\}$）から再帰的に定義される。

1. 基底範疇の要素は、統語範疇である。
2. (a) 統語範疇と統語範疇を二項演算子 "/" で結びつけたものは統語範疇である。
   (b) 統語範疇と統語範疇を二項演算子 "\\" で結びつけたものは統語範疇である。

より厳密には、統語範疇は以下のように定義される。

---

*3 本章における英語の例および分析は、Steedman (1996) の第二章に基づいている。ただし意味表示については、本分析独自の動的意味論に基づくものである。補遺 B を参照のこと。

2.2. 統語範疇

定義 2.2.1 (統語範疇). 基底範疇 (Ground category) の集合（記法 $\mathcal{G}$）が与えられたとき、統語範疇の集合（記法 Γ）は以下のように再帰的に定義される。

基底範疇 (Ground Category)

$$\frac{c \in \mathcal{G}}{c \in \Gamma}$$

関数型範疇 (Functional Category)

$$\frac{c_1 \in \Gamma \quad c_2 \in \Gamma}{c_1/c_2 \in \Gamma} \qquad \frac{c_1 \in \Gamma \quad c_2 \in \Gamma}{c_1 \backslash c_2 \in \Gamma}$$

基底範疇 $\{N, NP, S, \bar{S}, CONJ\}$ から定義される統語範疇の集合には、以下のようなものが含まれる。

(6) 英語の統語範疇の例

$S, \quad NP, \quad N, \quad CONJ, \quad NP/N, \quad S\backslash NP,$

$(S\backslash NP)/NP, \quad (S\backslash NP)/\bar{S}, \quad \ldots$

ただし「/」「\」ともに左結合 (left associative) であるとする。すなわち、括弧が省略されている場合には、以下のように読む。

$$S\backslash NP/NP \stackrel{def}{\equiv} (S\backslash NP)/NP$$
$$S\backslash NP/\bar{S} \stackrel{def}{\equiv} (S\backslash NP)/\bar{S}$$

X/Y という形式を持つ統語範疇における演算子「/」の直感的な意味は以下の通りである。

> 統語範疇が X/Y である語句は、自身の右側に統語範疇が Y である語句が現れたとき、それと組み合わせると、統語範疇 X の語句となる。

たとえば "eats" は、自身の右側に現れた、統語範疇が NP である語句 ("apples" など) と組み合わせると、統語範疇 $S\backslash NP$ の句となる。すなわ

ち、"eats apples" の統語範疇は $S\backslash NP$ である。同様に、$X\backslash Y$ という形式を持つ統語範疇における演算子「$\backslash$」の直感的な意味は以下の通りである。

> 統語範疇が $X\backslash Y$ である語句は、自身の左側に統語範疇が Y である語句が現れたとき、それと組み合わせると、統語範疇 X の語句となる。

たとえば "eats apples" は、自身の左側に現れた、統語範疇が NP である語句（"Keats" など）と組み合わせると、統語範疇 S の句となる。すなわち、"Keats eats apples" は統語範疇 S である。このような「$/$」「$\backslash$」の性質は、次の関数適用規則 (functional application rules) によって決定されている。

(7) 関数適用規則 (Functional Application Rules: to be revised)
    a. $X/Y \quad Y \Rightarrow X$
    b. $Y \quad X\backslash Y \Rightarrow X$

この一種類の規則で、(5) の動詞 "eats" および "cooks" が他動詞であることが保証される。CCG における木構造を以下に示す。(4) と比較されたい。

(8)
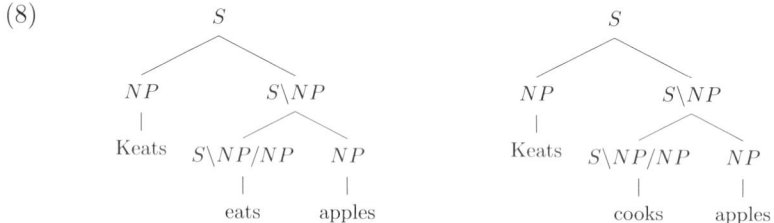

ところで、前節で触れた「ラムベック計算」と関連するが、上記のような統語構造の導出は、証明システムに準ずる記法で書くのが一般的である。CCG では特に、記号論理学で云う自然演繹 (Natural Deduction) の記法を用いて、(8) の木構造を、以下のように「逆さま」の木構造として表記する。

(9)

$$\frac{\dfrac{\text{Keats}}{NP} \quad > \dfrac{\dfrac{\text{eats}}{S\backslash NP/NP} \quad \dfrac{\text{apples}}{NP}}{S\backslash NP}}{S} <$$

$$\frac{\dfrac{\text{Keats}}{NP} \quad > \dfrac{\dfrac{\text{cooks}}{S\backslash NP/NP} \quad \dfrac{\text{apples}}{NP}}{S\backslash NP}}{S} <$$

この記法において、統語導出が木構造を持つことは、(8) との対応関係により明確であろう。水平線の左側の「>」「<」の記号は、そこで用いられている規則を明記するために付されている。前者は (7a)、後者は (7b) が用いられていることを意味する記号である[*4]。このように、導出過程のすべてのノードにおいて、用いる規則を明記することで、定義された規則のみが用いられていることを保証することができる。これは証明論に由来する良い慣習である。

2.3 統語素性

さて、現実的な文法を記述するうえでは、統語範疇についてより詳しい指定が必要である。たとえば、"eats" の主語は主格を持ち三人称単数でなければならず、目的語は対格を持たなければならないが、このような情報は統語素性 (syntactic feature) として、統語範疇の右下に添え字として記す。たとえば以下 (10) の例で、統語素性 nom, acc を持つ NP は、それぞれ主格 (nominative case)、対格 (accusative case) の名詞句を表し[*5]、統語素性 $3S, 3P$ を持つ NP は、それぞれ三人称単数、三人称複数の名詞句を表す。ただし、$nom|acc$ のような記法は「nom または acc」という意味に解釈するものとする。

(10)　Keats $\vdash NP^{nom}_{3S}$

[*4] 直感的には「どちらが上のスコープを取るか」という意味合いを帯びているように思われる。これは関数適用以外の規則においても同様である。

[*5] Prolog 等の論理プログラミングにおける単一化 (unification) 演算を知っていれば、直感的理解は難しくない。また、格情報を統語素性として扱うのは Steedman (1996, 2000) の方針と異なるが、これは日本語のガ格、ヲ格との対比上の都合であると理解されたい。

$$\text{apples} \vdash NP_{nom|acc\ 3P}$$

　一方、動詞の側は、それぞれの項に対してどのような統語素性を要求するかを、語彙項目の統語範疇において指定する。

(11)　$\text{eats} \vdash S\backslash NP_{nom\ 3S}/NP_{acc}$

　これらの統語素性は、導出過程において以下のように順に照合されることになる。

(12)

$$\cfrac{\cfrac{\text{Keats}}{NP_{nom|acc\ 3S}} \quad \cfrac{\cfrac{\text{eats}}{S\backslash NP_{nom\ 3S}/NP_{acc}} \quad \cfrac{\text{apples}}{NP_{nom|acc\ 3P}}}{S\backslash NP_{nom\ 3S}}>}{S}<$$

2.4　意味表示

　ここまでの議論では、語彙項目を音韻表示 (PF) と統語範疇 ($Category$) のペアとして表してきた。

(5)　$\text{eats} \vdash (S\backslash NP)/NP$

　ここからは以下のように、語彙項目に意味表示 (LF) を併記する。

(13)　a.　$\text{eats} \vdash S\backslash NP_{nom\ 3S}/NP_{acc} : \lambda y.\lambda x.\lambda e.eat(e,x,y)$
　　　b.　食べる $\vdash S\backslash NP_{ga}\backslash NP_{o} : \lambda y.\lambda x.\lambda e.taberu(e,x,y)$

すなわち、語彙項目は以下のような形式を持つ三つ組として表される。

$$PF \vdash Category : LF$$

　本分析で用いる意味表示は、直観主義高階論理 (Intuitionistic Higher-order Logic) によって定義された動的意味論 (dynamic semantics) に基づ

いている。直観主義高階論理については補遺 A、動的意味論については補遺 B を参照して頂くことにして、ここでは直感的な意味を述べておく。

$\lambda y.\lambda x.\lambda e.taberu(e,x,y)$ は、変数 y、変数 x、変数 e を順に取り、命題 $taberu(e,x,y)$ をなすような意味表示である。ここで、e はイベント、x はその主体、y はその対象を表す指標である。命題 $taberu(e,x,y)$ は、与えられた e,x,y について、e が x が y を「食べる」というイベントであれば真であり、そうでなければ偽である。

$taberu(e,x,y)$ のような命題は、基本述語 (Atomic Predicate) と呼ばれる。命題には基本述語の他にも、以下のような種類があり、これらを組み合わせることによって、意味表示を形成する。各命題の正確な定義については、補遺 B で詳述する。

表 2.1 命題の記法

基本述語 (Atomic Predicate)	$R(x_1,\ldots,x_n)$
合成 (Composition)	$\phi;\psi$
否定 (Negation)	$\sim\phi$
含意 (Implication)	$\phi \Rightarrow \psi$
連言 (Conjunction)	$\phi \otimes \psi$
選言 (Disjunction)	$\phi \oplus \psi$
分配 (Distribution)	$\Delta x.(\phi)$
前提 (Presupposition)	$\partial(\phi)$
存在量化 (Existential Quantification)	$\varepsilon x.\phi$
指示演算子 (Referential Operator)	$ref(x)[\phi][\psi]$
一項量化子 (Unary Quantification)	$1(x)[\phi], 2(x)[\phi],\ldots$
二項量化子 (Binary Quantification)	$every(x)[\phi][\psi],$
	$most(x)[\phi][\psi],$
	$few(x)[\phi][\psi],$
	$\ldots$

2.5 組合せ規則

さて、語彙項目を音韻表示、統語範疇、意味表示の三つ組で表すとすると、(7) の関数適用規則のような規則も、それに伴って修正する必要がある。CCG では、関数適用規則のような統語・意味合成規則は「組合せ規則」(Combinatory Rules) と呼ばれており、音韻表示、統語範疇、意味表示を並行して組み上げるものである。

2.5.1 関数適用規則

意味表示まで含めた完全な関数適用規則は、以下のように定義される。

定義 2.5.1 (順／逆関数適用規則[*6]).

$$> \frac{X/Y : f \quad Y : a}{X : fa} \qquad < \frac{Y : a \quad X\backslash Y : f}{X : fa}$$

---

f と a は意味表示であり、左側の規則では統語範疇 X/Y と Y に、右側の規則では統語範疇 $X\backslash Y$ と Y に対応している。関数適用規則では、統語範疇 X/Y や $X\backslash Y$ が統語範疇 Y の項を取り、X となるのに並行して、意味表示 f は引数として意味表示 a を取り、fa となるのである。このように CCG では、組合せ規則によって、統語導出と意味合成が同時に行われる。[*7]

(12) を、意味表示まで含めて書き直してみよう。

[*6] 英名は "Forward/backward functional application rules"。Steedman (1996, 2000) を参照のこと。

[*7] CCG の意味合成において特筆すべき点としては、意味的型と統語範疇の間に同型性があることである。この同型性によって、語彙化文法の中でも CCG は特に統語論と意味論の透過性が高い。

　CCG の統語導出が、ゲンツェン流の自然演繹として記述できることは、統語範疇と意味表示の型の同型性を考えれば偶然ではない。意味表示の型はラムダ計算の型であるから、型の照合システムはカリー＝ハワード＝ラムベック同型 (Curry-Howard-Lambek isomorphism) によって命題論理と同型である。したがって、CCG の導出システムは、自然演繹の証明システムと見なすことができる。

　この同型性の観点から言えば、語彙項目も統語構造も、命題である。たとえば

(14)

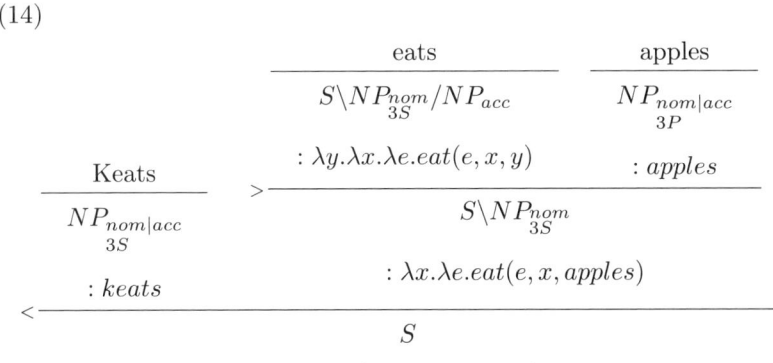

(14) の派生は、"Keats eats apples." が与えられた文法の下で文法的であることを示すと同時に、意味表示が $\lambda e.eat(e, keats, apples)$ であることも示している。

統語導出の途中で、β 簡約（直観主義高階論理の規則）が行われていることに注意する。すなわち、関数適用規則をそのまま適用すれば、"eats apples"の意味表示は

$$(\lambda y.\lambda x.\lambda e.eats(e, x, y))(apples)$$

となるが、β 簡約規則によって

$$(\lambda y.\lambda x.\lambda e.eats(e, x, y))(apples) = \lambda x.\lambda e.eat(e, x, apples)$$

という関係が成り立つ。(14) 中には、右辺の簡約済みの式が書かれているのである。

"Keats" という語彙項目は、「"Keats" という文字列、$NP_{nom|acc \atop 3S}$ という統語範疇、$keats$ という意味表示からなる三つ組は、文法的な組み合わせである」という命題と見なすことができる。すなわち、「文法的」という概念は、文字列、統語範疇、意味表示の三つ組の集合だと捉えることができる。語彙項目をこのように読み換えるならば、たとえば (14) の導出は「"Keats eats apples." という PF、S という統語範疇、$\lambda e.eat(e, keats, apples)$ という LF を持つ文が存在する」という命題が、語彙項目から証明できることを意味しており（これは「$eat(e, keats, apples)$ という命題が証明できる」という意味では勿論ない）、直感的な文法観と照らし合わせることができる。

2.5.2 等位接続規則

(15) のような例は、等位接続構文として知られている。

(15)　a.　Keats [invited Mary] and [cooked apples].

　　　b.　Keats [cooked and ate] apples.

　　　c.　* Keats [cooked apples] and [ate].

演算子 ∘ は結合則が成り立つ演算子であるとする。上の例が示唆するように、同じ統語範疇を持つ構成素同士しか、等位接続することはできない。これらの構文を導出するのが、以下の等位接続規則である。

定義 2.5.2 (等位接続規則[8]).

$$\langle\Phi\rangle \frac{X : f_1 \quad \ldots \quad CONJ : \circ \quad X : f_m}{X : \lambda \vec{x}.(f_1 \vec{x}) \circ \cdots \circ (f_m \vec{x})} \quad 但し、1 < m$$

ただし、∘ は命題同士を接続する演算子[9]である。また、$\vec{x}$ は変数の並びを表す略記法であり、以下のように解釈されるものとする。

$$\lambda \vec{x}.[\ldots f\vec{x} \ldots] \overset{def}{\equiv} \lambda x_1.\lambda x_2.\ldots.\lambda x_n.[\ldots (\ldots((fx_1)x_2)\ldots x_n)\ldots]$$

まずこの規則は、(15c) の非文法性を正しく予測する。"cooked apples" と "ate" の統語範疇が異なるためである。

(16)

$$* \frac{\displaystyle > \frac{\dfrac{\text{cooked}}{(S\backslash NP)/NP} \quad \dfrac{\text{apples}}{NP}}{\dfrac{S\backslash NP}{: \lambda x.\lambda e.cook(e,x,apples)}} \quad \dfrac{\text{and}}{CONJ : \otimes} \quad \dfrac{\text{ate}}{(S\backslash NP)/NP : \lambda y.\lambda x.\lambda e.eat(e,x,y)}}{}$$

---

[8] 英名は "Coordination rules"。Steedman (1996, 2000) を参照のこと。

[9] 結合則が成り立つ二項演算子である必要がある。本分析では、"and" について ⊗、"or" について ⊕ を用いる。これらの演算子の定義および結合則については、それぞれ補遺 B.2.5、補遺 B.2.6 を参照のこと。

しかし、(15a) と (15b) については、いずれも "<Φ>" 規則によって導出することができる。

(17)

$$
\cfrac{
  \cfrac{\text{Keats}}{\cfrac{NP}{:keats}}
  \quad
  \cfrac{
    \cfrac{
      \cfrac{\text{invited}}{\cfrac{(S\backslash NP)/NP}{:\lambda y.\lambda x.\lambda e.invite(e,x,y)}}
      \quad
      \cfrac{\text{Mary}}{\cfrac{NP}{:mary}}
    }{\cfrac{S\backslash NP}{:\lambda x.\lambda e.invite(e,x,mary)}} >
    \quad
    \cfrac{\text{and}}{\cfrac{CONJ}{:\otimes}}
    \quad
    \cfrac{
      \cfrac{\text{cooked}}{\cfrac{(S\backslash NP)/NP}{:\lambda y.\lambda x.\lambda e.cook(e,x,y)}}
      \quad
      \cfrac{\text{apples}}{\cfrac{NP}{:apples}}
    }{\cfrac{S\backslash NP}{:\lambda x.\lambda e.cook(e,x,apples)}} >
  }{\cfrac{S\backslash NP}{:\lambda x.\lambda e.(invite(e,x,mary)\otimes cook(e,x,apples))}} <\Phi>
}{S : \lambda e.(invite(e,keats,mary)\otimes cook(e,keats,apples))} <
$$

(18)

$$
\cfrac{
  \cfrac{\text{Keats}}{\cfrac{NP}{:keats}}
  \quad
  \cfrac{
    \cfrac{
      \cfrac{\text{cooked}}{\cfrac{(S\backslash NP)/NP}{:\lambda y.\lambda x.\lambda e.cook(e,x,y)}}
      \quad
      \cfrac{\text{and}}{\cfrac{CONJ}{:\otimes}}
      \quad
      \cfrac{\text{ate}}{\cfrac{(S\backslash NP)/NP}{:\lambda y.\lambda x.\lambda e.eat(e,x,y)}}
    }{\cfrac{(S\backslash NP)/NP}{:\lambda y.\lambda x.\lambda e.(cook(e,x,y)\otimes eat(e,x,y))}} <\Phi>
    \quad
    \cfrac{\text{apples}}{\cfrac{NP}{:apples}}
  }{\cfrac{S\backslash NP}{:\lambda x.\lambda e.(cook(e,x,apples)\otimes eat(e,x,apples))}} >
}{S : \lambda e.(cook(e,keats,apples)\otimes eat(e,keats,apples))} <
$$

ともに適切な意味表示が導出されていることが分かる。[*10]

2.5.3 関数合成規則

"might" のような助動詞は、以下のような統語範疇を持つと仮定する。

(19)　　might $\vdash (S\backslash NP)/(S\backslash NP)$

[*10] 特に (18) の例は、変形生成文法において大域的繰り上げ (across-the-board raising) 操作を用いて "apples" を右側に移動するか、もしくは二つの "apples" のうち最初に現れた側を消去するか、もしくは空所に "apples" の内容をコピーするか、といった手段を採らなければ生成できない構文として知られている。一方、(18) において導出された意味表示を見ると、cook と eat の両方に apples が現れており、あたかも移動・消去・コピー等の操作が行われたかのような結果が導かれているが、CCG ではそのような「大域的」操作抜きで正しい意味表示が導出される点に特徴がある。

この語彙項目を用いて、"might eat apples" のような句を、関数適用規則によって導出すると以下のようになる。

(21)
$$\cfrac{\cfrac{\text{might}}{S\backslash NP/(S\backslash NP)} \quad \cfrac{\cfrac{\text{eat}}{S\backslash NP/NP} \quad \cfrac{\text{apples}}{NP}}{S\backslash NP} >}{S\backslash NP} >$$

しかし、等位接続構文には以下のようなものがある。もし、等位接続構造が構成素同士しか接続しないのであれば、"might eat" は構成素である必要がある。また、等位接続構造が同じ統語範疇の要素同士しか接続しないのであれば、"cooked" と "might eat" は同じ統語範疇を持つ必要がある。

(21)　Keats [cooked], and [might eat], (some) apples.

関数適用規則が、いわば「関数」と「値」を組み合わせる操作であったのに対して、関数合成規則は、「関数」と「関数」をパイプライン的につなぎ合わせて、単一の「関数」とする操作である。

定義 2.5.3 ((順／逆) 関数合成規則[*11]).

$$>B\cfrac{X/Y:f \quad Y/Z:g}{X/Z:\lambda x.f(gx)} \qquad <B\cfrac{Y\backslash Z:g \quad X\backslash Y:f}{X\backslash Z:\lambda x.f(gx)}$$

この規則を用いれば、"might eat" は以下のような構成素をなす。

[*11] 英名は "Forward/backward functional composition rules"。Steedman (1996, 2000) を参照のこと。

(22)
$$\frac{\dfrac{\text{might}}{S\backslash NP/(S\backslash NP)} \quad \dfrac{\text{eat}}{(S\backslash NP)/NP}}{\begin{array}{c} S\backslash NP/NP \\ : \lambda y.\lambda x.\lambda e.might(eat(e,x,y)) \end{array}} {}_{>B}$$

"eat" は「NP」を取って「$S\backslash NP$」を返す語である。また、"might" は「$S\backslash NP$」を取って「$S\backslash NP$」を返す語である。この二つを接続して、「NP」を取って「$S\backslash NP$」を返す "might eat" という句を作る、ということである。ただし、目的語である NP に相当する変数 y の扱いには注意する必要がある。この構成素を用いることで、(21) の例は以下のように導出可能である。

(23)

$$\frac{\dfrac{\text{Keats}}{NP : keats} \quad \dfrac{\dfrac{\dfrac{\text{cooked}}{(S\backslash NP)/NP} \quad \dfrac{\text{and}}{CONJ} \quad \dfrac{\text{might eat}}{S\backslash NP/NP}}{\begin{array}{c}(S\backslash NP)/NP \\ : \lambda y.\lambda x.\lambda e.(cook(e,x,y) \otimes might(eat(e,x,y)))\end{array}}{}_{<\Phi>} \quad \dfrac{\text{apples}}{NP : apples}}{\begin{array}{c} S\backslash NP \\ : \lambda x.\lambda e.(cook(e,x,apples) \otimes might(eat(e,x,apples)))\end{array}} {}_{>}}{\begin{array}{c} S \\ : \lambda e.(cook(e,keats,apples) \otimes might(eat(e,keats,apples)))\end{array}} {}_{<}$$

関数合成規則には、以下のように一般化された定義がある。定義 2.5.3 は、以下の規則において $n=1$ と措いた場合に相当する。

定義 2.5.4 (一般化（順／逆）関数合成規則[*12]).

$$>B^n \frac{X/Y:f \quad Y/\$/Z:g}{X/\$/Z:\lambda\vec{x}.f(g\vec{x})} \qquad <B^n \frac{Y\backslash\$\backslash Z:g \quad X\backslash Y:f}{X\backslash\$\backslash Z:\lambda\vec{x}.f(g\vec{x})}$$

この定義の中に登場する「\$記法」は略記法であり、$X/\$$ は、

$$X, X/Y, X/Y/Z, \ldots$$

といった統語範疇を、そして $X\backslash\$$ は、

$$X, X\backslash Y, X\backslash Y\backslash Z, \ldots$$

といった統語範疇を、それぞれ一般化した記法である（次節参照）。

ただし、統語範疇の指定に\$記法が含まれる場合、意味表示には対応する $\vec{x}$ 指定が存在することになるが、それらの「長さ」は必ず一致するものとする。たとえば、以下のような要素が導出されうるとしよう。

$$S/\$: \lambda\vec{x}.(P\vec{x} \Rightarrow Q)$$

このとき、この項目は「\$」によって一般化されていると見なす。すなわち、以下のような項目を表していると考える。

$$S/NP : \lambda x.(Px \Rightarrow Q)$$
$$S/NP/NP : \lambda y.\lambda x.(Pyx \Rightarrow Q)$$
$$S/NP/NP/NP : \lambda z.\lambda y.\lambda x.(Pzyx \Rightarrow Q)$$

ただし、\$ と $\vec{x}$ の長さは一致していなければならないので、以下のような項目は含まれていない。

$$S/NP : \lambda y.\lambda x.(Pyx \Rightarrow Q)$$
$$S/NP/NP : \lambda y.\lambda x.(Px \Rightarrow Q)$$

[*12] 英名は "Generalized forward/backward functional composition rules"。Steedman (1996, 2000) を参照のこと。

2.5.4 $記法

Steedman (1996, p.23) における$記法の正確な定義を述べる。任意の統語範疇 α について、$(\alpha/\$)$ は以下の性質を満たす集合として定義される。

> **定義 2.5.5** ($記法: /$). 集合 /$ は以下の規則によって再帰的に定義される。
>
> 1. α は $(\alpha/\$)$ の要素である。
> 2. 任意の統語範疇 β と γ について、もし β が $(\alpha/\$)$ の要素ならば、β/γ は $(\alpha/\$)$ の要素である。

一方、$(\alpha\backslash\$)$ は $(\alpha/\$)$ の相対として定義されている。

> **定義 2.5.6** ($記法: \$). 集合 \$ は以下の規則によって再帰的に定義される。
>
> 1. α は $(\alpha\backslash\$)$ の要素である。
> 2. 任意の統語範疇 β と γ について、もし β が $(\alpha\backslash\$)$ の要素ならば、$\beta\backslash\gamma$ は $(\alpha\backslash\$)$ の要素である。

「$記法」が語彙項目や組合せ規則の中で用いられるときは、$(\alpha/\$)$ や $(\alpha\backslash\$)$ の要素について、語彙項目や組合せ規則が一般化されていると見なす。

2.5.5 型繰り上げ規則

さて、等位接続構造には次のような例もある。

(24)　Keats steals and Chapman eats apples.

これは、変形生成文法の初期から、変形・移動分析にとって問題となる例文であった。以下の二要素は、これまでの規則によっては構成素をなさないからである。

(25)
$$\ast\frac{\text{Keats} \quad \text{steals}}{NP \quad S\backslash NP/NP}$$

(24) の等位接続構造を導出するためには、以下の型繰り上げ規則を用いる。

定義 2.5.7 ((順／逆) 型繰り上げ規則[13]).

$$>T\frac{X:a}{T/(T\backslash X):\lambda f.fa} \qquad <T\frac{X:a}{T\backslash(T/X):\lambda f.fa}$$

但し X は、用言の項が持つ統語範疇 (argument type) である。

ただし、T は統語範疇を表す変数である。(順) 型繰り上げ規則の適用例を (26) に示す。

(26)
$$>T\frac{\text{Keats}}{\dfrac{NP_{nom} \ : \ keats}{T/(T\backslash NP_{nom}) \ : \ \lambda P.P(keats)}}$$

この構造と関数合成規則を組み合わせることによって、"Keats steals" や "Chapman eats" のような要素が構成素をなすようになる。

(27)
$$>B\frac{\dfrac{\text{Keats}}{\substack{T/(T\backslash NP_{nom}) \\ :\lambda P.P(keats)}} \quad \dfrac{\text{steals}}{\substack{S\backslash NP_{nom}/NP_{acc} \\ :\lambda y.\lambda x.\lambda e.steal(e,x,y)}}}{\substack{S/NP \\ :\lambda y.\lambda e.steal(e,keats,y)}}$$

---

[13] 英名は "Type raising rules"。Steedman (1996, 2000) を参照のこと。

(28)
$$\cfrac{\cfrac{\text{Chapman}}{\boldsymbol{T}/(\boldsymbol{T}\backslash NP_{nom})} \quad \cfrac{\text{eats}}{S\backslash NP_{nom}/NP_{acc}}}{\cfrac{S/NP}{:\lambda y.\lambda e.eat(e, chapman, y)}}{>B}$$

これらの要素を等位接続することにより、(24) は次のように導出することができる。

(29)
$$\cfrac{\cfrac{\cfrac{\text{Keats steals}}{S/NP} \quad \cfrac{\text{and}}{CONJ} \quad \cfrac{\text{Chapman eats}}{S/NP}}{\cfrac{S/NP}{:\lambda y.\lambda e.(steal(e, keats, y) \otimes eat(e, chapman, y))}}{<\Phi>} \quad \cfrac{\text{apples}}{NP}}{S \quad : \lambda e.(steal(e, keats, apples) \otimes eat(e, chapman, apples))}{>}$$

2.5.6　関数交差置換規則

関数交差置換規則は、(30) のような、いわゆる寄生空所 (parasitic gap) 構文を導出するために用いられる。

(30)　Keats will [copy], and [file without reading], some articles concerning Chapman.

関数交差置換規則は、以下のように定義される。

定義 2.5.8 ((順／逆) 関数交差置換規則[*14]).

$$>S_\times \frac{(X/Y)\backslash Z:f \quad Y\backslash Z:g}{X\backslash Z:\lambda x.fx(gx)} \qquad <S_\times \frac{Y/Z:g \quad (X\backslash Y)/Z:f}{X/Z:\lambda x.fx(gx)}$$

この規則によって、"file without reading" は統語範疇 $S\backslash NP/NP$ の構成素となる。したがって、(30) のように他動詞 "copy" と等位接続することが可能となるのである。

(31)

$$<S_\times \frac{\dfrac{\text{file}}{S\backslash NP_{nom}/NP_{acc}} \quad >B\dfrac{\dfrac{\text{without}}{\substack{(S\backslash NP_{nom})\backslash(S\backslash NP_{nom})\\/(S_{ing}\backslash NP_{nom})\\:\lambda P.\lambda Q.\lambda x.\lambda e.(Qxe;\\ \varepsilon e'.without(e,Pxe'))}} \quad \dfrac{\text{reading}}{\substack{(S_{ing}\backslash NP_{nom})/NP_{acc}\\:\lambda y.\lambda x.\lambda e.read(e,x,y)}}}{\substack{(S\backslash NP_{nom})\backslash(S\backslash NP_{nom})/NP_{acc}\\:\lambda y.\lambda Q.\lambda x.\lambda e.(Qxe;\varepsilon e'.without(e,read(e',x,y)))}}}{\substack{S\backslash NP_{nom}/NP_{acc}\\:\lambda y.\lambda x.\lambda e.(file(e,x,y);\varepsilon e'.without(e,read(e',x,y)))}}$$

・ ・ ● ・ ・

以上、CCG による英語の統語構造分析と、それに伴う意味合成を紹介してきた。CCG の組合せ規則がそれぞれどのような経験的事実に動機付けされているかを、主に英語における等位接続構文を中心に説明してきたが、ここでは紙面の都合で紹介できなかった wh 移動についての議論も興味深いものである。CCG にまつわる包括的な議論については Steedman (1996, 2000); Steedman and Baldridge (2007) 等を、また CCG による大規模な英文法については Hockenmaier and Steedman (2005) 等を、それぞれ参照して頂きたい。

[*14] 英名は "Forward/backward crossed substitution rules"。Steedman (1996, 2000) を参照のこと。

第3章

日本語 CCG の構成

本章では、CCG によって日本語文法を記述するうえでの概略を提示する。組合せ規則は普遍文法に属するものであり、個別言語によって異なることはない。統語範疇については、普遍的かもしれないし、そうでないかもしれないが、本分析の範囲では英語と日本語を同じ統語範疇 $\{NP, N, S, \bar{S}, CONJ\}$ を用いて分析している。しかし、統語素性については、言語系統毎に全く異なる体系を持っている可能性がある。

この統語素性の設定は、文法の予測を細かいところで制御するうえで重要である。しかし文法デザインの観点から云えば、どのような統語素性を設定するべきかは、どのような日本語の構文がどのような組合せ規則に対応しているかと同時に決定しなければならない問題である。

本章では、まず前章で解説した組合せ規則のそれぞれについて、日本語の構文との対応を見ることにしよう。そのうえで、日本語の統語範疇と統語素性を正式に定義し、次章以降の分析の準備としたい。

3.1 組合せ規則と日本語

3.1.1 関数適用規則

関数適用規則による導出は、その言語の基本語順を表すものである。たとえば、英語の基本語順は以下のようなものであるが、これは動詞 "eats" の語彙項目内において、NP_{nom} にはバックスラッシュ（動詞の左に現れ

る)、NP_{acc} にはスラッシュ (動詞の右に現れる) が用いられていることによって保証されている。

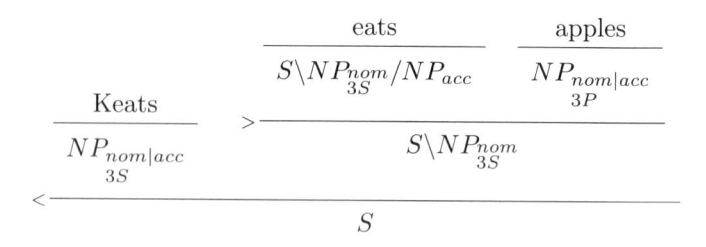

(32)
$$\frac{\frac{Keats}{NP_{nom|acc}\ 3S} \quad <\frac{\frac{eats}{S\backslash NP_{nom}^{3S}/NP_{acc}} \quad \frac{apples}{NP_{nom|acc}\ 3P}}{S\backslash NP_{nom}^{3S}}>}{S}$$

これに対して、日本語の語順は、節内では用言が最後になる。このことは、用言の語彙項目が以下のような統語範疇を持っていることを示唆している。

(−ガ) 走る	:	$S\backslash NP_{ga}$
(−ガ−ヲ) 褒める	:	$S\backslash NP_{ga}\backslash NP_o$
(−ガ−ニ) 会う	:	$S\backslash NP_{ga}\backslash NP_{ni}$
(−ガ−ニ−ヲ) 紹介する	:	$S\backslash NP_{ga}\backslash NP_{ni}\backslash NP_o$

一方、格助詞の付いた名詞句の統語範疇は、本分析では NP ではなく、統語範疇変数 T (第 2.5.5 節参照) を用いて $T/(T\backslash NP)$ とする (この理由は第 7.1 節で詳述する)。なお、ga や o といった格は NP の素性と見なすものとする。日本語の基本語順は、関数適用規則により、以下のように生成される。

(33)
$$\frac{\frac{太郎が}{T/(T\backslash NP_{ga})} \quad \frac{走る}{S\backslash NP_{ga}}}{S}>$$

(34)
$$\cfrac{\cfrac{\text{太郎が}}{T/(T\backslash NP_{ga})} \quad \cfrac{\cfrac{\text{次郎を}}{T/(T\backslash NP_o)} \quad \cfrac{\text{褒める}}{S\backslash NP_{ga}\backslash NP_o}}{S\backslash NP_{ga}} >}{S} >$$

(35)
$$\cfrac{\cfrac{\text{太郎が}}{T/(T\backslash NP_{ga})} \quad \cfrac{\cfrac{\text{花子に}}{T/(T\backslash NP_{ni})} \quad \cfrac{\text{会う}}{S\backslash NP_{ga}\backslash NP_{ni}}}{S\backslash NP_{ga}} >}{S} >$$

(36)
$$\cfrac{\cfrac{\text{太郎が}}{T/(T\backslash NP_{ga})} \quad \cfrac{\cfrac{\text{花子に}}{T/(T\backslash NP_{ni})} \quad \cfrac{\cfrac{\text{次郎を}}{T/(T\backslash NP_o)} \quad \cfrac{\text{紹介する}}{S\backslash NP_{ga}\backslash NP_{ni}\backslash NP_o}}{S\backslash NP_{ga}\backslash NP_{ni}} >}{S\backslash NP_{ga}} >}{S} >$$

勿論、動詞の項は NP とは限らない。以下のように、S や $\bar{S}$ を取る場合もある。

(37)
$$\cfrac{\cfrac{\text{太郎が}}{T/(T\backslash NP_{ga})} \quad \cfrac{\cfrac{\text{次郎が合格するように}}{S_{yooni}} \quad \cfrac{\text{祈願した}}{S\backslash NP_{ga}\backslash S_{yooni}}}{S\backslash NP_{ga}} <}{S} <$$

(38)
$$\cfrac{\cfrac{\text{太郎が}}{T/(T\backslash NP_{ga})} \quad \cfrac{\cfrac{\text{次郎が合格すると}}{\bar{S}_{to}} \quad \cfrac{\text{思った}}{S\backslash NP_{ga}\backslash \bar{S}_{to}}}{S\backslash NP_{ga}} <}{S} <$$

3.1.2 等位接続規則

さて、日本語における等位接続は、連言の場合はゼロ演算子（音声的に空の演算子）又は接続詞「そして」によって、選言の場合は接続詞「または」によって行われる。[*1]

(39)
$$
\begin{array}{c}
<\Phi>\cfrac{\cfrac{\text{太郎が}}{T/(T\backslash NP_{ga})} \quad \cfrac{\text{（そして）}}{CONJ} \quad \cfrac{\text{次郎が}}{T/(T\backslash NP_{ga})}}{T/(T\backslash NP_{ga})} \quad \cfrac{\text{来た}}{S\backslash NP_{ga}} \\
\hline
< \qquad\qquad S
\end{array}
$$

(40)
$$
\begin{array}{c}
<\Phi>\cfrac{\cfrac{\text{太郎が}}{T/(T\backslash NP_{ga})} \quad \cfrac{\text{または}}{CONJ} \quad \cfrac{\text{次郎が}}{T/(T\backslash NP_{ga})}}{T/(T\backslash NP_{ga})} \quad \cfrac{\text{来た}}{S\backslash NP_{ga}} \\
\hline
< \qquad\qquad S
\end{array}
$$

ただし、日本語の場合、等位接続が可能であるのは、統語範疇 $T/(T\backslash \$)$ という形式を持つものに限られている。これには以下のように、名詞を修飾する統語範疇 N/N の要素なども含まれる。

(41)
$$
\begin{array}{c}
<\Phi>\cfrac{\cfrac{\text{強い}}{N/N} \quad \cfrac{\text{（そして）}}{CONJ} \quad \cfrac{\text{魅力的な}}{N/N}}{N/N} \quad \cfrac{\text{チャンピオン}}{N} \\
\hline
< \qquad\qquad N
\end{array}
$$

[*1] 名詞句およびそれに準ずる要素しか接続しない「と」、および文的な要素しか接続しない「且つ」については、難しい問題があるのでここでは議論しない（川添 (2005) 等を参照のこと）。又、接続詞「そして」は必ずしも等位接続に用いられるもの（(39) 内の統語範疇 $CONJ$ を持つもの）ばかりではない。第 9.2.1 節 (712) の「そして」を参照のこと。

一方、動詞連用形やテ形の要素が、それ自身で等位接続可能かどうかは明確ではない。たとえば、以下の対が同じ意味であると言えるだろうか。

(42) a.　オーケストラが演奏し（そして）歌手が歌い始めた。
　　 b.　オーケストラが演奏し始め（そして）歌手が歌い始めた。

(43) a.　指揮者が間違って（そして）歌手が歌い損じてしまった。
　　 b.　指揮者が間違ってしまい（そして）歌手が歌い損じてしまった。

しかしながら、連用形やテ形が連用節として用いられる場合には並列の用法があり、こちらは等位接続が可能である。[*2]

(44) a. 今日は、銀座に行き、上野にも寄り、新宿も訪ね、渋谷に出ます。
　　 b. 今日は、花子は三越に行って、太郎は高島屋に行って、僕は丸善に行きます。

本分析では、動詞の連用形やテ形は統語範疇 $S\backslash \$$ である。これが連用形演算子（第 9.2.1 節参照）によって $T/(T\backslash \$)$ の連用節に変わるとしている。前者の形式は等位接続の対象とならないが、後者は等位接続規則の対象となると考えられる。

また、終止形の文と文を接続する場合は必ず間に読点が入るため、等位接続ではなく文接続詞（統語範疇 S/S）であると考える。

(45)　太郎が来た。そして次郎が来た。

3.1.3　関数合成規則

日本語には、順逆それぞれの関数合成規則の適用例があると考えられる。まず順規則には、名詞句の重合がある。

[*2] 例文は城田 (1998, pp.61,100) に依る。

(46)
$$\frac{\dfrac{\text{おじいさんが}}{T/(T\backslash NP_{ga})} \quad {>B}\dfrac{\dfrac{\text{山へ}}{T/T} \quad \dfrac{\text{芝刈りに}}{T/(T\backslash NP_{ni})}}{T/(T\backslash NP_{ni})}}{T/(T\backslash NP_{ga}\backslash NP_{ni})} {>B}$$

(47)
$$\frac{\dfrac{\text{おばあさんが}}{T/(T\backslash NP_{ga})} \quad {>B}\dfrac{\dfrac{\text{川へ}}{T/T} \quad \dfrac{\text{洗濯に}}{T/(T\backslash NP_{ni})}}{T/(T\backslash NP_{ni})}}{T/(T\backslash NP_{ga}\backslash NP_{ni})} {>B}$$

このように統語範疇変数が複数個現れる導出においては、各変数 T が異なる統語範疇を表している可能性に注意しなければならない。統語範疇変数のスコープは「各構成素」である。このことを明示的に表すために、それぞれの統語範疇素性に異なる添え字を付けて区別してみよう。

(48)
$$\frac{\dfrac{\text{おじいさんが}}{T_1/(T_1\backslash NP_{ga})} \quad {>B}\dfrac{\dfrac{\text{山へ}}{T_2/T_2} \quad \dfrac{\text{芝刈りに}}{T_3/(T_3\backslash NP_{ni})}}{T_4/(T_4\backslash NP_{ni})}}{T_5/(T_5\backslash NP_{ga}\backslash NP_{ni})} {>B}$$

この導出においては、以下の関係が成り立っていることを確認して欲しい。

$$T_2 = T_3$$
$$T_4 = T_2$$
$$T_4 = T_1\backslash NP_{ga}$$
$$T_5 = T_1$$

「おじいさんが山へ芝刈りに」は、以下のように動詞と接続し、動詞の二つの項を同時に「埋める」のである。

(49)
$$\cfrac{\underline{\text{おじいさんが山へ芝刈りに}} \quad \underline{\text{行く}}}{\cfrac{T/(T\backslash NP_{ga}\backslash NP_{ni}) \quad S\backslash NP_{ga}\backslash NP_{ni}}{S}>}$$

　このような要素が構成素をなすのは、CCG による日本語分析の大きな強みであると言える[*3]。このことによって、以下のような等位接続構文が導出できることになる。[*4]

(50)
$$\cfrac{\cfrac{\underline{\text{おじいさんが山へ芝刈りに}} \quad \underline{(\text{そして})} \quad \underline{\text{おばあさんが川へ洗濯に}}}{T/(T\backslash NP_{ga}\backslash NP_{ni}) \quad CONJ \quad T/(T\backslash NP_{ga}\backslash NP_{ni})} <\Phi> \quad \underline{\text{行く}}}{\cfrac{T/(T\backslash NP_{ga}\backslash NP_{ni}) \quad\quad\quad S\backslash NP_{ga}\backslash NP_{ni}}{S}<}$$

　一方、逆関数合成規則の例としては、以下のような語幹・助動詞・接尾語の間の接続がある。

$$\underline{\cfrac{\text{三人以上の選手が}}{T/(T\backslash NP_{ga})}} \quad \underline{\cfrac{\text{走ら}}{S\backslash NP_{ga}}} \quad \underline{\cfrac{\text{ない}}{S\backslash S}}$$

　この例には二通りの導出が可能である。まず、関数合成規則を用いない例である。

[*3] 統語導出を見る限りでは一見、項の間の階層構造（いわゆる C 統御関係）が保たれていないように見えるが、意味表示においてはそれらの階層性が保たれているのである。このことは、CCG による分析の重要な点であるが、その議論は別の機会に譲る。

[*4] (50) のような等位接続構文は不自然な作例である、という意見を見かけることがあるが、日本語ではごく日常的に用いられるものである。他にも以下のような例が存在する。

(i) 当電車は、一両目から六両目までは海老名で急行本厚木行きに、七両目から先は新百合ヶ丘で各駅停車片瀬江ノ島行きに、それぞれ接続いたします。

(51)

$$
\begin{array}{c}
\underline{\text{三人以上の選手が} \quad \text{走ら}} \\
> \underline{\dfrac{\boldsymbol{T}/(\boldsymbol{T}\backslash NP_{ga}) \quad S\backslash NP_{ga}}{S} \quad \dfrac{\text{ない}}{S\backslash S}} \\
< \quad \dfrac{}{S}
\end{array}
$$

この場合、真理条件は「否定＞三人以上」となる（「ない」の意味表示については第 6.2.1 節 (455) を参照）。一方、同じ文について、（逆）関数合成規則を用いて以下のように導出することも可能である。

(52)

$$
\begin{array}{c}
\text{走ら} \quad \text{ない} \\
\underline{\text{三人以上の選手が}} \quad <B \dfrac{S\backslash NP_{ga} \quad S\backslash S}{S\backslash NP_{ga}} \\
> \dfrac{\boldsymbol{T}/(\boldsymbol{T}\backslash NP_{ga})}{S}
\end{array}
$$

(51) と (52) では導出の木構造が異なっていることが分かる。そして (52) では、真理条件は「三人以上＞否定」となるのである。

このような接辞の扱い方は、動詞が項をすべて取った後に、接辞が階層的に重なっていく (51) のような導出と、動詞と接辞同士が先に接合して複合的な用言をなす (52) のような（いわゆる語彙主義的な）導出の両方を可能にする。[*5]

3.1.4 型繰り上げ規則

固有名詞の統語範疇を NP とすると、日本語にも以下のように、二通りの型繰り上げ規則が存在することになる。

[*5] いわゆる語彙主義と呼ばれる立場のうち、日本語の態の分析などで見られる立場 (Miyagawa (1989)、Manning et al. (1999) 等) では「動詞と接辞が先に（辞書内で）接合していなければならない」という主張が含まれている場合がある。その場合、本分析と「語彙主義」とは相容れないことになる。

(53)
$$>T\frac{\overset{\text{太郎}}{NP_{nc}}}{\boldsymbol{T}/(\boldsymbol{T}\backslash NP_{nc})} \qquad <T\frac{\overset{\text{太郎}}{NP_{nc}}}{\boldsymbol{T}\backslash(\boldsymbol{T}/NP_{nc})}$$

しかし右の導出は、日本語の統語導出において「$/NP$」という構造が現れない限り、以後用いられることはないであろう。このことは、日本語において型繰り上げ規則が不要であることを示唆している。固有名詞が辞書の段階で統語範疇 $\boldsymbol{T}/(\boldsymbol{T}\backslash NP_{nc})$ を指定されていれば良いからである。そうすれば、処理的にも無駄な可能性を計算しなくて良い上に、理論的にも統語範疇 $\boldsymbol{T}\backslash(\boldsymbol{T}/NP_{nc})$ を持つ名詞句が存在することによって、予期せぬ結果が導出されてしまう危険性を避けることができるであろう。

型繰り上げ規則にまつわるこのような事情は、英語においても同様ではないかと思われる。型繰り上げ規則が存在することと、統語範疇変数 $\boldsymbol{T}$ が存在することは別であり、後者さえ認められていれば良い、という強い立場もあり得る。ただし英語における型繰り上げの必要性を論じるのは、本書の目的ではないので、ここでは普遍文法に型繰り上げ規則が存在するか否かについては結論を避ける。ただ、日本語の分析に限って云えば、必要ないようである。

3.1.5 関数交差置換規則

関数交差置換規則については、英語の分析ではいわゆる寄生空所 (parasitic gap) 構文を分析するのに用いられていたが、日本語でこの規則の適用対象となる構文は、意外にも連用節である。特に、連用節が主節と項を共有する場合に必要となる。

(54)
$$>S_\times \frac{\overset{\text{ドラムを叩くし}}{S/S\backslash NP_{ga}} \quad \overset{\text{ピアノを弾く}}{S\backslash NP_{ga}}}{S\backslash NP_{ga}}$$

この構文については、第 9.2.1 節 (719) で詳述する。

3.1.6　かき混ぜ規則

かき混ぜ規則は、その名の通り「かき混ぜ語順」の文を導出する[*6]。

定義 3.1.1 ((順／逆) かき混ぜ規則[*7]).

$$>\sigma \frac{X/(X\backslash \$) : f}{(\boldsymbol{T}/(X\backslash \$))/(\boldsymbol{T}/X) : \lambda g.\lambda x.g(fx)} \qquad <\sigma \frac{X\backslash (X/\$) : f}{(\boldsymbol{T}\backslash (X/\$))\backslash (\boldsymbol{T}\backslash X) : \lambda g.\lambda x.g(fx)}$$

日本語のかき混ぜで用いるのは左の規則である。β 簡約の過程は少々複雑になるが、かき混ぜ文が統語構造・意味表示ともに正しく導出されることが分かる。

(55)

$$>\sigma \frac{\overline{\begin{array}{c}\text{花子に}\\ \boldsymbol{T}/(\boldsymbol{T}\backslash NP_{ni})\\ : \lambda P.P(hanako)\end{array}}}{\begin{array}{c}(\boldsymbol{T}/(X\backslash NP_{ni}))/(\boldsymbol{T}/X)\\ : \lambda Q.\lambda P.Q(P(hanako))\end{array}}$$

$$> \frac{\begin{array}{cc} & \overline{\begin{array}{c}\text{太郎が}\\ \boldsymbol{T}/(\boldsymbol{T}\backslash NP_{ga})\\ : \lambda P.P(taroo)\end{array}} \end{array}}{\begin{array}{c}\boldsymbol{T}/(\boldsymbol{T}\backslash NP_{ga}\backslash NP_{ni})\\ : \lambda P.P(hanako)(taroo)\end{array}} \qquad \overline{\begin{array}{c}\text{会った}\\ S\backslash NP_{ga}\backslash NP_{ni}\\ : \lambda y.\lambda x.\lambda e.au(e,x,y)\end{array}}$$

$$> \frac{\qquad\qquad\qquad\qquad\qquad S \qquad\qquad\qquad\qquad\qquad}{: \lambda e.au(e,taroo,hanako)}$$

一方、英語において以下のような文は重名詞句移動 (Heavy NP shift) として知られている。

[*6] CCG はこれまで、日本語のような語順の自由な言語の分析には向かないと考えられてきた (Lecomte and Retore (1995) 等を参照)。しかし、Saito (1985), Hoji (1985), Saito (1992), Ueyama (1998, 2003) 等、近年の日本語変形生成文法の研究が示してきた結論はむしろ逆であり、日本語の基底語順はそれほど自由ではない、というものである。Ueyama (1998, 2003) の結論は、日本語のかき混ぜ文には二通りの構造が存在し、それぞれ "Surface OS" 文、'Deep OS' 文と呼ばれている。本分析のかき混ぜ規則は、そのうち前者に対応するものである。後者に対応する規則も存在するが、その導入および詳しい議論は別の機会に譲る。

[*7] 英名は "forward/backward surface scrambling rules"。この規則は、本書独自のものである。

(56) John gave to Mary a book about Middle Ages.

この文の導出には、右のかき混ぜ規則を用いることができる。

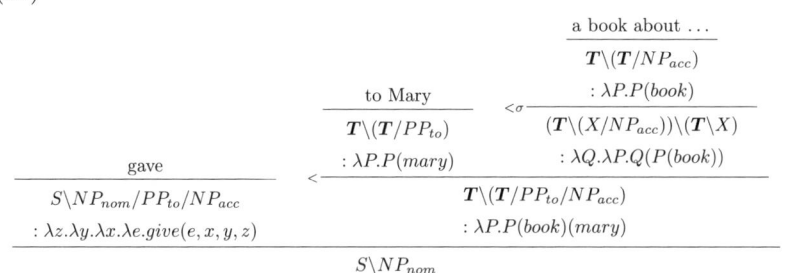

(57)

$$
\cfrac{\cfrac{\text{gave}}{S\backslash NP_{nom}/PP_{to}/NP_{acc}} \quad \cfrac{\cfrac{\text{to Mary}}{T\backslash(T/PP_{to})} \quad \cfrac{\cfrac{\text{a book about}\ldots}{T\backslash(T/NP_{acc})}}{\lambda P.P(book)}}{\cfrac{(T\backslash(X/NP_{acc}))\backslash(T\backslash X)}{\lambda Q.\lambda P.Q(P(book))}} <\sigma}{\cfrac{T\backslash(T/PP_{to}/NP_{acc})}{\lambda P.P(book)(mary)}} <}{\cfrac{S\backslash NP_{nom}}{\lambda x.\lambda e.give(e,x,mary,book)}}
$$

3.2 日本語の統語範疇

ここまで、日本語における組合せ規則の適用例を見てきたが、この文法が非文法的な形式を導出しないようにするためには、統語素性の定義が必須である。たとえば、NP_{ga}、NP_o のような格素性の指定がなければ、以下のような文も生成されてしまうことになる。

(58) a. ＊太郎を花子を会った。
     b. ＊太郎が次郎が花子が紹介した。

また、語幹・助動詞・接尾語の承接における制限を記述するには、統語範疇 S の詳細な下位分類が必要である。助動詞・接尾語の統語範疇は $S\backslash S$ とするが、それだけでは関数合成規則によって、第 1.2 節で挙げた以下のような形式が自由に導出されてしまうであろう。

(59) a. ＊食べせれましなくですたっよ。
     b. ＊飛ぼたいなくだらしくのでしょ。

実のところ、S の素性をどのように定義し、使用するかが、本書の前半部分を占める「活用体系」の中核をなしていると言って良い。CCG に基づいた活用体系を構築するという作業の大部分は、以下の作業に帰着する。

1. 語幹、活用語尾、接尾語間の接続条件を網羅的に記述できるような S の素性（および素性値）の導入
2. それらの素性に基づいた具体的な語彙項目の記述

このうち本節で行うのは前者の作業である。以下、統語範疇 NP、N、S について、正式に統語素性を定義することにしよう。なお、統語範疇 $\bar{S}$ の統語素性については、第 10.1 節において導入する。

3.2.1 統語範疇 NP

固有名詞は統語範疇 NP(noun phrase) を持つ。

(60) 太郎, たろう $\vdash NP_{nc} : taroo$

  花子, はなこ $\vdash NP_{nc} : hanako$

日本語では NP の素性は格素性のみである。

定義 3.2.1 (NP の素性).

素性	素性値
格	$nc \mid ga \mid ni \mid o \mid to \mid niyotte$

素性値が明示的に指定されていない素性については、その素性の「デフォルトの値」を取っていると考える。デフォルトの値は、素性毎に決められている。統語範疇 NP の素性については、デフォルトの値は「すべての値を選言で結んだもの」である。たとえば、以下のように解釈する。

$$NP \stackrel{def}{\equiv} NP_{nc|ga|ni|o|to|niyotte}$$

格素性のうち、nc は (60) のように格がマークされていない（格助詞が付いていない、"no case" の）名詞句を表すことにする。ga、ni、o、to、$niyotte$ はそれぞれ格助詞「が」「に」「を」「と」および格助詞相当句「によって」が付いた名詞句を表す。

3.2.2 統語範疇 N

普通名詞は統語範疇 N(noun) を持つ。日本語の統語範疇 N には素性が存在しない。

(61)　学生, がくせい $\vdash N : \lambda x.\lambda s.gakusei(s, x)$

(61) の意味表示は、モノ x と状態 s（いずれも指標）が与えられたとき、s が「学生であるという状態」であり、その主体が x である、という真理条件を持つ。

3.2.3 統語範疇 $CONJ$

「そして」「または」のような接続詞は、統語範疇 $CONJ$(conjunction) を持つ。日本語の統語範疇 $CONJ$ には素性が存在しない。

(62)　そして, $\varnothing \vdash CONJ : \otimes$

(63)　または $\vdash CONJ : \oplus$

用言の連用形に後接する「そして」については、第 9.2.1 節 (712) を参照のこと。

3.2.4 統語範疇 S

S は「命題」に対応する統語範疇であり、日本語の用言はすべて $S\backslash\$$ という形式を取る。語幹、活用語尾、接尾語の接続の可否は、統語範疇 S(sentence) の素性によって決定される。S の素性は、S の下位分類を表している。本分析で用いる S の素性と、それらが取りうる素性値を定義 3.2.2 に列挙する。

定義 3.2.2 (S の素性).

素性	素性値
品詞	$v \mid a \mid n$
活用種別	$stem \mid neg \mid cont \mid term \mid attr \mid hyp$ $\mid imp \mid pre \mid euph \mid mod \mid vo \mid te$ $\mid ni \mid yooni$
口語形／文語残存形	$\boldsymbol{-l} \quad \mid \quad +l$
非過去形／過去形	$\boldsymbol{-t} \quad \mid \quad +t$
非丁寧形／丁寧形	$\boldsymbol{-p} \quad \mid \quad +p$
肯定形／否定形	$\boldsymbol{-n} \quad \mid \quad +n$
非鼻音化形／鼻音化形	$\boldsymbol{-N} \quad \mid \quad +N$
非取り立て形／取り立て形	$\boldsymbol{-T} \quad \mid \quad +T$

ここでも、素性値については、明示的に記載されていない場合は、その素性におけるデフォルトの値を取っているものと見なす。品詞素性と活用種別素性については、デフォルトの値は「すべての値を選言で結んだもの」である。その他の素性については、太字にしたものがデフォルトの値である。

$$S_{v \atop stem} \stackrel{def}{\equiv} S_{v \atop {stem \atop -l,-t,-p,-n,-N,-T}}$$

煩雑さを避けるため素性名は明記しないが、素性値には重複がないため混乱は起こらないものと考えられる。以下、これらの素性、素性値の意図するところについて順に説明しよう。

「品詞」素性

品詞素性の値 (v, a, n) には、表 3.1 に示すように各々下位分類がある。これは本分析において用言の品詞分類の役割を果たすものであり、特に最下位の分類については「活用系統」と呼ぶことがある。たとえば「活用系統がワ行五段活用である動詞」「活用系統が同じ/異なる動詞」といった表現を用いることがある。

表 3.1 用言の品詞

品詞素性値	俗称	品詞素性値	俗称
$v\ (verb)$	動詞	$a\ (adjective)$	形容詞
$v :: 5$	五段活用動詞	$a :: i$	イ形容詞
$v :: 5 :: k$	カ行五段活用動詞	$a :: i :: auo$	アウオ段イ形容詞
$v :: 5 :: s$	サ行五段活用動詞	$a :: i :: i$	イ段イ形容詞
$v :: 5 :: t$	タ行五段活用動詞	$a :: i :: NAS$	ナシ型活用形容詞
$v :: 5 :: n$	ナ行五段活用動詞	$a :: BES$	ベシ型活用形容詞
$v :: 5 :: m$	マ行五段活用動詞	$n\ (nominal\ predicate)$	状詞
$v :: 5 :: r$	ラ行五段活用動詞	$n :: da$	
$v :: 5 :: w$	ワ行五段活用動詞	$n :: na$	
$v :: 5 :: g$	ガ行五段活用動詞	$n :: no$	
$v :: 5 :: z$	ザ行五段活用動詞	$n :: tar$	
$v :: 5 :: b$	バ行五段活用動詞	$n :: ni$	
$v :: 5 :: IKU$	イク型活用動詞	$n :: \varnothing$	
$v :: 5 :: YUK$	ユク型活用動詞	$n :: to$	
$v :: 5 :: ARU$	アル型活用動詞	$n :: da\|na$	
$v :: 5 :: NAS$	ナサル型活用動詞	$n :: da\|no$	
$v :: 5 :: TOW$	トウ型活用動詞	...	...
$v :: 1$	一段活用動詞	$n :: da\|na\|ni$	形容動詞
$v :: K$	カ行変格活用動詞	$n :: da\|no\|tar$	判定詞
$v :: S$	サ行変格活用動詞	...	...
$v :: Z$	ザ行変格活用動詞	$n :: da\|na\|no$	
$v :: URU$	ウル型活用動詞	$\|tar\|ni\|\varnothing\|to$	

また、いくつかの用語は本書でのみ用いられるものであるが、詳細な説明は次章以降の該当箇所を参照されたい。

「活用種別」素性

活用種別素性の値（$stem, neg, \ldots$ 等）には、$euph, mod, vo$ の三素性値について下位分類が存在する。また、$\pm l$ の値によって別の活用種別となる。pp.47-48 にいわゆる活用表の形式で、活用種別とその実例（活用形）の対応を示しておく。ただし $yooni$ は少々例外的な活用種別であり、これについては第 9.2.3 節で述べる。

pp.47-48 の活用表については、注意すべき点が二つある。第一に、'$\varnothing$' と

'—' は異なる。∅ はその項目の要素が空文字列であることを表し、—は、その項目に要素が存在しないことを表している。

第二に、日本語学においては活用表そのものが分析と見なされているのに対して、本分析においては活用表そのものは分析ではない。活用表の内容は、本章以降で提示する文法によって「生成」されるのであって、いわば文法の出力結果である。ここで活用表を示す理由は、直感的には品詞や活用種別を表す素性の意味合いを示し、理論的には派生の中間目標を示すという、説明上の都合である。

その他の素性

以下、$\pm l$、$\pm t$、$\pm p$、$\pm n$、$\pm N$、$\pm T$ の意味を述べる。

$\pm l$ ($\pm literary\ form$)　$-l$ が口語形、$+l$ が文語残存形を表す。ただし、文語残存形とは文語文法の形式そのものではなく、文語から口語への変化の過程で、異なる形式が用いられるようになったにも関わらず、元の形式が特定の条件下で使われ続けているような形式を指す。

$\pm t$ ($\pm tensed\ form$)　$-t$ は非過去形（いわゆる基本形）、$+t$ は過去形（いわゆるタ形）を表す。詳細は第 5.1.1 節を参照。

$\pm p$ ($\pm polite\ form$)　$-p$ は非丁寧形、$+p$ は丁寧形を表す。詳細は第 5.2.1 節を参照。

$\pm n$ ($\pm negative\ form$)　$-n$ が肯定形、$+n$ が否定形を表す。詳細は第 5.3.2 節および第 6.2.1 節を参照。この素性は「～しか～ない」等の否定呼応表現を扱う際に必要となるが、本書では詳述しない。

$\pm N$ ($\pm nasalized$)　ラ行活用語尾がナ行の助動詞、接尾語に続く場合に「ん」に交替している場合は $+N$、そうでなければ $-N$。詳細は第 4.6.1 節を参照。

$\pm T$ ($\pm\text{``}toritate\text{''}$)　$-T$ が非取り立て形、$-T$ が取り立て形を表す。「する」「いる」「ある」「なる」等の形式述語が接続する形式（「食べ」「食べて」「赤く」「静かで」「静かに」等）が、「も」「は」「さえ」等の取り立て助詞を伴うとき（「食べも」「食べは」「食べさえ」等）は $+T$、そうでなければ $-T$ を指定。詳細は第 6.1.1 節を参照。

表 3.2 用言の活用種別と活用形〔一〕

活用種別素性値		五段動詞	一段動詞	カ変動詞	サ変動詞	形容詞
stem	語幹形	飛	食べ	∅	∅	な
ustem	文語連用接続形	—	—	—	—	の
neg,$-l$	打消形	飛+ば	食べ+∅	∅+こ	∅+し	—
cont,$-l$	連用形	飛+び	食べ+∅	∅+き	∅+し	な+く
term,$-l$	終止形	飛+ぶ	食べ+る	∅+くる	∅+する	な+い
attr,$-l$	連体形	飛+ぶ	食べ+る	∅+くる	∅+する	な+い
hyp,$-l$	条件形	飛+へ	食べ+れ	∅+くれ	∅+すれ	な+けれ
imp,$-l$	命令形	飛+べ	食べ+ろ	∅+こい	∅+しろ	—
pre,$-l$	推量形	飛+ぼ+う	食べ+よ+う	∅+こよ+う	∅+しよ+う	な+かろ+う
te,$-l$	テ形	飛+ん+で	食べ+∅+て	∅+き+て	∅+し+て	な+く+て
ni,$-l$	ニ形	飛+び+に	食べ+∅+に	??∅+き+に	∅+し+に	—
neg,$+l$	文語打消形	飛+ば	食べ+∅	∅+こ	∅+せ	な+から
cont,$+l$	文語連用形	—	—	—	—	の+う
term,$+l$	文語終止形	—	—	—	∅+す	な+し
attr,$+l$	文語連体形	—	—	—	—	な+き
hyp,$+l$	文語条件形	飛+ば	—	—	—	—
imp,$+l$	文語命令形	—	食べよ	—	∅+せよ	な+かれ
pre,$+l$	文語推量形	飛+ば+ん	食べ+∅+ん	∅+こ+ん	∅+せ+ん	な+から+ん
te,$+l$	文語テ形	—	—	—	—	の+う+て
ni,$+l$	文語ニ形	—	—	—	—	—
euph	過去接続形					
euph::t	タ接続形	—	食べ+∅	∅+き	∅+し	な+かっ
euph::d	ダ接続形	飛+ん	—	—	—	—
mod	様相接続形					
mod::u	ウ接続形	飛+ぼ	食べ+よ	∅+こよ	∅+しよ	な+かろ
mod::d	ダロウ接続形	飛+ぶ+∅	食べ+る+∅	∅+くる+∅	∅+する+∅	な+い+∅
mod::s	ソウ接続形	飛+び	食べ+∅	∅+き	∅+し	な+さ
vo	態接続形					
vo::r	受身接続形	飛+ば	食べ+ら	∅+こ+ら	∅+さ	—
vo::s	使役接続形	飛+ば	食べ+さ	∅+こ+さ	∅+さ	—
vo::e	可能接続形	飛+べ	??食べ+れ	??∅+こ+れ	—	—

表 3.3 用言の活用種別と活用形〔二〕

活用種別素性値		状詞 非丁寧／丁寧	タ 過去	ダ 過去	マス 丁寧	ズ 否定	ヌ 否定
stem	語幹形	静か	—	—	—	—	—
neg,$-l$	打消形	—	—	—	—	—	—
cont,$-l$	連用形	—	たり	だり	—	—	—
term,$-l$	終止形	静か＋だ／です	た	だ	ます	—	—
attr,$-l$	連体形	静か＋な／—	た	だ	ます	—	—
hyp,$-l$	条件形	—	たら	だら	—	—	—
imp,$-l$	命令形	—	—	—	ませ・まし	—	—
pre,$-l$	推量形	—	たろ＋う	だろ＋う	ましょ＋う	—	—
te,$-l$	テ形	静か＋で／—	たって	だって	まし＋て	—	—
ni,$-l$	ニ形	静か＋に／—	—	—	—	—	—
neg,$+l$	文語打消形	静か＋なら／—	—	—	ませ	ざら	—
cont,$+l$	文語連用形	—	—	—	—	ずに	—
term,$+l$	文語終止形	静か＋なり／—	たり	だり	まする	ず	ぬ
attr,$+l$	文語連体形	静か＋なる／—	—	—	まする	ざる	ぬ
hyp,$+l$	文語条件形	静か＋なれ／—	—	—	ますれ	ざれ	ね
imp,$+l$	文語命令形	静か＋なれ／—	—	—	ませい	—	—
pre,$+l$	文語推量形	静か＋なら＋ん	—	—	ませ＋ん	ざら＋ん	—
te,$+l$	文語テ形	—	—	—	—	—	—
ni,$+l$	文語ニ形	—	—	—	—	—	—
euph	過去接続形						
euph::t	タ接続形	静か＋だっ／でし	—	—	まし	—	—
euph::d	ダ接続形						
mod	様相接続形						
mod::u	ウ接続形	—	たろ	だろ	ましょ	—	—
mod::d	ダロウ接続形	静か＋∅／—	た＋∅	だ＋∅	ます＋∅	—	—
mod::s	ソウ接続形	静か＋∅／—	—	—	—	—	—
vo	態接続形						
vo::r	受身接続形	—	—	—	—	—	—
vo::s	使役接続形	—	—	—	—	—	—
vo::e	可能接続形	—	—	—	—	—	—

第 4 章

語幹と活用語尾

　本章以降では、いよいよ日本語の語彙項目に具体的な記述を与えて行くことにしよう。本章では語幹と活用語尾、第 5 章では助動詞、第 6 章では接尾語をそれぞれ取り上げる。前章で導入した統語範疇 S の諸素性が、それらの形式間の接続条件を記述するために用いられることになる。

　ただし、本書の「語幹」「活用語尾」は、現在一般的な定義とは若干異なるものとなっている。まず「語幹」に関しては、「用言の中で変化しない部分」と考える点では従来の多くの研究と同じであるが、ローマ字／音素表記ではなくかな表記を用いるため、語幹はすべて母音終わりであり、サ変動詞やカ変動詞など、語幹が ∅（空文字列）であるような動詞も存在する。

　また、本分析において「活用形」とは、必ずしも単一の語彙項目ではない。すなわち「活用形は単一の語の異形態であり、それ自身が語である」という立場は取らない[1]。活用形は語彙項目を以下のいずれかの組み合わせ

---

[1] たとえば庵 (2001, p.51) においては「活用形は文中で使える語形であること」とし、その理由について以下のように述べている。

　「例えば、学校文法では「書いた」を「書い」と「た」の二語と考え、活用表には「書い」だけを（「書き」の音便形として）入れています。しかし、これは英語で言えば "play" は 1 語だが、"played" は 2 語と言うようなものであり、外国語との比較という点からも奇妙ですし、日本語教育においても有害無益です。」

　このような立場の表明に対しては、多くの疑問を投げかけざるを得ない。まず「文中で使える」とはいかなる意味なのか。「太郎が字を書いた」という文中において「書い」も「書いた」も、ともに使われているのではないだろうか。また、膠着語である日本語と屈折語である英語において、「書い」と "play"、「書いた」と "played" が形態論・統

で、CCG の規則によって接続したものである。

- 語幹
- 語幹＋活用語尾
- 語幹＋助動詞
- 語幹＋活用語尾＋助動詞

たとえば「飛びます」「飛んだ」という形式は以下のように分解される。

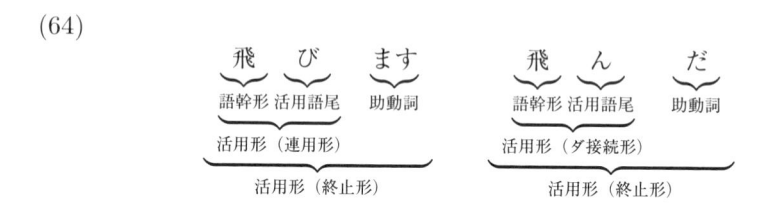

(64)

```
  飛   び     ます         飛   ん    だ
  ⏟   ⏟     ⏟           ⏟   ⏟    ⏟
 語幹形 活用語尾 助動詞      語幹形 活用語尾 助動詞
  ⏟___⏟             ⏟___⏟
  活用形（連用形）         活用形（ダ接続形）
  ⏟_____⏟      ⏟_____⏟
   活用形（終止形）         活用形（終止形）
```

このように、語幹のみに接続するものを「活用語尾」と呼び、語幹もしくは活用語尾に接続するものを「助動詞」と呼ぶことにする。国語学には「助動詞」という概念が必要か否かについての議論[*2]があるが、本分析における名称はあくまで説明の便宜上用いるのであり、分析を構成しているのはあくまで語彙項目と組合せ規則のみであるという点に注意が必要である。すなわち、理論の内部で「活用語尾は〜である」「助動詞は〜である」といった命題は登場しない。したがって、「活用語尾」とは何か、「助動詞」とは何か、という問題についても、最終的には統語範疇とその素性、および意味表示にのみ注意を払って頂ければ良い。

実際、上図をもう少し CCG 的に書くならば、以下のように「活用語尾」「助動詞」という便宜上の名称は消去されることが分かる。

語論的な構造において対応している、と考えなければならない根拠はどこに存在するのだろうか。おそらく、このような立場は、「書いた」で一語でなければならない、という前分析的な直観から導かれたものではなかろうか。

[*2] 助動詞については、北原保雄、大槻文彦、橋本進吉らが肯定派、山田孝雄、松下大三郎、鈴木重幸、渡辺実らが否定派として知られる。北原 (1981, pp.3-45) を参照。

(65)

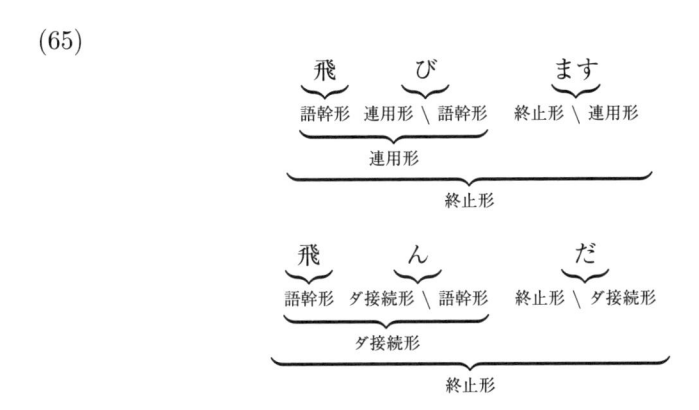

$$\underbrace{\underbrace{\overbrace{飛}^{語幹形}\overbrace{び}^{連用形 \backslash 語幹形}}_{連用形}\overbrace{ます}^{終止形 \backslash 連用形}}_{終止形}$$

$$\underbrace{\underbrace{\overbrace{飛}^{語幹形}\overbrace{ん}^{ダ接続形 \backslash 語幹形}}_{ダ接続形}\overbrace{だ}^{終止形 \backslash ダ接続形}}_{終止形}$$

これに対し、本分析における厳密な語彙項目および導出の記述法を以下に示す。こちらでは「語幹形」「連用形」「終止形」といった用語は第 3.2.4 節で定義された統語範疇 S の素性のみによって表記されている。[*3]

(66)

$$\cfrac{\cfrac{(75)\overbrace{飛}^{S_{v::5::b}\backslash NP_{ga}}_{stem} \quad (84)\overbrace{び}^{S_{v::5::b}\backslash S_{v::5::b}}_{cont\;\;\;\;stem}}{<B\;\;\;\cfrac{S_{v::5::b}\backslash NP_{ga}}{cont}} \quad (310)\overbrace{ます}^{S_{\boxed{1}}\;\;\;\;\;\;\backslash S_{v:\boxed{1}}}_{term|attr,+p\;\;\;\;cont}}{<B\;\;\;\cfrac{S_{v::5::b}}{term|attr,+p}\backslash NP_{ga}}$$

$$\cfrac{\cfrac{(75)\overbrace{飛}^{S_{v::5::b}\backslash NP_{ga}}_{stem} \quad (84)\overbrace{ん}^{S_{v::5::b}\backslash S_{v::5::b}}_{euph::d\;\;\;stem}}{<B\;\;\;\cfrac{S_{v::5::b}\backslash NP_{ga}}{euph::d}} \quad (309)\overbrace{だ}^{S_{\boxed{1}}\;\;\;\;\;\;\;\;\;\;\backslash S_{v:\boxed{1}}}_{term|attr,+t,\boxed{2}\;\;\;euph::d,\pm n:\boxed{2}}}{<B\;\;\;\cfrac{S_{v::5::b}}{term|attr,+t}\backslash NP_{ga}}$$

[*3] (93)(99) に示した導出を (65) を介して (64) と対応させるならば、語幹とは統語範疇が $S_{stem}\backslash \$$ の形式であるもの、活用語尾とは統語範疇が $S_{活用種別 (\neq stem)}\backslash S_{stem}$ の形式であるもの、助動詞とは統語範疇が $S_{活用種別}\backslash S_{活用種別}$ の形式であるものの総称として用いる名称である（ただし「活用種別」とは定義 3.2.2 の活用種別素性の値のうちのいずれか）。

4.1 五段活用動詞

動詞は表 3.1 (p.45) に示したように、五段活用動詞、一段活用動詞、カ行変格活用動詞、サ行変格活用動詞、ザ行変格活用動詞、ウル型活用動詞に分類される。

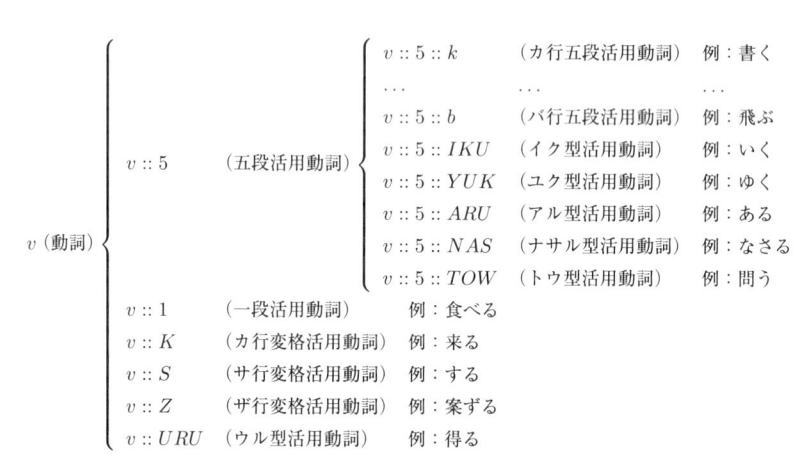

$$
v\text{（動詞）}\begin{cases} v::5 \text{（五段活用動詞）} \begin{cases} v::5::k & \text{（カ行五段活用動詞）} & \text{例：書く} \\ \cdots & \cdots & \cdots \\ v::5::b & \text{（バ行五段活用動詞）} & \text{例：飛ぶ} \\ v::5::IKU & \text{（イク型活用動詞）} & \text{例：いく} \\ v::5::YUK & \text{（ユク型活用動詞）} & \text{例：ゆく} \\ v::5::ARU & \text{（アル型活用動詞）} & \text{例：ある} \\ v::5::NAS & \text{（ナサル型活用動詞）} & \text{例：なさる} \\ v::5::TOW & \text{（トウ活用動詞）} & \text{例：問う} \end{cases} \\ v::1 & \text{（一段活用動詞）} & \text{例：食べる} \\ v::K & \text{（カ行変格活用動詞）} & \text{例：来る} \\ v::S & \text{（サ行変格活用動詞）} & \text{例：する} \\ v::Z & \text{（ザ行変格活用動詞）} & \text{例：案ずる} \\ v::URU & \text{（ウル型活用動詞）} & \text{例：得る} \end{cases}
$$

このうち本節で述べる五段活用動詞は、強変化動詞 (佐久間 (1936))、母音動詞 (Bloch (1946)、McCawley (1968))、Type I の動詞 (寺村 (1984)) 等の名称で呼ばれてきたものに対応している。[*4]

4.1.1 カ行〜バ行五段活用動詞

五段活用動詞の語幹は、(67)〜(75) に列挙したような語彙項目で表される。

[*4] しかし本書の分析は「母音動詞」「子音動詞」の呼び名の元となったところの考え方、すなわち日本語をローマ字／音素の列として表し、五段活用動詞語幹は子音で終わり、一段活用動詞語幹は母音で終わるとする分析 (佐久間 (1936)、Bloch (1946)、McCawley (1968)、寺村 (1984)、益岡・田窪 (1992) 等) とは大きく異なるものである。それらの分析と本書の分析を直接比較することは、紙幅の都合上別の機会に譲るが、本書の分析では採用する規則に「例外」がないのに対して、それらの分析がどれだけの「例外」を設けなければならないかが論点となるであろう。

カ行〜バ行五段活用動詞語幹

(67) 書, か ⊢ $S_{v::5::k,stem} \backslash NP_{ga} \backslash NP_o : \lambda y.\lambda x.\lambda e.kaku(e, x, y)$

(68) 貸, か ⊢ $S_{v::5::s,stem} \backslash NP_{ga} \backslash NP_{ni} \backslash NP_o : \lambda z.\lambda y.\lambda x.\lambda e.kasu(e, x, y, z)$

(69) 立, た ⊢ $S_{v::5::t,stem} \backslash NP_{ga} : \lambda x.\lambda e.tatu(e, x)$

(70) 死, し ⊢ $S_{v::5::n,stem} \backslash NP_{ga} : \lambda x.\lambda e.sinu(e, x)$

(71) 飲, の ⊢ $S_{v::5::m,stem} \backslash NP_{ga} \backslash NP_o : \lambda y.\lambda x.\lambda e.nomu(e, x, y)$

(72) 乗, の ⊢ $S_{v::5::r,stem} \backslash NP_{ga} \backslash NP_{ni} : \lambda y.\lambda x.\lambda e.noru(e, x, y)$

(73) 買, か ⊢ $S_{v::5::w,stem} \backslash NP_{ga} \backslash NP_o : \lambda y.\lambda x.\lambda e.kau(e, x, y)$

(74) 泳, およ ⊢ $S_{v::5::g,stem} \backslash NP_{ga} : \lambda x.\lambda e.oyogu(e, x)$

(75) 飛, と ⊢ $S_{v::5::b,stem} \backslash NP_{ga} : \lambda x.\lambda e.tobu(e, x)$

...

たとえばカ行五段活用動詞「書く」の語幹において "$S_{v::5::k,stem}$" の部分は、品詞素性の値がカ行五段活用動詞 ($v::5::k$) であり、活用種別素性の値が語幹形 ($stem$) であることを表している。第 3.2.4 節で述べたように、この統語範疇は略記であり、省略しなければ以下のようになることに注意しておく。

$$S_{v::5::k,stem,-l,-t,-p,-n,-N,-T}$$

すなわち、記載されていない素性については、第 3.2 節で述べたように、それぞれデフォルトの値を取っていると考える。したがって、$S_{v::5::k,stem}$ は口語形 ($-l$) であり、非過去形 ($-t$) であり、非丁寧形 ($-p$) であり、肯定形 ($-n$) であり、非鼻音化形 ($-N$) であり、非取り立て形 ($-T$) である。

また、同一語の異なる表記[*5] については、以下のような記法を許すものとする。

[*5] ところで、PF の表記については漢字表記と平仮名表記を併記しているが、片仮名表記や、あるいは音素表記も併記するとすれば、以下のようなデータ構造に拡張することもできる。

$$PF_1, \ldots, PF_n \vdash Category : LF$$

この記法は、以下のような n 個の語彙項目に等しい。

$$PF_1 \vdash Category : LF$$
$$\vdots$$
$$PF_n \vdash Category : LF$$

したがって、たとえば (67) の語彙項目は、以下のような二つの語彙項目を併せて表記したものである。

$$書 \vdash \underset{stem}{S_{v::5::k}} \backslash NP_{ga} \backslash NP_o : \lambda y.\lambda x.\lambda e.kaku(e,x,y)$$
$$か \vdash \underset{stem}{S_{v::5::k}} \backslash NP_{ga} \backslash NP_o : \lambda y.\lambda x.\lambda e.kaku(e,x,y)$$

また、"$\backslash NP_{ga} \backslash NP_o$" の部分は、「書く」の項構造の情報を持っており、ガ格、ヲ格の項を取ることを示している。また、この項構造は意味表示 $\lambda y.\lambda x.\lambda e.kaku(e,x,y)$ の型と対応しており、NP_o に相当するのが変数 y、NP_{ga} に相当するのが変数 x である。

さて、このような語幹に対応して、(76)〜(84) に示す語彙項目は、五段活用動詞の活用語尾を表している。語幹については、(67)〜(75) のリストは、膨大な数の動詞から一部の例を示しているに過ぎないが、活用語尾については (76)〜(84) に示すものがすべてである。

---

(67)' $\left\langle \begin{array}{c} 書, か, カ \\ /ka/ \end{array} \right\rangle \vdash \underset{stem}{S_{v::5::k}} \backslash NP_{ga} \backslash NP_o : \lambda y.\lambda x.\lambda e.kaku(e,x,y)$

しかし、この拡張は比較的自明なものであり、その都度この記法で語彙項目を記述していくのは冗長であると思われるので、以下では音素表記については省略する。

4.1. 五段活用動詞

カ行五段活用動詞活用語尾

(76) か $\vdash S_{v::5::k \atop neg|vo::(r|s),\pm l} \backslash S_{v::5::k \atop stem} : id$

き $\vdash S_{v::5::k \atop cont} \backslash S_{v::5::k \atop stem} : id$

く $\vdash S_{v::5::k \atop term|attr} \backslash S_{v::5::k \atop stem} : id$

け $\vdash S_{v::5::k \atop hyp|imp|vo::e} \backslash S_{v::5::k \atop stem} : id$

こ $\vdash S_{v::5::k \atop mod::u} \backslash S_{v::5::k \atop stem} : id$

い $\vdash S_{v::5::k \atop euph::t} \backslash S_{v::5::k \atop stem} : id$

サ行五段活用動詞活用語尾

(77) さ $\vdash S_{v::5::s \atop neg|vo::(r|s),\pm l} \backslash S_{v::5::s \atop stem} : id$

し $\vdash S_{v::5::s \atop cont} \backslash S_{v::5::s \atop stem} : id$

す $\vdash S_{v::5::s \atop term|attr} \backslash S_{v::5::s \atop stem} : id$

せ $\vdash S_{v::5::s \atop hyp|imp|vo::e} \backslash S_{v::5::s \atop stem} : id$

そ $\vdash S_{v::5::s \atop mod::u} \backslash S_{v::5::s \atop stem} : id$

し $\vdash S_{v::5::s \atop euph::t} \backslash S_{v::5::s \atop stem} : id$

タ行五段活用動詞活用語尾

(78) た $\vdash S_{v::5::t \atop neg|vo::(r|s),\pm l} \backslash S_{v::5::t \atop stem} : id$

ち $\vdash S_{v::5::t \atop cont} \backslash S_{v::5::t \atop stem} : id$

つ $\vdash S_{v::5::t \atop term|attr} \backslash S_{v::5::t \atop stem} : id$

て $\vdash S_{v::5::t \atop hyp|imp|vo::e} \backslash S_{v::5::t \atop stem} : id$

と $\vdash S_{v::5::t \atop mod::u} \backslash S_{v::5::t \atop stem} : id$

っ $\vdash S_{v::5::t \atop euph::t} \backslash S_{v::5::t \atop stem} : id$

ナ行五段活用動詞活用語尾

(79) な $\vdash S_{v::5::n \atop neg|vo::(r|s),\pm l} \backslash S_{v::5::n \atop stem} : id$

に $\vdash S_{v::5::n \atop cont} \backslash S_{v::5::n \atop stem} : id$

ぬ $\vdash S_{v::5::n \atop term|attr} \backslash S_{v::5::n \atop stem} : id$

ね $\vdash S_{v::5::n \atop hyp|imp|vo::e} \backslash S_{v::5::n \atop stem} : id$

の $\vdash S_{v::5::n \atop mod::u} \backslash S_{v::5::n \atop stem} : id$

ん $\vdash S_{v::5::n \atop euph::d} \backslash S_{v::5::n \atop stem} : id$

マ行五段活用動詞活用語尾

(80) ま $\vdash S_{v::5::m \atop neg|vo::(r|s),\pm l} \backslash S_{v::5::m \atop stem} : id$

み $\vdash S_{v::5::m \atop cont} \backslash S_{v::5::m \atop stem} : id$

む $\vdash S_{v::5::m \atop term|attr} \backslash S_{v::5::m \atop stem} : id$

め $\vdash S_{v::5::m \atop hyp|imp|vo::e} \backslash S_{v::5::m \atop stem} : id$

も $\vdash S_{v::5::m \atop mod::u} \backslash S_{v::5::m \atop stem} : id$

ん $\vdash S_{v::5::m \atop euph::d} \backslash S_{v::5::m \atop stem} : id$

ラ行五段活用動詞活用語尾

(81) ら $\vdash S_{v::5::r \atop neg|vo::(r|s),\pm l} \backslash S_{v::5::r \atop stem} : id$

り $\vdash S_{v::5::r \atop cont} \backslash S_{v::5::r \atop stem} : id$

る $\vdash S_{v::5::r \atop term|attr} \backslash S_{v::5::r \atop stem} : id$

れ $\vdash S_{v::5::r \atop hyp|imp|vo::e} \backslash S_{v::5::r \atop stem} : id$

ろ $\vdash S_{v::5::r \atop mod::u} \backslash S_{v::5::r \atop stem} : id$

っ $\vdash S_{v::5::r \atop euph::t} \backslash S_{v::5::r \atop stem} : id$

ん $\vdash S_{v::5::r \atop neg|term|attr \atop +N} \backslash S_{v::5::r \atop stem} : id$

56　第 4 章　語幹と活用語尾

ワ行五段活用動詞活用語尾

(82)　わ $\vdash S_{v::5::w \atop neg|vo::(r|s),\pm l} \quad \backslash S_{v::5::w \atop stem} : id$

　　　い $\vdash S_{v::5::w \atop cont} \backslash S_{v::5::w \atop stem} : id$

　　　う $\vdash S_{v::5::w \atop term|attr} \quad \backslash S_{v::5::w \atop stem} : id$

　　　え $\vdash S_{v::5::w \atop hyp|imp|vo::e} \backslash S_{v::5::w \atop stem} : id$

　　　お $\vdash S_{v::5::w \atop mod::u} \backslash S_{v::5::w \atop stem} : id$

　　　っ $\vdash S_{v::5::w \atop euph::t} \backslash S_{v::5::w \atop stem} : id$

ガ行五段活用動詞活用語尾

(83)　が $\vdash S_{v::5::g \atop neg|vo::(r|s),\pm l} \quad \backslash S_{v::5::g \atop stem} : id$

　　　ぎ $\vdash S_{v::5::g \atop cont} \backslash S_{v::5::g \atop stem} : id$

　　　ぐ $\vdash S_{v::5::g \atop term|attr} \quad \backslash S_{v::5::g \atop stem} : id$

　　　げ $\vdash S_{v::5::g \atop hyp|imp|vo::e} \backslash S_{v::5::g \atop stem} : id$

　　　ご $\vdash S_{v::5::g \atop mod::u} \backslash S_{v::5::g \atop stem} : id$

　　　い $\vdash S_{v::5::g \atop euph::d} \backslash S_{v::5::g \atop stem} : id$

バ行五段活用動詞活用語尾

(84)　ば $\vdash S_{v::5::b \atop neg|vo::(r|s),\pm l} \quad \backslash S_{v::5::b \atop stem} : id$

　　　び $\vdash S_{v::5::b \atop cont} \backslash S_{v::5::b \atop stem} : id$

　　　ぶ $\vdash S_{v::5::b \atop term|attr} \quad \backslash S_{v::5::b \atop stem} : id$

　　　べ $\vdash S_{v::5::b \atop hyp|imp|vo::e} \backslash S_{v::5::b \atop stem} : id$

　　　ほ $\vdash S_{v::5::b \atop mod::u} \backslash S_{v::5::b \atop stem} : id$

　　　ん $\vdash S_{v::5::b \atop euph::d} \backslash S_{v::5::b \atop stem} : id$

意味表示 id は任意の型の恒等関数 $(\lambda x.x)$ である。

　これらの活用語尾の統語範疇も略記であり、省略しなければ、たとえば (84) の「ば」は (85) と同一であることにも注意しておく。

(85)
$$\text{ば} \vdash S_{v::5::b \atop {neg|vo::(r|s) \atop -l,-t,-p,-n,-N,-T}} \quad \backslash S_{v::5::b \atop {stem \atop -l,-t,-p,-n,-N,-T}} : id$$

　このように活用語尾を列挙することについて、活用における規則性を捉えていないのではないか、という批判もあり得ると思われるので、補足しておきたい。仮に「仮名関数」とでも呼ぶべき関数 $kana$ を考えよう。仮

名関数は引数として記号を二つ取り、「仮名」を返す。引数と関数の値の関係は以下の表にまとめられる。

b	g	w	r	m	n	t	s	k	第一引数/第二引数
ば	が	わ	ら	ま	な	た	さ	か	a
び	ぎ	い	り	み	に	ち	し	き	i
ぶ	ぐ	う	る	む	ぬ	つ	す	く	u
べ	げ	え	れ	め	ね	て	せ	け	e
ぼ	ご	お	ろ	も	の	と	そ	こ	o

すなわち、仮名関数とは五十音表を関数と見なしたものである。たとえば、以下のような関係が成り立つ。

$$kana(k, a) = か$$
$$\vdots$$
$$kana(b, o) = ぼ$$

この関数を用いて (76)〜(84) の活用語尾を書き直せば、以下の十項目にまとめることができる。

活用語尾（簡略版）

(86)　　$kana(\boxed{1}, a) \vdash S_{v::5::\boxed{1} \atop {neg|vo::(r|s) \atop \pm l}} \backslash S_{v::5::\boxed{1} \atop stem} : id$　　　　い $\vdash S_{\boxed{1} \atop euph::t} \backslash S_{v::5::(k|g)::\boxed{1} \atop stem} : id$

　　　　$kana(\boxed{1}, i) \vdash S_{v::5::s \atop cont} \backslash S_{v::5::\boxed{1} \atop stem} : id$　　　し $\vdash S_{v::5::s \atop euph::t} \backslash S_{v::5::s \atop stem} : id$

　　　　$kana(\boxed{1}, u) \vdash S_{v::5::\boxed{1} \atop term|attr} \backslash S_{v::5::\boxed{1} \atop stem} : id$　　っ $\vdash S_{\boxed{1} \atop euph::t} \backslash S_{v::5::(t|r|w)::\boxed{1} \atop stem} : id$

　　　　$kana(\boxed{1}, e) \vdash S_{v::5::\boxed{1} \atop hyp|imp|vo::e} \backslash S_{v::5::\boxed{1} \atop stem} : id$　　ん $\vdash S_{\boxed{1} \atop euph::d} \backslash S_{v::5::(n|m|b)::\boxed{1} \atop stem} : id$

　　　　$kana(\boxed{1}, o) \vdash S_{v::5::\boxed{1} \atop mod::u} \backslash S_{v::5::\boxed{1} \atop stem} : id$　　ん $\vdash S_{v::5::r \atop {neg|term|attr \atop +N}} \backslash S_{v::5::r \atop stem} : id$

(76)〜(84) の代わりにこちらを用いても良いが、本質的には同じことであるので、本分析では、より直接的である (76)〜(84) を用いることにする。

さて、(67)〜(75) に示した語幹と、(76)〜(84) に示した活用語尾を組み合わせて、活用表 3.2 に列挙した活用形が実際に派生されることを確かめつつ、それらの活用形に後続する代表的な形式との組合せを示そう。まず、

五段活用動詞においては、口語形および文語残存形の打消形、受身接続形、使役接続形が同形である。

(87)

$$<B\frac{(75)\frac{飛}{S_{v::5::b \atop stem}\backslash NP_{ga}}\quad (84)\frac{ば}{S_{v::5::b \atop neg|vo::(r|s),\pm l}\backslash S_{v::5::b \atop stem}}}{S_{v::5::b \atop neg|vo::(r|s),\pm l}\backslash NP_{ga}}$$
$$:\lambda x.\lambda e.tobu(e,x)\quad :id$$
$$:\lambda x.\lambda e.tobu(e,x)$$

このうち、打消形は否定の形容詞性接尾語「ない」(第 6.2.1 節 (455) 参照)、および否定の助動詞「ず」(第 5.3.2 節 (330) 参照) に接続する。これらはそれぞれ、打消形の口語形 $(-l)$、文語残存形 $(+l)$ を選択する。打消形の口語形と文語残存形は五段活用動詞、一段活用動詞、カ行変格活用では同一形式であるが、サ行変格活用動詞、ザ行変格活用動詞、および形容詞では異なることに注意する。

(88)

$$<B\frac{(87)\frac{飛ば}{S_{v::5::b \atop neg|vo::(r|s),\pm l}\backslash NP_{ga}}\quad (457)\frac{ない}{S_{a::i::NAS \atop term|attr,+n}\backslash S_{neg \atop \pm n,\pm N}}}{S_{a::i::NAS \atop term|attr,+n}\backslash NP_{ga}}$$
$$:\lambda x.\lambda e.tobu(e,x)\quad :\lambda P.\lambda e.\sim Pe$$
$$:\lambda x.\lambda e.\sim tobu(e,x)$$

(89)

$$<B\frac{(87)\frac{飛ば}{S_{v::5::b \atop neg|vo::(r|s),\pm l}\backslash NP_{ga}}\quad (330)\frac{ず}{S_{\boxed{1} \atop term,+l,+n}\backslash S_{\boxed{1} \atop neg,+l}}}{S_{v::5::b \atop term,+l,+n}\backslash NP_{ga}}$$
$$:\lambda x.\lambda e.tobu(e,x)\quad :\lambda P.\lambda e.\sim Pe$$
$$:\lambda x.\lambda e.\sim tobu(e,x)$$

4.1. 五段活用動詞　59

また、「飛ば」は受身接続形・使役接続形として、受身の動詞性接尾語「れる」（第 8.1 節 (607)(608) 参照）、使役の動詞性接尾語「せる」（第 8.2 節 (629)(640) 参照）に接続する。

(90)

$$\cfrac{(87)\cfrac{\text{飛ば}}{S_{\substack{v::5::b \\ neg|vo::(r|s),\pm l}}\backslash NP_{ga}} \quad (607)\cfrac{\text{れ}}{S_{\substack{v::1 \\ stem}}\backslash NP_{ga}\backslash NP_{ni}\backslash (S_{vo::r}\backslash NP_{ga})}}{S_{\substack{v::1 \\ stem}}\backslash NP_{ga}\backslash NP_{ni}}<$$

$: \lambda x.\lambda e.tobu(e,x) \qquad : \lambda P.\lambda y.\lambda x.\lambda e.\varepsilon e'.Pye'; reru(e,x,e')$

$: \lambda y.\lambda x.\lambda e.\varepsilon e'.tobu(e',y); reru(e,x,e')$

(91)

$$\cfrac{(87)\cfrac{\text{飛ば}}{S_{\substack{v::5::b \\ neg|vo::(r|s),\pm l}}\backslash NP_{ga}} \quad (629)\cfrac{\text{せ}}{S_{\substack{v::1 \\ stem}}\backslash NP_{ga}\backslash NP_{ni}\backslash (S_{vo::s}\backslash NP_{ga})}}{S_{\substack{v::1 \\ stem}}\backslash NP_{ga}\backslash NP_{ni}}<$$

$: \lambda x.\lambda e.tobu(e,x) \qquad : \lambda P.\lambda y.\lambda x.\lambda e.\varepsilon e'.Pye'; seru{:}ni(e,x,y,e')$

$: \lambda y.\lambda x.\lambda e.\varepsilon e'.tobu(e',y); seru{:}ni(e,x,y,e')$

特殊な例としては、条件を表す接続助詞「ば」（第 9.3 節 (767) 参照）が文語残存条件形に接続する場合がある。口語条件形の (96) の場合と比較されたい。

(92)

$$\cfrac{(87)\cfrac{\text{飛ば}}{S_{\substack{v::5::b \\ neg|vo::(r|s),\pm l}}\backslash NP_{ga}} \quad (767)\cfrac{\text{ば}}{S_{\boxed{1}}/S_{\boxed{1}}\backslash S_{\substack{(neg,+l)|(hyp,\pm l) \\ \pm p,\pm n}}}}{S_{\boxed{1}}/S_{\boxed{1}}\backslash NP_{ga}} <B$$

$: \lambda x.\lambda e.tobu(e,x) \qquad : \lambda P.\lambda Q.\lambda e.\varepsilon e'.Pe' \Rightarrow Qe$

$: \lambda x.\lambda Q.\lambda e.\varepsilon e'.tobu(e',x) \Rightarrow Qe$

連用形「飛び」は連用節としての用法（第 9.2 節参照）の他、丁寧の助動詞「ます」（第 5.2.1 節 (310) 参照）に接続する。

(93)

$$
\cfrac{\cfrac{\cfrac{(75)\overline{\quad\text{飛}\quad}}{\underset{stem}{S_{v::5::b}}\backslash NP_{ga}} \quad \cfrac{(84)\overline{\quad\text{び}\quad}}{\underset{cont}{S_{v::5::b}}\backslash \underset{stem}{S_{v::5::b}}}}{<B\;\cfrac{\;:\lambda x.\lambda e.tobu(e,x)\qquad\qquad :id\;}{\underset{cont}{S_{v::5::b}}\backslash NP_{ga}}} \quad \cfrac{(310)\overline{\quad\text{ます}\quad}}{\underset{term|attr,+p}{S_{\boxed{1}}}\backslash \underset{cont}{S_{v::\boxed{1}}}}}{<B\;\cfrac{\qquad\qquad :\lambda x.\lambda e.tobu(e,x)\qquad\qquad\qquad :id\;}{\underset{term|attr,+p}{S_{v::5::b}}\backslash NP_{ga}}}
$$
$$: \lambda x.\lambda e.tobu(e,x)$$

「飛ぶ」は終止形、連体形共通である。終止形は、そのまま文を終えることができる（これについては第 10.2.1 節「平叙文」も参照のこと）。また、連体形は連体節として用いられる（第 9.1 節参照）ほか、「ようだ」等の状詞に接続する。

(94)

$$
\cfrac{\cfrac{(75)\overline{\quad\text{飛}\quad}}{\underset{stem}{S_{v::5::b}}\backslash NP_{ga}} \quad \cfrac{(84)\overline{\quad\text{ぶ}\quad}}{\underset{term|attr}{S_{v::5::b}}\backslash \underset{stem}{S_{v::5::b}}}}{<B\;\cfrac{\;:\lambda x.\lambda e.tobu(e,x)\qquad\qquad :id\;}{\underset{term|attr}{S_{v::5::b}}\backslash NP_{ga}}}
$$
$$:\lambda x.\lambda e.tobu(e,x)$$

「飛べ」は条件形、命令形、可能接続形共通である。

(95)

$$
\cfrac{\cfrac{(75)\overline{\quad\text{飛}\quad}}{\underset{stem}{S_{v::5::b}}\backslash NP_{ga}} \quad \cfrac{(84)\overline{\quad\text{べ}\quad}}{\underset{hyp|imp|vo::e}{S_{v::5::b}}\backslash \underset{stem}{S_{v::5::b}}}}{<B\;\cfrac{\;:\lambda x.\lambda e.tobu(e,x)\qquad\qquad :id\;}{\underset{hyp|imp|vo::e}{S_{v::5::b}}\backslash NP_{ga}}}
$$
$$:\lambda x.\lambda e.tobu(e,x)$$

条件形は接続助詞「ば」に接続し、条件文を派生する（第 9.3 節 (767) 参照）。

(96)

$$
\begin{array}{c}
(95)\dfrac{\text{飛べ}}{S_{v::5::b \atop hyp|imp|vo::e}\backslash NP_{ga}} \quad (767)\dfrac{\text{ば}}{S_{\boxed{1}}/S_{\boxed{1}}\backslash S_{(neg,+l)|(hyp,\pm l) \atop \pm p, \pm n}} \\
: \lambda x.\lambda e.tobu(e,x) \qquad\qquad : \lambda P.\lambda Q.\lambda e.\varepsilon e'.Pe' \Rightarrow Qe \\
<B\, \overline{\qquad\qquad\qquad\qquad\qquad\qquad\qquad\qquad\qquad\qquad\qquad\qquad} \\
S_{\boxed{1}}/S_{\boxed{1}}\backslash NP_{ga} \\
: \lambda x.\lambda Q.\lambda e.\varepsilon e'.tobu(e',x) \Rightarrow Qe
\end{array}
$$

なお、「飛べば」の縮約形である「飛びゃ」のような形式については、第 9.3 節において活用語尾として扱う。(800) を参照。

命令形「飛べ」については、第 10.2.3 節 (816) の演算子が付加され、命令文となる。第 10.2.3 節を参照されたい。

可能接続形については、可能を表す動詞性接尾語「る」（第 8.3 節 (652) 参照[*6]）に接続する。

(97)

$$
\begin{array}{c}
(75)\dfrac{\text{飛}}{S_{v::5::b \atop stem}\backslash NP_{ga}} \quad (84)\dfrac{\text{べ}}{S_{v::5::b \atop hyp|imp|vo::e}\backslash S_{v::5::b \atop stem}} \\
: \lambda x.\lambda e.tobu(e,x) \qquad\qquad : id \qquad\qquad (653)\dfrac{\text{る}}{S_{v::1 \atop term|attr}\backslash NP_{ga}} \\
<B\, \overline{\qquad\qquad\qquad\qquad\qquad\qquad\qquad\qquad\qquad} \\
S_{v::5::b \atop hyp|imp|vo::e}\backslash NP_{ga} \qquad\qquad \backslash(S_{vo::e}\backslash NP_{ga}) \\
: \lambda x.\lambda e.tobu(e,x) \qquad\qquad : \lambda P.\lambda x.\lambda e.\varepsilon e'. \\
\qquad\qquad\qquad\qquad\qquad\qquad\qquad eru(e,x,Pxe') \\
<\overline{\qquad\qquad\qquad\qquad\qquad\qquad\qquad\qquad\qquad\qquad} \\
S_{v::1 \atop term|attr}\backslash NP_{ga} \\
: \lambda x.\lambda e.\varepsilon e'.eru(e,x,tobu(e',x))
\end{array}
$$

[*6] 「べ」ではなく「る」の側に可能の意味が付されているのが不自然に感じられるかもしれないが、(97) における「る」は、可能の意味を表す空範疇（第 8.3 節 (652a) 参照）と一段活用動詞語尾「る」（第 4.2 節 (132) 参照）から導出されており、活用語尾「る」が可能の意味を持っているわけではないことに注意されたい。しかし、(84) の「べ」の側に可能の意味を付す分析も同様に可能であると思われる。

ウ接続形には、推量意向の助動詞「う」(第 5.4.1 節 (349)(350) 参照) が接続する。

(98)

$$
\begin{array}{c}
(75)\dfrac{\text{飛}}{\underset{stem}{S_{v::5::b}}\backslash NP_{ga}} \quad (84)\dfrac{\text{ぼ}}{\underset{mod::u}{S_{v::5::b}}\backslash \underset{stem}{S_{v::5::b}}} \\
\quad : \lambda x.\lambda e.tobu(e,x) \qquad\qquad : id \\
<B\dfrac{\qquad\qquad\qquad\qquad\qquad\qquad}{\underset{mod::u}{S_{v::5::b}}\backslash NP_{ga}} \quad (349)\dfrac{\text{う}}{\underset{\substack{pre \\ \boxed{2},\boxed{3},\boxed{4},\boxed{5}}}{S_{\boxed{1}}} \backslash \underset{\substack{mod::u \\ \pm t:\boxed{2},+t:\boxed{3} \\ \pm p:\boxed{4},\pm n:\boxed{5}}}{S_{\boxed{1}}}} \\
\qquad : \lambda x.\lambda e.tobu(e,x) \qquad\qquad\qquad\qquad : \lambda P.\lambda e.daroo(Pe) \\
<B\dfrac{\qquad\qquad\qquad\qquad\qquad\qquad\qquad\qquad\qquad}{\underset{pre}{S_{v::5::b}}\backslash NP_{ga}} \\
: \lambda x.\lambda e.daroo(tobu(e,x))
\end{array}
$$

ダ接続形には、過去の助動詞「だ」およびテ形「で」(第 5.1.2 節 (309) 参照) が接続する。

(99)

$$
\begin{array}{c}
(75)\dfrac{\text{飛}}{\underset{stem}{S_{v::5::b}}\backslash NP_{ga}} \quad (84)\dfrac{\text{ん}}{\underset{euph::d}{S_{v::5::b}}\backslash \underset{stem}{S_{v::5::b}}} \\
: \lambda x.\lambda e.tobu(e,x) \qquad\qquad : id \\
<B\dfrac{\qquad\qquad\qquad\qquad\qquad\qquad}{\underset{euph::d}{S_{v::5::b}}\backslash NP_{ga}} \quad (309)\dfrac{\text{だ}}{\underset{\substack{term|attr,+t,\boxed{2}}}{S_{\boxed{1}}}\backslash \underset{\substack{euph::d,\pm n:\boxed{2}}}{S_{v:\boxed{1}}}} \\
: tobu \qquad\qquad\qquad\qquad : \lambda P.\lambda e.(ta(e);Pe) \\
<B\dfrac{\qquad\qquad\qquad\qquad\qquad\qquad\qquad\qquad\qquad}{\underset{term|attr,+t}{S_{v::5::b}}\backslash NP_{ga}} \\
: \lambda x.\lambda P.\lambda e.(ta(e);tobu(e,x))
\end{array}
$$

(100)

$$
\begin{array}{c}
(75)\dfrac{\text{飛}}{\underset{stem}{S_{v::5::b}}\backslash NP_{ga}} \quad (84)\dfrac{\text{ん}}{\underset{euph::d}{S_{v::5::b}}\backslash \underset{stem}{S_{v::5::b}}} \\
: \lambda x.\lambda e.tobu(e,x) \qquad\qquad : id \\
<B\dfrac{\qquad\qquad\qquad\qquad\qquad\qquad}{\underset{euph::d}{S_{v::5::b}}\backslash NP_{ga}} \quad (370)\dfrac{\text{で}}{\underset{te}{S_{\boxed{1}}}\backslash \underset{euph::d}{S_{v:\boxed{1}}}} \\
: \lambda x.\lambda e.tobu(e,x) \qquad\qquad\qquad : id \\
<B\dfrac{\qquad\qquad\qquad\qquad\qquad\qquad\qquad\qquad}{\underset{te}{S_{v::5::b}}\backslash NP_{ga}} \\
: \lambda x.\lambda e.tobu(e,x)
\end{array}
$$

「飛ぶ」の場合は過去接続形は「飛ん」という撥音便形であるが、過去接続形として、促音便、撥音便、イ音便のうちいずれを選択するかは、活用系列によって一意に決まっている。活用系列と過去接続形の対応関係は、(76)〜(84) の活用語尾において示した通りである。

これに対して、「破いた」「破った」という二つの形式は、一見同じ動詞が異なる二つの過去接続形（「破い」と「破っ」）を持つように見えるかもしれない。しかし、これらはそれぞれ、カ行五段活用動詞「破く」とラ行五段活用動詞「破る」の過去接続形であるため、例外的ではない。また、「買った」「問うた」のように、一見同じ活用形列（ワ行五段活用）に属する動詞が異なる過去接続形（「買っ」と「問う」）を持つ場合がある。本分析では、後者はトウ型活用動詞と呼び、ワ行五段活用と区別する (第 4.1.6 節参照)。

少々注意が必要な例として、ラ行五段活用の活用語尾「ん」がある。この形式には $+N$ が指定されている形式のみが後続するが、詳細は第 4.6.1 節を参照。

(101)

$$
\begin{array}{c}
(72)\underline{\quad 乗 \quad} \quad (81)\underline{\quad ん \quad} \\
S_{v::5::r\ stem}\backslash NP_{ga}\backslash NP_{ni} \quad S_{v::5::r\ neg|term|attr,+N}\backslash S_{v::5::r\ stem} \\
:\lambda y.\lambda x.\lambda e.noru(e,x,y) \quad : id
\end{array}
$$

$$
<B\underline{\quad\quad\quad S_{v::5::r\ neg|term|attr,+N}\backslash NP_{ga}\backslash NP_{ni} \quad\quad\quad} \quad (457)\underline{\quad ない \quad}
$$

$$
:\lambda y.\lambda x.\lambda e.noru(e,x,y) \quad S_{a::i::NAS\ term|attr,+n}\backslash S_{neg\ \pm n,\pm N} \\
: \lambda P.\lambda e.\sim Pe
$$

$$
<B\underline{\quad\quad\quad\quad S_{a::i::NAS\ term|attr,+n}\backslash NP_{ga}\backslash NP_{ni} \quad\quad\quad\quad}
$$

$$
:\lambda y.\lambda x.\lambda e.\sim noru(e,x,y)
$$

これらの派生を活用表 3.2 (p.47) と照らし合わせると、様相接続形のダロウ接続形とソウ接続形を除いては*7、五段活用動詞の活用形をすべて派生できることが分かる。第 3.2.4 節において「本分析においては活用表そのものは分析ではない」と述べた理由は今や明確である。五段活用動詞の活用形は、第 2 節で導入した組合せ規則と、(67)〜(75) の語幹、(76)〜(84) に示した活用語尾の定義のみから、演繹的に派生されており、活用表自体は分析の結果に過ぎない。

---

*7 ダロウ接続形とソウ接続形は少々特殊な概念であるため、活用語尾とは別に、それぞれ第 5.4.2 節、第 6.3.2 節において述べる。

さて、標準的な生成音韻論による活用体系では、「行く」等の動詞の扱いは、規則の「例外」となってしまう。本分析では、これらの動詞は独立した活用系統と見なし、規則にはあくまで例外を設けないという立場を取る。

4.1.2 イク型活用動詞

まずは以下の動詞をイク型活用動詞として分類する。

(102) 行 (い) く、逝 (い) く

イク型活用動詞はカ行五段活用動詞と似ているが、過去接続形がイ音便形（*行いた）ではなく、促音便形（行った）である点が異なるため、(104)のような活用語尾を用意する。

イク型活用動詞語幹

(103) 行, い $\vdash S_{v::5::IKU \atop stem} \backslash NP_{ga} \backslash NP_{ni} : \lambda x.\lambda e.iku(e,x)$

逝, い $\vdash S_{v::5::IKU \atop stem} \backslash NP_{ga} : \lambda x.\lambda e.iku(e,x)$

イク型活用動詞活用語尾

(104) か $\vdash S_{v::5::IKU \atop neg|vo::(r|s),\pm l} \backslash S_{v::5::IKU \atop stem} : id$ こ $\vdash S_{v::5::IKU \atop mod::u} \backslash S_{v::5::IKU \atop stem} : id$

き $\vdash S_{v::5::IKU \atop cont} \backslash S_{v::5::IKU \atop stem} : id$

く $\vdash S_{v::5::IKU \atop term|attr} \backslash S_{v::5::IKU \atop stem} : id$ っ $\vdash S_{v::5::IKU \atop euph::t} \backslash S_{v::5::IKU \atop stem} : id$

け $\vdash S_{v::5::IKU \atop hyp|imp|vo::e} \backslash S_{v::5::IKU \atop stem} : id$

(104) の「っ」を用いることで、過去接続形「行った」は (105) のように派生することができる。

4.1. 五段活用動詞   65

(105)

$$
\cfrac{\cfrac{\cfrac{(103)\overline{\quad\underset{stem}{S_{v::5::IKU}\backslash NP_{ga}\backslash NP_{ni}} \quad} \quad (104)\overline{\quad\underset{\underset{stem}{euph::t}}{S_{v::5::IKU}\backslash S_{v::5::IKU}}\quad}}{:\lambda y.\lambda x.\lambda e.iku(e,x,y) \qquad\qquad :id}\ <B}{\underset{\underset{+t}{euph::t}}{S_{v::5::IKU}\backslash NP_{ga}\backslash NP_{ni}}\quad (308)\overline{\quad\underset{\underset{\pm p:\boxed{2},\pm n:\boxed{3}}{\underset{+t,\boxed{2},\boxed{3}}{term|attr}}}{S_{\boxed{1}}\backslash S_{v|a|n:\boxed{1}}}\quad}}{:\lambda y.\lambda x.\lambda e.iku(e,x,y)\qquad\qquad :\lambda P.\lambda e.(ta(e);Pe)}\ <B
$$

$$
\cfrac{}{\underset{\underset{+t}{term|attr}}{S_{v::5::IKU}\backslash NP_{ga}\backslash NP_{ni}}}
$$

$$:\lambda y.\lambda x.\lambda P.\lambda e.(ta(e); iku(e,x,y))$$

一方、「行 (い) いた」は (106) のように、語幹の素性 ($v::5::IKU$) と、活用語尾の素性 ($v::5::k$) の不一致より、組合せ規則を適用することができないため排除される。

(106)

$$
*\cfrac{(103)\overline{\quad\underset{stem}{S_{v::5::IKU}\backslash NP_{ga}\backslash NP_{ni}}\quad}\qquad (76)\overline{\quad\underset{\underset{stem}{euph::t}}{S_{v::5::k}\backslash S_{v::5::k}}\quad}}{:\lambda y.\lambda x.\lambda e.iku(e,x,y)\qquad\qquad :id}
$$

4.1.3 ユク型活用動詞

次に、以下の動詞をユク型活用動詞として分類する。

(107)　行 (ゆ) く、逝 (ゆ) く、道行く、心行 (ゆ) く、等

ユク型活用動詞はカ行五段活用動詞およびイク型活用動詞と似ているが、過去接続形を全く持たない点が異なる。

ユク型活用動詞語幹

(108)　行, ゆ ⊢ $\underset{stem}{S_{v::5::YUK}}\backslash NP_{ga}\backslash NP_{ni} : \lambda y.\lambda x.\lambda e.yuku(e,x,y)$

　　　...

ユク型活用動詞活用語尾

(109) か ⊢ $S_{v::5::YUK \atop neg|vo::(r|s),\pm l} \backslash S_{v::5::YUK \atop stem} : id$

き ⊢ $S_{v::5::YUK \atop cont} \backslash S_{v::5::YUK \atop stem} : id$

く ⊢ $S_{v::5::YUK \atop term|attr} \backslash S_{v::5::YUK \atop stem} : id$

け ⊢ $S_{v::5::YUK \atop hyp|imp|vo::e} \backslash S_{v::5::YUK \atop stem} : id$

こ ⊢ $S_{v::5::YUK \atop mod::u} \backslash S_{v::5::YUK \atop stem} : id$

(110) ＊ゆいた

$$* \frac{(108) \dfrac{ゆ}{S_{v::5::YUK \atop stem} \backslash NP_{ga} \backslash NP_{ni}} \quad (76) \dfrac{い}{S_{v::5::k \atop euph::t} \backslash S_{v::5::k \atop stem}}}{: \lambda y.\lambda x.\lambda e.yuku(e,x,y) \qquad\qquad : id}$$

(111) ＊ゆった

$$* \frac{(108) \dfrac{ゆ}{S_{v::5::YUK \atop stem} \backslash NP_{ga} \backslash NP_{ni}} \quad (104) \dfrac{っ}{S_{v::5::IKU \atop euph::t} \backslash S_{v::5::IKU \atop stem}}}{: \lambda y.\lambda x.\lambda e.yuku(e,x,y) \qquad\qquad : id}$$

なお、カ行五段活用、イク型活用、ユク型活用の活用語尾を重ね合わせて、以下のように定義することも可能である。以下、このように重複する活用語尾をまとめることがあるが、語彙項目の数が減る反面、各語彙項目の表記は煩雑になるので、いずれを使用するかは任意としておく。

カ行五段活用動詞活用語尾（曖昧指定）

(112) か ⊢ $S_{\substack{\boxed{1}\\neg|vo::(r|s),\pm l}} \backslash S_{\substack{v::5::(k|IKU|YUK)\cdot\boxed{1}\\stem}} : id$

き ⊢ $S_{\substack{\boxed{1}\\cont}} \backslash S_{\substack{v::5::(k|IKU|YUK)\cdot\boxed{1}\\stem}} : id$

く ⊢ $S_{\substack{\boxed{1}\\term|attr}} \backslash S_{\substack{v::5::(k|IKU|YUK)\cdot\boxed{1}\\stem}} : id$

け ⊢ $S_{\substack{\boxed{1}\\hyp|imp|vo::e}} \backslash S_{\substack{v::5::(k|IKU|YUK)\cdot\boxed{1}\\stem}} : id$

こ ⊢ $S_{\substack{\boxed{1}\\mod::u}} \backslash S_{\substack{v::5::(k|IKU|YUK)\cdot\boxed{1}\\stem}} : id$

い ⊢ $S_{\substack{v::5::k\\euph::t}} \backslash S_{\substack{v::5::k\\stem}} : id$

っ ⊢ $S_{\substack{v::5::IKU\\euph::t}} \backslash S_{\substack{v::5::IKU\\stem}} : id$

4.1.4 アル型活用動詞

アル型活用動詞に属する動詞は以下の一語のみである。

(113)　在る（有る）

これは文語文法におけるラ行変格活用動詞（「在り」「居り」「侍り」「いまそかり」）の名残であると言われている。アル型活用動詞は、ラ行五段活用動詞と共通点が多いが、以下のような点が異なる。

- 口語打消形を持たない：*在らない
- 文語残存終止形を持つ：在り。

文語残存終止形は (114) のように少々特殊な文脈において終止形的に使われる。また、(115) のように引用の「と」と接続して引用節をなす。

(114)　格安ＰＣ在庫在り！

(115)　総合格闘技のルールは必ずしも何でもありとは言えない。

これらの性質を踏まえて、以下のような語幹と活用語尾を仮定する。打消形が文語残存形のみ (+l) に指定されており、文語残存終止形を派生する活用語尾「り」が定義されている。

アル型活用動詞語幹

(116) 在, 有, あ $\vdash \underset{stem}{S_{v::5::ARU}} \backslash NP_{ga} : \lambda x.\lambda e.aru(e,x)$

アル型活用動詞活用語尾

(117) ら $\vdash \underset{vo::(r|s)}{S_{v::5::ARU}} \backslash \underset{stem}{S_{v::5::ARU}} : id$ 　　 る $\vdash \underset{term|attr}{S_{v::5::ARU}} \backslash \underset{stem}{S_{v::5::ARU}} : id$

$\boxed{ら \vdash \underset{\substack{neg \\ +l}}{S_{v::5::ARU}} \backslash \underset{stem}{S_{v::5::ARU}} : id}$ れ $\vdash \underset{hyp|imp|vo::e}{S_{v::5::ARU}} \backslash \underset{stem}{S_{v::5::ARU}} : id$

り $\vdash \underset{cont}{S_{v::5::ARU}} \backslash \underset{stem}{S_{v::5::ARU}} : id$ ろ $\vdash \underset{mod::u}{S_{v::5::ARU}} \backslash \underset{stem}{S_{v::5::ARU}} : id$

$\boxed{り \vdash \underset{\substack{term \\ +l}}{S_{v::5::ARU}} \backslash \underset{stem}{S_{v::5::ARU}} : id}$ っ $\vdash \underset{euph::t}{S_{v::5::ARU}} \backslash \underset{stem}{S_{v::5::ARU}} : id$

4.1.5 ナサル型活用動詞

次に、以下のような動詞をナサル型活用動詞として分類する。

(118) なさる、いらっしゃる（らっしゃる）、おっしゃる、くださる、ござる

これらの動詞の活用もまたラ行五段活用に似ているが、連用形および命令形活用語尾「い」が存在することが異なっている。ただし、非標準的用法としては、「なされ」「いらっしゃれ」「仰れ」「くだされ」という命令形も存在する。

(119) 連用形：いらっしゃいました。

(120) 命令形：いらっしゃい。

これらの動詞はいずれも尊敬語であるが、尊敬語の動詞すべてがラ行変格イ活用動詞というわけではない。たとえば「召し上がる」は尊敬語であるが、ラ行五段活用動詞である。

(121) ＊召し上がい。

4.1. 五段活用動詞　69

　ナサル型動詞の語幹は以下のようなものである。ただし「仰る」は統語範疇 $\bar{S}$ の要素を取り、それに伴って意味表示も複雑なものになっている。詳細は第 10 章を参照のこと。

ナサル型活用動詞語幹

(122) 　為さ, なさ $\vdash S_{v::5::NAS \atop stem} \backslash S_{v \atop cont} : id$

　　　為さ, なさ $\vdash S_{v::5::NAS \atop stem} \backslash S_{v::S \atop stem} : id$

　　　いらっしゃ $\vdash S_{v::5::NAS \atop stem} \backslash NP_{ga} : \lambda x.\lambda e.kuru(e, x)$

　　　いらっしゃ $\vdash S_{v::5::NAS \atop stem} \backslash S_{te} : id$

　　　仰, おっしゃ $\vdash S_{v::5::NAS \atop stem} \backslash NP_{ga} \backslash \bar{S}_{to}$

　　　　　$: \lambda P.\lambda x.\lambda e.(iu(e, x, \pi_2(P)); ito(e, \pi_1(P)))$

　　　下さ, くださ $\vdash S_{v::5::NAS \atop stem} \backslash NP_{ga} \backslash NP_{ni} \backslash NP_o : \lambda z.\lambda y.\lambda x.\lambda e.kureru(e, x, y, z)$

　　　下さ, くださ $\vdash S_{v::5::NAS \atop stem} \backslash S_{te} : id$

　　　御座, ござ $\vdash S_{hv.stem \atop +l} \backslash S_{cont} : id$

　連用形・命令形活用語尾「い」を含む活用語尾群を (123) に示すが、これによって (124) のように「なさい」「いらっしゃい」「おっしゃい」「ください」という形式が派生される。

ナサル型活用動詞活用語尾

(123) 　ら $\vdash S_{v::5::NAS \atop neg|vo::(r|s),\pm l} \backslash S_{v::5::NAS \atop stem} : id$　　　ろ $\vdash S_{v::5::NAS \atop mod::u} \backslash S_{v::5::NAS \atop stem} : id$

　　　り $\vdash S_{v::5::NAS \atop cont} \backslash S_{v::5::NAS \atop stem} : id$　　　っ $\vdash S_{v::5::NAS \atop euph::t} \backslash S_{v::5::NAS \atop stem} : id$

　　　る $\vdash S_{v::5::NAS \atop term|attr} \backslash S_{v::5::NAS \atop stem} : id$

　　　れ $\vdash S_{v::5::NAS \atop hyp|imp|vo::e} \backslash S_{v::5::NAS \atop stem} : id$　　　$\boxed{ \text{い} \vdash S_{v::5::NAS \atop cont|imp} \backslash S_{v::5::NAS \atop stem} : id }$

(124)
$$\cfrac{\cfrac{\text{いらっしゃ}}{S_{v::5::NAS \atop stem}\backslash NP_{ga} \ : \ \lambda x.\lambda e.kuru(e,x)}(122) \quad \cfrac{\text{い}}{S_{v::5::NAS \atop cont|imp}\backslash S_{v::5::NAS \atop stem} \ : \ id}(123)}{S_{v::5::NAS \atop cont|imp}\backslash NP_{ga} \ : \ \lambda x.\lambda e.kuru(e,x)}<B$$

これらもカ行同様、ラ行五段活用、アル型活用、ナサル型活用の活用語尾を重ね合わせて、以下のように定義することができる。

ラ行五段活用動詞活用語尾（曖昧指定）

(125) ら ⊢ $S_{\boxed{1} \atop neg} \backslash S_{v::5::(r|NAS):\boxed{1} \atop stem} : id$

ら ⊢ $S_{\boxed{1} \atop vo::(r|s)} \backslash S_{v::5::(r|ARU|NAS):\boxed{1} \atop stem} : id$

ら ⊢ $S_{\boxed{1} \atop neg \atop +l} \backslash S_{v::5::(r|ARU|NAS):\boxed{1} \atop stem} : id$

り ⊢ $S_{\boxed{1} \atop cont} \backslash S_{v::5::(r|ARU|NAS):\boxed{1} \atop stem} : id$

り ⊢ $S_{v::5::ARU \atop term \atop +l} \backslash S_{v::5::ARU \atop stem} : id$

る ⊢ $S_{\boxed{1} \atop term|attr} \backslash S_{v::5::(r|ARU|NAS):\boxed{1} \atop stem} : id$

れ ⊢ $S_{\boxed{1} \atop hyp|imp|vo::e} \backslash S_{v::5::(r|ARU|NAS):\boxed{1} \atop stem} : id$

ろ ⊢ $S_{\boxed{1} \atop mod::u} \backslash S_{v::5::(r|ARU|NAS):\boxed{1} \atop stem} : id$

っ ⊢ $S_{\boxed{1} \atop euph::t} \backslash S_{v::5::(r|ARU|NAS):\boxed{1} \atop stem} : id$

い ⊢ $S_{v::5::NAS \atop cont|imp} \backslash S_{v::5::NAS \atop stem} : id$

4.1.6 トウ型活用動詞

トウ型活用動詞に属する動詞には以下のようなものがある。

(126) 問う、乞う、恋う、宣う（曰う）、等

4.1. 五段活用動詞　71

　これらはワ行五段活用動詞に似ているが、過去接続形が、たとえば「問う」では「問っ(た)」ではなく「問う(た)」となる点が、ワ行五段活用動詞と異なる。また、関西方言では「憩う」「言う」「彷徨う」「吸う」等、ワ行五段活用動詞の多くがトウ型活用動詞となる。

ワ変動詞語幹

(127)　問, と $\vdash S_{v::5::TOWs \atop stem} \backslash NP_{ga} \backslash NP_o : \lambda y.\lambda x.\lambda e.tou(e,x,y)$

　　　…

ワ変五段活用動詞活用語尾

(128)　わ $\vdash S_{v::5::TOW \atop neg|vo::(r|s),\pm l} \backslash S_{v::5::TOW \atop stem} : id$

　　　い $\vdash S_{v::5::TOW \atop cont} \backslash S_{v::5::TOW \atop stem} : id$

　　　う $\vdash S_{v::5::TOW \atop term|attr} \backslash S_{v::5::TOW \atop stem} : id$

　　　え $\vdash S_{v::5::TOW \atop hyp|imp|vo::e} \backslash S_{v::5::TOW \atop stem} : id$

　　　お $\vdash S_{v::5::TOW \atop mod::u} \backslash S_{v::5::TOW \atop stem} : id$

　　　$\boxed{う \vdash S_{v::5::TOW \atop euph::t} \backslash S_{v::5::TOW \atop stem} : id}$

(129) に「問うた」の導出を示す。

(129)

$$\cfrac{\cfrac{(127)\ \ 問}{S_{v::5::TOW \atop stem}\backslash NP_{ga}\backslash NP_o : \lambda y.\lambda x.\lambda e.tou(e,x,y)} \quad \cfrac{(128)\ \ う}{S_{v::5::TOW \atop euph::t}\backslash S_{v::5::TOW \atop stem} : id}}{\cfrac{S_{v::5::TOW \atop euph::t}\backslash NP_{ga}\backslash NP_o : \lambda y.\lambda x.\lambda e.tou(e,x,y)}{} \quad \cfrac{(308)\ \ た}{S_{\boxed{1} \atop {term|attr \atop +t,\boxed{2},\boxed{3}}}\backslash S_{v|a|n:\boxed{1} \atop {euph::t \atop \pm p:\boxed{2},\pm n:\boxed{3}}} : \lambda P.\lambda e.(ta(e);Pe)}} <B$$

$$\cfrac{}{S_{v::5::TOW \atop {term|attr \atop +t}}\backslash NP_{ga}\backslash NP_o : \lambda y.\lambda x.\lambda P.\lambda e.(ta(e);tou(e,x,y))} <B$$

　(128) の活用語尾もラ行同様、ワ行五段活用の活用語尾と重ね合わせて定義し直すことができる。

ワ行五段活用動詞活用語尾 (曖昧指定)

(130) わ ⊢ $S_{\boxed{1} \atop neg|vo::(r|s),\pm l} \backslash S_{v::5::(w|TOW):\boxed{1} \atop stem} : id$

い ⊢ $S_{\boxed{1} \atop cont} \backslash S_{v::5::(w|TOW):\boxed{1} \atop stem} : id$

う ⊢ $S_{\boxed{1} \atop term|attr} \backslash S_{v::5::(w|TOW):\boxed{1} \atop stem} : id$

え ⊢ $S_{\boxed{1} \atop hyp|imp|vo::e} \backslash S_{v::5::(w|TOW):\boxed{1} \atop stem} : id$

お ⊢ $S_{\boxed{1} \atop mod::u} \backslash S_{v::5::(w|TOW):\boxed{1} \atop stem} : id$

っ ⊢ $S_{v::5::w \atop euph::t} \backslash S_{v::5::w \atop stem} : id$

う ⊢ $S_{v::5::TOW \atop euph::t} \backslash S_{v::5::TOW \atop stem} : id$

4.2 一段活用動詞

一段活用動詞は、弱変化動詞 (佐久間 (1936))、子音動詞 (Bloch (1946)、McCawley (1968))、Type II の動詞 (寺村 (1984)) 等の名称でも呼ばれている。一段活用動詞の語幹は、(131) に挙げるような語彙項目で表される。

一段活用動詞語幹

(131) 見, み ⊢ $S_{v::1 \atop stem} \backslash NP_{ga} \backslash NP_o : \lambda y.\lambda x.\lambda e.miru(e,x,y)$

食べ, たべ ⊢ $S_{v::1 \atop stem} \backslash NP_{ga} \backslash NP_o : \lambda y.\lambda x.\lambda e.taberu(e,x,y)$

...

一段活用動詞活用語尾

(132) ∅ ⊢ $S_{v::1 \atop neg|cont|euph::t} \backslash S_{v::1 \atop stem} : id$ 　　れ ⊢ $S_{v::1 \atop hyp} \backslash S_{v::1 \atop stem} : id$

∅ ⊢ $S_{v::1 \atop neg \atop +l} \backslash S_{v::1 \atop stem} : id$ 　　ろ ⊢ $S_{v::1 \atop imp} \backslash S_{v::1 \atop stem} : id$

ら ⊢ $S_{v::1 \atop vo::r} \backslash S_{v::1 \atop stem} : id$ 　　よ, い ⊢ $S_{v::1 \atop imp \atop +l} \backslash S_{v::1 \atop stem} : id$

さ ⊢ $S_{v::1 \atop vo::s} \backslash S_{v::1 \atop stem} : id$ 　　よ ⊢ $S_{v::1 \atop mod::u} \backslash S_{v::1 \atop stem} : id$

る ⊢ $S_{v::1 \atop term|attr} \backslash S_{v::1 \atop stem} : id$ 　　ん ⊢ $S_{v::1 \atop neg|term|attr \atop +N} \backslash S_{v::1 \atop stem} : id$

4.2. 一段活用動詞　73

　語幹と活用語尾について、この位置で分割する限りにおいては、上一段活用と下一段活用を区別する必要はない。

　活用表 3.2 に列挙した一段活用動詞の活用形が、(131) の語幹と (132) の活用語尾から派生されることを確かめよう。打消形と連用形については、一段活用動詞の活用語尾は空範疇である。

(133)

$$<B\dfrac{(131)\dfrac{\text{食べ}}{S_{v::1\atop stem}\backslash NP_{ga}\backslash NP_o} : \lambda y.\lambda x.\lambda e.taberu(e,x,y) \quad (132)\dfrac{\varnothing}{S_{v::1\atop neg|cont|euph::t}\backslash S_{v::1\atop stem}} : id}{S_{v::1\atop neg|cont|euph::t}\backslash NP_{ga}\backslash NP_o} : \lambda y.\lambda x.\lambda e.taberu(e,x,y)$$

(134)

$$<B\dfrac{(131)\dfrac{\text{食べ}}{S_{v::1\atop stem}\backslash NP_{ga}\backslash NP_o} : \lambda y.\lambda x.\lambda e.taberu(e,x,y) \quad (132)\dfrac{\varnothing}{S_{v::1\atop neg\atop +l}\backslash S_{v::1\atop stem}} : id}{S_{v::1\atop neg\atop +l}\backslash NP_{ga}\backslash NP_o} : \lambda y.\lambda x.\lambda e.taberu(e,x,y)$$

(135)

$$<B\dfrac{(133)\dfrac{\text{食べ}}{S_{v::1\atop neg|cont|euph::t}\backslash NP_{ga}\backslash NP_o} : \lambda y.\lambda x.\lambda e.taberu(e,x,y) \quad (457)\dfrac{\text{ない}}{S_{a::i::NAS\atop term|attr,+n}\backslash S_{neg\atop \pm n,\pm N}} : \lambda P.\lambda e.\sim Pe}{S_{a::i::NAS\atop term|attr,+n}\backslash NP_{ga}\backslash NP_o} : \lambda y.\lambda x.\lambda e.\sim taberu(e,x,y)$$

(136)

$$\cfrac{\cfrac{食べ}{S_{v::1 \atop neg \atop +l}\backslash NP_{ga}\backslash NP_o}\text{(134)} \quad \cfrac{ず}{S_{\boxed{1} \atop term \atop +l,+n}\backslash S_{\boxed{1} \atop neg \atop +l}}\text{(330)}}{S_{v::1 \atop term,+l,+n}\backslash NP_{ga}\backslash NP_o}{<B}$$

$$: \lambda y.\lambda x.\lambda e.taberu(e,x,y) \qquad : \lambda P.\lambda e.{\sim}Pe$$

$$: \lambda x.\lambda y.\lambda e.{\sim}taberu(e,x,y)$$

(137)

$$\cfrac{\cfrac{食べ}{S_{v::1 \atop neg|cont|euph::t}\backslash NP_{ga}\backslash NP_o}\text{(133)} \quad \cfrac{ます}{S_{\boxed{1} \atop term|attr,+p}\backslash S_{v::\boxed{1} \atop cont}}\text{(310)}}{S_{v::1 \atop term|attr,+p}\backslash NP_{ga}\backslash NP_o}{<B}$$

$$: \lambda y.\lambda x.\lambda e.taberu(e,x,y) \qquad : id$$

$$: \lambda y.\lambda x.\lambda e.taberu(e,x,y)$$

空範疇を用いることを嫌うならば、一段活用動詞の語幹を以下のように指定する方法もある。

一段活用動詞語幹（別案）

(138)　見, み ⊢ $S_{v::1 \atop stem|neg\pm l|cont|euph::t}\backslash NP_{ga}\backslash NP_o : \lambda y.\lambda x.\lambda e.miru(e,x,y)$

　　　食べ, たべ ⊢ $S_{v::1 \atop stem|neg\pm l|cont|euph::t}\backslash NP_{ga}\backslash NP_o : \lambda y.\lambda x.\lambda e.taberu(e,x,y)$

本書で扱う範囲では、(131) と (138) との間に生成する文の差は生じない。以降、スペースの都合上、(138) ではなく、(131)(132) の語彙項目を用いることにする。

受身接続形、使役接続形[8]は五段活用動詞においては打消形と同形式であったが、一段活用動詞では別形式である。

---

[8] (140) において、「*太郎が猫をカツオブシを食べさせた」のような、いわゆる「二重ヲ格制約違反」が生じる可能性については、(632b)(p.232) を参照のこと。

(139)

$$
\begin{array}{c}
(131)\dfrac{\text{食べ}}{\underset{stem}{S_{v::1}}\backslash NP_{ga}\backslash NP_o} \qquad (132)\dfrac{\text{ら}}{\underset{vo::r}{S_{v::1}}\backslash \underset{stem}{S_{v::1}}} \\
: \lambda y.\lambda x.\lambda e.taberu(e,x,y) \qquad : id \qquad (607)\dfrac{\text{れ}}{\underset{stem}{S_{v::1}}\backslash NP_{ga}\backslash NP_{ni}} \\
<B\dfrac{\underset{vo::r}{S_{v::1}}\backslash NP_{ga}\backslash NP_o}{} \qquad \backslash (S_{vo::r}\backslash NP_{ga}) \\
: \lambda y.\lambda x.\lambda e.taberu(e,x,y) \qquad : \lambda P.\lambda y.\lambda x.\lambda e. \\
\varepsilon e'.Pye'; reru(e,x,e') \\
<B\dfrac{}{\underset{stem}{S_{v::1}}\backslash NP_{ga}\backslash NP_{ni}\backslash NP_o} \\
: \lambda z.\lambda y.\lambda x.\lambda e.\varepsilon e'.taberu(e',y,z); reru(e,x,e')
\end{array}
$$

(140)

$$
\begin{array}{c}
(131)\dfrac{\text{食べ}}{\underset{stem}{S_{v::1}}\backslash NP_{ga}\backslash NP_o} \qquad (132)\dfrac{\text{さ}}{\underset{vo::s}{S_{v::1}}\backslash \underset{stem}{S_{v::1}}} \\
: \lambda y.\lambda x.\lambda e.taberu(e,x,y) \qquad : id \qquad (629)\dfrac{\text{せ}}{\underset{stem}{S_{v::1}}\backslash NP_{ga}\backslash NP_{ni}} \\
<B\dfrac{\underset{vo::s}{S_{v::1}}\backslash NP_{ga}\backslash NP_o}{} \qquad \backslash (S_{vo::s}\backslash NP_{ga}) \\
: \lambda y.\lambda x.\lambda e.taberu(e,x,y) \qquad : \lambda P.\lambda y.\lambda x.\lambda e. \\
\varepsilon e'.Pye'; seru:ni(e,x,y,e') \\
<B\dfrac{}{\underset{stem}{S_{v::1}}\backslash NP_{ga}\backslash NP_{ni}\backslash NP_o} \\
: \lambda z.\lambda y.\lambda x.\lambda e.\varepsilon e'.taberu(e',y,z); seru:ni(e,x,y,e')
\end{array}
$$

一段活用動詞も五段活用動詞同様、終止形、連体形が同形である。

(141)

$$
\begin{array}{c}
(131)\dfrac{\text{食べ}}{\underset{stem}{S_{v::1}}\backslash NP_{ga}\backslash NP_o} \qquad (132)\dfrac{\text{る}}{\underset{term|attr}{S_{v::1}}\backslash \underset{stem}{S_{v::1}}} \\
: \lambda y.\lambda x.\lambda e.taberu(e,x,y) \qquad : id \\
<B\dfrac{}{\underset{term|attr}{S_{v::1}}\backslash NP_{ga}\backslash NP_o} \\
: \lambda y.\lambda x.\lambda e.taberu(e,x,y)
\end{array}
$$

条件形、命令形については、一段活用動詞では形式が異なる。特に、命令形には口語形、文語残存形の二つが有り、状況によって使い分けられる。

(142)

$$
\cfrac{\cfrac{\overset{\text{食べ}}{S_{v::1 \atop stem} \backslash NP_{ga} \backslash NP_o} \quad (131) \qquad \cfrac{\overset{\text{れ}}{S_{v::1 \atop hyp} \backslash S_{v::1 \atop stem}} \quad (132)}{: id}}{S_{v::1 \atop hyp} \backslash NP_{ga} \backslash NP_o} <B \qquad \cfrac{\overset{\text{ば}}{S_{\boxed{1}}/S_{\boxed{1}} \backslash S_{(neg,+l)|(hyp,\pm l) \atop \pm p, \pm n}} \quad (767)}{: \lambda P. \lambda Q. \lambda e. \varepsilon e'. Pe' \Rightarrow Qe}}{: \lambda y. \lambda x. \lambda e. taberu(e,x,y)} <B
$$

$$
\cfrac{}{S_{\boxed{1}}/S_{\boxed{1}} \backslash NP_{ga} \backslash NP_o} \\
: \lambda y. \lambda x. \lambda Q. \lambda e. \varepsilon e'. taberu(e,x,y) \Rightarrow Qe
$$

(143)

$$
\cfrac{\cfrac{\overset{\text{食べ}}{S_{v::1 \atop stem} \backslash NP_{ga} \backslash NP_o} \quad (131) \qquad \cfrac{\overset{\text{ろ}}{S_{v::1 \atop imp} \backslash S_{v::1 \atop stem}} \quad (132)}{: id}}{: \lambda y. \lambda x. \lambda e. taberu(e,x,y)}}{S_{v::1 \atop imp} \backslash NP_{ga} \backslash NP_o \\ : \lambda y. \lambda x. \lambda e. taberu(e,x,y)} <B
$$

(144)

$$
\cfrac{\cfrac{\overset{\text{食べ}}{S_{v::1 \atop stem} \backslash NP_{ga} \backslash NP_o} \quad (131) \qquad \cfrac{\overset{\text{よ}}{S_{v::1 \atop imp \atop +l} \backslash S_{v::1 \atop stem}} \quad (132)}{: id}}{: \lambda y. \lambda x. \lambda e. taberu(e,x,y)}}{S_{v::1 \atop imp} \backslash NP_{ga} \backslash NP_o \\ : \lambda y. \lambda x. \lambda e. taberu(e,x,y)} <B
$$

　一段活用動詞には可能態接続形が存在せず、したがって可能態を表す動詞性接尾語「る」(第 8.3 節 (652) 参照) も接続しない[*9]。可能態を表す動詞性接尾語として「る」の代わりに「れる」を用いるが、こちらは受身接続形「食べら」に接続する (第 8.3 節 (660) 参照。)。

[*9] 「?食べれる」のような、いわゆる「ら抜き言葉」については第 8.4 節を参照。

(145)

$$\cfrac{\cfrac{(131)\overline{\quad\text{食べ}\quad}}{\substack{S_{v::1}\\stem}\backslash NP_{ga}\backslash NP_o} \quad \cfrac{(132)\overline{\quad\text{ら}\quad}}{\substack{S_{v::1}\\vo::r}\backslash \substack{S_{v::1}\\stem}} }{\cfrac{<B\cfrac{:\lambda y.\lambda x.\lambda e.taberu(e,x,y) \qquad :id}{\substack{S_{v::1}\\vo::r}\backslash NP_{ga}\backslash NP_o}}{:\lambda y.\lambda x.\lambda e.taberu(e,x,y)} \quad \cfrac{(660a)\overline{\quad\text{れ}\quad}}{\substack{S_{v::1}\\stem}\backslash NP_{ga}\backslash (S_{\substack{v::(1|K)\\vo::r}}\backslash NP_{ga}) \\ :\lambda P.\lambda x.\lambda e.\varepsilon e'.eru(e,x,Pxe')}}{<\cfrac{}{\substack{S_{v::1}\\term|attr}\backslash NP_{ni}\backslash NP_{ga}}}$$

$:\lambda y.\lambda x.\lambda x.\lambda e.\varepsilon e'.eru(e,x,taberu(e,x,y))$

なお、「れる」の統語範疇内に現れる素性値 $v::(1|K)$ は、$v::1$ または $v::K$ と解釈する。すなわち、一段活用動詞またはカ行変格活用動詞に接続する、という指定である。

ウ接続形には、推量意向の助動詞「う」（第 5.4.1 節 (349)(350) 参照）が接続する。

(146)

$$\cfrac{\cfrac{(131)\overline{\quad\text{食べ}\quad}}{\substack{S_{v::1}\\stem}\backslash NP_{ga}\backslash NP_o} \quad \cfrac{(132)\overline{\quad\text{よ}\quad}}{\substack{S_{v::1}\\mod::u}\backslash \substack{S_{v::1}\\stem}}}{<B\cfrac{:\lambda y.\lambda x.\lambda e.taberu(e,x,y) \qquad :id}{\substack{S_{v::1}\\mod::u}\backslash NP_{ga}\backslash NP_o} \quad \cfrac{(349)\overline{\quad\text{う}\quad}}{\substack{S_{\boxed{1}}\\pre\\ \boxed{2},\boxed{3},\boxed{4},\boxed{5}}\backslash S_{\substack{\boxed{1}\\mod::u\\ \pm l:\boxed{2},\pm t:\boxed{3}\\ \pm p:\boxed{4},\pm n:\boxed{5}}}}}$$

$:\lambda y.\lambda x.\lambda e.taberu(e,x,y) \qquad :\lambda P.\lambda e.daroo(Pe)$

$$<B\cfrac{}{\substack{S_{v::1}\\pre}\backslash NP_{ga}\backslash NP_o}$$

$:\lambda y.\lambda x.\lambda e.daroo(taberu(e,x,y))$

一段動詞の過去形は、タ接続形のみであり、過去の助動詞「た」（第 5.1.1 節 (308) 参照）およびテ形「て」（第 5.5.1 節 (369) 参照）が接続する。

(147)

$$
\cfrac{\cfrac{食べ}{(133)\quad S_{v::1 \atop neg|cont|euph::t} \backslash NP_{ga} \backslash NP_o} \quad \cfrac{た}{(308)\quad S_{\boxed{1} \atop term|attr \atop +t,\boxed{2},\boxed{3}} \backslash S_{v|a|n:\boxed{1} \atop euph::t \atop \pm p:\boxed{2},\pm n:\boxed{3}}}}{\underset{<B}{S_{v::1 \atop term|attr,+t} \backslash NP_{ga} \backslash NP_o}}
$$
$$: \lambda y.\lambda x.\lambda e.taberu(e,x,y) \qquad : \lambda P.\lambda e.(ta(e);Pe)$$
$$: \lambda y.\lambda x.\lambda P.\lambda e.(ta(e);taberu(e,x,y))$$

(148)

$$
\cfrac{\cfrac{食べ}{(133)\quad S_{v::1 \atop neg|cont|euph::t} \backslash NP_{ga} \backslash NP_o} \quad \cfrac{て}{(369)\quad S_{\boxed{1} \atop te \atop \boxed{2}} \backslash S_{v:\boxed{1} \atop euph::t \atop \pm p:\boxed{2}}}}{\underset{<B}{S_{v::1 \atop te} \backslash NP_{ga} \backslash NP_o}}
$$
$$: \lambda y.\lambda x.\lambda e.taberu(e,x,y) \qquad : id$$
$$: \lambda y.\lambda x.\lambda e.taberu(e,x,y)$$

例外的な命令形

命令形については、例外的な扱いが必要なものがいくつかある。それらについては、命令形を直接語彙項目として捉えざるを得ない。

まず、一段活用動詞「くれる」および同様の活用を示す動詞性接尾語「くれる」がある。これらの命令形は、(132) の活用語尾を接続すると「くれろ」「くれよ」となるが、非標準的用法としては存在するものの、標準的には「くれ」という形式を用いる。これは「くれる」という一動詞に限られる現象なので、「くれる」の語彙項目が (149) のように語幹形、命令形の両用として指定されていると考える。[10]

(149) $\quad$ くれ $\vdash S_{v::1 \atop imp} \backslash NP_{ga} \backslash NP_{ni} \backslash NP_o : \lambda z.\lambda y.\lambda x.\lambda e.kureru(e,x,y,z)$

---

[10] 第 10.2.3 節の議論も参照のこと。

(150) 　くれ $\vdash S_{v::1 \atop imp} \backslash S_{v \atop {te \atop \pm n}} : id$

　また、一段活用動詞「射る」の命令形は「射ろ」「射よ」であるが、「射れ」という形式も同様に用いられる。これは後に述べる「愛す」「愛する」((161) 参照)、「案ず」「案じる」((304) 参照)、「任す」「任せる」((305) 参照) のように、ラ行五段活用動詞「射る」が併存している、と考えるわけには行かない。打消形 (*射らない)、連用形 (*射ります) が存在しないからである。しかし、命令形「射れ」自体は五段活用動詞の命令形と考え、以下のような語彙項目を追加する。

(151) 　射れ, いれ $\vdash S_{v::5::r \atop imp} \backslash NP_{ga} \backslash NP_o : \lambda y.\lambda x.\lambda e.iru(e, x, y)$

　逆に、五段活用動詞でありながら、一段活用動詞に似た命令形を持つ動詞も存在する。「蹴る」「ひねる」はいずれもラ行五段活用動詞であり、命令形は「蹴れ」「ひねれ」であるが、「蹴ろ」「ひねろ」という形式も存在する。これも「射る」と同様、一段活用動詞「蹴る」「ひねる」が併存すると考えることはできない (*蹴ない、ひねない、蹴ます、ひねます)。しかし命令形「蹴ろ」「ひねろ」自体は一段活用動詞の命令形として捉える。

(152) 　蹴ろ, けろ $\vdash S_{v::1 \atop imp} \backslash NP_{ga} \backslash NP_o : \lambda y.\lambda x.\lambda e.keru(e, x, y)$

(153) 　捻ろ、ひねろ $\vdash S_{v::1 \atop imp} \backslash NP_{ga} \backslash NP_o : \lambda y.\lambda x.\lambda e.hineru(e, x, y)$

4.3　変格活用動詞

　変格活用動詞のうち、カ行変格活用（カ変）動詞、サ行変格活用（サ変）動詞については、混合変化動詞 (佐久間 (1936))、Type III の動詞 (寺村 (1984)) などとも呼ばれる。本書では、更にザ行変格活用（ザ変）動詞、ウル型活用動詞という活用系統を措いている。

　語幹が「活用によって変化しない部分」であると考えるならば、カ変動詞、サ変動詞には語幹が存在しないと考えるか、語幹は空文字列であると考えるかのいずれかであろう。しかし、

- カ行変格活用動詞「来る」には単独で用いられる語彙項目の他に、「〜て＋来る」のように補助動詞として用いられる語彙項目が存在すること
- サ行変格活用動詞「する」には単独で用いられる語彙項目の他に、いわゆるサ変名詞＋「する」のように形式動詞として用いられる語彙項目が存在すること

といった要素を考慮すれば、(154)(156) のように空の語幹を指定する方が、文法全体としては簡潔であるように思われる。

4.3.1　カ行変格活用動詞

カ行変格活用動詞語幹

(154)　$\varnothing \vdash S_{v::K \atop stem} \backslash NP_{ga} : \lambda x.\lambda e.kuru(e,x)$

カ行変格活用動詞活用語尾

(155)　来, こ $\vdash S_{v::K \atop neg \atop \pm l} \backslash S_{v::K \atop stem} : id$　　　　来る, くる $\vdash S_{v::K \atop term|attr} \backslash S_{v::K \atop stem} : id$

　　　来, き $\vdash S_{v::K \atop cont|euph::t} \backslash S_{v::K \atop stem} : id$　　　来れ, くれ $\vdash S_{v::K \atop hyp} \backslash S_{v::K \atop stem} : id$

　　　来ら, こら $\vdash S_{v::K \atop vo::r} \backslash S_{v::K \atop stem} : id$　　　来い, こい $\vdash S_{v::K \atop imp} \backslash S_{v::K \atop stem} : id$

　　　来さ, こさ $\vdash S_{v::K \atop vo::s} \backslash S_{v::K \atop stem} : id$　　　来よ, こよ $\vdash S_{v::K \atop mod::u} \backslash S_{v::K \atop stem} : id$

　　　　　　　　　　　　　　　　　　　来ん, くん $\vdash S_{v::K \atop term|attr \atop +N} \backslash S_{v::K \atop stem} : id$

4.3.2　サ行変格活用動詞

サ行変格活用動詞語幹

(156)　$\varnothing \vdash S_{v::S \atop stem} \backslash NP_{ga} \backslash NP_o : \lambda y.\lambda x.\lambda e.suru(e,x,y)$

　　　$\varnothing \vdash S_{v::S \atop stem} \backslash NP_{ga} \backslash NP_o \backslash NP_{ni} : \lambda z.\lambda y.\lambda x.\lambda e.suru(e,x,y,z)$

　　　$\varnothing \vdash S_{v::S \atop stem} \backslash NP_{ga} \backslash NP_o \backslash \bar{S}_{to} : \lambda P.\lambda y.\lambda x.\lambda e.\varepsilon e'.suru(e,x,y,\pi_2(Pe'))$

勉強 ⊢ $S_{v::S \atop stem}$ \ NP_{ga} \ NP_o : $\lambda y.\lambda x.\lambda e.benkyoosuru(e,x,y)$

...

サ行変格活用動詞活用語尾

(157) さ ⊢ $S_{v::S \atop vo::(r|s)}$ \ $S_{v::S \atop stem}$: id せ ⊢ $S_{v::S \atop neg+l}$ \ $S_{v::S \atop stem}$: id

し ⊢ $S_{v::S \atop neg|cont|euph::t}$ \ $S_{v::S \atop stem}$: id す ⊢ $S_{v::S \atop term+l}$ \ $S_{v::S \atop stem}$: id

する ⊢ $S_{v::S \atop term|attr}$ \ $S_{v::S \atop stem}$: id せよ, せい ⊢ $S_{v::S \atop imp+l}$ \ $S_{v::S \atop stem}$: id

すれ ⊢ $S_{v::S \atop hyp}$ \ $S_{v::S \atop stem}$: id すん ⊢ $S_{v::S \atop term|attr+N}$ \ $S_{v::S \atop stem}$: id

しろ ⊢ $S_{v::S \atop imp}$ \ $S_{v::S \atop stem}$: id

しよ ⊢ $S_{v::S \atop mod::u}$ \ $S_{v::S \atop stem}$: id

サ行変格活用動詞のうち、語幹が漢語一文字からなるものには、二種類の「例外」が存在すると言われている[*11]。まず、漢語一文字が母音で終わる以下のような例である。

(158) 愛する、適する、属する、画する、目する、益する、則（即）する、利する、託する、屈する、等

これらには、以下のように対応する五段活用動詞が存在している。

(159) 愛す、適す、属す、画す、目す、益す、則（即）す、利す、託す、屈す、等

その結果、各活用形について、(160) に示すような活用形が共存している。[*12]

[*11] 寺村 (1984, p.48) 参照。

[*12] これらのうち、打消形「愛しない」、命令形「愛しろ」およびウ接続形「愛しよう」はあまり標準的ではないが、まったく使われないわけではなく、本分析では文法的であるとしておく。

(160)

	サ行変格活用	サ行五段活用
打消形	愛し ＋ない	愛さ ＋ない
連用形	愛し ＋ます	愛し ＋ます
終止・連体形	愛する	愛す
条件形	愛すれ ＋ば	愛せ ＋ば
命令形	愛しろ	愛せ
ウ接続形	愛しよ ＋う	愛そ ＋う
文語残存打消形	*13	愛さ ＋ず
文語残存終止形	愛す	
文語残存命令形	愛せよ	

　これらの五段活用動詞は、歴史的にはサ変動詞の四段化*14の流れのうちに生じたものである。サ行五段活用動詞は、サ変動詞と連用形において同形であり、また終止・連体形がサ変動詞の文語残存終止形と同形であることが、この推移の背景にあると考えられる。語彙項目には、以下のように記述することによって、これらの動詞の性質を記述することができる。

(161)　愛, あい ⊢ $S_{v::(S|5::s) \atop stem} \backslash NP_{ga} \backslash NP_{o}$: $\lambda y.\lambda x.\lambda e.aisuru(e,x,y)$

　　　適, てき ⊢ $S_{v::(S|5::s) \atop stem} \backslash NP_{ga} \backslash NP_{ni}$: $\lambda y.\lambda x.\lambda e.tekisuru(e,x,y)$

　　　属, ぞく ⊢ $S_{v::(S|5::s) \atop stem} \backslash NP_{ga} \backslash NP_{ni}$: $\lambda y.\lambda x.\lambda e.zokusuru(e,x,y)$

　　　…

---

*13 「愛する」がサ行変格活用動詞であるならば、文語残存打消形「愛せず」が存在するはずであるが、これは用いられていない（無論、可能態「愛せる」の文語残存打消形「愛せず」とは区別する）。本節の分析では、これは存在しているがたまたま用いられていない（つまり文法的である）とせざるを得ないが、直観的には非文法的であるように思われる。この点の説明は課題である。

*14 鈴木 (1993, p.46) では以下のように述べられている。
　近世になると、一字の漢語と熟合する漢語サ変動詞のうち、撥音・長音で終わる「案ずる、感ずる、通ずる、動ずる」などには、上一段化の傾向がみられ、クで終わる「託する、服する」などには、四段化の傾向がみられるというような点には、活用が大きく、強活用四段型か弱活用一段型かに収斂していこうとする傾向がみられるのである。
　ただし、口語における「五段化」は、サ変動詞のうちクで終わるものに留まらないようである。

これらの語彙項目は、形態的にはサ行変格活用とサ行五段活用が並存しており、意味的には表示が共有されていることを表している。[*15]

4.3.3 ザ行変格活用動詞

次の例は、終止形が漢語一文字＋「ズル」となる形式である。寺村 (1984, p.48) で挙げられている以下のような例がこれに相当する。これらは基本的に、サ行変格活用の活用語尾をザ行に換えたものである。

(162) 案ずる、通ずる、封ずる、投ずる、講ずる、応ずる、動ずる、奉ずる、感ずる、禁ずる、献ずる、信ずる、煎ずる、存ずる、点ずる、任ずる、念ずる、判ずる、免ずる、論ずる、損ずる、重んずる、軽んずる、先んずる、等

[*15] ところが、現実の文を観察した場合、この並存関係にはある種の「ねじれ」現象が存在する（この問題は、金水敏先生（個人談話 2007/03/11）に指摘して頂いたものである）。

打消形「愛しない」（サ変）と「愛さない」（五段）を比較すると、後者の出現頻度が圧倒的に優位であるが、連体形「愛する人」（サ変）と「愛す人」（五段）を比較すると、この関係が逆転し、前者がはるかに高い頻度で現れる。

すなわち、「愛す（る）」は打消形ではサ行変格活用が優位、連体形ではサ行五段活用が優位という傾向がある。歴史的にはサ行変格活用からサ行五段活用への推移の途上にあるが、その変化は一律ではなく、活用形によって遅速があるのである。

この現象をどのように解釈するかは、今の段階では明確ではないが、次のように考えることは可能である。仮に、上述の「愛す」と「愛する」が辞書内では別語であるとする。また、ある意味内容を文として発話する際に、同義語が存在する場合は、どの語を選択するかに関してある種の確率分布が存在し、確率の高い語を選択するとしよう。すると先の「ねじれ」現象の意味するところは、そのような確率は「語」に対して振られているのではなく、「語の並び」に対して振られている、ということではなかろうか。そして、確率について以下のような関係が成り立っている、ということではなかろうか。

$$p(\lceil 愛_{サ変}\rfloor + \lceil し_{打消形活用語尾}\rfloor) < p(\lceil 愛_{五段}\rfloor + \lceil さ_{打消形活用語尾}\rfloor)$$
$$p(\lceil 愛_{サ変}\rfloor + \lceil する_{連体形活用語尾}\rfloor) > p(\lceil 愛_{五段}\rfloor + \lceil す_{連体形活用語尾}\rfloor)$$

本分析で示しているような形式文法と、確率的言語モデルは決して相反するものではない。形式文法は確率的言語モデルに事象空間を提供すると考えられる。そして、どの形式が文法的か、という問題より更に一歩先の問題として、文法的な形式のうちどの形式を実際に用いるか、という問題においては、人間の脳内にも確率的言語モデルに相当するモジュールが存在して、曖昧性解消、同義語の選択等の役割を果たしている可能性が示唆されているのではないだろうか。

ザ変動詞語幹

(163) 案, あん $\vdash S_{v::Z \atop stem} \backslash NP_{ga} \backslash NP_o : \lambda y.\lambda x.\lambda e.anzuru(e,x,y)$

...

ザ変動詞活用語尾

(164) じ $\vdash S_{v::Z \atop neg|cont|euph::t} \backslash S_{v::Z \atop stem} : id$　　ぜ $\vdash S_{v::Z \atop neg +l} \backslash S_{v::Z \atop stem} : id$

ずる $\vdash S_{v::Z \atop term|attr} \backslash S_{v::Z \atop stem} : id$　　ぜら $\vdash S_{v::Z \atop vo::r} \backslash S_{v::Z \atop stem} : id$

ずれ $\vdash S_{v::Z \atop hyp} \backslash S_{v::Z \atop stem} : id$　　ず $\vdash S_{v::Z \atop term +l} \backslash S_{v::Z \atop stem} : id$

じろ $\vdash S_{v::Z \atop imp} \backslash S_{v::Z \atop stem} : id$　　ぜよ $\vdash S_{v::Z \atop imp +l} \backslash S_{v::Z \atop stem} : id$

じよ $\vdash S_{v::Z \atop mod::u} \backslash S_{v::Z \atop stem} : id$

　ただし、これらの動詞には、それぞれ以下のように対応する一段活用動詞が存在し、前節で述べた「愛する」等の場合と同様に、(166) に示すような活用形がともに使われている。

(165) 　案じる、通じる、封じる、投じる、講じる、応じる、動じる、奉じる、感じる、禁じる、献じる、信じる、煎じる、存じる、点じる、任じる、念じる、判じる、免じる、論じる、損じる、重んじる、軽んじる、先んじる、等

(166)

	ザ行変格活用		一段活用	
打消形	案じ	＋ない	案じ	＋ない
連用形	案じ	＋ます	案じ	＋ます
終止・連体形	案ずる		案じる	
条件形	案ずれ	＋ば	案じれ	＋ば
命令形	案じろ		案じろ	
ウ接続形	案じよ	＋う	案じよ	＋う
文語残存打消形	案ぜ	＋ず	案じ	＋ず
文語残存終止形	案ず			
文語残存命令形	案ぜよ		案じよ	

これらの動詞もまた、歴史的にはサ変動詞の上一段化の流れのうちにある。背景としては、語幹が「じ」で終わる一段活用動詞は、ザ変動詞と打消形、連用形および命令形において同形であることが挙げられよう。そして(163)の「案ずる」は(167)の「案じる」と併存していると考えることができる。*16

(167) 案じ, あんじ $\vdash S_{v::1 \atop stem} \backslash NP_{ga} \backslash NP_o : \lambda y.\lambda x.\lambda e.anjiru(e,x,y)$

4.3.4 ウル型活用動詞

ウル型活用動詞は、以下の動詞のみである。「得（う）る」は終止形と連体形しか持たない。なお、一段活用動詞「得（え）る」は「得（う）る」とは区別する。

(168) 得（う）る

ウル型活用動詞

(169) 得る, うる $\vdash S_{v::URU \atop term|attr} \backslash NP_{ga} \backslash NP_o : \lambda y.\lambda x.\lambda e.uru(e,x,y)$

「得（う）る」には(169)の他に、可能態を派生する動詞性接尾語があり、こちらは動詞の連用形に接続する。第8.3節の(662)を参照のこと。

4.4 形容詞

本節で扱う形容詞は、一般にイ形容詞と呼ばれるものとその変種であり、本書では表3.1 (p.45)でも示したように、以下のような下位分類を設ける。いわゆるナ形容詞（形容動詞）については第4.5.1節で状詞の一種として扱う。

---

*16 ここでは(163)の「案ずる」語幹と(167)の「案じる」語幹の意味表示を、それぞれ *anzuru*、*anjiru* と別々に与えたが、これは将来的にこの二つの語の意味が使い分けられていく可能性を考慮してのことである。現段階で、この二つの意味表示に差がないのであれば、我々は文法の外に以下のような「知識」を持っていると考えれば良い。

$$\forall y.\forall x.\forall e.anzuru(e,x,y) \leftrightarrow anjiru(e,x,y)$$

$$a\,(形容詞) \begin{cases} a::i\,(イ形容詞) \begin{cases} a::i::auo & (アウオ段イ形容詞) \quad 例：赤い、薄い、重い \\ a::i::i & (イ段イ形容詞) \quad 例：美しい \\ a::i::NAS & (ナシ型活用形容詞) \quad 例：良い \\ a::i::TII & (チイ型活用形容詞) \quad 例：ちゃちい \end{cases} \\ a::BES\,(ベシ型活用形容詞) \quad 例：如し \end{cases}$$

4.4.1　イ形容詞

　アウオ段イ形容詞は、文語文法のク活用形容詞が受け継がれたものであり、語幹がアウオ段で終わる。たとえば、以下の「あかい」の語幹「あか」はア段「か」、「うすい」の語幹「うす」はウ段「す」、「おもい」の語幹「おも」はオ段「も」で終わっている。特にア段のものは、文語残存連用接続形 ((175) の「う」が後接する) が (現代仮名遣いにおいては) 語幹と異なる点に注意しなければならない。

アウオ段イ形容詞語幹

(170)　赤, あか $\vdash \underset{stem}{S_{a::i::auo}} \backslash NP_{ga} : \lambda x.\lambda e.akai(e,x)$

　　　赤, あこ $\vdash \underset{ustem}{S_{a::i::auo}} \backslash NP_{ga} : \lambda x.\lambda e.akai(e,x)$

　　　薄, うす $\vdash \underset{stem|ustem}{S_{a::i::auo}} \backslash NP_{ga} : \lambda x.\lambda e.usui(e,x)$

　　　重, おも $\vdash \underset{stem|ustem}{S_{a::i::auo}} \backslash NP_{ga} : \lambda x.\lambda e.omoi(e,x)$

　　　...

　意味表示については、動詞の語彙項目においてイベントを表していた e が、形容詞の語彙項目においては状態 (state) を表していると考える。しかし表記上は動詞のそれと特に区別する必要はない。

　一方、イ段イ形容詞は、文語文法のシク活用形容詞が受け継がれたものであり、語幹がイ段で終わる。たとえば、以下の「美しい」の語幹「うつくし」はイ段「し」で終わっている。文語残存連用接続形は (現代仮名遣いにおいては)「し」に代わり「しゅ」となる。

イ段イ形容詞語幹

(171)　美し, うつくし ⊢ $S_{a::i::i \atop stem} \backslash NP_{ga} : \lambda x.\lambda e.utukusii(e,x)$

　　　美しゅ, うつくしゅ ⊢ $S_{a::i::i \atop ustem} \backslash NP_{ga} : \lambda x.\lambda e.utukusii(e,x)$

　　　...

　ナシ型形容詞はアウオ段イ形容詞とほぼ同様の活用を示すが、語幹と状詞性接尾語「そうだ」(第 6.3.2 節 (498) 参照) の間に「さ」(第 6.3.2 節 (503) 参照) が挿入されるという特徴がある。

(172)　a.　良さそうだ／??良そうだ

　　　b.　無さそうだ／??無そうだ

ナシ型活用形容詞語幹

(173)　良, よ ⊢ $S_{a::i::NAS \atop stem|ustem} \backslash NP_{ga} : \lambda x.\lambda e.yoi(e,x)$

　　　無, な ⊢ $S_{a::i::NAS \atop stem} \backslash NP_{ga} : \lambda x.\lambda e.\sim aru(e,x)$

　　　無, の ⊢ $S_{a::i::NAS \atop ustem} \backslash NP_{ga} : \lambda x.\lambda e.\sim aru(e,x)$

　　　...

　イ形容詞の活用語尾には以下のように、口語形のもの (174) と、文語残存形のもの (175) がほぼ同数存在する。

イ形容詞活用語尾

(174) $\langle \vdash S_{\underset{\underset{\pm n:\boxed{2}}{cont}}{\boxed{1}}} \backslash S_{\underset{\underset{\pm n:\boxed{2}}{stem}}{a::i:\boxed{1}}} : id$

い $\vdash S_{\underset{\underset{\pm n:\boxed{2}}{term|attr}}{\boxed{1}}} \backslash S_{\underset{\underset{\pm n:\boxed{2}}{stem}}{a::i:\boxed{1}}} : id$

けれ $\vdash S_{\underset{\underset{\pm n:\boxed{2}}{hyp}}{\boxed{1}}} \backslash S_{\underset{\underset{\pm n:\boxed{2}}{stem}}{a::i:\boxed{1}}} : id$

かろ $\vdash S_{\underset{\underset{\pm n:\boxed{2}}{mod::u}}{\boxed{1}}} \backslash S_{\underset{\underset{\pm n:\boxed{2}}{stem}}{a::i:\boxed{1}}} : id$

かっ $\vdash S_{\underset{\underset{\pm n:\boxed{2}}{euph::t}}{\boxed{1}}} \backslash S_{\underset{\underset{\pm n:\boxed{2}}{stem}}{a::i:\boxed{1}}} : id$

(175) から $\vdash S_{\underset{\underset{\pm n:\boxed{2}}{neg+l:\boxed{2}}}{\boxed{1}}} \backslash S_{\underset{\underset{\pm n:\boxed{2}}{stem}}{a::i:\boxed{1}}} : id$

う $\vdash S_{\underset{\underset{\pm n:\boxed{2}}{cont+l:\boxed{2}}}{\boxed{1}}} \backslash S_{\underset{\underset{\pm n:\boxed{2}}{ustem}}{a::i:\boxed{1}}} : id$

し $\vdash S_{\underset{\underset{\pm n:\boxed{2}}{term+l:\boxed{2}}}{\boxed{1}}} \backslash S_{\underset{\underset{\pm n:\boxed{2}}{stem}}{a::i::(auo|NAS):\boxed{1}}} : id$

$\emptyset \vdash S_{\underset{\underset{+l:\boxed{1}}{term}}{a::i::i}} \backslash S_{\underset{\underset{\pm n:\boxed{1}}{stem}}{a::i::i}} : id$

き $\vdash S_{\underset{\underset{\pm n:\boxed{2}}{attr+l:\boxed{2}}}{\boxed{1}}} \backslash S_{\underset{\underset{\pm n:\boxed{2}}{stem}}{a::i:\boxed{1}}} : id$

かれ $\vdash S_{\underset{\underset{\pm n:\boxed{2}}{imp+l:\boxed{2}}}{\boxed{1}}} \backslash S_{\underset{\underset{\pm n:\boxed{2}}{stem}}{a::i:\boxed{1}}} : id$

動詞の場合、$S_{stem,+n}$ という素性を持つ語幹は存在しないが、形容詞の場合は「ない」（形容詞、および形容詞性接尾語：第 6.2.1 節、第 6.1.1 節参照）が $+n$ に指定されており、それらに活用語尾が接続した場合、導出される活用形もまた $+n$ に指定されていなければならない。このことは、(174)(175) においては変数 $\boxed{1}$ または $\boxed{2}$ の共有によって表されている。

本分析ではイ形容詞は形態的には口語打消形を持たないと仮定している。以下の (176a) のような形式は、取り立て助詞「は」「も」「さえ」の介在を許すことから、(177a) における「ある」ような形式動詞にむしろ近く、(178a) のような動詞の否定とは区別されなければならない。したがって、(176a) のような否定形式における「ない」は形式動詞「ある」の否定形（形容詞性接尾語）として扱う。詳しくは第 6.1.1 節を参照のこと。

(176) a. 赤くない

b. 赤くはない

c. 赤くもない

d. 赤くさえない

(177) a. 赤くある

b. 赤くはある

c. 赤くもある

d. 赤くさえある

(178) a. 食べない

b. *食べはない

c. *食べもない

d. *食べさえない

したがって「赤く」が打消形であるという分析は取らず、(176a) における「赤く」(「美しく」「良く」等も同様) は (177a) 同様、連用形であると考える。ただし、イ形容詞は打消形として、以下のような文語残存打消形を持つ。

(179)

$$
\begin{array}{c}
(170)\dfrac{赤}{\substack{S_{a::i::auo}\backslash NP_{ga} \\ stem}} \quad (175)\dfrac{から}{\substack{S_{\boxed{1}} \quad \backslash S_{a::i:\boxed{1}} \\ \substack{neg \\ +l,\boxed{2}} \quad \substack{stem \\ \pm n:\boxed{2}}}} \\
: \lambda x.\lambda e.akai(e,x) \qquad : id
\end{array}
$$

$$
<B\dfrac{\qquad\qquad}{\substack{S_{a::i::auo}\backslash NP_{ga} \\ neg,+l}} \qquad (330)\dfrac{ず}{\substack{S_{\boxed{1}} \quad \backslash S_{\boxed{1}} \\ \substack{term \\ +l,+n} \quad \substack{neg \\ +l}}}
$$

$$
: \lambda x.\lambda e.akai(e,x) \qquad\qquad : \lambda P.\lambda e.\sim Pe
$$

$$
<B\dfrac{\qquad\qquad\qquad\qquad}{\substack{S_{a::i::auo}\backslash NP_{ga} \\ term,+l,+n}}
$$

$$
: \lambda x.\lambda e.\sim akai(e,x)
$$

イ形容詞の連用形は、語幹に「く」が接続する。

(180)

$$
\begin{array}{c}
(170)\dfrac{赤}{\substack{S_{a::i::auo}\backslash NP_{ga} \\ stem}} \quad (174)\dfrac{く}{\substack{S_{\boxed{1}} \quad \backslash S_{a::i:\boxed{1}} \\ \substack{cont,\boxed{2}} \quad \substack{stem,\pm n:\boxed{2}}}} \\
: \lambda x.\lambda e.akai(e,x) \qquad\qquad : id
\end{array}
$$

$$
<B\dfrac{\qquad\qquad\qquad}{\substack{S_{a::i::auo}\backslash NP_{ga} \\ cont}}
$$

$$
: \lambda x.\lambda e.akai(e,x)
$$

テ形については、動詞の場合にはタ接続形・ダ接続形に「て」「で」が接続したのに対して、連用形に「て」(「って」はくだけた表現である)が接続する。

(181)

$$
\cfrac{(180)\cfrac{\text{赤く}}{\substack{S_{a::i::auo}\backslash NP_{ga}\\cont}} \quad (371)\cfrac{\text{て, って}}{\substack{S_{\boxed{1}}\backslash S_{a:\boxed{1}}\\te \quad cont}}}{\substack{S_{a::i::auo}\backslash NP_{ga}\\te}}\!<\!B
$$
$$: \lambda x.\lambda e.akai(e,x) \qquad\qquad : id$$
$$: \lambda x.\lambda e.akai(e,x)$$

イ形容詞の終止・連体形は以下のように派生される。

(182)

$$
\cfrac{(170)\cfrac{\text{赤}}{\substack{S_{a::i::auo}\backslash NP_{ga}\\stem}} \quad (174)\cfrac{\text{い}}{\substack{S_{\boxed{1}} \quad \backslash S_{a::i:\boxed{1}}\\term|attr,\boxed{2} \quad stem,\pm n:\boxed{2}}}}{\substack{S_{a::i::auo}\backslash NP_{ga}\\term|attr}}\!<\!B
$$
$$: \lambda x.\lambda e.akai(e,x) \qquad\qquad : id$$
$$: \lambda x.\lambda e.akai(e,x)$$

(183)

$$
\cfrac{(171)\cfrac{\text{美し}}{\substack{S_{a::i::i}\backslash NP_{ga}\\stem}} \quad (174)\cfrac{\text{い}}{\substack{S_{\boxed{1}} \quad \backslash S_{a::i:\boxed{1}}\\term|attr,\boxed{2} \quad stem,\pm n:\boxed{2}}}}{\substack{S_{a::i::i}\backslash NP_{ga}\\term|attr}}\!<\!B
$$
$$: \lambda x.\lambda e.utukusii(e,x) \qquad\qquad : id$$
$$: \lambda x.\lambda e.utukusii(e,x)$$

ただし、形容詞では文語残存終止形「赤し」「美し」のような表現が残っている。文語残存終止形を派生する活用語尾は、アウオ段およびナシ型で

は「し」であり、イ段では空範疇である。

(184)
$$\cfrac{\underset{(170)}{\overline{\begin{array}{c}赤\\[-2pt] S_{\substack{a::i::auo\\stem}}\backslash NP_{ga}\\ :\lambda x.\lambda e.akai(e,x)\end{array}}}\quad \underset{(175)}{\overline{\begin{array}{c}し\\[-2pt] S_{\substack{\boxed{1}\\term,+l,\boxed{2}}} \backslash S_{\substack{a::i::(auo|NAS):\boxed{1}\\stem,\pm n:\boxed{2}}}\\ :id\end{array}}}}{\underset{<B}{\begin{array}{c}S_{\substack{a::i::auo\\term,+l}}\backslash NP_{ga}\\ :\lambda x.\lambda e.akai(e,x)\end{array}}}$$

(185)
$$\cfrac{\underset{(171)}{\overline{\begin{array}{c}美し\\[-2pt] S_{\substack{a::i::i\\stem}}\backslash NP_{ga}\\ :\lambda x.\lambda e.utukusii(e,x)\end{array}}}\quad \underset{(175)}{\overline{\begin{array}{c}\varnothing\\[-2pt] S_{\substack{a::i::i\\term,+l,\boxed{1}}} \backslash S_{\substack{a::i::i\\stem,\pm n:\boxed{1}}}\\ :id\end{array}}}}{\underset{<B}{\begin{array}{c}S_{\substack{a::i::i\\term,+l}}\backslash NP_{ga}\\ :\lambda x.\lambda e.utukusii(e,x)\end{array}}}$$

また、文語残存形においては終止形と連体形が異なるが、形容詞の文語残存連体形は現代語でも多用される。

(186)
$$\cfrac{\underset{(170)}{\overline{\begin{array}{c}赤\\[-2pt] S_{\substack{a::i::auo\\stem}}\backslash NP_{ga}\\ :\lambda x.\lambda e.akai(e,x)\end{array}}}\quad \underset{(175)}{\overline{\begin{array}{c}き\\[-2pt] S_{\substack{\boxed{1}\\attr,+l,\boxed{2}}} \backslash S_{\substack{a::i:\boxed{1}\\stem,\pm n:\boxed{2}}}\\ :id\end{array}}}}{\underset{<B}{\begin{array}{c}S_{\substack{a::i::auo\\attr,+l}}\backslash NP_{ga}\\ :\lambda x.\lambda e.akai(e,x)\end{array}}}$$

(187)

$$
\begin{array}{c}
\cfrac{\overset{\text{美し}}{(171)\;\;\; S_{\substack{a::i::i \\ stem}} \backslash NP_{ga}} \quad \cfrac{\overset{\text{き}}{(175)\;\;\; S_{\boxed{1}} \backslash S_{\substack{a::i:\boxed{1} \\ stem, \pm n:\boxed{2}}}}}{ \quad attr,+l,\boxed{2}} }{ }\\
: \lambda x.\lambda e.utukusii(e,x) \qquad\qquad\qquad : id \\
\hline
<B \qquad S_{\substack{a::i::i \\ attr,+l}} \backslash NP_{ga} \\
: \lambda x.\lambda e.utukusii(e,x)
\end{array}
$$

なお、文語残存連体形は口語連体形と異なり、以下のように単独で体言をなす場合がある。これは文語文法における、主辞名詞句のない連体節の名残であろうと思われる。この構文については第 9.1 節において分析する。

(188) a. 今回の如きは真に希有のケースと言うべきだ。

b. まず実施すべきは労働市場の整備ではなかろうか。

条件形、推量形、タ接続形は以下のように導出される。アウオ段形容詞の場合のみ示すが、イ段、ナシ型も同様である。

(189)

$$
\begin{array}{c}
\cfrac{\overset{\text{赤}}{(170)\;\; S_{\substack{a::i::auo \\ stem}} \backslash NP_{ga}} \quad \cfrac{\overset{\text{けれ}}{(174)\;\; S_{\boxed{1}} \backslash S_{\substack{a::i:\boxed{1} \\ stem, \pm n:\boxed{2}}}}}{hyp,\boxed{2}}}{ } \\
: \lambda x.\lambda e.akai(e,x) \qquad : id \qquad \cfrac{\overset{\text{ば}}{(767)}}{S_{\boxed{1}}/S_{\boxed{1}} \backslash S_{\substack{(neg,+l)|(hyp,\pm l) \\ \pm p, \pm n}}} \\
<B \;\; S_{\substack{a::i::auo \\ hyp}} \backslash NP_{ga} \\
: \lambda x.\lambda e.akai(e,x) \qquad\qquad : \lambda P.\lambda Q.\lambda e.\varepsilon e'.Pe' \Rightarrow Qe \\
<B \;\; S_{\boxed{1}}/S_{\boxed{1}} \backslash NP_{ga} \\
: \lambda x.\lambda Q.\lambda e.\varepsilon e'.akai(e',x) \Rightarrow Qe
\end{array}
$$

(190)

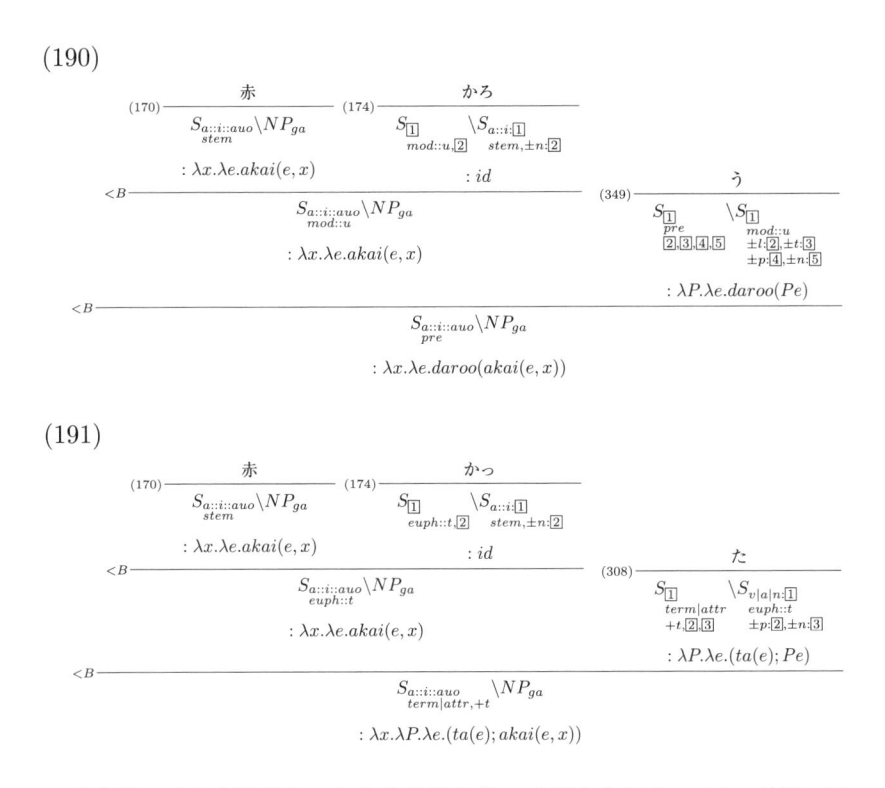

$$
\frac{\overset{\text{赤}}{(170)\ \underset{stem}{S_{a::i::auo}\backslash NP_{ga}}} \quad \overset{\text{かろ}}{(174)\ \underset{mod::u,\boxed{2}}{S_{\boxed{1}}} \quad \underset{stem,\pm n:\boxed{2}}{\backslash S_{a::i:\boxed{1}}}}{\lambda x.\lambda e.akai(e,x) \qquad : id}
$$

$$
<B \ \frac{\underset{mod::u}{S_{a::i::auo}\backslash NP_{ga}}}{: \lambda x.\lambda e.akai(e,x)} \qquad (349)\ \frac{\overset{\text{う}}{S_{\boxed{1}}} \quad \backslash S \underset{\pm t:\boxed{2},\pm t:\boxed{3}}{\underset{mod::u}{\boxed{2},\boxed{3},\boxed{4},\boxed{5}}} \underset{\pm p:\boxed{4},\pm n:\boxed{5}}{}}{: \lambda P.\lambda e.daroo(Pe)}
$$

$$
<B \ \frac{\underset{pre}{S_{a::i::auo}\backslash NP_{ga}}}{: \lambda x.\lambda e.daroo(akai(e,x))}
$$

(191)

$$
\frac{\overset{\text{赤}}{(170)\ \underset{stem}{S_{a::i::auo}\backslash NP_{ga}}} \quad \overset{\text{かっ}}{(174)\ \underset{euph::t,\boxed{2}}{S_{\boxed{1}}} \quad \underset{stem,\pm n:\boxed{2}}{\backslash S_{a::i:\boxed{1}}}}{: \lambda x.\lambda e.akai(e,x) \qquad : id}
$$

$$
<B \ \frac{\underset{euph::t}{S_{a::i::auo}\backslash NP_{ga}}}{: \lambda x.\lambda e.akai(e,x)} \qquad (308)\ \frac{\overset{\text{た}}{S_{\boxed{1}}} \quad \backslash S_{v|a|n:\boxed{1}} \underset{\pm p:\boxed{2},\pm n:\boxed{3}}{\underset{term|attr}{euph::t}}}{: \lambda P.\lambda e.(ta(e);Pe)}
$$

$$
<B \ \frac{\underset{term|attr,+t}{S_{a::i::auo}}\backslash NP_{ga}}{: \lambda x.\lambda P.\lambda e.(ta(e);akai(e,x))}
$$

形容詞には命令形がないとする分析も多い（寺村 (1984, p.44)、益岡・田窪 (1992, p.23), 城田 (1998, p.224) 等）が、文語的な響きではあるものの次のような形式もテキスト中に散見されるため、本書では文語残存命令形活用語尾「かれ」が存在すると仮定する。

(192)　a.　心も等しく美しかれ。

　　　 b.　ウィルスを侮るなかれ。

　　　 c.　良かれと思ってしたことが仇になった。

(193)

$$\frac{(171)\frac{美し}{\underset{stem}{S_{a::i::i}}\backslash NP_{ga}} \quad (175)\frac{かれ}{\underset{\underset{+l,\boxed{2}}{imp}}{S_{\boxed{1}}}\backslash \underset{\pm n:\boxed{2}}{\underset{stem}{S_{a::i:\boxed{1}}}}}}{\underset{<B}{\underset{\underset{imp,+l}{a::i::i}}{S_{a::i::i}}\backslash NP_{ga}}}$$

$: \lambda x.\lambda e.utukusii(e,x) \qquad : id$

$: \lambda x.\lambda e.utukusii(e,x)$

また、形容詞には態接続形が存在しない。これについては、意味論的に排除されるべき、という立場もあると思われる。確かにそれらが意味的に排除されるべき要因はあり得るが、「*赤かれる」「*赤くれる」「*赤られる」等の形式自体の悪さに鑑み、本分析ではそれらの形式は、意味の不適格性以前に統語的に存在しないものと考える。

問題となるのは、文語残存連用形活用語尾「う」である。典型的な（かつ口語においては数少ない）用法としては、以下のように「ございます」（「ある」の尊敬語）が後続する場合がある。

(194) アウオ段：$[\underset{+l}{S_{cont}}$赤う$]$ ございます

イ段：$[\underset{+l}{S_{cont}}$美しゅう$]$ ございます

ナシ型：$[\underset{+l}{S_{cont}}$無う$]$ ございます

これらの形式は、少なくとも現代仮名遣いの下では、(170)(171)(173) の語幹から派生させることができないため、文語残存連用接続形が語幹とは別にあると考えざるを得ない。この問題については、第 4.6.2 節において再び取り上げ、解決法を示すことにしたい。

(195)

$$\cfrac{(171)\cfrac{\text{美しゅ}}{S_{a::i::i \atop ustem} \backslash NP_{ga}} \quad (175)\cfrac{\text{う}}{S_{\boxed{1} \atop {cont \atop +l,\boxed{2}}} \backslash S_{a::i:\boxed{1} \atop {ustem \atop \pm n:\boxed{2}}}}}{\langle B \quad \cfrac{}{S_{a::i::i \atop cont,+l} \backslash NP_{ga}}}$$
$$: \lambda x.\lambda e.utukusii(e,x) \qquad : id$$
$$: \lambda x.\lambda e.utukusii(e,x)$$

ところで、イ段イ形容詞の語幹はほとんどの場合「し」で終わるが、それ以外で終わる場合としては、語幹が「き」で終わる「大きい」の他、語幹が「ち」で終わる以下の一群の形容詞がある。

(196) 弱っちい、ちゃちい（ちゃっちい）、ばばちい（ばっちい）、ぽろちい（ぽろっちい）、みみちい（みみっちい）、等

これらの形容詞は、語幹に文語的活用語尾を接続すると、以下のように奇異な響きとなる。

(197)　a. ?? 弱っちからず

　　　b. ?? 弱っちゅうございます

　　　c. ?? 弱っちし。

　　　d. ?? 弱っちきモノ

　　　e. ?? 弱っちかれ！

しかしながら、この奇異さは、これらの語の成立が比較的新しいことに依るものと考えられる。たとえばアウオ段形容詞であっても、「ナウい」「キモい」等、流行性のある形容詞については、文語的活用語尾との接続に同様の奇異さが生じる。

(198)　a. ?? ナウからず／キモからず

　　　b. ?? ナウうございます／キモうございます

　　　c. ?? ナウし。／キモし。

d. ??ナウきモノ／キモきモノ

e. ??ナウかれ！／キモかれ！

4.4.2 ベシ型活用形容詞

ベシ型活用形容詞には「如し」「べし」等の形容詞性接尾語がある。これらはイ形容詞に似ているが、(174) に挙げたイ形容詞活用語尾のうち、連用形の「く」、文語残存終止形の「し」、連体形の「き」、および文語残存打消形の「から」の四つしか接続しない。

ベシ型活用形容詞語幹

(199) 如, ごと $\vdash S_{\substack{a::BES \\ stem}} \backslash NP_{ga} \backslash NP_{ga|no} : \lambda y.\lambda x.\lambda e.gotosi(e,x,y)$

如, ごと $\vdash S_{\substack{a::BES \\ stem}} \backslash S_{\substack{attr \\ \pm l}} : \lambda P.\lambda e.gotosi(Pe)$

(200) べ $\vdash S_{\substack{a::BES \\ stem}} \backslash S_{\substack{v \\ term \\ \pm l}} : \lambda P.\lambda e.besi(Pe)$

ベシ型形容詞活用語尾

(201) く $\vdash S_{\substack{a::BES \\ cont \\ +l}} \backslash S_{\substack{a::BES \\ stem}} : id$

から $\vdash S_{\substack{a::BES \\ neg \\ +l}} \backslash S_{\substack{a::BES \\ stem}} : id$

し $\vdash S_{\substack{a::BES \\ term \\ +l}} \backslash S_{\substack{a::BES \\ stem}} : id$

き $\vdash S_{\substack{a::BES \\ attr \\ +l}} \backslash S_{\substack{a::BES \\ stem}} : id$

たとえば終止形「べし」は以下のように導出される。

(202)

$$\cfrac{\overset{\displaystyle \text{べ}}{(200)\underline{}} \quad \overset{\displaystyle \text{し}}{(201)\underline{}}}{\underset{<B}{\cfrac{S_{a::BES}\backslash S_v \atop {term \atop \pm l}} \atop S_{a::BES}\backslash S_{a::BES} \atop {term \atop +l} \quad {stem}}{\cfrac{S_{a::BES}\backslash S_v \atop {term \atop \pm l}}{S_{a::BES}\backslash S_v \atop {term \atop \pm l}}}}}$$

$$: \lambda P.\lambda e.besi(Pe) \qquad : id$$

$$: \lambda P.\lambda e.besi(Pe)$$

ただし、「べからず」の頻度に比して、「如からず」の頻度は口語では稀である。しかし、ここでは「如し」と「べし」を更に細分することは避け、「如からず」も頻度は低いが文法的であるものとしておく。なお、「べし」「べき」については、第 6.2.6 節も参照のこと。

「如し」の選択する格助詞については、一項目はガ格、二項目はガ格またはノ格としてある。これは以下のような例を考慮してのことである（格助詞の省略については第 7.1 節で述べる）が、二項目のノ格の位置付けについては議論の余地が残されていると言える。

(203) a. 光陰矢の如し

b. 赤貧洗うが如し

c. 過ぎたるは及ばざるが如し

4.5 状詞

「状詞」の名称は城田 (1998) に依る。城田 (1998) における状詞の概念は、いわゆる形容動詞[*17]と、名詞＋判定詞、副詞、連体詞にまたがるものであり、いずれも「体言的」な形式に「判定詞的」な活用語尾を伴うという点では、形式的な類似性が高い。

[*17] 形容動詞には状名詞（渡辺 (1971, p.411)）、ナ形容詞、名容詞（寺村 (1984, p.81)）、状詞（城田 (1998, 第五章)）等、多数の呼び名があるが、これは動詞、形容詞に比べて顕著である。呼び名の揺れは、カテゴリーの外延の揺れを反映していると言える。

「静かだ」のような形容動詞と、「学生だ」のような普通名詞＋判定詞は、形式的には非常に似ているが、「静か」は以下の点において「学生」のような普通名詞と異なる。

- 格助詞を伴って用言の項となることができない。「*静かが」「*静かを」*18
- 量化子によって量化されない。「*三つの静か」「*沢山の静か」
- 連体節によって修飾されることがない。「*話し声が聞こえない静か」

本書において「形容動詞」というときは、「だ」「で」が後続する状詞のうち、上記の意味において普通名詞ではないものを指す。とはいえ、形容動詞はなお一枚岩の範疇とは言い難い。以下に挙げる形容動詞について考えてみよう。

(204)　まずまずだ、大層だ、悪質だ、静かだ、別々だ、度々だ、嫌いだ、初耳だ、こんなだ

これらはいずれも格助詞を伴わず、量化子によって量化されず、また連体節によって修飾することができないという点で共通している。しかしながら、少なくとも (205)〜(208) のテスト群に関して、互いに異なる振る舞いをする。

(205)　「〜な」が連体節をなすか

まずまず	大層	悪質	静か	別々	度々	嫌い	初耳	こんな
ok	ok	ok	ok	*	*	ok	*	*

(206)　「〜の」が連体節をなすか

まずまず	大層	悪質	静か	別々	度々	嫌い	初耳	こんな
ok	*	ok	*	ok	ok	*	ok	*

(207)　「〜に」が副詞節をなすか

---

*18　「に」と接続する場合（「静かにする」「静かになる」等）については取り立て（第 6.1.1 節）の項目を参照。また、雑誌の見出しに見られるような用法（「静かを楽しむ」等）では格助詞を伴うこともあるが、その場合は普通名詞に転用されていると考える。

まずまず	大層	悪質	静か	別々	度々	嫌い	初耳	こんな
ok	ok	*	ok	ok	*	*	*	*

(208) 「〜」が副詞節をなすか

まずまず	大層	悪質	静か	別々	度々	嫌い	初耳	こんな
ok	ok	*	*	*	ok	*	*	ok

　これらのテストに関しては、いくつか注意が必要である。まず、(205) の「「〜な」が連体節をなすか」とは、「〜な」という形式自体が許されるか、という意味ではない。実際、(205) において "*" とした形容動詞も、おしなべて (209) のような形式を許す。

(209)　a.　バスとトイレは別々なのでしょうか。
　　　　b.　こういった事態も度々なのである。
　　　　c.　彼らにとっては初耳なのだろう。
　　　　d.　この会合は大体いつもこんななのだ。

　もし「なのだ」「なのである」の「の」を形式名詞と見なすならば、「〜な」も連体節でなければならない。しかし、そう考えると (210) がいずれも悪いことを説明づけるのは難しくなる。係先の名詞は (209) の場合と同じであり、意味的な不整合とは言えないからである。

(210)　a. ??別々なバスとトイレ
　　　　b. ??度々な事態
　　　　c. ??初耳な情報
　　　　d. *こんなな会合

　したがって本書では、「なの (だ)」は状詞性接尾語と考え、状詞連体形活用語尾「な」が接続するか否かとは独立に、状詞語幹に接続するものと考える（第 6.3.5 節参照）。そして「「〜な」が連体節をなすか」というテストでは (210) のようにいわゆる形式名詞以外の名詞を用いるものとする[*19]。

[*19] ただし、形容動詞については、これらのテストに対する判断に個人差が少なくない。た

また、「「〜に」が副詞節をなすか」という (207) のテストも、「〜に」という形式自体が存在するか、という意味ではなく、以下のように主節用言の様態 (manner) を表す用法があるか、という比較的狭い意味のものである。

(211)　a.　静かに耳を傾ける。
　　　 b.　別々にお金を払う。
　　　 c.　劇的に勝利する。

これに対して、(207) において「*」と判断した形容動詞においても、以下のような形式は、程度の差はあれ文法的である。

(212)　a.　悪質になる／悪質にする
　　　 b.　度々になる／度々にする
　　　 c.　嫌いになる／嫌いにする
　　　 d.　初耳になる／初耳にする

しかし、これらは「主節用言の様態を表す用法」ではない。たとえば「悪質になる」とは、「なる」というコトの結果として「悪質」な状態になる、という意味であって、「なる」というコトの「なり方」が「悪質」だというわけではないからである。

本分析では、以下のように考えたい。すなわち、形容動詞には一般に「〜に」の付いた「ニ形」という活用形（第 5.5.2 節参照）が存在するとする。「〜になる」「〜にする」の場合は、「〜に」が副詞的に「なる」「する」に掛かっているわけではなく、「なる」「する」が状詞の「ニ形」を項として取っているのである。これらの形式動詞「なる」「する」については第 6.1.1 節で取り立てとして扱う。

一方、形容動詞には、状詞語幹に接続して副詞化する「〜に」（第 9.2.2 節 (728) 参照）が接続可能かどうか、という点で違いがある。この「〜に」

とえば、インターネット上の文章では「別々な」という連体形も多数見つかる。第 4.5.1 節の記述を先取りして述べるならば、それらの表現が可能であるとする話者においては、「別々」は $n :: da|no|ni$ ではなく $n :: da|na|no|ni$、ということになる。いずれにせよ、そのような個人差は本節で提示する記述体系の枠内に収まるはずである。また、個々の事例をどのように記述するかは自明であろう。

は「静か」「別々」「劇的」には接続可能であり、「悪質」「度々」「嫌い」「初耳」には接続不可能なのである。

(213) 状詞ニ形

  静かに 状詞ニ形 　＋なる／する

  悪質に 状詞ニ形 　＋なる／する

(214) 副詞化

  静か 状詞語幹 　＋に 副詞

  悪質 状詞語幹 　＊に 副詞

(205)から(208)までの結果をまとめると、以下のようになる。

(215) 形容動詞の諸相

	まずまず	大層	悪質	静か	別々	度々	嫌い	初耳	こんな
～な（連体）	ok	ok	ok	ok	*	*	ok	*	*
～の（連体）	ok	*	ok	*	ok	ok	*	ok	*
～に（副詞）	ok	ok	*	ok	ok	*	*	*	*
～　（副詞）	ok	ok	*	*	*	ok	*	*	ok

さて、上記の状詞はいずれも形容動詞、すなわち「～だ」「～で」という形式を取るものであったが、形容動詞ではないもの、すなわち「～だ」「～で」という形式を取らないものも同様に分類することができる。これらは従来、連体詞、副詞と考えられている形式である。

(216) 連体詞、副詞の諸相

	ろく	格段	従来	色ん	当	特	極
～な（連体）	ok	*	*	ok	*	*	*
～の（連体）	*	ok	ok	*	ok	*	*
～に（副詞）	ok	ok	*	*	*	ok	*
～　（副詞）	*	*	ok	*	*	*	ok

また、以下のように「～たる」で連体形、「～と」で副詞形（第9.2.2節(731)参照）、という状詞も存在する。

(217) 「～たる」「～と」型の連体詞、副詞

	惨憺	寒々	堂々
〜たる（連体）	ok	*	ok
〜と　　（副詞）	*	ok	ok

これは形容動詞や他の連体詞、副詞と独立したグループではない。普通名詞は大方「〜たる」を取って連体形となるからである。そしてこれらの間には様々な中間的なケースが存在する。たとえば「細々」のように「細々」「細々と」の両方が副詞形となるような形式である。

しかし一方で、これまで述べてきた形容動詞、名詞＋判定詞、連体詞、副詞というカテゴリーは、以下の七つのテストに対して是か非かを指定することによって、すべて状詞の下位分類として位置付けることができる。

- 「〜だ」「〜で」「〜なのだ」に接続するか。
- 「〜な」が連体節をなすか。
- 「〜の」が連体節をなすか。
- 「〜たる」が連体節をなすか。
- 「〜に」が副詞節をなすか。
- 「〜」自体が副詞節をなすか。
- 「〜と」が副詞節をなすか。

したがって、可能性としては $2^7 - 1 = 127$ 通りの下位分類が考えうる。実際にはそのすべてに対して、所属する状詞が存在するわけではない。しかし、上記七つのテスト間に、明白な依存関係が見られないのも事実であるため、記法としては $2^7 - 1$ 通りの可能性を表記しうるものが求められる。

このため、本分析では七つの要素からなる集合 $\{da, na, no, tar, ni, \varnothing, to\}$ のべき集合（部分集合の集合）から空集合を除いたものを考え（七つすべてに対して否という形式は、状詞ではないからである）、以下のように、それと同型な束 (lattice) の表記を用いて状詞 (S_n) の下位分類を表す。

4.5. 状詞

```
                                    n
        ┌───────┬───────┬───────┬───────┬───────┬───────┐
     n :: da  n :: na  n :: no  n :: tar  n :: ni  n :: ∅  n :: to

  n :: da|na  n :: da|no  n :: da|tar   ...   n :: tar|to  n :: ni|to  n :: ∅|to

     ...      ...      ...      ...      ...      ...      ...

                        n :: da|na|no|tar|ni|∅|to
```

この束による状詞の下位分類を用いて、状詞の性質を以下のように表すことができる。これは状詞の分類としての上下関係が、束の半順序に従っていることに依存している。

- $n :: da$ の下位分類であれば、「〜だ」「〜で」「〜なのだ」に接続する。
- $n :: na$ の下位分類であれば、「〜な」が連体節をなす。
- $n :: no$ の下位分類であれば、「〜の」が連体節をなす。
- $n :: tar$ の下位分類であれば、「〜たる」が連体節をなす。
- $n :: ni$ の下位分類であれば、「〜に」が副詞節をなす。
- $n :: \varnothing$ の下位分類であれば、「〜」自体が副詞節をなす。
- $n :: to$ の下位分類であれば、「〜と」が副詞節をなす。

この下位分類に従って、状詞の活用語尾を以下のように記述する。

状詞活用語尾（非丁寧）

(218) だ $\vdash S_{\underset{term}{\boxed{1}}} \backslash S_{n::da:\underset{stem}{\boxed{1}}} : id$

だっ $\vdash S_{\underset{euph::t}{\boxed{1}}} \backslash S_{n::da:\underset{stem}{\boxed{1}}} : id$

状詞活用語尾（丁寧）

(219) です $\vdash S_{\underset{\underset{+p}{term}}{\boxed{1}}} \backslash S_{n::da:\underset{stem}{\boxed{1}}} : id$

でし $\vdash S_{\underset{\underset{+p}{euph::t}}{\boxed{1}}} \backslash S_{n::da:\underset{stem}{\boxed{1}}} : id$

状詞活用語尾（連体形）

(220) な $\vdash S_{\underset{attr}{\boxed{1}}} \backslash S_{n::na:\underset{stem}{\boxed{1}}} : id$

の $\vdash S_{\underset{attr}{\boxed{1}}} \backslash S_{n::no:\underset{stem}{\boxed{1}}} : id$

状詞活用語尾（文語ナリ形） **状詞活用語尾（文語タリ形）**

(221) なら $\vdash S_{\underset{\underset{+l}{neg}}{\boxed{1}}} \backslash S_{n::da:\boxed{1}\,\underset{stem}{}} : id$ （222) たら $\vdash S_{\underset{\underset{+l}{neg}}{\boxed{1}}} \backslash S_{n::tar:\boxed{1}\,\underset{stem}{}} : id$

なり $\vdash S_{\underset{\underset{+l}{term}}{\boxed{1}}} \backslash S_{n::da:\boxed{1}\,\underset{stem}{}} : id$ たり $\vdash S_{\underset{\underset{+l}{term}}{\boxed{1}}} \backslash S_{n::tar:\boxed{1}\,\underset{stem}{}} : id$

なる $\vdash S_{\underset{\underset{+l}{attr}}{\boxed{1}}} \backslash S_{n::da:\boxed{1}\,\underset{stem}{}} : id$ たる $\vdash S_{\underset{\underset{+l}{attr}}{\boxed{1}}} \backslash S_{n::tar:\boxed{1}\,\underset{stem}{}} : id$

なれ $\vdash S_{\underset{\underset{+l}{hyp|imp}}{\boxed{1}}} \backslash S_{n::da:\boxed{1}\,\underset{stem}{}} : id$ たれ $\vdash S_{\underset{\underset{+l}{hyp|imp}}{\boxed{1}}} \backslash S_{n::tar:\boxed{1}\,\underset{stem}{}} : id$

「〜に」という形式（状詞ニ形）を派生する「に」の語彙項目については第 5.5.2 節 (377) で述べる。また、「〜に」「〜∅」「〜と」という形式が副詞節をなす用法については、第 9.2.2 節において述べる。

前説が長くなったが、以下この分類にしたがって、形容動詞、名詞＋判定詞、連体詞、副詞の語彙項目を順次導入してゆこう。

4.5.1 形容動詞

形容動詞は元々、文語のナリ形容詞であり「和語形容詞が新たな生産性を失ったため、それを補うものとして中古以降、隆盛に向かい、漢語を語幹とするものも多く生まれた」(鈴木 (1993, p.48)) という経緯があり、「クール」「フェミニン」等の外来語が多々含まれる。これらのうち、比較的新しいものは、最も典型的な形容動詞である $S_{n::da|na|ni} \backslash NP_{ga}$ として取り込まれる傾向がある。

意味論的には名詞と形容詞語幹は同じ型を持っていることも興味深い。これは次節の判定詞の分析においてより明確になるであろう。

形容動詞語幹

(223) $n :: da|na|no|ni|\emptyset$

まずまず $\vdash S_{n::da|na|no|ni|\emptyset \,\underset{stem}{}} \backslash NP_{ga} : \lambda x.\lambda e.mazumazu(e,x)$

4.5. 状詞

すぐ $\vdash S_{n::da|na|no|ni|\varnothing \atop stem} \backslash NP_{ga} : \lambda x.\lambda e.sugu(e,x)$

なかなか $\vdash S_{n::da|na|no|ni|\varnothing \atop stem} \backslash NP_{ga} : \lambda x.\lambda e.nakanaka(e,x)$

...

(224) $n :: da|na|ni|\varnothing$

大層 $\vdash S_{n::da|na|ni|\varnothing \atop stem} \backslash NP_{ga} : \lambda x.\lambda e.taisoo(e,x)$

...

(225) $n :: da|na|ni$

静か, しずか $\vdash S_{n::da|na|ni \atop stem} \backslash NP_{ga} : \lambda x.\lambda e.sizuka(e,x)$

綺麗, きれい $\vdash S_{n::da|na|ni \atop stem} \backslash NP_{ga} : \lambda x.\lambda e.kirei(e,x)$

暖か, あたたか $\vdash S_{n::da|na|ni \atop stem} \backslash NP_{ga} : \lambda x.\lambda e.atataka(e,x)$

細か, こまか $\vdash S_{n::da|na|ni \atop stem} \backslash NP_{ga} : \lambda x.\lambda e.komaka(e,x)$

手荒, てあら $\vdash S_{n::da|na|ni \atop stem} \backslash NP_{ga} : \lambda x.\lambda e.teara(e,x)$

劇的, げきてき $\vdash S_{n::da|na|ni \atop stem} \backslash NP_{ga} : \lambda x.\lambda e.gekiteki(e,x)$

...

(226) $n :: da|na|no$

悪質, あくしつ $\vdash S_{n::da|na|no \atop stem} \backslash NP_{ga} : \lambda x.\lambda e.akusitu(e,x)$

うってつけ $\vdash S_{n::da|na|no \atop stem} \backslash NP_{ga} : \lambda x.\lambda e.uttetuke(e,x)$

僅少, きんしょう $\vdash S_{n::da|na|no \atop stem} \backslash NP_{ga} : \lambda x.\lambda e.kinsyoo(e,x)$

...

(227) $n :: da|no|ni$

別々, べつべつ $\vdash S_{n::da|no|ni \atop stem} \backslash NP_{ga} : \lambda x.\lambda e.betubetu(e,x)$

一般, いっぱん ⊢ $S_{n::da|no|ni}\backslash NP_{ga}$: $\lambda x.\lambda e.ippan(e,x)$
      stem

たま ⊢ $S_{n::da|no|ni}\backslash NP_{ga}$: $\lambda x.\lambda e.tama(e,x)$
   stem

早め, はやめ ⊢ $S_{n::da|no|ni}\backslash NP_{ga}$: $\lambda x.\lambda e.hayame(e,x)$
      stem

本当, ほんとう ⊢ $S_{n::da|no|ni}\backslash NP_{ga}$: $\lambda x.\lambda e.hontoo(e,x)$
      stem

正常, せいじょう ⊢ $S_{n::da|no|ni}\backslash NP_{ga}$: $\lambda x.\lambda e.seijoo(e,x)$
       stem

...

(228) $n :: da|no|\varnothing$

度々, たびたび ⊢ $S_{n::da|no|\varnothing}\backslash NP_{ga}$: $\lambda x.\lambda e.tabitabi(e,x)$
       stem

しばらく ⊢ $S_{n::da|no|\varnothing}\backslash NP_{ga}$: $\lambda x.\lambda e.sibaraku(e,x)$
     stem

丁度, ちょうど ⊢ $S_{n::da|no|\varnothing}\backslash NP_{ga}$: $\lambda x.\lambda e.tyoodo(e,x)$
       stem

...

(229) $n :: da|na$

好き, すき ⊢ $S_{n::da|na}\backslash NP_{ga}\backslash NP_{ga}$: $\lambda y.\lambda x.\lambda e.suki(e,x,y)$
     stem

嫌い, きらい ⊢ $S_{n::da|na}\backslash NP_{ga}\backslash NP_{ga}$: $\lambda y.\lambda x.\lambda e.kirai(e,x,y)$
      stem

特殊, とくしゅ ⊢ $S_{n::da|na}\backslash NP_{ga}$: $\lambda x.\lambda e.tokusyu(e,x)$
       stem

...

(230) $n :: da|no$

初耳, はつみみ ⊢ $S_{n::da|no}\backslash NP_{ga}$: $\lambda x.\lambda e.hatumimi(e,x)$
       stem

絶好, ぜっこう ⊢ $S_{n::da|na|no}\backslash NP_{ga}$: $\lambda x.\lambda e.zekkoo(e,x)$
       stem

もってのほか ⊢ $S_{n::da|no}\backslash NP_{ga}$: $\lambda x.\lambda e.mottenohoka(e,x)$
       stem

...

4.5. 状詞   107

(231)　$n :: da|\varnothing$

　　　こんな ⊢ $S_{n::da|\varnothing \atop stem} \backslash NP_{ga} : \lambda x.\lambda e.konnna(e,x)$

　　　そんな ⊢ $S_{n::da|\varnothing \atop stem} \backslash NP_{ga} : \lambda x.\lambda e.sonnna(e,x)$

　　　あんな ⊢ $S_{n::da|\varnothing \atop stem} \backslash NP_{ga} : \lambda x.\lambda e.annna(e,x)$

　　　…

ところで、アウオ段イ形容詞「暖かい」「細かい」にも「暖かな」「細かな」という連体形があるように思われるが、これはこれらの語の語幹が形容詞・形容動詞の両用であることによる。

(232)　暖か ⊢ $S_{a::i::auo|n::da|na \atop stem} \backslash NP_{ga} : \lambda x.\lambda e.atatakai(e,x)$

　　　細か ⊢ $S_{a::i::auo|n::da|na \atop stem} \backslash NP_{ga} : \lambda x.\lambda e.komakai(e,x)$

4.5.2 判定詞

判定詞は、以下の (233)(234) のように、名詞に接続して用言をなす形式である。

(233)　　太郎は学生 $\left\{ {だ \atop です} \right\}$ 。

(234)　　この事件の犯人は太郎 $\left\{ {だ \atop です} \right\}$ 。

(233) は、普通名詞 (N) を取る叙述文 (predicational sentence) であり、(234) は名詞句 (NP) を取る同一文 (identificational sentence) である[20]。本書では、判定詞の語幹には (235) に示すように叙述文のものと同一文のものの二つがあると考える。ともに音声的には空であり、範疇は $S_{n::da|no|tar}$、すなわち (218)〜(222) に挙げた状詞活用語尾のうち、「な」

---

[20] 断裂文 (cleft sentence) については本書では扱わず、今後の課題としたい。CCG による断裂文の分析には、これまでに Kubota and Allyn (2004) 等の研究がある。

を除くものが接続し、副詞的用法がない。また、文語タリ形の活用語尾が接続しうる。

判定詞語幹

(235) $\varnothing \vdash \underset{stem}{S_{n::da|no|tar}} \backslash NP_{ga} \backslash N : id$

$\varnothing \vdash \underset{stem}{S_{n::da|no|tar}} \backslash NP_{ga} \backslash NP_{nc} : \lambda y.\lambda x.\lambda e.onaji(e,x,y)$

　この分析には、判定詞の異なる意味の数だけ「だ」「です」その他の形式を用意しなくて済むという利点がある。たとえば、「学生だ」「学生です」「太郎だ」「太郎です」という四つの形式を導出するのに、「だ」「です」はそれぞれ (218) と (219) の一通りだけ用意すれば良い。これは「に」「で」「な」「でし」等の形式および文語ナリ形、文語タリ形活用語尾まで考え合わせれば、必然的な選択である。

(236)

$$(61)\frac{学生}{N : \lambda x.\lambda s.gakusei(s,x)} \quad (235)\frac{\varnothing}{\underset{stem}{S_{n::da|no|tar}}\backslash NP_{ga}\backslash N : id}$$

$$< \frac{}{\underset{stem}{S_{n::da|no|tar}}\backslash NP_{ga} : \lambda x.\lambda s.gakusei(s,x)} \quad (218)\frac{だ}{S_{\boxed{1}}\underset{term}{} \backslash S_{n::da:\boxed{1}}\underset{stem}{} : id}$$

$$<B\frac{}{\underset{term}{S_{n::da|no|tar}}\backslash NP_{ga} : \lambda x.\lambda s.gakusei(s,x)}$$

(237)

$$(61)\frac{学生}{N : \lambda x.\lambda s.gakusei(s,x)} \quad (235)\frac{\varnothing}{\underset{stem}{S_{n::da|no|tar}}\backslash NP_{ga}\backslash N : id}$$

$$<\frac{}{\underset{stem}{S_{n::da|no|tar}}\backslash NP_{ga} : \lambda x.\lambda s.gakusei(s,x)} \quad (219)\frac{です}{S_{\boxed{1}}\underset{\substack{term\\+p}}{} \backslash S_{n::da:\boxed{1}}\underset{stem}{} : id}$$

$$<B\frac{}{\underset{\substack{term\\+p}}{S_{n::da|no|tar}}\backslash NP_{ga} : \lambda x.\lambda s.gakusei(s,x)}$$

(238)

$$
\cfrac{\cfrac{\text{太郎}}{NP_{nc}}_{(60)}\ :taroo \quad \cfrac{\cfrac{\varnothing}{S_{n::da|no|tar \atop stem}\backslash NP_{ga}\backslash NP_{nc}}_{(235)}\ :\lambda y.\lambda x.\lambda e.onaji(e,x,y)}{\cfrac{S_{n::da|no|tar \atop stem}\backslash NP_{ga}}{:\lambda x.\lambda e.onaji(e,x,taroo)}}<}{\cfrac{\cfrac{S_{n::da|no|tar \atop stem}\backslash NP_{ga}}{:\lambda x.\lambda e.onaji(e,x,taroo)} \quad \cfrac{\cfrac{\text{だ}}{S_{\boxed{1} \atop term}\backslash S_{n::da:\boxed{1} \atop stem}}_{(218)}\ :id}{}}{\cfrac{S_{n::da|no|tar \atop term}\backslash NP_{ga}}{:\lambda x.\lambda e.onaji(e,x,taroo)}}<B
$$

(239)

$$
\cfrac{\cfrac{\text{太郎}}{NP_{nc}}_{(60)}\ :taroo \quad \cfrac{\cfrac{\varnothing}{S_{n::da|no|tar \atop stem}\backslash NP_{ga}\backslash NP_{nc}}_{(235)}\ :\lambda y.\lambda x.\lambda e.onaji(e,x,y)}{\cfrac{S_{n::da|no|tar \atop stem}\backslash NP_{ga}}{:\lambda x.\lambda e.onaji(e,x,taroo)}}<}{\cfrac{\cfrac{S_{n::da|no|tar \atop stem}\backslash NP_{ga}}{:\lambda x.\lambda e.onaji(e,x,taroo)} \quad \cfrac{\cfrac{\text{です}}{S_{\boxed{1} \atop {term \atop +p}}\backslash S_{n::da:\boxed{1} \atop stem}}_{(219)}\ :id}{}}{\cfrac{S_{n::da|no|tar \atop {term \atop +p}}\backslash NP_{ga}}{:\lambda x.\lambda e.onaji(e,x,taroo)}}<B
$$

なお、「である」については判定詞の連用形「で」に、形式動詞「ある」が接続していると見なす。「である」を単独の語として扱わない理由は、以下のように取り立て助詞が介在する場合があるからである。

(240) a. 学生でもある。

b. 学生ではある。

c. 学生でさえある。

(241) a. 静かでもある。

b. 静かではある。

c. 静かでさえある。

「学生だろう」「学生でしょう」「学生なら」といった形式は、形容動詞語幹＋活用語尾としてではなく、形容動詞のダロウ接続形に助動詞「だろう」「でしょう」「なら」が接続していると考える（第 5.4.2 節を参照のこと）。

なお、判定詞の以下のような用法には注意が必要である。

(242)　a.（レストランで）僕はうなぎだ。

　　　 b.（専攻を聞かれて）私はフランス文学です。

これらは意味的にみて、上で述べたような叙述文や同一文とは考えられないが、以下の (243) のようにガ格名詞句が省略されていると考えるならば「注文がうなぎだ」「専攻がフランス文学だ」という部分は叙述文もしくは同一文である可能性がある。また、これらの文が (244) と同じ意味であることを考慮すれば、第 7.5.1 節で述べる「象は鼻が長い」＝「象の鼻が長い」構文とも共通性がある。

(243)　a. 僕は（注文が）うなぎだ。

　　　 b. 私は（専攻が）フランス文学です。

(244)　a. 僕の注文はうなぎだ。

　　　 b. 私の専攻はフランス文学です。

4.5.3　連体詞・副詞

連体詞・副詞は用言として用いられることがないため、用言語幹として定義することには違和感を抱かれるかもしれないが、由来的には動詞連体形や文語形容動詞タリ活用連体形であるものが多く、用言、特に形容動詞との連続性が無視できない。また、以下に述べるように、「ナが付くと連体詞」「ニが付くと副詞」といったように、もしそれらの間の意味の共通性、あるいは習得の際の意味の共有、ということを考慮するならば、これらの品詞にも語幹形というものを考えざるを得ない。

したがって本書では、連体詞・副詞の語幹形を範疇 $S \backslash NP_{ga}$ として定義する。それらは後に連体節化・副詞化することによって形態的にも意味的にも修飾句となる、と考える。

連体詞・副詞語幹

(245)　$n :: na|no|ni$

格段, かくだん $\vdash S_{n::na|no|ni \atop stem} \backslash NP_{ga} : \lambda x.\lambda e.kakudan(e,x)$

...

(246)　$n :: na|ni$

ろく $\vdash S_{n::na|ni \atop stem} \backslash NP_{ga} : \lambda x.\lambda e.roku(e,x)$

切, せつ $\vdash S_{n::na|ni \atop stem} \backslash NP_{ga} : \lambda x.\lambda e.setu(e,x)$

滅多, めった $\vdash S_{n::na|ni \atop stem} \backslash NP_{ga} : \lambda x.\lambda e.metta(e,x)$

新た, あらた $\vdash S_{n::na|ni \atop stem} \backslash NP_{ga} : \lambda x.\lambda e.arata(e,x)$

...

(247)　$n :: no|\varnothing$

先達て, 先だって, せんだって $\vdash S_{n::no|\varnothing \atop stem} \backslash NP_{ga}$

$: \lambda x.\lambda e.sendatte(e,x)$

従来, じゅうらい $\vdash S_{n::no|\varnothing \atop stem} \backslash NP_{ga} : \lambda x.\lambda e.juurai(e,x)$

目下, もっか $\vdash S_{n::no|\varnothing \atop stem} \backslash NP_{ga} : \lambda x.\lambda e.mokka(e,x)$

...

(248)　$n :: na$

色ん, いろん $\vdash S_{n::na \atop stem} \backslash NP_{ga} : \lambda x.\lambda e.iron(e,x)$

ひょん $\vdash S_{n::na \atop stem} \backslash NP_{ga} : \lambda x.\lambda e.hyon(e,x)$

...

(249)　$n :: ni$

特, とく $\vdash \underset{stem}{S_{n::ni}} \backslash NP_{ga} : \lambda x.\lambda e.toku(e,x)$

正, まさ $\vdash \underset{stem}{S_{n::ni}} \backslash NP_{ga} : \lambda x.\lambda e.masa(e,x)$

暗, あん $\vdash \underset{stem}{S_{n::ni}} \backslash NP_{ga} : \lambda x.\lambda e.an(e,x)$

直ち, ただち $\vdash \underset{stem}{S_{n::ni}} \backslash NP_{ga} : \lambda x.\lambda e.tadati(e,x)$

...

(250) $n :: no$

ほん $\vdash \underset{stem}{S_{n::no}} \backslash NP_{ga} : \lambda x.\lambda e.hon(e,x)$

当 $\vdash \underset{stem}{S_{n::no}} \backslash NP_{ga} : \lambda x.\lambda e.tou(e,x)$

例 $\vdash \underset{stem}{S_{n::no}} \backslash NP_{ga} : \lambda x.\lambda e.rei(e,x)$

最愛 $\vdash \underset{stem}{S_{n::no}} \backslash NP_{ga} : \lambda x.\lambda e.saiai(e,x)$

...

(251) $n :: \varnothing$

極, ごく $\vdash \underset{stem}{S_{n::\varnothing}} \backslash NP_{ga} : \lambda x.\lambda e.goku(e,x)$

ほぼ $\vdash \underset{stem}{S_{n::\varnothing}} \backslash NP_{ga} : \lambda x.\lambda e.hobo(e,x)$

...

(252) $n :: tar|to$

堂々, どうどう $\vdash \underset{stem}{S_{n::tar|to}} \backslash NP_{ga} : \lambda x.\lambda e.doodoo(e,x)$

颯爽, さっそう $\vdash \underset{stem}{S_{n::tar|to}} \backslash NP_{ga} : \lambda x.\lambda e.sassoo(e,x)$

煌々, こうこう $\vdash \underset{stem}{S_{n::tar|to}} \backslash NP_{ga} : \lambda x.\lambda e.kookoo(e,x)$

...

(253) $n :: \varnothing|to$

細々, ほそぼそ $\vdash \underset{stem}{S_{n::\varnothing|to}} \backslash NP_{ga} : \lambda x.\lambda e.hosoboso(e,x)$

4.5. 状詞　113

...

(254) 　$n :: tar$

　　惨憺, さんたん $\vdash S_{n::tar \atop stem} \backslash NP_{ga} : \lambda x.\lambda e.santan(e, x)$

　　...

(255) 　$n :: to$

　　寒々, さむざむ $\vdash S_{n::to \atop stem} \backslash NP_{ga} : \lambda x.\lambda e.samuzamu(e, x)$

　　とん $\vdash S_{n::to \atop stem} \backslash NP_{ga} : \lambda x.\lambda e.ton(e, x)$

　　...

ただし、以下のように動詞連体形由来のものも数多くあり、これは上記分類には当てはまらない。これらについては、連体形のみを持つ動詞として扱う。言い換えるならば、いわゆる連体詞として一括りにされてきたカテゴリーには、出所の異なるいくつかのグループが含まれている。

(256) 　ある、さる、こういう、こうした、こういった、そういう、そうした、そういった、どういう、たいした、一寸した、大それた、等

(257) 　或る, ある $\vdash S_{v::5::ARU \atop attr} \backslash NP_{ga} : \lambda x.\lambda e.aru{:}attr(e, x)$

また、「大きい」[*21]「おかしい」はイ段イ形容詞、「小さい」はアウオ段イ形容詞であるが、連体形として「大きい」「小さい」「おかしい」の他に、「大きな」「小さな」「おかしな」という形式を持っている。これらについては、語彙項目が以下のように指定されていると考える。

(258) 　大き, おおき $\vdash S_{a::i::i|n::na \atop stem} \backslash NP_{ga} : \lambda x.\lambda e.ooki(e, x)$

　　小さ, ちいさ $\vdash S_{a::i::auo|n::na \atop stem} \backslash NP_{ga} : \lambda x.\lambda e.tiisa(e, x)$

　　可笑し, おかし $\vdash S_{a::i::i|n::na \atop stem} \backslash NP_{ga} : \lambda x.\lambda e.okasi(e, x)$

[*21] 「大きい」については文語残存終止形「大き」および文語残存連体形「大きき」は不自然である。これは元々「大きい」がク活用形容詞由来の語ではなく、形容動詞「大きなり」の変化であることと関係していると思われる。

これは形容詞・連体詞両用の指定である。終止形「*大きだ」「*小さだ」が存在しない点が、前節の「暖かな」の場合と異なる。

これは「大きい／大きな」「小さい／小さな」「おかしい／おかしな」を、それぞれ同じ語として扱うことを意味しているが、連体形「大きい」と「大きな」は以下に示すように、無意識に使い分けられるようである[*22]。そうであるとすれば、これらの意味表示は前提に於いて異なる可能性があり、別語とすべきという考え方もできる。

(259) a. #大きい自信
　　　 b. 　大きな自信
(260) a. #大きい愛情
　　　 b. 　大きな愛情

4.5.4　サ変状詞

サ変動詞語幹に「だ」「です」等の語尾が付く形式がある。名詞句を項として取ることや、副詞が係ることができるため、これらを普通名詞と考えることはできない。

(261) a. 家に帰ったら一心不乱に勉強だ。
　　　 b. 今日はいよいよ店をオープンだ。

したがって、以下のような語彙規則が存在して、サ変名詞語幹が状詞に変化すると考える（S の品詞素性のみが変化）。ただし、PF が空であるものにはこの規則は適用できないものとする。

(262)

$$\frac{勉強}{\underset{stem}{S_{v::S}} \backslash NP_{ga}}$$
$: \lambda x.\lambda e.benkyousuru(e,x)$
$\Rightarrow$
$$\frac{勉強}{\underset{stem}{S_{n::da}} \backslash NP_{ga}}$$
$: \lambda x.\lambda e.benkyousuru(e,x)$

[*22]「日本語 Q & A」(http://nhg.pro.tok2.com/qa/keiyoushi-1.htm) より。

4.6 境界的問題

本書では、語幹と活用語尾の関係を統語論の問題として扱ってきた。しかし、形式化が進み、本書の文法の輪郭が明確化してくるにつれて、音韻論、語用論、形態論など、隣接領域との境界上に存在する問題もまた浮き彫りになってくる。本節では、それらの境界問題をいくつか取り上げて議論する。

4.6.1 動詞活用語尾の鼻音化

ラ行五段活用動詞の活用語尾が、ナ行の形式が後続する場合に、「ん」に交替しうる現象がある。

(263) a. 乗らない／乗んない
b. 乗らねえ／乗んねえ
c. 乗らねば／??乗んねば
d. 乗るな／乗んな
e. 乗るのは／乗んのは

これはラ行五段活用動詞に限らず、一段活用、カ行変格活用、サ行変格活用にも見られる現象である。

(264) a. 食べるな／食べんな
b. 食べるのは／食べんのは

(265) a. 来るな／来んな
b. 来るのは／来んのは

(266) a. するな／すんな
b. するのは／すんのは

しかし、ラ行活用語尾のすべてが「ん」に交替可能なわけではない。たとえば以下に示すように「り」は交替を許さないようである。

(267) a. 乗りながら／*乗んながら

b. 乗り慣れない／*乗ん慣れない

この現象は一見、以下のような音韻変換規則を仮定すれば済むように思われる。

(268) $/r[aueo]/\_n \to /N/$

しかし、この規則の適用範囲は活用語尾のみであり、そのような制限をどのように課すかは自明ではない。また、ナ行で始まる形式のすべてが、ラ行活用語尾の「ん」への交替を許すわけではない。以下の例は交替が許されない例である。

(269) a. 乗る仲間／*乗ん仲間

b. 乗るならば／*乗んならば

c. 乗るには乗る／*乗んには乗る

したがって、ラ行活用語尾の鼻音化は単純な音韻規則では捉えることのできない現象であり、ナ行ではじまる形式が直前の要素の「ん」への交替を許すか否かは、統語素性のレベルで指定されるべきであろう。

本分析では、$\pm N$ 素性によってこの情報を表している。ナ行ではじまる形式のうち、以下に挙げる語彙項目は、接続先の鼻音化素性に $\pm N$ を指定しているため、鼻音化したラ行活用語尾、すなわち $+N$ の値を持つ活用形に接続できる。

(343) $な \vdash S_{\boxed{1} \atop imp,\boxed{2},+n} \backslash S_{v:\boxed{1} \atop term,\pm p:\boxed{2},\pm N} : \lambda P.\lambda e.\sim Pe$

(345) $な \vdash S_{\boxed{1} \atop imp} \backslash S_{v:\boxed{1} \atop cont,\pm N} : id$

(455) $無, な \vdash S_{a::i::NAS \atop stem,+n} \backslash S_{neg \atop \pm n,\pm N} : \lambda P.\lambda e.\sim Pe$

一方、以下に挙げる語彙項目は、接続先の鼻音化素性に $-N$ を指定しているため、$+N$ の値を持つ活用形には接続できない。

(325) $ぬ, ん \vdash S_{\boxed{1} \atop term|attr,+l,\boxed{2},+n} \backslash S_{\boxed{1} \atop neg,+l,\pm p:\boxed{2},\pm n} : \lambda P.\lambda e.\sim Pe$

(326) ねば ⊢ $S_{\boxed{1}}/S_{\boxed{1}}\underset{+l}{\backslash}S_{neg} : \lambda P.\lambda Q.\lambda e.\varepsilon e'.\sim Pe'w \Rightarrow Qe$

(413) 慣れ, なれ ⊢ $\underset{stem}{S_{v::1}} \backslash S_{\underset{cont}{v}} : \lambda P.\lambda e.\varepsilon e'.nareru(e, Pe')$

(270) ながら, つつ ⊢ $S\backslash NP_{ga}\backslash \$/(S\backslash NP_{ga}\backslash \$)\backslash (S_{\underset{cont}{v}}\backslash NP_{ga})$

$\qquad : \lambda P.\lambda Q.\lambda \vec{y}.\lambda x.\lambda e.\varepsilon e'.nagara(e, Pxe'); Q\vec{y}xe$

(779) なら ⊢ $\underset{hyp,+l,\pm t,\boxed{2}}{S_{\boxed{1}}} \underset{mod::d,\pm t,\pm p:\boxed{2},\pm N}{\backslash S_{v|a|n:\boxed{1}}} : id$

　もっとも、この条件が他の統語素性や、これらの形式が現れる統語環境の組み合わせに還元できるならば、±N 素性は文法から消去できる可能性もあるが、今後の研究に委ねたい。

4.6.2　形容詞の文語残存連用接続形

　本分析の活用体系においては、用言の意味を語幹が持っていることで、異なる活用形の間で意味表示が共有されることが保証されていた。しかし第 4.4 節で述べたように、形容詞のウ音便形については以下のように、形容詞語幹とは（語幹がオ段で終わるものを除いて）別の語彙項目として用意しなければならなかった。

(170) 赤, あか ⊢ $\underset{stem}{S_{a::i::auo}}\backslash NP_{ga} : \lambda x.\lambda e.akai(e, x)$

　　　赤, あこ ⊢ $\underset{ustem}{S_{a::i::auo}}\backslash NP_{ga} : \lambda x.\lambda e.akai(e, x)$

(171) 美し, うつくし ⊢ $\underset{stem}{S_{a::i::i}}\backslash NP_{ga} : \lambda x.\lambda e.utukusii(e, x)$

　　　美しゅ, うつくしゅ ⊢ $\underset{ustem}{S_{a::i::i}} \backslash NP_{ga} : \lambda x.\lambda e.utukusii(e, x)$

(173) 良, よ ⊢ $\underset{stem|ustem}{S_{a::i::NAS}} \backslash NP_{ga} : \lambda x.\lambda e.yoi(e, x)$

　このことは、新しい語彙項目を獲得することを考慮すると、問題になる場合がある。母語話者は、自分が知らない語（未知語）に出会ったとき、その語の統語素性について推察することができる。たとえば、以下のような文に出会ったとしよう。

(271)　ササしゅうございます。

　この文は未知の単語を含んでいるが、ここまで提示してきた文法では以下のように区切られることになろう。

(272)　ササしゅ｜う｜ござ｜い｜ます

　「う」が (175) の「う」であるとするならば、「ササしゅ」とは形容詞の文語残存連用接続形でなければならない。したがって、以下のような語彙項目が存在するという仮定が生じるだろう。

(273)　ササしゅ $\vdash S_{a::i} \backslash \$: f$
　　　　　　　　$\scriptstyle ustem$

　しかし母語話者はここから一歩進んで、語幹形は以下のようであると推察できるのではなかろうか。言い換えるならば、この形容詞がイ段イ形容詞「ササしい」であることまで分かるのではなかろうか。意味は不明なので f としておくが、「ササしゅ」と「ササし」が同じ意味であることも仮定されて良い。

(274)　ササし $\vdash S_{a::i::i} \backslash \$: f$
　　　　　　　　$\scriptstyle stem$

　このような推論は、形容詞語幹の末尾の一文字に法則性があるために可能となっている。アウオ段イ形容詞の語幹はアウオ段でしか終わらず、これらの文語残存連用接続形については、ア段のもののみ同行のオ段に変わり（「柔らかい」→「柔らこう」）、ウ段オ段のものは変わらない（「薄い」→「薄う」、「遅い」→「遅う」）、という法則がある。また、イ段イ形容詞の語幹はイ段でしか終わらないが、実際はカ行イ段（き）、サ行イ段（し）、タ行イ段（ち）しかなく、文語残存連用接続形はそれぞれ、これらを「き」→「きゅ」、「し」→「しゅ」「ち」→「ちゅ」と置き換えたものである、という法則がある。

　これらの法則は、ここまで提示してきた文法には含まれていない。問題は、これらの法則が統語論の法則なのか、形態論の（辞書内の）法則なのか、ということである。仮に統語論の側にこの情報を含むとすれば、これまで述べてきた形容詞のシステムを「建て増し」する必要がある。まず、アウオ段イ形容詞およびイ段イ形容詞に、更に次のような下位分類を設ける。

$a::i::a$	ア段イ形容詞
$a::i::a::a$	ア行ア段イ形容詞
$a::i::a::k$	カ行ア段イ形容詞
$a::i::a::s$	サ行ア段イ形容詞
$a::i::a::t$	タ行ア段イ形容詞
$a::i::a::n$	ナ行ア段イ形容詞
$a::i::a::m$	マ行ア段イ形容詞
$a::i::a::y$	ヤ行ア段イ形容詞
$a::i::a::r$	ラ行ア段イ形容詞
$a::i::a::w$	ワ行ア段イ形容詞
$a::i::a::g$	ガ行ア段イ形容詞
$a::i::a::z$	ザ行ア段イ形容詞
$a::i::a::d$	ダ行ア段イ形容詞
$a::i::a::b$	バ行ア段イ形容詞
$a::i::a::ty$	チャ行ア段イ形容詞

$a::i::u$	ウ段イ形容詞
$a::i::u::a$	ア行ウ段イ形容詞
$a::i::u::k$	カ行ウ段イ形容詞
$a::i::u::s$	サ行ウ段イ形容詞
$a::i::u::t$	タ行ウ段イ形容詞
$a::i::u::n$	ナ行ウ段イ形容詞
$a::i::u::m$	マ行ウ段イ形容詞
$a::i::u::y$	ヤ行ウ段イ形容詞
$a::i::u::r$	ラ行ウ段イ形容詞
$a::i::u::w$	ワ行ウ段イ形容詞
$a::i::u::g$	ガ行ウ段イ形容詞
$a::i::u::z$	ザ行ウ段イ形容詞
$a::i::u::d$	ダ行ウ段イ形容詞
$a::i::u::b$	バ行ウ段イ形容詞
$a::i::u::ty$	チャ行ウ段イ形容詞

$a::i::i$	イ段イ形容詞
$a::i::i::k$	カ行イ段イ形容詞
$a::i::i::s$	サ行イ段イ形容詞
$a::i::i::t$	タ行イ段イ形容詞

$a::i::o$	オ段イ形容詞
$a::i::o::a$	ア行オ段イ形容詞
$a::i::o::k$	カ行オ段イ形容詞
$a::i::o::s$	サ行オ段イ形容詞
$a::i::o::t$	タ行オ段イ形容詞
$a::i::o::n$	ナ行オ段イ形容詞
$a::i::o::m$	マ行オ段イ形容詞
$a::i::o::y$	ヤ行オ段イ形容詞
$a::i::o::r$	ラ行オ段イ形容詞
$a::i::o::w$	ワ行オ段イ形容詞
$a::i::o::g$	ガ行オ段イ形容詞
$a::i::o::z$	ザ行オ段イ形容詞
$a::i::o::d$	ダ行オ段イ形容詞
$a::i::o::b$	バ行オ段イ形容詞
$a::i::o::ty$	チャ行オ段イ形容詞

そのうえで、語幹 (stem) よりも内側にある要素として「副語幹 (sstem)」という概念を、新たな活用種別素性値として導入する。たとえば、「赤い」はこれまでアウオ段イ形容詞として分類され、「あか」が語幹であったが、

新たな分類の下ではカ行ア段イ形容詞であり、副語幹は「あ」である。一方、「美しい」はこれまでイ段イ形容詞として分類され、「美し」が語幹であったが、新たな分類ではサ行イ段形容詞であり、副語幹は「うつく」である

(275)　あ $\vdash S_{\substack{a::i::auo::a::k \\ sstem}} \backslash NP_{ga} : \lambda x.\lambda e.akai(e,x)$

(276)　うつく $\vdash S_{\substack{a::i::i::s \\ sstem}} \backslash NP_{ga} : \lambda x.\lambda e.utukusii(e,x)$

また、副語幹から語幹を派生する「語幹派生語尾」という概念を導入する。「赤い」の語幹「あか」は、カ行ア段イ形容詞副語幹「あ」＋語幹派生語尾「か」によって派生される。

(277)

$$\cfrac{\cfrac{\text{あ}}{S_{\substack{a::i::auo::a::k \\ sstem}} \backslash NP_{ga}} \quad \cfrac{\text{か}}{S_{\substack{a::i::auo \\ stem}} \backslash S_{\substack{a::i::auo::a::k \\ sstem}}}}{\cfrac{S_{\substack{a::i::auo \\ stem}} \backslash NP_{ga}}{\ : \lambda x.\lambda e.akai(e,x)} \quad \cfrac{\text{い}}{S_{\substack{\boxed{1} \\ term|attr \\ \boxed{2}}} \backslash S_{\substack{a::i::\boxed{1} \\ stem \\ \pm n:\boxed{2}}}}}{S_{\substack{a::i::auo \\ term|attr}} \backslash NP_{ga} : \lambda x.\lambda e.akai(e,x)}$$

「美しい」の語幹「うつくし」は、サ行イ段形容詞副語幹「うつく」＋語幹派生語尾「し」によって派生される。

(278)

$$\cfrac{\cfrac{\text{うつく}}{S_{\substack{a::i::i::s \\ sstem}} \backslash NP_{ga}} \quad \cfrac{\text{し}}{S_{\substack{a::i::i \\ stem}} \backslash S_{\substack{a::i::i::s \\ sstem}}}}{\cfrac{S_{\substack{a::i::i \\ stem}} \backslash NP_{ga}}{: \lambda x.\lambda e.utukusii(e,x)} \quad \cfrac{\text{い}}{S_{\substack{\boxed{1} \\ term|attr \\ \boxed{2}}} \backslash S_{\substack{a::i::\boxed{1} \\ stem \\ \pm n:\boxed{2}}}}}{S_{\substack{a::i::i \\ term|attr}} \backslash NP_{ga} : \lambda x.\lambda e.utukusii(e,x)}$$

このように語幹派生語尾とは語幹の最後の一字であり、副語幹の品詞分類は、語幹派生語尾について、行と段の両方の情報を持っている。語幹形成活用語尾の一覧を以下に示す。

(279) あ ⊢ $S_{a::i::a \atop stem} \backslash S_{a::i::a::a \atop sstem} : id$

か ⊢ $S_{a::i::a \atop stem} \backslash S_{a::i::a::k \atop sstem} : id$

さ ⊢ $S_{a::i::a \atop stem} \backslash S_{a::i::a::s \atop sstem} : id$

た ⊢ $S_{a::i::a \atop stem} \backslash S_{a::i::a::t \atop sstem} : id$

な ⊢ $S_{a::i::a \atop stem} \backslash S_{a::i::a::n \atop sstem} : id$

ま ⊢ $S_{a::i::a \atop stem} \backslash S_{a::i::a::m \atop sstem} : id$

や ⊢ $S_{a::i::a \atop stem} \backslash S_{a::i::a::y \atop sstem} : id$

ら ⊢ $S_{a::i::a \atop stem} \backslash S_{a::i::a::r \atop sstem} : id$

わ ⊢ $S_{a::i::a \atop stem} \backslash S_{a::i::a::w \atop sstem} : id$

が ⊢ $S_{a::i::a \atop stem} \backslash S_{a::i::a::g \atop sstem} : id$

ざ ⊢ $S_{a::i::a \atop stem} \backslash S_{a::i::a::z \atop sstem} : id$

だ ⊢ $S_{a::i::a \atop stem} \backslash S_{a::i::a::d \atop sstem} : id$

ば ⊢ $S_{a::i::a \atop stem} \backslash S_{a::i::a::b \atop sstem} : id$

ちゃ ⊢ $S_{a::i::a \atop stem} \backslash S_{a::i::auo::a::ty \atop sstem} : id$

(280) お ⊢ $S_{a::i::a \atop ustem} \backslash S_{a::i::a::a \atop sstem} : id$

こ ⊢ $S_{a::i::a \atop ustem} \backslash S_{a::i::a::k \atop sstem} : id$

そ ⊢ $S_{a::i::a \atop ustem} \backslash S_{a::i::a::s \atop sstem} : id$

と ⊢ $S_{a::i::a \atop ustem} \backslash S_{a::i::a::t \atop sstem} : id$

の ⊢ $S_{a::i::a \atop ustem} \backslash S_{a::i::a::n \atop sstem} : id$

も ⊢ $S_{a::i::a \atop ustem} \backslash S_{a::i::a::m \atop sstem} : id$

よ ⊢ $S_{a::i::a \atop ustem} \backslash S_{a::i::a::y \atop sstem} : id$

ろ ⊢ $S_{a::i::a \atop ustem} \backslash S_{a::i::a::r \atop sstem} : id$

お ⊢ $S_{a::i::a \atop ustem} \backslash S_{a::i::a::w \atop sstem} : id$

ご ⊢ $S_{a::i::a \atop ustem} \backslash S_{a::i::a::g \atop sstem} : id$

ぞ ⊢ $S_{a::i::a \atop ustem} \backslash S_{a::i::a::z \atop sstem} : id$

ど ⊢ $S_{a::i::a \atop ustem} \backslash S_{a::i::a::d \atop sstem} : id$

ぽ ⊢ $S_{a::i::a \atop ustem} \backslash S_{a::i::a::b \atop sstem} : id$

ちょ ⊢ $S_{a::i::a \atop ustem} \backslash S_{a::i::a::ty \atop sstem} : id$

(281) き ⊢ $S_{a::i::i \atop stem} \backslash S_{a::i::i::k \atop sstem} : id$

し ⊢ $S_{a::i::i \atop stem} \backslash S_{a::i::i::s \atop sstem} : id$

ち ⊢ $S_{a::i::i \atop stem} \backslash S_{a::i::i::t \atop sstem} : id$

きゅ ⊢ $S_{a::i::i \atop ustem} \backslash S_{a::i::i::k \atop sstem} : id$

しゅ ⊢ $S_{a::i::i \atop ustem} \backslash S_{a::i::i::s \atop sstem} : id$

ちゅ ⊢ $S_{a::i::i \atop ustem} \backslash S_{a::i::i::t \atop sstem} : id$

(282) う ⊢ $S_{a::i::u \atop stem|ustem}$ $\backslash S_{a::i::u::a \atop sstem} : id$ (283) お ⊢ $S_{a::i::o \atop stem|ustem}$ $\backslash S_{a::i::o::a \atop sstem} : id$

く ⊢ $S_{a::i::u \atop stem|ustem}$ $\backslash S_{a::i::u::k \atop sstem} : id$ こ ⊢ $S_{a::i::o \atop stem|ustem}$ $\backslash S_{a::i::o::k \atop sstem} : id$

す ⊢ $S_{a::i::u \atop stem|ustem}$ $\backslash S_{a::i::u::s \atop sstem} : id$ そ ⊢ $S_{a::i::o \atop stem|ustem}$ $\backslash S_{a::i::o::s \atop sstem} : id$

つ ⊢ $S_{a::i::u \atop stem|ustem}$ $\backslash S_{a::i::u::t \atop sstem} : id$ と ⊢ $S_{a::i::o \atop stem|ustem}$ $\backslash S_{a::i::o::t \atop sstem} : id$

ぬ ⊢ $S_{a::i::u \atop stem|ustem}$ $\backslash S_{a::i::u::n \atop sstem} : id$ の ⊢ $S_{a::i::o \atop stem|ustem}$ $\backslash S_{a::i::o::n \atop sstem} : id$

む ⊢ $S_{a::i::u \atop stem|ustem}$ $\backslash S_{a::i::u::m \atop sstem} : id$ も ⊢ $S_{a::i::o \atop stem|ustem}$ $\backslash S_{a::i::o::m \atop sstem} : id$

ゆ ⊢ $S_{a::i::u \atop stem|ustem}$ $\backslash S_{a::i::u::y \atop sstem} : id$ よ ⊢ $S_{a::i::o \atop stem|ustem}$ $\backslash S_{a::i::o::y \atop sstem} : id$

る ⊢ $S_{a::i::u \atop stem|ustem}$ $\backslash S_{a::i::u::r \atop sstem} : id$ ろ ⊢ $S_{a::i::o \atop stem|ustem}$ $\backslash S_{a::i::o::r \atop sstem} : id$

う ⊢ $S_{a::i::u \atop stem|ustem}$ $\backslash S_{a::i::u::w \atop sstem} : id$ お ⊢ $S_{a::i::o \atop stem|ustem}$ $\backslash S_{a::i::o::w \atop sstem} : id$

ぐ ⊢ $S_{a::i::u \atop stem|ustem}$ $\backslash S_{a::i::u::g \atop sstem} : id$ ご ⊢ $S_{a::i::o \atop stem|ustem}$ $\backslash S_{a::i::o::g \atop sstem} : id$

ず ⊢ $S_{a::i::u \atop stem|ustem}$ $\backslash S_{a::i::u::z \atop sstem} : id$ ぞ ⊢ $S_{a::i::o \atop stem|ustem}$ $\backslash S_{a::i::o::z \atop sstem} : id$

づ ⊢ $S_{a::i::u \atop stem|ustem}$ $\backslash S_{a::i::u::d \atop sstem} : id$ ど ⊢ $S_{a::i::o \atop stem|ustem}$ $\backslash S_{a::i::o::d \atop sstem} : id$

ぶ ⊢ $S_{a::i::u \atop stem|ustem}$ $\backslash S_{a::i::u::b \atop sstem} : id$ ほ ⊢ $S_{a::i::o \atop stem|ustem}$ $\backslash S_{a::i::o::b \atop sstem} : id$

ちゅ ⊢ $S_{a::i::u \atop stem|ustem}$ $\backslash S_{a::i::u::ty \atop sstem} : id$ ちょ ⊢ $S_{a::i::o \atop stem|ustem}$ $\backslash S_{a::i::o::ty \atop sstem} : id$

さて、この方針の下では、文語残存連用接続形も語幹と同じ副語幹から派生することが可能となっている。

4.6. 境界的問題   123

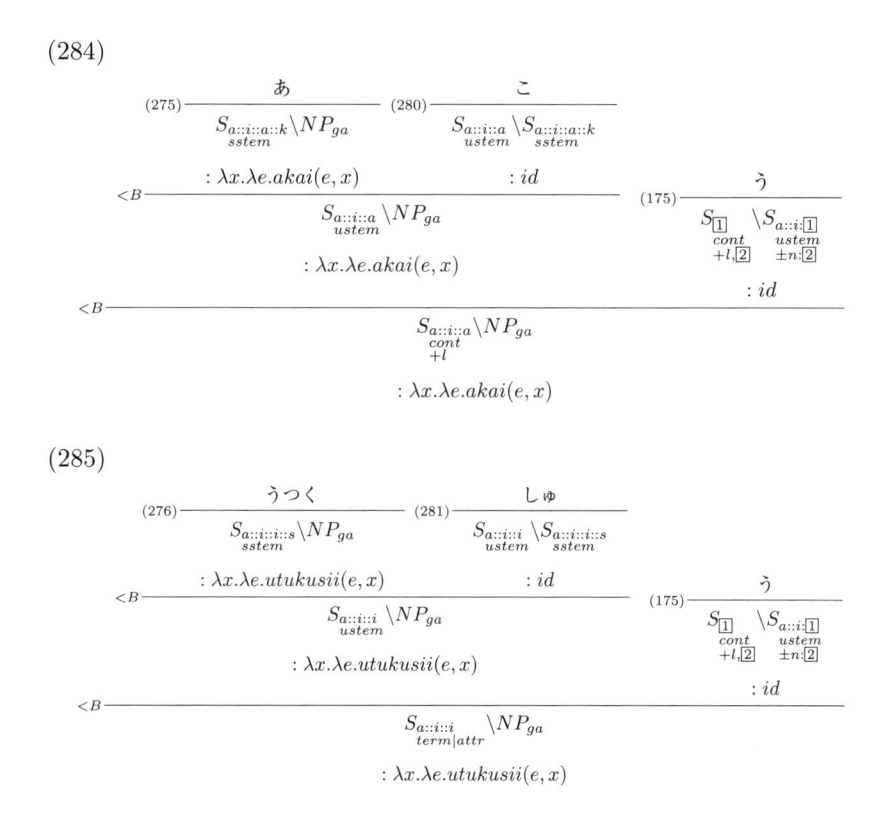

(284)

$$
\cfrac{\cfrac{(275)\ \overline{\text{あ}}}{\underset{sstem}{S_{a::i::a::k}}\backslash NP_{ga}} \quad \cfrac{(280)\ \overline{\text{こ}}}{\underset{ustem}{S_{a::i::a}}\backslash \underset{sstem}{S_{a::i::a::k}}}}{<B\ \cfrac{: \lambda x.\lambda e.akai(e,x) \qquad : id}{\cfrac{\underset{ustem}{S_{a::i::a}}\backslash NP_{ga}}{: \lambda x.\lambda e.akai(e,x)}}} \quad \cfrac{(175)\ \overline{\text{う}}}{\underset{\substack{cont\\+l,\boxed{2}}}{S_{\boxed{1}}}\backslash \underset{\substack{ustem\\\pm n:\boxed{2}}}{S_{a::i:\boxed{1}}}}
$$

$$
<B\ \cfrac{\underset{\substack{cont\\+l}}{S_{a::i::a}}\backslash NP_{ga}}{: \lambda x.\lambda e.akai(e,x)}
$$

(285)

$$
\cfrac{(276)\ \overline{\text{うつく}}}{\underset{sstem}{S_{a::i::i::s}}\backslash NP_{ga}} \quad \cfrac{(281)\ \overline{\text{しゅ}}}{\underset{ustem}{S_{a::i::i}}\backslash \underset{sstem}{S_{a::i::i::s}}}
$$

$$
<B\ \cfrac{: \lambda x.\lambda e.utukusii(e,x) \qquad : id}{\underset{ustem}{S_{a::i::i}}\backslash NP_{ga}\ :\lambda x.\lambda e.utukusii(e,x)} \quad \cfrac{(175)\ \overline{\text{う}}}{\underset{\substack{cont\\+l,\boxed{2}}}{S_{\boxed{1}}}\backslash \underset{\substack{ustem\\\pm n:\boxed{2}}}{S_{a::i:\boxed{1}}}}
$$

$$
<B\ \cfrac{\underset{\substack{term|attr}}{S_{a::i::i}}\backslash NP_{ga}}{: \lambda x.\lambda e.utukusii(e,x)}
$$

同時に、副語幹と語幹派生語尾の組み合わせには、形容詞語幹の最後の一文字に関する法則性が含まれている。冒頭の (271) の例に立ち戻るが、この分析の下では語の区切りは以下のように予測されよう。

(286)   ササ | しゅ | う | ござ | い | ます

語幹派生語尾が (281) の「しゅ」であることから、「ササ」はサ行イ段イ形容詞の副語幹でなければならない。

(287)   ササ ⊢ $\underset{sstem}{S_{a::i::i::s}}\backslash \$: f$

この語彙項目は、(273) より多くの情報を持っている。この語彙項目から、以下のように語幹形を派生することができるからである。

(288)
$$\cfrac{(287)\ \cfrac{ササ}{S_{a::i::i::s \atop sstem}\backslash \$\ :\ f}\quad (281)\ \cfrac{し}{S_{a::i::i \atop stem}\backslash S_{a::i::i::s \atop sstem}\ :\ id}}{S_{a::i::i \atop stem}\backslash \$\ :\ f}\ {<}B$$

したがって語幹は「ササし」であり、更には終止形が「ササしい」であることが分かるのである。これは上記形式と遭遇したときの母語話者の直観に一致している。

さて、このような説明が可能になることに対して、それを文法に組み込むために必要とした「建て増し」が、割に合っていると言えるだろうか。確かに、第 4.4 節で行ったような形容詞語幹の「二本立て」をする必要はなくなり、(277) と (284) では副語幹「あ」を、(278) と (285) では副語幹「うつく」を、それぞれ共有することができる。

ただし、漢字について考慮すれば、別の問題が生じる。「赤い」という形容詞においては、語幹「あか」と文語残存連用接続形「あこ」はともに「赤」であるから、副語幹「あ」を立てたところで、以下のような二つの語彙項目が必要となることには変わりない。そうだとすれば、語幹の「二本立て」と大差なく、形容詞の細分類、語幹の副語幹・語幹派生語尾への分解は割に合わないという可能性もある。

(289)　赤, あか ⊢ $S_{a::i::a \atop stem}\backslash NP_{ga} : \lambda x.\lambda e.akai(e,x)$

(290)　赤, あこ ⊢ $S_{a::i::a \atop ustem}\backslash NP_{ga} : \lambda x.\lambda e.akai(e,x)$

しかしながら、以下のような場合を考えると、本節の再分類を導入することは避け難いように思われる。形容詞の終止形・連体形には以下のような音韻変化形があり、表記上も変化が現れるが、ア段とウ段・オ段では変化のパターンが異なるからである[*23]。

[*23] これらの音韻変化形については、ア段・イ段については一般に文法的であるが、ウ段・オ段については文法的とする話者と、そうでない話者に分かれる。この判断には方言の影響も見られるようである。

(291) a. ア段：少ない、少ねえ、少ねー

　　　b. ウ段：うすい、??うせえ、??うせー

　　　c. オ段：おもい、?おめえ、?おめー

　　　d. イ段：美しい、美しー

　本節で導入した分類を用いれば、上記の「ねえ」「ねー」等を、ナ行ア段イ形容詞の副語幹に接続する活用語尾と考えることができる。ウ段・オ段については該当する活用語尾を持つ話者と持たない話者がおり、イ段には「きー」「しー」「ちー」等の活用語尾が存在すると考えれば良い。以下にア段・イ段の活用語尾を示しておく。

(292) ええ、えー $\vdash S_{a::i::a \atop term|attr} \backslash S_{a::i::a::y|w \atop sstem} : id$

　　　けえ、けー $\vdash S_{a::i::a \atop term|attr} \backslash S_{a::i::a::k \atop sstem} : id$

　　　せえ、せー $\vdash S_{a::i::a \atop term|attr} \backslash S_{a::i::a::s \atop sstem} : id$

　　　てえ、てー $\vdash S_{a::i::a \atop term|attr} \backslash S_{a::i::a::t \atop sstem} : id$

　　　ねえ、ねー $\vdash S_{a::i::a \atop term|attr} \backslash S_{a::i::a::n \atop sstem} : id$

　　　めえ、めー $\vdash S_{a::i::a \atop term|attr} \backslash S_{a::i::a::m \atop sstem} : id$

　　　れえ、れー $\vdash S_{a::i::a \atop term|attr} \backslash S_{a::i::a::r \atop sstem} : id$

　　　げえ、げー $\vdash S_{a::i::a \atop term|attr} \backslash S_{a::i::a::g \atop sstem} : id$

　　　ぜえ、ぜー $\vdash S_{a::i::a \atop term|attr} \backslash S_{a::i::a::z \atop sstem} : id$

　　　でえ、でー $\vdash S_{a::i::a \atop term|attr} \backslash S_{a::i::a::d \atop sstem} : id$

また、「少ない」→「少なー」、「うすい」→「うすー」、「おもい」→「おもー」のような変化はこれとは別に考える。これらは終止形にのみ用いられ、連体形の用法がない。「少ない」→「少な！」、「薄い」→「薄！」、「重い」→「重！」のような変化も、同様に終止形にのみ用いられる点で共通している。

$$\text{べえ, べー} \vdash S_{a::i::a \atop term|attr} \backslash S_{a::i::a::b \atop sstem} : id$$

$$\text{ちぇえ, ちぇー} \vdash S_{a::i::a \atop term|attr} \backslash S_{a::i::a::ty \atop sstem} : id$$

(293)
$$\text{きー} \vdash S_{a::i::i \atop term|attr} \backslash S_{a::i::i::k \atop sstem} : id$$

$$\text{しー} \vdash S_{a::i::i \atop term|attr} \backslash S_{a::i::i::s \atop sstem} : id$$

$$\text{ちー} \vdash S_{a::i::i \atop term|attr} \backslash S_{a::i::i::t \atop sstem} : id$$

ただし、「ひどい」→「ひでぇ」「ひでー」「すごい」→「すげぇ」「すげー」のように、オ段の一部の形容詞は変化する。これらについては、直接語彙項目として登録せざるを得ない。また、「良い」の変化である以下の形式も例外である。これらも終止形・連体形のみ存在する。

(294)　いい, いー, ええ, えー $\vdash S_{a::i::o \atop term|attr} \backslash NP_{ga} : \lambda x.\lambda e.yoi(e, x)$

4.6.3 「上一段」「下一段」活用について

さて、前節では形容詞に副語幹という概念を導入し、語幹派生語尾と組み合わせて語幹を派生する分析を示した。この観点から言えば、一段活用動詞にも同様の議論が適用できることに気づく。たとえば、次のような未知語を含む文があったとしよう。

(295)　キキまなかった。

本分析の文法では、語の区切りは以下のいずれかであると予測される。

(296)　キキ | ま | な | かっ | た

(297)　キキま | な | かっ | た

未知語が変格活用動詞であることはないと仮定するならば、「キキま」に関しては、マ行五段活用動詞語幹である可能性と、一段活用動詞語幹である可能性がある。

4.6. 境界的問題

マ行五段活用	一段活用
キキまない	キキまない
キキみます	キキまます
キキむ	キキまる
キキめば	キキまれば
キキめ	キキまろ/キキまよ

しかし、日本語の母語話者は、後者の可能性はないと直ちに判断するであろう。これは、一段活用動詞の語幹が必ずイ段またはエ段で終わることを知っているからである。しかし、この法則性は第 4.2 節で提示した文法には含まれていない。そこで、前節の形容詞語幹の場合と同様に、一段動詞に以下のような下位分類を導入することが考えられる。

$v :: 1 : i$	上一段活用動詞	$v :: 1 : e$	下一段活用動詞
$v :: 1 :: i :: a$	ア行上一段活用動詞	$v :: 1 :: e :: a$	ア行下一段活用動詞
$v :: 1 :: i :: k$	カ行上一段活用動詞	$v :: 1 :: e :: k$	カ行下一段活用動詞
$v :: 1 :: i :: s$	サ行上一段活用動詞	$v :: 1 :: e :: s$	サ行下一段活用動詞
$v :: 1 :: i :: t$	タ行上一段活用動詞	$v :: 1 :: e :: t$	タ行下一段活用動詞
$v :: 1 :: i :: n$	ナ行上一段活用動詞	$v :: 1 :: e :: n$	ナ行下一段活用動詞
$v :: 1 :: i :: m$	マ行上一段活用動詞	$v :: 1 :: e :: m$	マ行下一段活用動詞
$v :: 1 :: i :: r$	ラ行上一段活用動詞	$v :: 1 :: e :: r$	ラ行下一段活用動詞
$v :: 1 :: i :: w$	ワ行上一段活用動詞	$v :: 1 :: e :: w$	ワ行下一段活用動詞
$v :: 1 :: i :: g$	ガ行上一段活用動詞	$v :: 1 :: e :: g$	ガ行下一段活用動詞
$v :: 1 :: i :: z$	ザ行上一段活用動詞	$v :: 1 :: e :: z$	ザ行下一段活用動詞
$v :: 1 :: i :: b$	バ行上一段活用動詞	$v :: 1 :: e :: b$	バ行下一段活用動詞

そして、一段活用動詞にも副語幹および語幹派生語尾の概念を導入する。

(298) 生, い ⊢ $S_{v::1::i::k \atop sstem} \backslash NP_{ga} : \lambda x.\lambda e.ikiru(e,x)$

　　...

(299) 食, た ⊢ $S_{v::1::e::b \atop sstem} \backslash NP_{ga} \backslash NP_o : \lambda y.\lambda x.\lambda e.taberu(e,x,y)$

　　...

(300) い ⊢ $S_{v::1\atop stem} \backslash S_{v::1::i::a\atop sstem} : id$ (301) え ⊢ $S_{v::1\atop stem} \backslash S_{v::1::e::a\atop sstem} : id$

き ⊢ $S_{v::1\atop stem} \backslash S_{v::1::i::k\atop sstem} : id$ け ⊢ $S_{v::1\atop stem} \backslash S_{v::1::e::k\atop sstem} : id$

し ⊢ $S_{v::1\atop stem} \backslash S_{v::1::i::s\atop sstem} : id$ せ ⊢ $S_{v::1\atop stem} \backslash S_{v::1::e::s\atop sstem} : id$

ち ⊢ $S_{v::1\atop stem} \backslash S_{v::1::i::t\atop sstem} : id$ て ⊢ $S_{v::1\atop stem} \backslash S_{v::1::e::t\atop sstem} : id$

に ⊢ $S_{v::1\atop stem} \backslash S_{v::1::i::n\atop sstem} : id$ ね ⊢ $S_{v::1\atop stem} \backslash S_{v::1::e::n\atop sstem} : id$

み ⊢ $S_{v::1\atop stem} \backslash S_{v::1::i::m\atop sstem} : id$ め ⊢ $S_{v::1\atop stem} \backslash S_{v::1::e::m\atop sstem} : id$

り ⊢ $S_{v::1\atop stem} \backslash S_{v::1::i::r\atop sstem} : id$ れ ⊢ $S_{v::1\atop stem} \backslash S_{v::1::e::r\atop sstem} : id$

ぎ ⊢ $S_{v::1\atop stem} \backslash S_{v::1::i::g\atop sstem} : id$ げ ⊢ $S_{v::1\atop stem} \backslash S_{v::1::e::g\atop sstem} : id$

じ ⊢ $S_{v::1\atop stem} \backslash S_{v::1::i::z\atop sstem} : id$ ぜ ⊢ $S_{v::1\atop stem} \backslash S_{v::1::e::z\atop sstem} : id$

び ⊢ $S_{v::1\atop stem} \backslash S_{v::1::i::b\atop sstem} : id$ べ ⊢ $S_{v::1\atop stem} \backslash S_{v::1::e::b\atop sstem} : id$

これらを用いれば、(131) の一段動詞語幹は、今や以下のように派生されることになる。

(302)
$$<B \frac{(299)\dfrac{食, た}{S_{v::1::e::b\atop sstem}\backslash NP_{ga}\backslash NP_o} : \lambda y.\lambda x.\lambda e.taberu(e,x,y) \quad (301)\dfrac{べ}{S_{v::1\atop stem}\backslash S_{v::1::e::b\atop sstem}} : id}{S_{v::1\atop stem}\backslash NP_{ga}\backslash NP_o : \lambda y.\lambda x.\lambda e.taberu(e,x,y)}$$

このように考えれば、未知語を含む「キキまない」の問題は解決する。本節の文法によると「キキまなかった」の分割は以下のようになるであろう。

(303) キキ | ま | な | かっ | た

しかし、一段動詞の語幹派生語尾 (300)(301) には「ま」が含まれていないので、「キキ」は上一段動詞の副語幹でも、下一段動詞の副語幹でもあり

4.6. 境界的問題　129

得ないことが分かるからである。残る選択肢は、「ま」がマ行五段動詞の活用語尾であるというものであり、したがってこの未知語は「キキ」というマ行五段活用動詞でなければならない。

この分析には他にも利点がある。第 4.3.2 節および第 4.3.3 節で述べたように、サ行変格活用動詞の一部、およびザ行変格活用動詞の一部は、それぞれサ行五段動詞、一段動詞と活用を共有している。前者については、以下のように語彙項目をまとめて書くことができた。

(161)　愛, あい $\vdash S_{v::(S|5::s) \atop stem} \backslash NP_{ga} \backslash NP_o : \lambda y. \lambda x. \lambda e.aisuru(e, x, y)$

　　　　適, てき $\vdash S_{v::(S|5::s) \atop stem} \backslash NP_{ga} \backslash NP_{ni} : \lambda y. \lambda x. \lambda e.tekisuru(e, x, y)$

　　　　属, ぞく $\vdash S_{v::(S|5::s) \atop stem} \backslash NP_{ga} \backslash NP_{ni} : \lambda y. \lambda x. \lambda e.zokusuru(e, x, y)$

しかし、後者については (163) と (167) のように、別々の語彙項目として扱わなければならない。第 4.3.3 節の最後に触れたように、これらの現象には連続性があるにも関わらず、同様の扱いができないという問題が残っていた。

(163)　案, あん $\vdash S_{v::Z \atop stem} \backslash NP_{ga} \backslash NP_o : \lambda y. \lambda x. \lambda e.anjiru(e, x, y)$

(167)　案じ, あんじ $\vdash S_{v::1 \atop stem} \backslash NP_{ga} \backslash NP_o : \lambda y. \lambda x. \lambda e.anjiru(e, x, y)$

しかし一段動詞に副語幹を導入することによって、「案ずる」のザ変動詞・一段活用の用法をまとめて記述することが可能になる。

(304)　案, あん $\vdash S_{(v::Z, stem) \atop |(v::1::i::z, sstem)} \backslash NP_{ga} \backslash NP_o : \lambda y. \lambda x. \lambda e.anjiru(e, x, y)$

また、「任す」「任せる」のように、五段活用・一段活用の両方の用法を持つ動詞（意味は同一）についても、以下のようにまとめて記述することができる。

(305)　任, まか $\vdash S_{(v::5::s, stem) \atop |(v::1::e::s, sstem)} \backslash NP_{ga} \backslash NP_{ni} \backslash NP_o$

　　　　　　$: \lambda z. \lambda y. \lambda x. \lambda e.makasu(e, x, y, z)$

このことは、文語文法から口語文法への、一段活用動詞の推移と無関係ではないと思われる。たとえば、「食べる」をバ行下一段動詞と考えるならば、副語幹は「た」であり、

(306)　　たぶ $\implies$ たぶる $\implies$ たべる

という歴史上の変化を「ぶ」→「ぶる」→「べ」という活用体系・活用語尾の変化として捉えることが可能になる。言い換えれば「食べる」の変化において、バ行であるという意識が残っているということである。

第5章

助動詞（二次的活用語尾）

　さて、前章までで、動詞、形容詞、状詞のすべてについて、語幹形とそれに続く活用語尾を提示したことになる。本章では、語幹および活用語尾に後続する助動詞について述べる。

　第 3.2.4 節で述べたことの繰り返しとなるが、本分析では「助動詞」という概念は理論的には必要ない。$S \backslash S$ およびそれに類する統語範疇を持つ語のうち、統語範疇 S の語と接続したのち、語幹形以外の活用形をなすものを活用語尾もしくは助動詞と呼んでいるが、そのうち語幹形にのみ接続するものを活用語尾、それ以外を助動詞、と便宜的に呼んでいるに過ぎない。その意味では、二次的活用語尾、という呼び方は、本分析における助動詞の位置付けをより正確に言い表しているかもしれない。しかし、助動詞という呼び名は一般的なものでもあり、以後誤解のない範囲で用いていきたい。

　助動詞には、過去形を派生する「た」「だ」の系列、丁寧形を派生する「ます」「です」の系列、否定形を派生する「ん」「ず」「ぬ」「な」の系列、推量形を派生する「う」「だろう」「でしょう」「であろう」「まい」、およびテ形・ニ形を派生する「て」「に」がある。まずは、これらのうち最初の二つについて考察したい。

　前章まで見てきた活用形は、主に非過去・非丁寧 $(-t, -p)$ の形式に限られていた。しかし用言には以下の表に示すように、非過去 $(-t)$ ／過去 $(+t)$、非丁寧 $(-p)$ ／丁寧 $(+p)$ の対立に関して、四通りの状態が存在する。たとえば、過去形を派生するには、過去接続形に活用語尾「た」「だ」

を接続する。丁寧形を派生するには、動詞であれば非過去・連用形に活用語尾「ます」を接続し、また形容詞であれば終止形、状詞であれば語幹に活用語尾「です」を接続する。

図 5.1 派生的活用形一覧

v	$-p$	$+p$
$-t$	食べる	食べます
$+t$	食べた	食べました

a	$-p$	$+p$
$-t$	赤い	赤いです
$+t$	赤かった	赤かったです
		?*赤いでした

$n :: da\|na\|ni$	$-p$	$+p$
$-t$	静かだ	静かです
$+t$	静かだった	静かでした
		??静かだったです

$n :: da\|no\|tar$	$-p$	$+p$
$-t$	学生だ	学生です
$+t$	学生だった	学生でした
		??学生だったです

ここで、過去の「た・だ」、丁寧の「ます」「です」は、それら自体が、それぞれ打消形、連用形、テ形、終止形、連体形、条件形、命令形、推量形等のそれぞれに活用することに注意する（これが先ほど「系列」と述べた意味である）。したがって、用言の活用形全体を表すには、少なくとも非過去／過去を表す素性、非丁寧／丁寧を表す素性、活用種別を表す素性の三素性を用いる必要があるのである。

また、過去形から丁寧・過去形を派生できるか、もしくは丁寧形から丁

寧・過去形を派生できるかどうかで、動詞と形容詞・状詞との間には差が見られる。

5.1 過去形

過去形活用語尾、すなわち「た・だ」は、動詞、形容詞、状詞の過去接続形に接続する。これらの品詞の丁寧形、すなわち「ます」「です」で終わる形式にも、過去接続形「まし」「でし」が存在して、「た」が接続することに注意する。「た・だ」自体の活用については、以下の点に留意する。

- 打消形、過去接続形、態接続形は存在しない。
- 文語残存連用形 ($S_{cont,+l,+t}$)「たり」「だり」が現れること。
- テ形 ($S_{te,+t}$)「たって」「だって」が現れること。
- 形容詞、判定詞の過去接続形にはタ接続形 ($euph :: t$) の形式しか存在しない(「だ」に接続するものは存在しない) こと。

なお「過去形」の用語であるが、「た・だ」の意味については諸説あり、結論が出ているとは言い難い。本書における「過去形」という名称も、形態的な情報を表すラベル以上のものではない。たとえば、「過去形」で表された発話内容は、必ずしも発話時より過去のイベントについて述べているとは限らない。以下に具体例を挙げる。

(307)　a. (子供が動物を見ながら) あっ、たべた!
　　　　b. お名前はなんとおっしゃったかしら?
　　　　c. さあ、買った買った!
　　　　d. (選挙のポスターで) 日本には山田がいたじゃないか。
　　　　e. 明日は僕の誕生日だった。

この意味で「過去形」における「過去」とは、発話時とは別に存在する何らかの参照点から見た、相対的な過去である。「た・だ」の実際に使用においては、過去・完了・気づき等、いくつかの用法があると言われており、一方でそれらの用法は「た・だ」の単一の意味から導出されるという主張もある。ここでは、「た・だ」の各用法の分析は今後の課題とし、ここでは単

独の意味表示 ta を与えるにとどめておく。意味表示 ta は、$ta(e)$ のように用いられ、イベント e が過去に起こったものである、という命題を表している。

5.1.1 た

「た」の活用を以下に示す。

(308) たり $\vdash S_{\boxed{1} \atop {cont \atop +t,\boxed{2},\boxed{3}}} \quad \backslash S_{v|a|n:\boxed{1} \atop {euph::t \atop \pm p:\boxed{2},\pm n:\boxed{3}}} \quad : \lambda P.\lambda e.(ta(e); Pe)$

た $\vdash S_{\boxed{1} \atop {term|attr \atop +t,\boxed{2},\boxed{3}}} \quad \backslash S_{v|a|n:\boxed{1} \atop {euph::t \atop \pm p:\boxed{2},\pm n:\boxed{3}}} \quad : \lambda P.\lambda e.(ta(e); Pe)$

たら $\vdash S_{\boxed{1} \atop {hyp \atop +l,+t,\boxed{2},\boxed{3}}} \quad \backslash S_{v|a|n:\boxed{1} \atop {euph::t \atop \pm p:\boxed{2},\pm n:\boxed{3}}} \quad : \lambda P.\lambda e.(ta(e); Pe)$

たろ $\vdash S_{\boxed{1} \atop {mod::u \atop +t,\boxed{2},\boxed{3}}} \quad \backslash S_{v|a|n:\boxed{1} \atop {euph::t \atop \pm p:\boxed{2},\pm n:\boxed{3}}} \quad : \lambda P.\lambda e.(ta(e); Pe)$

5.1.2 だ

「だ」の活用を以下に示す。

(309) だり $\vdash S_{\boxed{1} \atop {cont \atop +t,\boxed{2}}} \quad \backslash S_{v:\boxed{1} \atop {euph::d \atop \pm n:\boxed{2}}} \quad : \lambda P.\lambda e.(ta(e); Pe)$

だ $\vdash S_{\boxed{1} \atop {term|attr \atop +t,\boxed{2}}} \quad \backslash S_{v:\boxed{1} \atop {euph::d \atop \pm n:\boxed{2}}} \quad : \lambda P.\lambda e.(ta(e); Pe)$

だら $\vdash S_{\boxed{1} \atop {hyp \atop +l,+t,\boxed{2}}} \quad \backslash S_{v:\boxed{1} \atop {euph::d \atop \pm n:\boxed{2}}} \quad : \lambda P.\lambda e.(ta(e); Pe)$

だろ $\vdash S_{\boxed{1} \atop {mod::u \atop +t,\boxed{2}}} \quad \backslash S_{v:\boxed{1} \atop {euph::d \atop \pm n:\boxed{2}}} \quad : \lambda P.\lambda e.(ta(e); Pe)$

過去の「だ」は、状詞活用語尾の「だ」（第 4.5 節 (218) 参照）とは区別されなければならない。例：「*静かだり」「*静かだら」*1

また、(309) の語彙項目が示すように、過去の「だ」が接続するのは一部の動詞（ダ接続形を持つもの）のみである。例：「飛んだり」「飛んだ」「飛んだら」「飛んだろう」

5.2 丁寧形

5.2.1 ます

丁寧形活用語尾の「ます」は動詞の連用形に後接し、形容詞、状詞には後接しない。また、過去形には後接しない。*2

ます

(310) ます $\vdash S_{\boxed{1} \atop term|attr \atop +p} \backslash S_{v:\boxed{1} \atop cont} : id$ 　　(311) ませ $\vdash S_{\boxed{1} \atop neg \atop +l,+p} \backslash S_{v:\boxed{1} \atop cont} : id$

　　ませ, まし $\vdash S_{\boxed{1} \atop imp \atop +p} \backslash S_{v:\boxed{1} \atop cont} : id$ 　　まする $\vdash S_{\boxed{1} \atop term|attr \atop +l,+p} \backslash S_{v:\boxed{1} \atop cont} : id$

　　まし $\vdash S_{\boxed{1} \atop euph::t \atop +p} \backslash S_{v:\boxed{1} \atop cont} : id$ 　　ますれ $\vdash S_{\boxed{1} \atop hyp \atop +l,+p} \backslash S_{v:\boxed{1} \atop cont} : id$

　　ましょ $\vdash S_{\boxed{1} \atop mod::u \atop +p} \backslash S_{v:\boxed{1} \atop cont} : id$ 　　ませい $\vdash S_{\boxed{1} \atop imp \atop +l,+p} \backslash S_{v:\boxed{1} \atop cont} : id$

(310) に挙げた形式は口語形、(311) に挙げた形式は文語残存形である。「ます」には口語打消形が存在せず、文語残存打消形の「ませ」に「ん」「ぬ」が接続し、「ません」「ませぬ」となる*3。

[*1] 「静かだろう」については、状詞語幹「静か」(225) + 空範疇 (354) + 助動詞「だろう」(357) とする。

[*2] 「食べた」の連用形「食べて」に「ます」が接続する形式「食べてます」は「食べる」の過去・丁寧形ではなく、「食べています」の省略であり、「います」と等価な「ます」が語彙項目として存在すると考える（第 6.1.1 節 (403)(404) 参照）。

[*3] 「ませず」は非標準的であるが、京都・富山の方言として存在するようである。

(312)
$$\frac{(311)\overline{\underset{\substack{neg\\+l,+p}}{S_{\boxed{1}}}\quad\backslash S_{v:\boxed{1}\atop cont}}^{\text{ませ}}\quad(325)\overline{\underset{\substack{term|attr\\+l,\boxed{2},+n}}{S_{\boxed{1}}}\quad\backslash S_{\underset{+l,\pm p:\boxed{2},\pm n}{neg}}^{\boxed{1}}}^{\text{ん}}}{<B\quad\underset{:id}{}\quad\underset{:\lambda P.\lambda e.\sim Pe}{}}$$

$$\underset{\substack{term|attr\\+l,+p,+n}}{S_{\boxed{1}}}\quad\backslash S_{v:\boxed{1}\atop cont}$$

$$:\lambda P.\lambda e.\sim Pe$$

「ませ」以外の文語残存形は、口語ではあまり使用されない。条件形「ますれ」+「ば」も非標準的であるが、手紙等の表現で用いられることがある。「ませい」は「ます」の文語残存命令形であるが、標準的には「ます」の代わりに「なさい」（ナサル型活用動詞「なさる」の命令形）を用いる。

(313) 食べなさい。

過去形はタ接続形のみが存在する。

(314)
$$(310)\overline{\underset{\substack{euph::t\\+p}}{S_{\boxed{1}}}\quad\backslash S_{v:\boxed{1}\atop cont}}^{\text{まし}}\quad(308)\overline{\underset{\substack{term|attr\\+t,\boxed{2},\boxed{3}}}{S_{\boxed{1}}}\quad\backslash S_{\underset{\pm p:\boxed{2},\pm n:\boxed{3}}{euph::t}}^{v|a|n:\boxed{1}}}^{\text{た}}$$

$$:id\qquad\qquad :\lambda P.\lambda e.(ta(e);Pe)$$

$$<B\quad\underset{\substack{term|attr\\+t,+p}}{S_{\boxed{1}}}\quad\backslash S_{v:\boxed{1}\atop cont}$$

$$:\lambda P.\lambda e.(ta(e);Pe)$$

推量形は、「ましょう」となり、推量・意向の両方の意味がある。以下は推量の例である。

(315)

$$\cfrac{(310)\cfrac{\text{ましょ}}{\substack{S_{\boxed{1}} \quad \backslash S_{v:\boxed{1}} \\ \substack{mod::u \\ +p}} \quad \substack{cont}} \quad (349)\cfrac{\text{う}}{\substack{S_{\boxed{1}} \quad \backslash S_{\boxed{1}} \\ \substack{pre \\ \boxed{2},\boxed{3},\boxed{4},\boxed{5}}} \quad \substack{mod::u \\ \pm l:\boxed{2}, \pm t:\boxed{3}, \pm p:\boxed{4}, \pm n:\boxed{5}}}}{\substack{S_{\boxed{1}} \quad \backslash S_{v:\boxed{1}} \\ \substack{pre \\ +p}} \quad \substack{cont}}} <B$$

$$: id \qquad\qquad : \lambda P.\lambda e.daroo(Pe)$$

$$: \lambda P.\lambda e.daroo(Pe)$$

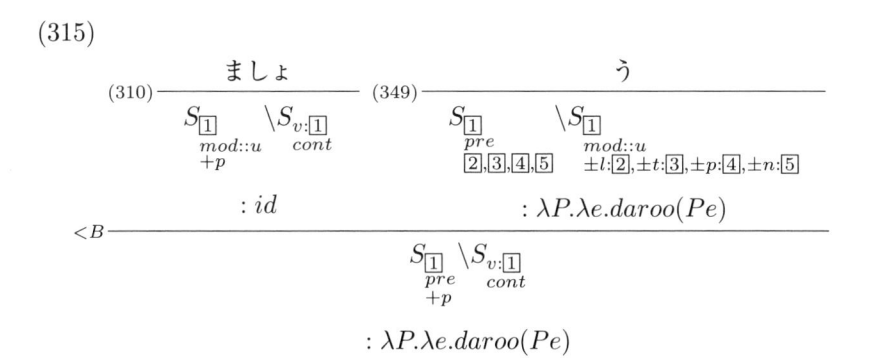

以上が動詞の丁寧形である。

5.2.2 です

状詞の丁寧形は「〜です」という形式であるが、第 4.5 節 (219) において既に取り上げたのでここでは扱わない。

一方、形容詞の丁寧形としては、元々「美しゅうございます」のように文語残存連用形 +「ございます」という形式があるが、口語では「美しいです」のように終止形 +「です」を用いることも多くなっている[*4]。

(316)　a.　美しいです。

　　　　b.　ないです。[*5]

しかし、下記のような形式が許容されないことから、この「です」は終止形しか持たない特殊な形式と考えなければならない。

(317)　a.　*美しいでした。

　　　　b.　*美しいで、

[*4] 昭和 27 年 4 月 14 日に国語審議会で建議された「これからの敬語」(『国語国字教育史料総覧』国語教育研究会 1969) では、以下のように述べられている。
「7.「形容詞と『です』」(p.411)
これまで久しく問題となっていた形容詞の結び方―たとえば、「大きいです」「小さいです」などは、平明・簡素な形として認めてよい。」

[*5] 「ありません」が標準的。

この現象について本分析では、状詞の活用形である「です」の活用規則が過剰適用され、(318) のような活用語尾が生まれていると考える。

(318) です $\vdash S_{\boxed{1} \atop {term \atop \boxed{2},+p}} \backslash S_{a:\boxed{1} \atop {term \atop \pm t:\boxed{2}}} : id$

ただし、以下 (319b) における「でしょう」については、「美しい」のダロウ接続形に接続していると見なし、第 5.4.2 節 (357) において別に扱う。

(319) a. 美しいだろう。

　　　 b. 美しいでしょう。

　　　 c. 美しいであろう。

(318) を用いた「美しいです」という形式の導出は以下の通りである。

(320)

$$\cfrac{\cfrac{(183)}{美しい} \quad \cfrac{(318)}{です}}{\underset{<B}{\cfrac{S_{a::i::i \atop term|attr} \backslash NP_{ga}}{: \lambda x.\lambda e.utukusii(e,x)} \quad \cfrac{S_{\boxed{1} \atop {term \atop \boxed{2},+p}} \backslash S_{a:\boxed{1} \atop {term \atop \pm t:\boxed{2}}}}{: id}}}}{\cfrac{S_{a::i::i \atop {term \atop +p}} \backslash NP_{ga}}{: \lambda x.\lambda e.utukusii(e,x)}}$$

5.2.3　ます＋です

「です」の語彙項目のうち、(219) は状詞にしか接続せず、(318) は形容詞にしか接続しないため、これまでのところ「ます」と「です」が連続する形式は派生されないようになっている。しかし実際には、「ます」(主に「ません」)と「です」の連続と思われる形式が多々見られる。下記の表に示すように、これらの接続方式には必ずしも明白な法則が見られず、方言によって、また個人によって受容性に差があるようである。

このうち、「なら」「でしょう」が後続する形式については、それほど方言差、個人差がなく、統語的に接続していると考える。「なら」「でしょう」

表 5.1 「ます」と「です」が連続する形式

「です」の活用形	マス	マシタ	マセン
cont	*食べますで、	*食べましたで、	食べませんで、
term|attr	*食べますです。	*?食べましたです。	??食べませんです。
euph	*食べますでした。	*食べましたでした。	食べませんでした。
hyp	食べますなら (ば)、	食べましたなら (ば)、	?食べませんなら (ば)
pre	食べますでしょう。	食べましたでしょう。	食べませんでしょう。

は第 5.4.2 節で助動詞として扱う。

その他の形式については、(321) のように、個々の表現について個別に語彙項目を用意する。方言差、個人差は、これらの語彙項目が辞書に存在するか否かの問題であるとする。

ます＋です

(321)　ませんで ⊢ $S_{\boxed{1} \atop te,+p,+n} \backslash S_{v:\boxed{1} \atop cont} : \lambda P.\lambda e.\sim\! Pe$

　　　ませんです ⊢ $S_{v \atop term|attr \atop +p,+n} \backslash S_{v:\boxed{1} \atop cont} : \lambda P.\lambda e.\sim\! Pe$

　　　ませんでし ⊢ $S_{\boxed{1} \atop euph::t \atop +p,+n} \backslash S_{v:\boxed{1} \atop cont} : \lambda P.\lambda e.\sim\! Pe$

一方で、これらの形式を「〜ません」＋「です」と見なす分析も考えうる。その場合は以下のように、動詞の文語残存・丁寧・否定形に接続する語彙項目「です」が存在する、と考えることになるだろう。

(322)　です ⊢ $S_{\boxed{1} \atop term,+p} \backslash S_{v:\boxed{1} \atop term \atop +l,+p,+n} : id$

しかし以下に示すように、(321) における「ん」は、「ぬ」と交替することができないのである。したがって、(322) による分析を維持するためには、「〜ません」と「〜ませぬ」を形態的に区別する素性が必要になるであろう。

(323)　a.　*〜ませぬで、

　　　b.　*〜ませぬです。

　　　c.　*〜ませぬでした。

しかしながら、この現象の他に「〜ません」と「〜ませぬ」を区別する必要性がないことを考慮すると、(321) のような語彙項目が例外的に存在していると考える方が妥当であるように思われる。

したがって、表 5.1 に挙げたような形式を導出するには、(324) のように組み合わせればよい。最終的に得られる統語範疇の素性を見ると、一段活用動詞であり、終止形・連体形であり、過去形、丁寧形、否定形であることが正しく計算されていることが分かる。

(324)

$$
\cfrac{\cfrac{\overset{食べ}{(133)\;\;S_{v::1 \atop neg|cont|euph::t}\backslash NP_{ga}\backslash NP_o} \quad \overset{ませんでし}{(321)\;\;S_{\boxed{1} \atop euph::t \atop +p,+n}\backslash S_{v:\boxed{1} \atop cont}}}{<B\;\;\;\;S_{v::1 \atop euph::t \atop +p,+n}\backslash NP_{ga}\backslash NP_o} \quad \overset{た}{(308)\;\;S_{\boxed{1} \atop term|attr \atop +t,\boxed{2},\boxed{3}}\backslash S_{v|a|n:\boxed{1} \atop euph::t \atop \pm p:\boxed{2},\pm n:\boxed{3}}}}{<B\;\;\;\;S_{v::1 \atop term|attr \atop +t,+p,+n}\backslash NP_{ga}\backslash NP_o}
$$

$: \lambda y.\lambda x.\lambda e.taberu(e,x,y)$ $: \lambda P.\lambda e.\sim Pe$

$: \lambda y.\lambda x.\lambda e.\sim taberu(e,x,y)$ $: \lambda P.\lambda e.(ta(e); Pe)$

$: \lambda y.\lambda x.\lambda e.(ta(e); \sim taberu(e,x,y))$

5.3 否定形

否定形活用語尾には「ぬ、ん」「ず」「な」が存在する。「ない」は、本分析では助動詞ではなく形容詞性接尾語として第 6.2.1 節で扱う。

5.3.1 ぬ、ん

否定の助動詞「ぬ」は、文語残存打消形に接続し、文語残存否定形 $(+l,+n)$ を派生する。以下の語彙項目に示すように、終止形、連体形、仮定形が存在する。また、否定の助動詞「ん」は「ぬ」の変化である。

(325) ぬ、ん $\vdash S_{\boxed{1} \atop term|attr \atop +l,\boxed{2},+n} \backslash S_{\boxed{1} \atop neg \atop +l,\pm p:\boxed{2},\pm n}$ $: \lambda P.\lambda e.\sim Pe$

ね $\vdash S_{\boxed{1} \atop hyp \atop +l,+n} \backslash S_{\boxed{1} \atop neg \atop +l}$ $: \lambda P.\lambda e.\sim Pe$

5.3. 否定形　141

条件形「ね」には、接続助詞「ば」(第 9.3 節 (767) 参照)、接続助詞「ど」(第 9.3 節 (768) 参照) が接続し、否定形の条件節を形成する。*6

(326)

$$\cfrac{(325)\ \cfrac{ね}{S_{\boxed{1}\,hyp\,+l,+n}\backslash S_{\boxed{1}\,neg\,+l}\ :\lambda P.\lambda e.\sim Pe}\quad (767)\ \cfrac{ば}{S_{\boxed{1}}/S_{\boxed{1}}\backslash S_{(neg,+l)|(hyp,\pm l)\,\pm p,\pm n}\ :\lambda P.\lambda Q.\lambda e.\varepsilon e'.Pe'\Rightarrow Qe}}{S_{\boxed{1}}/S_{\boxed{1}}\backslash S_{neg\,+l}\ :\lambda P.\lambda Q.\lambda e.\varepsilon e'.\sim Pe'w\Rightarrow Qe}\ <B$$

(327)

$$\cfrac{(325)\ \cfrac{ね}{S_{\boxed{1}\,hyp\,+l,+n}\backslash S_{\boxed{1}\,neg\,+l}\ :\lambda P.\lambda e.\sim Pe}\quad (768)\ \cfrac{ど}{S_{\boxed{1}}/S_{\boxed{1}}\backslash S_{hyp\,\pm l,\pm p,\pm n}\ :\lambda P.\lambda Q.\lambda e.\varepsilon e'.Pe';Qe}}{S_{\boxed{1}}/S_{\boxed{1}}\backslash S_{neg\,+l}\ :\lambda P.\lambda Q.\lambda e.\varepsilon e'.\sim Pe';Qe}\ <B$$

ただし、動詞に接続する場合の頻度に比べると、形容詞に接続する場合は稀であり、より文語的な響きとなる。

(328)　a. 行かねば

　　　　b. 行かねど

(329)　a. 美しからねば

　　　　b. 美しからねど

なお、「ませんで」「ませんでした」等の複合的な形式における「ん」については、第 5.2.3 節 (321) において既に述べているので、ここでは繰り返

---

*6 ここでは「ど」の逆接の意味は扱わず、単に従属節と主節の意味内容を連言で繋いでいる。

さない。

5.3.2 ず

否定の助動詞「ず」には以下のようにいくつかの活用形がある。

(330) ざら ⊢ $S_{\substack{\boxed{1}\\neg\\+l,+n}} \backslash S_{\substack{\boxed{1}\\neg\\+l}} : \lambda P.\lambda e.\sim Pe$

　　　ずに ⊢ $S_{\substack{\boxed{1}\\ni\\+l,+n}} \backslash S_{\substack{\boxed{1}\\neg\\+l}} : \lambda P.\lambda e.\sim Pe$

　　　ず ⊢ $S_{\substack{\boxed{1}\\term\\+l,+n}} \backslash S_{\substack{\boxed{1}\\neg\\+l}} : \lambda P.\lambda e.\sim Pe$

　　　ざる ⊢ $S_{\substack{\boxed{1}\\attr\\+l,+n}} \backslash S_{\substack{\boxed{1}\\neg\\+l}} : \lambda P.\lambda e.\sim Pe$

　　　ざれ ⊢ $S_{\substack{\boxed{1}\\hyp|imp\\+l,+n}} \backslash S_{\substack{\boxed{1}\\neg\\+l}} : \lambda P.\lambda e.\sim Pe$

連用形「ずに」は、「寝ずに勉強する」「食べずに走る」「塾には行かずにパチンコ屋に行く」のように、主節の様態を表すのに用いられる。

(331) 食べ ず に 走る

5.3.3 ないで、んで

動詞打消形に接続する「ない」は第 6.2.1 節で形容詞性接尾語として扱うが、「食べないで」の「ないで」に限ってはテ形を派生する助動詞として扱う。以下がその理由である。

1. 形容詞にはない形態であること。
   例：「*赤いで」「*美しいで」
2. 「食べないでいる」等、動詞テ形に接続する補助動詞（第 6.1.4 節参照）が接続すること。
   例：「気がつかないでいる」「気にしないでくれ」「話さないでおこう」「止めないでほしい」[*7]

「食べないで」「食べんで」と「食べなくて」はともにテ形であるが、差は前者が動詞のテ形であるのに対し、後者が形容詞のテ形である点である。一般的に、形容詞・状詞には「ないで」は接続しない。

(332)　a.　　食べないで
　　　　b.　＊赤くないで
　　　　c.　＊問題がないで

また、「少ない」「不甲斐ない」等の「—ない」で終わる形容詞にも「で」は接続しない。

(333)　a.　　野次も少なくて、
　　　　b.　＊野次も少ないで、

(334)　a.　　どの選手も不甲斐なくて、
　　　　b.　＊どの選手も不甲斐ないで、

したがって「ないで」全体を、動詞の否定形・テ形を派生する特殊な助動詞と見なし、語彙項目は以下のように与える。「食べんで」の「んで」も同様であるが、こちらは「ん」と同様、文語残存打消形に接続する。

(335)　ないで ⊢ $S_{\boxed{1} \atop te,+n} \backslash S_{v:\boxed{1} \atop neg \atop \pm n, \pm N}$ ： $\lambda P.\lambda e.\sim Pe$

(336)　んで ⊢ $S_{\boxed{1} \atop te,+l,\boxed{2},+n} \backslash S_{v:\boxed{1} \atop neg \atop +l,\pm p:\boxed{2},\pm n}$ ： $\lambda P.\lambda e.\sim Pe$

「食べないで」と「食べなくて」の導出の差を以下に示す。形容詞性接尾語「ない」の項（第 6.2.1 節）も参照されたい。

---

*7 益岡 (1997, p.69) の例文より。

(337)

$$\cfrac{\cfrac{\cfrac{\text{食べ}_{(131)}}{S_{v::1 \atop stem}\backslash NP_{ga}\backslash NP_o} : \lambda y.\lambda x.\lambda e.taberu(e,x,y) \quad \cfrac{\varnothing_{(132)}}{S_{v::1 \atop neg,\pm l}\backslash S_{v::1 \atop stem}} : id}{S_{v::1 \atop neg,\pm l}\backslash NP_{ga}\backslash NP_o : \lambda y.\lambda x.\lambda e.taberu(e,x,y)}<B \quad \cfrac{\text{ないで}_{(335)}}{S_{\boxed{1} \atop te,+n}\backslash S_{v:\boxed{1} \atop neg,\pm n,\pm N}} : \lambda P.\lambda e.\sim Pe}{S_{v::1 \atop te,+n}\backslash NP_{ga}\backslash NP_o : \lambda y.\lambda x.\lambda e.\sim taberu(e,x,y)}<B$$

(338)

$$\cfrac{\cfrac{\cfrac{\text{食べ}_{(131)}}{S_{v::1 \atop stem}\backslash NP_{ga}\backslash NP_o} : \lambda y.\lambda x.\lambda e.taberu(e,x,y) \quad \cfrac{\varnothing_{(132)}}{S_{v::1 \atop neg,\pm l}\backslash S_{v::1 \atop stem}} : id}{S_{v::1 \atop neg,\pm l}\backslash NP_{ga}\backslash NP_o : \lambda y.\lambda x.\lambda e.taberu(e,x,y)}<B \quad \cfrac{\text{なくて}_{(455)(181)}}{S_{a::i::NAS \atop te,+n}\backslash S_{neg \atop \pm n,\pm N}} : \lambda P.\lambda e.\sim Pe}{S_{a::i::NAS \atop te,+n}\backslash NP_{ga}\backslash NP_o : \lambda y.\lambda x.\lambda e.\sim taberu(e,x,y)}<B$$

益岡 (1997, p.70) では、テ形の主な用法として「継起」「手段」「付帯状況」「単純並列」「原因」「条件」があるとし、それぞれ以下のような例を挙げている。

(339) a. 喫茶店で朝食を取って職場に行った。(継起)

b. フェリーに乗って九州に行った。(手段)

c. 皆で歌を歌って帰った。(付帯状況)

d. あの店は安くておいしい。(単純並列)

e. 問題が難しくて答えが書けなかった。(原因)

f. そんなに高くては困る。(条件)

これらのうち「継起」「手段」「付帯状況」の用法においては動詞以外のテ形を用いることはできない(益岡 (1997, p.70))。したがって、(337) と (338) の導出結果に依れば、「ないで」のみがこれらの用法において文法的であることが予測されるが、以下の対照はその予測を裏付けるものである。

(340)　a.　朝食を取らないで職場に行った。

　　　　b.　＊朝食を取らなくて職場に行った。

(341)　a.　フェリーに乗らないで九州に行った。

　　　　b.　＊フェリーに乗らなくて九州に行った。

(342)　a.　歌を歌わないで帰った。

　　　　b.　＊歌を歌わなくて帰った。

5.3.4　な、なかれ

「な」は動詞の終止形に接続し、否定命令形を作る助動詞と考える。

(343)　な $\vdash S_{\boxed{1}\ imp,\boxed{2},+n} \backslash S_{v:\boxed{1}\ term,\pm p:\boxed{2},\pm N} : \lambda P.\lambda e.\sim Pe$

助動詞の「な」は、(344b) のような「な」とは区別するものとする。後者は否定の意味を持たず、動詞連用形に接続する。

(344)　a.　行くな。

　　　　b.　行きな。

(345)　な $\vdash S_{\boxed{1}\ imp} \backslash S_{v:\boxed{1}\ cont,\pm N} : id$

いずれの形式も $+N$ が指定されているので、「な」直前のラ行活用語尾は「ん」と交替することができる。ラ行五段活用の場合は「ん」が終止形と連体形の間で曖昧なので、「乗んな」のような形式において、上記二つのうちいずれの「な」が使用されているかは抑揚で判断する。一段動詞の場合は「ん」は終止形しかないため、たとえば「食べんな」は否定の意味しかない (cf.「食べな」)。

「な」は「なかれ」の「かれ」を落としたものから発生したと言われる (城田 (1998, p.44))。

(346)　なかれ $\vdash S_{\boxed{1}\ imp,+l,+n} \backslash S_{v:\boxed{1}\ term} : \lambda P.\lambda e.\sim Pe$

「なかれ」は文語残存形の否定命令形を派生する。「な」同様、動詞の終止形に接続するが、活用語尾の鼻音化を許さず、また、丁寧形への接続も許容度が低い。

(347) a. おごるなかれ
      b. 怒るなかれ

(348) a. ?* 乗んなかれ
      b. * 怒りますなかれ

5.4 推量形

推量形活用語尾には、推量意向の「う」、意向の「ん」、推量の「だろう」「でしょう」「であろう」、および否定の推量意向「まい」がある。

これらの助動詞は金田一 (1953) において「不変化助動詞」と呼ばれたものに対応する。この呼称は、これらの助動詞が他の助動詞とは異なり活用変化を持たないことに由来するが、本書では用言のあらゆる形式は何らかの活用形であるという立場を取り、これらの助動詞の形式を推量形という活用形として位置付けている。

推量意向の「う」は用言のウ接続形に接続するのに対して、推量の「だろう」「でしょう」「であろう」は用言のダロウ接続形に接続するという違いがある。表 5.2 と表 5.3 に実例を示す。

これらの形式はいずれも推量の用法を持っているが、意向の用法を持つのは、表 5.2 の中の $-t$ のものが、一人称のガ格主語を取ったときに限られる。以下の節では、これらの形式の導出過程を示すことにする。

5.4.1 う、ん

表 5.2 に示した様々な用言のウ接続形が導出されるまでの過程を、表 5.4 にまとめておく。学校文法では打消形とウ接続形を合わせて未然形としているが、現代語においては音韻・表記ともに異なるので、本分析では別の活用形として扱っている。

5.4. 推量形　147

表 5.2　ウ接続形 + 「う」

	$-t, -p$	$+t, -p$	$-t, +p$	$+t, +p$
五段活用動詞	飛ぼう	飛んだろう	飛びましょう	飛びましたろう
一段活用動詞	食べよう	食べたろう	食べましょう	食べましたろう
カ変動詞	来よう	来たろう	来ましょう	来ましたろう
サ変動詞	しよう	したろう	しましょう	しましたろう
ザ変動詞	案じよう	案じたろう	案じましょう	案じましたろう
形容詞	なかろう	なかったろう	—	—
形容動詞	—	—	—	—
名詞 + 判定詞	—	—	—	—

表 5.3　ダロウ接続形 + 「だろう」「でしょう」「であろう」

	$-t, -p$	$+t, -p$	$-t, +p$	$+t, +p$
五段活用動詞	飛ぶだろう	飛んだだろう	飛ぶでしょう	飛んだでしょう
一段活用動詞	食べるだろう	食べただろう	食べるでしょう	食べたでしょう
カ変動詞	来るだろう	来ただろう	来るでしょう	来たでしょう
サ変動詞	するだろう	しただろう	するでしょう	したでしょう
ザ変動詞	案ずるだろう	案じただろう	案ずるでしょう	案じたでしょう
形容詞	ないだろう	なかっただろう	ないでしょう	なかったでしょう
形容動詞	静かだろう	静かだっただろう	静かでしょう	静かだったでしょう
名詞 + 判定詞	学生だろう	学生だっただろう	学生でしょう	学生だったでしょう

　助動詞「う」の語彙項目は、推量を表すもの (349) と、話者の意向を表すもの (350) の二つがあると考える。

(349)　う, $\emptyset \vdash S_{\substack{\boxed{1} \\ pre \\ \boxed{2},\boxed{3},\boxed{4},\boxed{5}}} \backslash S_{\substack{\boxed{1} \\ mod::u \\ \pm l:\boxed{2}, \pm t:\boxed{3}, \pm p:\boxed{4}, \pm n:\boxed{5}}}$: $\lambda P.\lambda e.daroo(Pe)$

　また、「話者の意向」を表すものは、最終的に命題的な内容を越える発話形式となる。統語範疇 $\bar{S}$ については第 10.1 節を参照のこと。

(350)　う, $\emptyset \vdash \bar{S}_{\substack{vol \\ 1st}} \backslash NP_{ga} \backslash (S_{\substack{v:\boxed{1} \\ mod::u \\ \pm l:\boxed{2}, \pm p:\boxed{3}}} \backslash NP_{ga})$: $\lambda P.\lambda x.\langle vol, \varepsilon e.Pxe \rangle$

　「う」に並べて「∅」の指定があるのは、口頭語的な表現では「飛ぼう」

表 5.4 ウ接続形の派生

	$-t, -p$	$+t, -p$	$-t, +p$	$+t, +p$
五段活用動詞	飛＋ぼ	飛＋ん＋だろ	飛＋び＋ましょ	飛＋び＋まし＋たろ
一段活用動詞	食べ＋よ	食べ＋∅＋たろ	食べ＋∅＋ましょ	食べ＋∅＋まし＋たろ
カ変動詞	∅＋来よ	∅＋来＋たろ	∅＋来＋ましょ	∅＋来＋まし＋たろ
サ変動詞	∅＋しよ	∅＋し＋たろ	∅＋し＋ましょ	∅＋し＋まし＋たろ
ザ変動詞	案＋じよ	案じ＋∅＋たろ	案＋じ＋ましょ	案＋じ＋まし＋たろ
形容詞	な＋かろ	な＋かっ＋たろ	—	—
形容動詞				
名詞＋判定詞				

「飛びましょう」「食べよう」「食べましょう」が「飛ぼ」「飛びましょ」「食べよ」「食べましょ」となることもあるからである。ただし推量を表す「う」の方は、文体的にこのような表現がそぐわないことも多いが、文法的には排除しないでおく。

(350) の制約が示すように、意向の「う」は接続先が動詞であること（したがって形容詞に接続する際は曖昧性がない。また、状詞はそもそもウ接続形を持たない）、ガ格名詞句が一人称であること、およびウ接続形用言が非過去形 ($-t$) であること[*8]を要求する。ただし、(349) の制約が示すように、推量の「う」のガ格名詞句が一人称であってはいけない、というわけではない。たとえば以下のような文脈を考えれば、(351) には推量、意向の両方の読みが存在する。

(351) （「私達」は囚人として檻に囚われており、他の檻にも囚人達がいる。獄長は毎日いずれかの檻を選び、その檻の囚人を拷問する。隣の檻の囚人達が連れ出されるのを見て、）

明日は私達が犠牲となろう。

ok 推量

[*8] (350) の該当部には $-t$ の指定がないが、p.44 で述べたように、あらゆる素性について、指定がない場合はデフォルトの値を取っていると見なすものとする。

ok 意向

ただしこの文脈が示すように、ガ格が一人称のときに推量の読みを得るためには、主体性のない状況が必要なようである。

また、意向の「う」は否定形には接続しないようである。以下の形式には、推量の読みしかない。そのため、(350) ではウ接続形用言が肯定形 ($-n$) であることを要求している。

(352) 食べなかろう。

助動詞「う」は文語助動詞の「む」からの変化であるが、同じく「む」からの変化である助動詞「ん」は意向の意味しか持たない。「ん」は文語残存打消形に接続する。

(353) $ん \vdash S_{\substack{\boxed{1} \\ pre \\ +l}} \backslash NP_{ga} \backslash (S_{\substack{\boxed{1} \\ neg \\ +l}} \backslash NP_{ga}) : \lambda P.\lambda x.\langle vol, \varepsilon e.Pxe \rangle$

5.4.2 だろう、でしょう、であろう

一方、推量の助動詞「だろう」「でしょう」「であろう」が接続するのは、表 5.3 が示すように、動詞・形容詞・状詞過去形については終止形、状詞の非過去形については語幹の形式である。また、肯定形／否定形については両方に接続する。ただし、「だろう」「であろう」は丁寧形には非過去／過去を問わず接続しないのに対して、「でしょう」は動詞の丁寧形にも接続する[*9]。表 5.5 および表 5.6 に一覧を示す。

この接続条件をどのように記述するかという問題がある。実はこのパターンで接続する形式は「だろう」「でしょう」「であろう」の他にもいくつ

---

*9 「でしょう」は状詞の丁寧形にも接続するが、以下に示すように、この接続は過去形に限られているようである。

(i) a. 本日の放送はいかがでしたでしょうか。
    b. *本日の放送はいかがですでしょうか。
(ii) a. ご家族の皆様もさぞお喜びでしたでしょう。
    b. *ご家族の皆様もさぞお喜びですでしょう。

このことは、(354) の語彙項目に反映されている。

表 5.5　「だろう」「であろう」と接続する形式

	−t, −p	+t, −p	−t, +p	+t, +p
五段活用動詞	飛ぶ+だろう	飛んだ+だろう	*飛びます+だろう	*飛びました+だろう
一段活用動詞	食べる+だろう	食べた+だろう	*食べます+だろう	*食べました+だろう
カ変動詞	来る+だろう	来た+だろう	*来ます+だろう	*来ました+だろう
サ変動詞	する+だろう	した+だろう	*します+だろう	*しました+だろう
ザ変動詞	案ずる+だろう	案じた+だろう	*案じます+だろう	*案じました+だろう
形容詞	ない+だろう	なかった+だろう	*ないです+だろう	*なかったです+だろう
形容動詞	静か+だろう	静かだった+だろう	*静かです+だろう	*静かでした+だろう
名詞+判定詞	学生+だろう	学生だった+だろう	*学生です+だろう	*学生でした+だろう

表 5.6　「でしょう」と接続する形式

	−t, −p	+t, −p	−t, +p	+t, +p
五段活用動詞	飛ぶ+でしょう	飛んだ+でしょう	飛びます+でしょう	飛びました+でしょう
一段活用動詞	食べる+でしょう	食べた+でしょう	食べます+でしょう	食べました+でしょう
カ変動詞	来る+でしょう	来た+でしょう	来ます+でしょう	来ました+でしょう
サ変動詞	する+でしょう	した+でしょう	します+でしょう	しました+でしょう
ザ変動詞	案ずる+でしょう	案じた+でしょう	案じます+でしょう	案じました+でしょう
形容詞	ない+でしょう	なかった+でしょう	*ないです+でしょう	*なかったです+でしょう
形容動詞	静か+でしょう	静かだった+でしょう	*静かです+でしょう	静かでした+でしょう
名詞+判定詞	学生+でしょう	学生だった+でしょう	*学生です+でしょう	学生でした+でしょう

か存在する。たとえば、学校文法では助動詞とされている「らしい」（本分析では形容詞性接尾語として扱う。第 6.2.3 節 (478) 参照）は、動詞・形容詞の終止形（非過去形／過去形）に接続するとされているが、丁寧形には非過去／過去を問わず接続できない。また状詞に関しては、過去形については終止形、非過去形については語幹形に接続する点も、「だろう」「であろう」と同じである。表 5.7 (p.151) を表 5.5 と比較して頂きたい。

「らしい」の他にも、伝聞・比況の状詞性接尾語「みたいだ」（第 6.2.3 節 (507) 参照）、「かもしれない」「かも分からない」「に違いない」などの一語化した接尾語までが、「だろう」「であろう」と同じ条件で接続する。

また、条件を表す接続助詞の「なら」（第 9.3 節 (779) 参照）については、「でしょう」と同じ条件で接続する。

5.4. 推量形

表 5.7 「らしい」と接続する形式

	$-t, -p$	$+t, -p$	$-t, +p$	$+t, +p$
五段活用動詞	飛ぶ+らしい	飛んだ+らしい	*飛びます+らしい	*飛びました+らしい
一段活用動詞	食べる+らしい	食べた+らしい	*食べます+らしい	*食べました+らしい
カ変動詞	来る+らしい	来た+らしい	*来ます+らしい	*来ました+らしい
サ変動詞	する+らしい	した+らしい	*します+らしい	*しました+らしい
ザ変動詞	案ずる+らしい	案じた+らしい	*案じます+らしい	*案じました+らしい
形容詞	ない+らしい	なかった+らしい	*ないです+らしい	*なかったです+らしい
形容動詞	静か+らしい	静かだった+らしい	*静かです+らしい	*静かでした+らしい
名詞+判定詞	学生+らしい	学生だった+らしい	*学生です+らしい	*学生でした+らしい

したがって、これらの接続条件を一つの活用形としてまとめることにより、記述を簡略化することができる。本分析においては、「だろう」「であろう」が接続する活用形をダロウ接続形 ($-p$) とし、「でしょう」が接続する活用形をダロウ接続形 ($+p$) とする。ダロウ接続形を派生するには、(354) のような音声的に空の語彙項目（これも助動詞の一種である）が、動詞・形容詞の終止形、状詞過去形非丁寧形の終止形、および状詞非過去形非丁寧形に接続することによって生じるものとする。

ダロウ接続形を派生する空範疇

(354) $\emptyset \vdash S_{\underset{mod::d, \boxed{2}, \boxed{3}}{\boxed{1}}} \backslash S_{\underset{\underset{\pm t:\boxed{2}, \pm n, \pm N:\boxed{3}}{term}}{v|a:\boxed{1}}} : id$

$\emptyset \vdash S_{\underset{\underset{\boxed{2}, +p}{mod::d}}{\boxed{1}}} \backslash S_{\underset{\underset{\pm t:\boxed{2}, +p, \pm n}{term}}{v:\boxed{1}}} : id$

$\emptyset \vdash S_{\underset{\underset{+t, \boxed{2}}{mod::d}}{\boxed{1}}} \backslash S_{\underset{\underset{+t, \pm p:\boxed{2}}{term}}{n::da:\boxed{1}}} : id$

$\emptyset \vdash S_{\underset{mod::d}{\boxed{1}}} \backslash S_{\underset{stem}{n::da:\boxed{1}}} : id$

品詞毎に整理すると、以下のようになる。

(355) $[動詞_{\underset{\pm t, \pm n, \pm N}{終止形}} + \emptyset]_{ダロウ接続形}$

$+ \{ だろう \cdot らしい \cdot みたいだ \cdot かもしれない \}$

152　第 5 章　助動詞（二次的活用語尾）

[動詞$_{終止形\ \pm t,+p,\pm n}$ ＋ ∅]$_{ダロウ接続形}$

＋ { でしょう }

[形容詞$_{終止形\ \pm t,\pm n,\pm N}$ ＋ ∅]$_{ダロウ接続形}$

＋ { だろう・らしい・みたいだ・かもしれない }

[状詞$_{語幹または終止形(+t)}$ ＋ ∅]$_{ダロウ接続形}$

＋ { だろう・らしい・みたいだ・かもしれない }

まず、動詞について、ダロウ接続形の派生方法を示しておく。

(356)

$$\frac{(94)\overline{\quad 飛ぶ \quad} \quad (354)\overline{\quad ∅ \quad}}{\underset{<B}{\underline{S_{v::5::b\ term|attr} \backslash NP_{ga} \quad\quad S_{\boxed{1}\ mod::d,\boxed{2},\boxed{3}} \backslash S_{v|a:\boxed{1}\ term,\pm t:\boxed{2},\pm n,\pm N:\boxed{3}}}}}$$

$$: \lambda x.\lambda e.tobu(e,x) \quad\quad : id$$

$$S_{v::5::b\ mod::d} \backslash NP_{ga}$$

$$: \lambda x.\lambda e.tobu(e,x)$$

そして推量の助動詞「だろう」「でしょう」「であろう」は、以下のような語彙項目で表される。

(357)　だろう, だろ ⊢ $S_{\boxed{1}\ pre\ \boxed{2}} \backslash S_{v|a|n:\boxed{1}\ mod::d\ \pm t:\boxed{2}}$: $\lambda P.\lambda e.daroo(Pe)$

であろう, であろ ⊢ $S_{\boxed{1}\ pre\ \boxed{2}} \backslash S_{v|a|n:\boxed{1}\ mod::d\ \pm t:\boxed{2}}$: $\lambda P.\lambda e.daroo(Pe)$

でしょう, でしょ ⊢ $S_{\boxed{1}\ pre\ \boxed{2},+p} \backslash S_{v|a|n:\boxed{1}\ mod::d\ \pm t:\boxed{2},\pm p}$: $\lambda P.\lambda e.daroo(Pe)$

これらの語彙項目はこれ以上分解できないことに注意されたい。もし、これらの助動詞を「だろ＋う」「でしょ＋う」「であろ＋う」という形式で分析するならば、推量の助動詞「う」ばかりでなく、意向の助動詞「う」も接続することになる。しかし、ダロウ接続形に接続する「だろう」「でしょう」

「であろう」については、動詞のウ接続形＋推量意向の助動詞「う」の場合と異なり、意向の用法が存在しない。したがって、「だろう」は「だろ＋う」ではない。過去の助動詞「だ」の場合とは区別する。

(358) a. 飛んだろう。(「だろ」は過去の助動詞のウ接続形)
　　　b. 飛んだだろう。(「だ」は過去の助動詞の終止形→ダロウ接続形)

5.4.3　まい

助動詞「まい」の語彙項目には、否定的推量を表すもの (359) と、否定的意向を表すもの (360) がある。意味的には、推量・意志を表す「う」との間に並行性があるといえる。

(359) a. まい $\vdash S_{\boxed{1} \atop {pre \atop +l, \boxed{2}, +n}} \backslash S_{v:\boxed{1} \atop {term \atop \pm p:\boxed{2}}} : \lambda P.\lambda e.daroo(\sim Pe)$

　　　b. まい $\vdash S_{\boxed{1} \atop {pre \atop +l, +n}} \backslash S_{v::(1|K|S|Z):\boxed{1} \atop neg} : \lambda P.\lambda e.daroo(\sim Pe)$

　　　c. まい $\vdash S_{\boxed{1} \atop {pre \atop +l, \boxed{2}, +n}} \backslash S_{v::(S|Z):\boxed{1} \atop {term \atop \pm l, \pm p:\boxed{2}}} : \lambda P.\lambda e.daroo(\sim Pe)$

(360) a. まい $\vdash S_{\boxed{1} \atop {pre \atop +l, \boxed{2}, +n}} \backslash NP_{ga \atop 1st} \backslash (S_{v:\boxed{1} \atop {term \atop \pm p:\boxed{2}}} \backslash NP_{ga})$

　　　　　　$: \lambda P.\lambda x.\langle vol, \varepsilon e.\sim Pxe \rangle$

　　　b. まい $\vdash S_{\boxed{1} \atop {pre \atop +l, +n}} \backslash NP_{ga \atop 1st} \backslash (S_{v::(1|K|S|Z):\boxed{1} \atop neg} \backslash NP_{ga})$

　　　　　　$: \lambda P.\lambda x.\langle vol, \varepsilon e.\sim Pxe \rangle$

　　　c. まい $\vdash S_{\boxed{1} \atop {pre \atop +l, \boxed{2}, +n}} \backslash NP_{ga \atop 1st} \backslash (S_{v::(S|Z):\boxed{1} \atop {term \atop \pm p:\boxed{2}}} \backslash NP_{ga})$

　　　　　　$: \lambda P.\lambda x.\langle vol, \varepsilon e.\sim Pxe \rangle$

(359a)(360a) に示すように、「まい」は動詞の終止形に接続するが、(359b)(360b) に示すように、一段活用動詞・カ行変格活用動詞・サ行変格活用動詞・ザ行変格活用動詞の場合は、終止形だけではなく打消形にも接

続する。この差は、意味の差とは独立である。また、「まい」は動詞の過去形には接続せず、形容詞・状詞には全く接続しない。

(361) 「まい」の接続

	五段	一段	カ変	サ変	ザ変
打消形	*走らまい	食べまい	?こまい	しまい	案じまい
終止形	走るまい	食べるまい	くるまい	するまい	案ずるまい

(359c)(360c) において、「まい」の接続先が $\pm l$ と指定されているのは、以下のように文語残存終止形に接続する用法が少なくないからである。

(362)　a.　参加すまい

　　　 b.　案ずまい

ただし、アル型活用動詞の場合はこの限りではないので、文語残存終止形のすべてが「まい」に接続するわけではない。

(363)　　*ありまい

なお、特殊な形式として「ますまい」がある。(359a)(360a) において $\pm p$ が指定されているのはこのためである。

(364)　a.　来ますまい

　　　 b.　食べますまい

5.5　テ形とニ形

5.5.1　テ形

「～て」は接続助詞とされる場合も多いが、本分析では助動詞の一種として扱い、「～て」の付いた活用形を「テ形」と呼ぶ。動詞のタ・ダ接続形、形容詞の連用形（赤くて、*赤かって）、状詞語幹に接続する。

(365)　a.　飛んで

　　　 b.　飛んだって

(366)　a.　食べて

b. 食べたって

(367) a. 赤くて

b. 赤くたって

(368) a. 学生で

b. 学生だって

以下、語彙項目を示す。

動詞テ形

(369) て ⊢ $S_{\boxed{1}}\backslash S_{v:\boxed{1}} : id$
$\quad\quad\quad te \quad\quad euph::t$
$\quad\quad\quad \boxed{2} \quad\quad \pm p:\boxed{2}$

たって ⊢ $S_{\boxed{1}} \quad \backslash S_{v:\boxed{1}} : id$
$\quad\quad\quad te \quad\quad\quad euph::t$
$\quad\quad\quad +t,\boxed{2} \quad\quad \pm p:\boxed{2}$

(370) で ⊢ $S_{\boxed{1}}\backslash S_{v:\boxed{1}} : id$
$\quad\quad\quad te \quad\quad euph::d$

だって ⊢ $S_{\boxed{1}} \quad \backslash S_{v:\boxed{1}} : id$
$\quad\quad\quad te \quad\quad\quad euph::d$
$\quad\quad\quad +t,\boxed{2}$

形容詞テ形

(371) て,って ⊢ $S_{\boxed{1}}\backslash S_{a:\boxed{1}} : id$
$\quad\quad\quad\quad te \quad\quad cont$

たって ⊢ $S_{\boxed{1}}\backslash S_{a:\boxed{1}} : id$
$\quad\quad\quad te \quad\quad cont$
$\quad\quad\quad +t$

状詞テ形

(372) で ⊢ $S_{\boxed{1}}\backslash S_{n::da:\boxed{1}} : id$
$\quad\quad\quad te \quad\quad stem$

だって ⊢ $S_{\boxed{1}}\backslash S_{n::da:\boxed{1}} : id$
$\quad\quad\quad te \quad\quad\quad stem$
$\quad\quad\quad +t$

テ形の用法としては、次のようなものがある。

- 形式動詞に接続する用法（動詞・状詞）：第 6.1.1 節を参照。
- 補助動詞に接続する用法（動詞）：第 6.1.4 節を参照。
- 従属節をなす用法（動詞・形容詞・状詞）：第 9.2.1 節を参照。(710) の空範疇に接続する。

5.5.2 ニ形

次に、第 4.5 節でも述べたが、動詞連用形もしくは状詞語幹に「〜に」が接続する形式がある。本分析ではこの「〜に」を「〜て」同様、活用語尾として扱い、「〜に」のついた形式を「ニ形」と呼ぶ。なお、形容詞はニ形を持たない。

(373) 動詞ニ形

a. 飛びに

b. 食べに

(374) 状詞ニ形

a. 静かに

ただし、動詞終止形に接続する以下のような形式は、節を導入する接続助詞として区別する。

(375) a. 思うに

b. 見るに耐えない

c. 言うに事欠いて

以下に語彙項目を示す。

動詞ニ形活用語尾

(376) に $\vdash S_{\boxed{1}} \backslash S_{v:\boxed{1}} : id$
$\quad\quad\quad ni \quad\quad cont$

状詞ニ形活用語尾

(377) に $\vdash S_{\boxed{1}} \backslash S_{n::da:\boxed{1}} : id$
$\quad\quad\quad ni \quad\quad\quad stem$

ただし、カ行変格活用の動詞については、以下に見るように、ニ形で用いられることはないようである。これが形態論的な制約なのか、それともニ形と接続する動詞との意味的な不整合なのか、あるいは別の理由に依るものか、本書では判断を留保しておく。

(378) a. ＊来に行く

b. ＊来にかかる

(379) a. 食べに行く

b. 食べにかかる

ニ形状詞の用法としては、形式動詞に接続する用法について第 6.1.1 節で論ずる。

第6章

接尾語（二次的語幹）

　本分析で接尾語と呼ばれているのは、$S\backslash S$ およびそれに類する統語範疇を持つ語のうち、統語範疇 S の語と接続したのち、語幹形をなすものである。その意味で、接尾語は「二次的語幹」とでもいうべきものである。そして、新たに派生された語幹形が、それぞれ動詞、形容詞、状詞の語幹形であるとき、当該の接尾語をそれぞれ動詞性接尾語、形容詞性接尾語、状詞性接尾語と呼ぶことにする。

6.1　動詞性接尾語

　他の形式の用言に接続し、全体として動詞をなす（動詞として活用する）ものを動詞性接尾語と呼ぶ。動詞性接尾語には、形式動詞、動詞の連用形に接続する形式、動詞のテ形に接続する形式、および形容詞・名詞の語幹に接続する形式がある。本節では、これらの形式を順に見ていこう。動詞性接尾語には、他にも動詞の態接続形に接続する形式（受身・使役・可能）があるが、こちらは態（ヴォイス）の現象として、第8章において別途に議論する。

6.1.1　形式述語と取り立て助詞

　形式動詞には「する」「いる」「ある」「なる」等がある。しかし、「ある」について考慮する際には、形式動詞ではないが「ある」と関係が深い「な

い」についても同時に考える必要があり、これらを合わせて「形式述語」と呼ぶことにする。これらは、取り立て助詞（「も」「は」「さえ」等）を介在して、動詞・形容詞・状詞と表6.1のような接続パターンを示す。

表 6.1　形式述語と取り立て助詞

	∅	も	は	さえ
する	*食べする	食べもする	食べはする	食べさえする
	食べたりする	食べたりもする	食べたりはする	食べたりさえする
いる	食べている	食べてもいる	食べてはいる	食べてさえいる
ある	??赤くある	赤くもある	赤くはある	赤くさえある
	静かである	静かでもある	静かではある	静かでさえある
	学生である	学生でもある	学生ではある	学生でさえある
ない	赤くない	赤くもない	赤くはない	赤くさえない
	静かでない	静かでもない	静かではない	静かでさえない
	学生でない	学生でもない	学生ではない	学生でさえない
なる	赤くなる	赤くもなる	赤くはなる	赤くさえなる
	静かになる	静かにもなる	静かにはなる	静かにさえなる
	学生になる	学生にもなる	学生にはなる	学生にさえなる

以下、これらの形式述語に対応する語彙項目を挙げる。(380) は表6.1中の「する」にあたるサ行変格活用動詞語幹であり、動詞連用形（「食べ」等）に接続するものと、動詞過去形の連用形（「食べたり」等）に接続するものがある。

(380) $\quad \emptyset \vdash S_{\substack{v::S \\ stem}} \backslash S_{\substack{v \\ cont \\ +T}} : id$

$\quad\quad\ \ \emptyset \vdash S_{\substack{v::S \\ stem}} \backslash S_{\substack{v \\ cont \\ +t, \pm p, \pm n, \pm T}} : id$

(381) は表6.1中の「いる」の語幹であり、動詞テ形（「食べて」等）に接続するものと、動詞文語残存形の否定ニ形（「食べずに」等）に接続するものがある。

6.1. 動詞性接尾語　159

(381)　居, い $\vdash S_{v::1 \atop stem} \backslash S_{v \atop te \atop \pm n, \pm T}$: $\lambda P.\lambda e.\varepsilon e'.iru(e, Pe')$

　　　　居, い $\vdash S_{v::1 \atop stem} \backslash S_{v \atop ni \atop +l, +n, \pm T}$: $\lambda P.\lambda e.\varepsilon e'.iru(e, Pe')$

　(382) と (383) は、それぞれ表 6.1 中の「ある」「ない」の語幹である。それぞれ、形容詞連用形 (「赤く」等) に接続するものと、状詞テ形 (「静かで」等) に接続するものがある。

(382)　在, 有, あ $\vdash S_{v::5::ARU \atop stem} \backslash S_{a \atop cont \atop \pm T}$: id

　　　　在, 有, あ $\vdash S_{v::5::ARU \atop stem} \backslash S_{n::da \atop te \atop \pm T}$: id

(383)　な $\vdash S_{a::i::NAS \atop stem} \backslash S_{a \atop cont \atop \pm n, \pm T}$: $\lambda P.\lambda e.\sim Pe$

　　　　な $\vdash S_{a::i::NAS \atop stem} \backslash S_{n::da \atop te \atop \pm T}$: $\lambda P.\lambda e.\sim Pe$

　(384) は表 6.1 中の「なる」の語幹であり、形容詞連用形 (「赤く」等) に接続するもの、および状詞のニ形 (「静かに」等) に接続するものがある。

(384)　な $\vdash S_{v::5::r \atop stem} \backslash S_{a \atop cont \atop \pm n, \pm T}$: $\lambda P.\lambda e.\varepsilon e'.naru(e, Pe')$

　　　　な $\vdash S_{v::5::r \atop stem} \backslash S_{n::da \atop ni \atop \pm n, \pm T}$: $\lambda P.\lambda e.\varepsilon e'.naru(e, Pe')$

　$\pm T$ は、取り立て助詞が付与されているか否かを示す素性値である。上記の形式述語の語彙項目では、左側に現れる要素について、この素性値が指定されていることに注意する。(380) の「する」では $+T$、その他の語彙項目では $\pm T$ となっている。これに対して、取り立て助詞は以下のような語彙項目を持つ。[*1]

[*1] 本分析においては、mo, ha, sae 等を一項述語と見なしているが、この考え方は Kuroda (1965) に遡るものである。また、(385)(386)(387) の語彙項目は、体言を取る取り立て助詞と何らかの並行性を持っていることは間違いない。体言を取る取り立て助詞の語彙項目は以下のように与えることができるであろう。これらが統一的に扱えるか否かについては、意味表現中の述語 mo, ha, sae の詳細も含めて、今後の課題とし

(385)　も ⊢ $S_{\boxed{1} \atop +T} \backslash S_{\boxed{1} \atop -T}$: $\lambda P.\lambda e.mo(Pe)$

(386)　は ⊢ $S_{\boxed{1} \atop +T} \backslash S_{\boxed{1} \atop -T}$: $\lambda P.\lambda e.ha(Pe)$

(387)　さえ ⊢ $S_{\boxed{1} \atop +T} \backslash S_{\boxed{1} \atop -T}$: $\lambda P.\lambda e.sae(Pe)$

　形式述語と取り立て助詞の $+T$ 指定が照合する過程を示す。まず、準備として語幹 (380)(381) から終止形「する」「いる」を導出しておこう。

(388)

$$\cfrac{(380)\cfrac{\varnothing}{S_{v::S \atop stem} \backslash S_{v \atop cont \atop +T}} : id \qquad (157)\cfrac{する}{S_{v::S \atop term|attr} \backslash S_{v::S \atop stem}} : id}{<B \quad S_{v::S \atop term|attr} \backslash S_{v \atop cont \atop +T}} : id$$

(389)

$$> \cfrac{(381)\cfrac{い}{S_{v::1 \atop stem} \backslash S_{v \atop te \atop \pm n, \pm T}} : \lambda P.\lambda e.\varepsilon e'.iru(e, Pe') \qquad (132)\cfrac{る}{S_{v::1 \atop term|attr} \backslash S_{v::1 \atop stem}} : id}{S_{v::1 \atop term|attr} \backslash S_{v \atop te \atop \pm n, \pm T}} : \lambda P.\lambda e.\varepsilon e'.iru(e, Pe')$$

ておきたい。

(i)　も ⊢ $\boldsymbol{T}\backslash NP_{\boxed{1}}/(\boldsymbol{T}\backslash NP_{\boxed{1}})$: $\lambda P.\lambda \vec{x}.mo(P\vec{x})$

(ii)　は ⊢ $\boldsymbol{T}\backslash NP_{\boxed{1}}/(\boldsymbol{T}\backslash NP_{\boxed{1}})$: $\lambda P.\lambda \vec{x}.ha(P\vec{x})$

(iii)　さえ ⊢ $\boldsymbol{T}\backslash NP_{\boxed{1}}/(\boldsymbol{T}\backslash NP_{\boxed{1}})$: $\lambda P.\lambda \vec{x}.sae(P\vec{x})$

6.1. 動詞性接尾語

(388) における $+T$ 指定、(389) における $\pm T$ 指定に注目して、「食べもする」「食べてもいる」の導出例を見てみよう。

(390)

$$
\cfrac{\cfrac{\cfrac{\text{食べ}}{S_{v::1 \atop neg|cont|euph::t} \backslash NP_{ga} \backslash NP_o}\text{(133)} \quad \cfrac{\text{も}}{S_{\boxed{1} \atop +T} \backslash S_{\boxed{1} \atop -T}}\text{(385)}}{: \lambda y.\lambda x.\lambda e.taberu(e,x,y) \qquad : \lambda P.\lambda e.mo(Pe)} \quad \cfrac{\text{する}}{S_{v::S \atop term|attr} \backslash S_{v \atop cont \atop +T}}\text{(388)}}{\langle B \cfrac{S_{v::1 \atop neg|cont|euph::t \atop +T} \backslash NP_{ga} \backslash NP_o}{: \lambda y.\lambda x.\lambda e.mo(taberu(e,x,y))} \qquad : id}
$$

$$
\langle B \cfrac{S_{v::S \atop term|attr} \backslash NP_{ga} \backslash NP_o}{: \lambda y.\lambda x.\lambda e.mo(taberu(e,x,y))}
$$

(391)

$$
\cfrac{\cfrac{\text{食べて}}{S_{v::1 \atop te} \backslash NP_{ga} \backslash NP_o}\text{(148)} \quad \cfrac{\text{も}}{S_{\boxed{1} \atop +T} \backslash S_{\boxed{1} \atop -T}}\text{(385)}}{: \lambda y.\lambda x.\lambda e.taberu(e,x,y) \qquad : \lambda P.\lambda e.mo(Pe)} \quad \cfrac{\text{いる}}{S_{v::1 \atop term|attr} \backslash S_{v \atop te \atop \pm n, \pm T}}\text{(389)}
$$

$$
\langle B \cfrac{S_{v::1 \atop te \atop +T} \backslash NP_{ga} \backslash NP_o}{: \lambda y.\lambda x.\lambda e.mo(taberu(e,x,y))} \qquad : \lambda P.\lambda e.\varepsilon e'.iru(e,Pe')
$$

$$
\langle B \cfrac{S_{v::1 \atop term|attr} \backslash NP_{ga} \backslash NP_o}{: \lambda y.\lambda x.\lambda e.\varepsilon e'.iru(e,taberu(e',x,y))}
$$

「*食べする」と「食べている」の差は以下のように予測される。連用形「食べ」は取り立て助詞が付与されていないため $-T$ であり、接続先に $+T$ を要求する「する」とは接続できない。

(392)

$$
* \cfrac{\cfrac{\text{食べ}}{S_{v::1 \atop neg|cont|euph::t} \backslash NP_{ga} \backslash NP_o}\text{(133)} \quad \cfrac{\text{する}}{S_{v::S \atop term|attr} \backslash S_{v \atop cont \atop +T}}\text{(388)}}{: \lambda y.\lambda x.\lambda e.taberu(e,x,y) \qquad : id}
$$

一方、テ形「食べて」も同じく取り立て助詞が付与されていないため $-T$ であるが、「いる」は接続先に $\pm T$ を指定しているため、こちらは接続することができる。

(393)

$$\cfrac{(148)\cfrac{食べて}{S_{v::1\atop te}\backslash NP_{ga}\backslash NP_o} \quad (389)\cfrac{いる}{S_{v::1\atop term|attr}\backslash S_{v\atop te}{\atop \pm n,\pm T}}}{\underset{<B}{}\cfrac{:\lambda y.\lambda x.\lambda e.taberu(e,x,y) \qquad :\lambda P.\lambda e.\varepsilon e'.iru(e,Pe')}{S_{v::1\atop term|attr}\backslash NP_{ga}\backslash NP_o}}$$
$$:\lambda y.\lambda x.\lambda e.\varepsilon e'.iru(e,taberu(e',x,y))$$

このように、用言 + 取り立て助詞 + 形式述語という構文から、取り立て助詞を除いた構文が許容されるか否かについて、本分析では形式動詞の語彙項目内で指定することができる。「静かである」「赤くない」「学生になる」等も「食べている」と同様である。

また、取り立て助詞には「ばかり」「だけ」のように、特定の活用形と形式動詞の組み合わせにしか接続しないものもある。

(394)　a.　＊食べばかりする

　　　b.　　食べたりばかりする

　　　c.　　食べてばかりいる

　　　d.　＊赤くばかりある

　　　e.　＊静かでばかりある

　　　f.　＊学生でばかりある

　　　g.　＊赤くばかりない

　　　h.　＊静かでばかりない

　　　i.　＊学生でばかりない

　　　j.　　赤くばかりなる

　　　k.　　静かにばかりなる

　　　l.　　学生にばかりなる

このような取り立て助詞については、「も」「は」「さえ」より少々制限の

強い語彙項目を与える必要がある。[*2]

(395) a. ばかり $\vdash S_{\boxed{1}+T} \backslash S_{(v,cont,+t,\pm n):\boxed{1},-T} : \lambda P.\lambda e.bakari(Pe)$

b. ばかり $\vdash S_{\boxed{1}+T} \backslash S_{(v,te,\pm n):\boxed{1},-T} : \lambda P.\lambda e.bakari(Pe)$

c. ばかり $\vdash S_{\boxed{1}+T} \backslash S_{(a,cont,\pm n):\boxed{1},-T} : \lambda P.\lambda e.bakari(Pe)$

d. ばかり $\vdash S_{\boxed{1}+T} \backslash S_{(n::da,ni,\pm n):\boxed{1},-T} : \lambda P.\lambda e.bakari(Pe)$

ところで、「ては」「では」には、「ちゃ」「じゃ」という音韻変化形が存在する。[*3]

(396) a. 食べちゃいる

b. 飛んじゃいない

c. 静かじゃない

本分析では、「て」「で」および「は」が以下のように構成素を為す。「ちゃ」「じゃ」は、これらの構成素が音韻論的な原理によって変化し、語彙化したものと考えることができる。

[*2] この分析には「*赤くばかりある」「*赤くばかりない」が排除できないという問題が残る。これらの形式が導出されてしまうのは語彙項目 (395c) のためだが、(395c) がなければ「赤くばかりなる」が導出できない。なお、「食べたりばかりする」は少々不自然に感じられる話者も存在するが、「あの子はいつもふざけたりばかりするんですよ」などは容認度が上がるであろう。勿論「あの子はいつもふざけてばかりいるんですよ」の方が更に自然ではある。

[*3] 「ちゃ」「じゃ」は一見したところ「ある」には接続しない。

(i) a.　　学生ではある
    b.　　ok/* 学生じゃある

しかしこの「学生じゃある」という形式は、以下のように特定の表現内に限定されてはいるが存在しており、したがって本分析では文法的であると考える。

(ii) a.　　学生ではあるまいし
     b.　　学生じゃあるまいし

(397)

$$\cfrac{\cfrac{(369)\overline{\quad\text{て}\quad}}{\substack{S_{\boxed{1}}\backslash S_{v:\boxed{1}}\\ \substack{te\\ \boxed{2}}\,\substack{euph::t\\ \pm p:\boxed{2}}}} \quad \cfrac{(386)\overline{\quad\text{は}\quad}}{\substack{S_{\boxed{1}}\backslash S_{\boxed{1}}\\ +T\quad -T}}}{\substack{S_{\boxed{1}}\backslash S_{v:\boxed{1}}\\ \substack{te\\ \boxed{2},+T}\,\substack{euph::t\\ \pm p:\boxed{2}}}\\ :\lambda P.\lambda e.ha(Pe)} <B \quad \Rightarrow \quad \cfrac{\text{ちゃ}}{\substack{S_{\boxed{1}}\backslash S_{v:\boxed{1}}\\ \substack{te\\ \boxed{2},+T}\,\substack{euph::t\\ \pm p:\boxed{2}}}\\ :\lambda P.\lambda e.ha(Pe)}$$

(398)

$$\cfrac{\cfrac{(370)\overline{\quad\text{で}\quad}}{\substack{S_{\boxed{1}}\backslash S_{v:\boxed{1}}\\ te\quad euph::d}} \quad \cfrac{(386)\overline{\quad\text{は}\quad}}{\substack{S_{\boxed{1}}\backslash S_{\boxed{1}}\\ +T\quad -T}}}{\substack{S_{\boxed{1}}\backslash S_{v:\boxed{1}}\\ \substack{te\\ +T}\,euph::d}\\ :\lambda P.\lambda e.ha(Pe)} <B \quad \Rightarrow \quad \cfrac{\text{じゃ}}{\substack{S_{\boxed{1}}\backslash S_{v:\boxed{1}}\\ \substack{te\\ +T}\,euph::d}\\ :\lambda P.\lambda e.ha(Pe)}$$

6.1.2 「食べてる」—「い」の省略

(381) の形式動詞「いる」には、以下のように「い」が省略された形式が存在する。

(399) a. 食べてる

b. 食べてない

c. 食べてます

d. 食べてれば

e. 食べてようか

f. 食べてた

g. 食べてんな

(400) a. 飛んでる

6.1. 動詞性接尾語　165

　　　b.　　飛んでない
　　　c.　　飛んでます
　　　d.　　飛んでれば
　　　e.　　飛んでようか
　　　f.　　飛んでた
　　　g.　　飛んでんな

　しかしながら、以下のように取り立て助詞を伴う場合、「い」の省略は許容されない。別の言い方をするならば、「で／で」と省略された「い」の間に、取り立て助詞が介在することはできない。

(401)　a.　＊食べてもる
　　　b.　＊食べてはる
　　　c.　＊食べてさえる
(402)　a.　＊飛んでもる
　　　b.　＊飛んではる
　　　c.　＊飛んでさえる

　本分析では、この現象を以下のように考える。「て／で」と「いる」の語幹「い」は構成素をなすが、これが一語化し、「て／で」が一段活用動詞化した、というものである。構成素「てい」「でい」が「て」「で」と変化する過程には音韻論的な原理が働いたと思われるが、辞書内では既に一語として登録されていると考えるべきであろう。

(403)

$$\cfrac{(369) \cfrac{\text{て}}{\substack{S_{\boxed{1}} \backslash S_{v::\boxed{1}} \\ \substack{te \\ \boxed{2}} \quad \substack{euph::t \\ \pm p:\boxed{2}}}} \quad (381) \cfrac{\text{い}}{\substack{S_{v::1} \backslash S_v \\ stem \quad \substack{te \\ \pm n, \pm T}} \\ : \lambda P.\lambda e.\varepsilon e'.iru(e, Pe')}}{\substack{S_{v::1} \backslash S_v \\ stem \quad euph::t} \\ : \lambda P.\lambda e.\varepsilon e'.iru(e, Pe')} <B \quad : id \quad \Rightarrow \quad \cfrac{\text{て}}{\substack{S_{v::1} \backslash S_v \\ stem \quad euph::t} \\ : \lambda P.\lambda e.\varepsilon e'.iru(e, Pe')}$$

(404)

$$\cfrac{\cfrac{\text{で}}{\underset{te}{\underset{euph::d}{S_{\boxed{1}}\backslash S_{v:\boxed{1}}}}} \quad \cfrac{\text{い}}{\underset{stem}{\underset{te}{\underset{\pm n,\pm T}{S_{v::1}\backslash S_v}}}}}{\underset{stem}{\underset{euph::d}{S_{v::1}\backslash S_v}} : \lambda P.\lambda e.\varepsilon e'.iru(e,Pe')} <B \quad \Rightarrow \quad \cfrac{\text{で}}{\underset{stem}{\underset{euph::d}{S_{v::1}\backslash S_v}} : \lambda P.\lambda e.\varepsilon e'.iru(e,Pe')}$$

(403) の語彙項目を用いると、「食べて」という動詞語幹が導出されることになる。動詞テ形ではないことに注意する。

(405)

$$\cfrac{\cfrac{\text{食べ}}{\underset{stem}{\underset{neg|cont|euph::t}{S_{v::1}}}\backslash NP_{ga}\backslash NP_o} : \lambda y.\lambda x.\lambda e.taberu(e,x,y) \quad \cfrac{\text{て}}{\underset{stem}{\underset{euph::t}{S_{v::1}\backslash S_v}}} : \lambda P.\lambda e.\varepsilon e'.iru(e,Pe')}{\underset{stem}{S_{v::1}}\backslash NP_{ga}\backslash NP_o : \lambda y.\lambda x.\lambda e.\varepsilon e'.iru(e,taberu(e',x,y))} <B$$

「食べてる」は以下のように導出される。

(406)

$$\cfrac{\cfrac{\text{食べて}}{\underset{stem}{S_{v::1}}\backslash NP_{ga}\backslash NP_o} : \lambda y.\lambda x.\lambda e.\varepsilon e'.iru(e,taberu(e',x,y)) \quad \cfrac{\text{る}}{\underset{term|attr}{S_{v::1}}\backslash \underset{stem}{S_{v::1}}} : id}{\underset{term|attr}{S_{v::1}}\backslash NP_{ga}\backslash NP_o : \lambda y.\lambda x.\lambda e.\varepsilon e'.iru(e,taberu(e',x,y))} <B$$

取り立て助詞を挟んだ場合、T 素性値が照合できず、非文法的となることが分かる。

(407)

$$\cfrac{\cfrac{\text{食べて}}{(405)\cfrac{}{\underset{\substack{stem}}{S_{v::1}}\backslash NP_{ga}\backslash NP_o}} \quad \cfrac{\text{も}}{(385)\cfrac{}{\underset{+T}{S_{\boxed{1}}}\backslash \underset{-T}{S_{\boxed{1}}}}}}{<B\cfrac{: \lambda y.\lambda x.\lambda e.\varepsilon e'.iru(e,taberu(e',x,y))}{\underset{\substack{stem\\+T}}{S_{v::1}}\backslash NP_{ga}\backslash NP_o} \qquad (132)\cfrac{\text{る}}{\underset{term|attr}{S_{v::1}}\backslash \underset{stem}{S_{v::1}}}}$$

$$*\cfrac{}{:\lambda y.\lambda x.\lambda e.\varepsilon e'.iru(e,taberu(e',x,y)) \qquad : id}$$

　この分析を支持する別の証拠もある。形式動詞「いる」は、動詞否定形のテ形「〜ないで」にも接続するが、「〜ないでいる」という形式において「い」を省略すると、(399)(400) と比較してかなり容認度が低くなる。

(408)　a.　?* そうやって食べないでると体を壊すよ。

　　　b.　?* いつまでも飛ばないでると、そのうち飛べなくなってしまうよ。

　本分析においては第 5.3.3 節 (335) において「ないで」一語として扱っていたのであり、「〜ない」と「で」が接続することはできない。したがって、「〜ない」と (404) の「でい」が接続することもできず、したがって「〜ないでいる」という意味の「〜ないでる」という形式は導出されないわけである。

(409)

$$*\cfrac{(335)\cfrac{\text{ないで}}{\underset{te,+n}{S_{\boxed{1}}}\backslash \underset{neg,\pm n,\pm N}{S_{v:\boxed{1}}}} \qquad (404)\cfrac{\text{で}}{\underset{stem}{S_{v::1}}\backslash \underset{euph::d}{S_v}}}{:\lambda P.\lambda e.\sim Pe \qquad :\lambda P.\lambda e.\varepsilon e'.iru(e,Pe')}$$

　ところで、この分析では「て／で」自身を一段活用動詞の語幹として扱うが、使役形および命令形「い」については許容されない。

(410)　a.　* 食べてさせる

　　　b.　* 食べてい！（「食べていろ！」の意味で）

これらの形式の特徴は、以下に示すように、そもそも「い」が省略されていなくとも、それほど許容度が高くないということである。とはいえ、以下の形式を排除する方法は、本分析にとって課題として残っている。

(411)　a.　？食べていさせる
　　　　b.　＊いい！（「いろ！」の意味で）

6.1.3　補助動詞（動詞連用形接続）

動詞の連用形に接続する動詞性接尾語（いわゆる連用形補助動詞）には、第 6.1.1 節で述べた形式動詞を別にすると以下のような形式があり、動詞のアスペクト[*4]を表す。

(412)　始める、込む、出す、合う、続ける、かける、上げる、切る、付ける、付く、過ぎる、あぐむ、かねる、やがる、等

これらの語彙項目は以下のように与えられる。いずれも動詞の連用形を左に取り、新たな動詞語幹を形成する。

(413)　始め, はじめ $\vdash S_{v::1 \atop stem} \backslash S_{v \atop cont} : \lambda P.\lambda e.\varepsilon e'.hajimeru(e, Pe')$

　　　込, こ $\vdash S_{v::5::m \atop stem} \backslash S_{v \atop cont} : \lambda P.\lambda e.\varepsilon e'.komu(e, Pe')$

　　　出, だ $\vdash S_{v::5::s \atop stem} \backslash S_{v \atop cont} : \lambda P.\lambda e.\varepsilon e'.dasu(e, Pe')$

　　　…

動詞との接続は以下のようになる。

[*4] 寺村 (1984, 4.3 節, pp.164-183) では「三次的アスペクト」を表すとしている。益岡・田窪 (1992, 第二章第四節, pp.16-19) では「連用形複合動詞」と呼ばれている。

(414)
$$\cfrac{\cfrac{\text{食べ}}{\underset{neg|cont|euph::t}{S_{v::1}} \backslash NP_{ga} \backslash NP_o}\ (133) \quad \cfrac{\text{始め}}{\underset{stem}{S_{v::1}} \backslash S_{v_{cont}}}\ (413)}{\underset{stem}{S_{v::1}} \backslash NP_{ga} \backslash NP_o} <B$$
$$: \lambda y.\lambda x.\lambda e.taberu(e,x,y) \qquad : \lambda P.\lambda e.\varepsilon e'.hajimeru(e, Pe')$$
$$: \lambda y.\lambda x.\lambda e.\varepsilon e'.hajimeru(e, taberu(e',x,y))$$

最下段の意味表示が示すように、「食べ始める」全体の意味は、「食べる」の意味と「始める」の意味から計算されることになる。したがって、たとえば「持ちかける」のように、元の動詞「持つ」の意味が保持されないような場合、その意味は必ずしも合成原理に従っていないので、一語の動詞として語彙項目を別途用意する必要がある。

(415) 持ちかけ, もちかけ $\vdash \underset{stem}{S_{v::1}} \backslash NP_{ga} \backslash NP_{ni} \backslash NP_o$

$: \lambda z.\lambda y.\lambda x.\lambda e.motikakeru(e,x,y,z)$

6.1.4 補助動詞（動詞テ形接続）

以下のような動詞性接尾語（いわゆるテ形補助動詞）は動詞テ形に接続し、動詞のアスペクト[*5]等を表す。

(416) おく、しまう、行く、来る、見る、見せる、等

なお、「やる、あげる、貰う、頂く、くれる、下さる」等については、第 6.1.5 節において「授受表現」として扱うことにする。

第 6.1.1 節の形式動詞「いる」と、本節の補助動詞「おく」「しまう」は、ともに動詞テ形に接続する動詞性接尾語であるが、取り立て助詞の介在を許すか否かにおいて差がある。

(417)　　a.　　食べている

[*5] (寺村, 1984, 4.2 節, pp.123-163) では「二次的アスペクト」を表すとしている。益岡・田窪 (1992, 第二章第四節, pp.16-19) では「テ形複合動詞」と呼ばれている。

b.　　食べてもいる

c.　　食べてはいる

d.　　食べてさえいる

(418) a.　　食べておく

b.　　＊食べてもおく

c.　　＊食べてはおく

d.　　＊食べてさえおく

(419) a.　　食べてしまう

b.　　＊食べてもしまう

c.　　＊食べてはしまう

d.　　＊食べてさえしまう

このことは、語彙項目において $+T$ の指定がないことに反映されている。

(420)　置, お $\vdash S_{v::5::k \atop stem} \backslash S_{v \atop {te \atop \pm n}}$ 　：$\lambda P.\lambda e.\varepsilon e'.oku(e, Pe')$

　　　　置, お $\vdash S_{v::5::k \atop stem} \backslash S_{v \atop {ni \atop +l,+n}}$ 　：$\lambda P.\lambda e.\varepsilon e'.oku(e, Pe')$

(421)　仕舞, しま $\vdash S_{v::5::w \atop stem} \backslash S_{v \atop {te \atop \pm n}}$ 　：$\lambda P.\lambda e.\varepsilon e'.simau(e, Pe')$

　　　　...

なお、「おく」には形式動詞の「いる」同様、動詞文語残存形の否定ニ形（「食べずに」等）に接続する形式がある。以下、「食べてお（く）」と「食べずにお（く）」の導出を示す。

6.1. 動詞性接尾語　171

(422)

$$
\cfrac{\cfrac{\text{食べて}}{S_{v::1 \atop te}\backslash NP_{ga}\backslash NP_o} \text{(148)} \quad : \lambda y.\lambda x.\lambda e.taberu(e,x,y) \qquad \cfrac{\text{お}}{S_{v::5::k \atop stem}\backslash S_{v \atop te \atop \pm n}} \text{(420)} \quad : \lambda P.\lambda e.\varepsilon e'.oku(e, Pe')}{S_{v::5::k \atop stem}\backslash NP_{ga}\backslash NP_o \\ : \lambda y.\lambda x.\lambda e.\varepsilon e'.oku(e, taberu(e',x,y))} <B
$$

(423)

$$
\cfrac{\cfrac{\cfrac{\text{食べ}}{S_{v::1 \atop neg \atop +l}\backslash NP_{ga}\backslash NP_o} \text{(134)} \quad : \lambda y.\lambda x.\lambda e.taberu(e,x,y) \qquad \cfrac{\text{ずに}}{S_{\boxed{1} \atop ni \atop +l,+n}\backslash S_{\boxed{1} \atop neg \atop +l}} \text{(330)} \quad : \lambda P.\lambda e.\sim Pe}{S_{v::1 \atop ni \atop +l,+n}\backslash NP_{ga}\backslash NP_o \\ : \lambda y.\lambda x.\lambda e.\sim taberu(e,x,y)} <B \qquad \cfrac{\text{お}}{S_{v::5::k \atop stem}\backslash S_{v \atop ni \atop +l,+n}} \text{(420)} \quad : \lambda P.\lambda e.\varepsilon e'.[(e, Pe')]oku}{S_{v::5::k \atop stem}\backslash NP_{ga}\backslash NP_o \\ : \lambda y.\lambda x.\lambda e.\varepsilon e'.oku(e, \sim taberu(e',x,y))} <B
$$

さて、「〜てしまう」については、以下のような縮約形がある。

(424) 捨ててしまう

    a. 捨てちゃう

    b. 捨てちまう

(425) 飛んでしまう

    a. 飛んじゃう

    b. 飛んじまう

本分析においては「て」と「しまう」が構成素を為すが、「ちゃ／ちま」「じゃ／じま」といった形式は、これらの構成素が音韻論的な原理によって変化した形式であると考えられる。これらは以下のような語彙項目を成すものと考える。

(426)

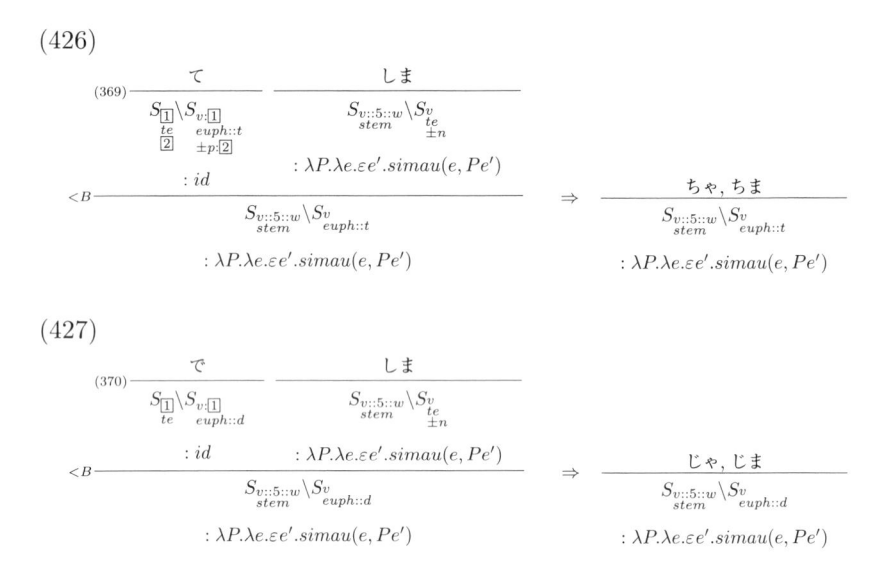

$$\cfrac{\cfrac{\text{て}}{\underset{\substack{te \\ \boxed{2}}}{S_{\boxed{1}}\backslash S_{v:\boxed{1}}}} \quad \cfrac{\text{しま}}{\underset{\substack{te \\ \pm n}}{S_{v::5::w}\backslash S_v}}}{\cfrac{S_{v::5::w\ stem}\backslash S_{v\ euph::t}}{:\lambda P.\lambda e.\varepsilon e'.simau(e,Pe')}} \Rightarrow \cfrac{\text{ちゃ, ちま}}{\underset{stem}{S_{v::5::w}}\backslash \underset{euph::t}{S_v}}$$

(427)

$$\cfrac{\cfrac{\text{で}}{\underset{\substack{te \\ \boxed{2}}}{S_{\boxed{1}}\backslash S_{v:\boxed{1}}}} \quad \cfrac{\text{しま}}{\underset{\substack{te \\ \pm n}}{S_{v::5::w}\backslash S_v}}}{\cfrac{S_{v::5::w\ stem}\backslash S_{v\ euph::d}}{:\lambda P.\lambda e.\varepsilon e'.simau(e,Pe')}} \Rightarrow \cfrac{\text{じゃ, じま}}{\underset{stem}{S_{v::5::w}}\backslash \underset{euph::d}{S_v}}$$

また、「アスペクトの重層」として知られる現象がある。寺村 (1984, pp.171-172) では、二次的アスペクト表現は、三次的アスペクト表現に (428a) のように先行することはできるが、(428b) のように後続することはできないことが指摘されている。

(428)　a.　食べ始めておく

　　　　b.　# 食べておき始める

しかし本文法では、以下のように両方の形式が導出されうる。

(429)

$$\cfrac{\cfrac{\text{食べ始め}}{\underset{neg|cont|euph::t}{S_{v::1}}\backslash NP_{ga}\backslash NP_o} \quad \cfrac{\text{て}}{\underset{\substack{te \\ \boxed{2}}}{S_{\boxed{1}}\backslash S_{v:\boxed{1}}}} \quad \cfrac{\text{お}}{\underset{\substack{te \\ \pm n}}{S_{v::5::k\ stem}\backslash S_v}}}{\cdots}$$

: $\lambda y.\lambda x.\lambda e.\varepsilon e'.oku(e,\varepsilon e''.hajimeru(e',taberu(e'',x,y)))$

(430)
$$\cfrac{\cfrac{\text{食べてお}}{\underset{stem}{S_{v::5::k}}\backslash NP_{ga}\backslash NP_o}\text{(422)} \quad \cfrac{\text{き}}{\underset{cont}{S_{v::5::k}}\backslash \underset{stem}{S_{v::5::k}}}\text{(76)}}{\cfrac{\underset{cont}{S_{v::5::k}}\backslash NP_{ga}\backslash NP_o}{:\lambda y.\lambda x.\lambda e.\varepsilon e'.oku(e,taberu(e',x,y))} <B} \quad \cfrac{\text{始め}}{\underset{stem}{S_{v::1}}\backslash \underset{cont}{S_v}}\text{(413)}$$

$$\cfrac{}{\underset{stem}{S_{v::1}}\backslash NP_{ga}\backslash NP_o} <B$$

$$:\lambda y.\lambda x.\lambda e.\varepsilon e'.hajimeru(e,\varepsilon e''.oku(e',taberu(e'',x,y)))$$

しかし、このコントラストは統語論的なものではない可能性も考えられる。直観的には、「始める」というイベントの性質上、「始めている」ことはできるが、「いる」というイベントの性質上、「い始める」ことはできないのであろう。その是非を論じるには意味論的な考察が必要となるであろうが、本書では (429) と (430) の意味表示の違いを指摘するにとどめておく。

ところで、テ形接続の接尾語の中には、形式動詞とも補助動詞ともつかないものも存在している。たとえば「困る」「まずい」「いけない」等は、以下に見るように動詞・形容詞・状詞のテ形に接続する表現であるが、取り立て助詞の介在も許す点では形式動詞と類似している。

(431) a. 食べて困る

b. 食べては困る

c. 食べても困る

d. ?食べてさえ困る

(432) a. 赤くて困る

b. 赤くては困る

c. 赤くても困る

d. ?赤くてさえ困る

(433) a. 静かで困る

b. 静かでは困る

c. 静かでも困る

d. ?静かでさえ困る

しかし注意すべきは、「困る」人と「食べる」人が別でも構わない、という点である。「困る」は独自の項構造を持っており、その意味で単に形式的な動詞であるとも、また「食べる」にアスペクト的意味を付加しているとも言い難い。「困る」と「食べる」とは二つのイベントであり、「食べて困る」とは二つのイベントの間の関係を述べているといえる。

したがってこれらの表現は形式動詞ともテ形接続補助動詞とも分類し難いが、幸い分類はできなくても語彙項目を正しく与えることは可能である。以下語彙項目中の $\pm T$ 指定によって、取り立て助詞の介在が許される。

(434) a. 困, こま $\vdash S_{\underset{stem}{v::5::r}} \backslash NP_{ga} \backslash S_{\underset{\pm T}{te}}$

$: \lambda P.\lambda x.\lambda e.\varepsilon e'.Pe' \Rightarrow komaru(e, x, e')$

b. 拙, まず $\vdash S_{\underset{stem}{a::i::auo}} \backslash S_{\underset{\pm T}{te}}$

$: \lambda P.\lambda e.\varepsilon e'.Pe' \Rightarrow mazui(e, e')$

6.1.5 授受表現

さて、動詞テ形接続の補助動詞の中で、「あげる」「貰う」等、いわゆる授受動詞には注意が必要である。これらの補助動詞は動詞の項構造を変化させるからである。

(435) やる、あげる、貰う、頂く、くれる、下さる、等

(436) あげ $\vdash S_{\underset{stem}{v::1}} \backslash NP_{ga} \backslash (S_{\underset{\pm n}{te}} \backslash NP_{ga})$

$: \lambda P.\lambda x.\lambda e.\varepsilon e'.ageru(e, x, Pxe')$

貰, もら $\vdash S_{\underset{stem}{v::5::w}} \backslash NP_{ga} \backslash NP_{ni} \backslash (S_{\underset{\pm n}{te}} \backslash NP_{ga})$

$: \lambda P.\lambda y.\lambda x.\lambda e.\varepsilon e'.morau(e, x, y, Pye')$

「貰う」はニ格名詞句を項として取るが、「あげる」は取らないことに注意する。動詞テ形＋「あげる」がニ格名詞句を取るのは、そのニ格名詞句

が動詞テ形の項である場合に限られる。この点で、「貰う」と「あげる」には以下のような差がある。

(437) a. ＊太郎が花子に走った。
b. ＊太郎が花子に走ってあげた。
c. 　太郎が花子に走って貰った。

(438) a. 　太郎が花子に会った。
b. 　太郎が花子に会ってあげた。
c. 　太郎が花子に会って貰った。

(439) a. ＊太郎が花子にご飯を食べた。
b. ＊太郎が花子にご飯を食べてあげた。
c. 　太郎が花子にご飯を食べて貰った。

(440) a. 　太郎が花子に次郎を紹介した。
b. 　太郎が花子に次郎を紹介してあげた。
c. 　太郎が花子に次郎を紹介して貰った。

ただし「太郎が花子に絵を描いてあげた」のような文の許容度は高いが、「太郎が花子に絵を描く」という文において、ニ格名詞句が動詞「描く」の項と言えるかどうかは、それほど明確ではない。ただし、「あげる」には (436) のような補助動詞以外に、以下のような一段活用動詞も存在する。

(441) 　あげ $\vdash S_{v::1 \atop stem} \backslash NP_{ga} \backslash NP_{ni} \backslash NP_o : \lambda z.\lambda y.\lambda x.\lambda e.ageru(e,x,y,z)$

このことを合わせて考えると、先の例は「太郎が花子に絵を描いて（そしてその絵を）あげた」という構造を取っている可能性もある。もしそうであれば、必ずしもニ格名詞句が動詞「描く」の項である必要はない。

6.1.6　がる

「がる」は形容詞語幹に接続し、以下のように動詞を派生する。

(442) 　怖がる、寒がる、暑がる、痛がる、有り難がる、目出度がる、よがる、等

接続先の形容詞語幹と、「〜がる」の項は以下のように対応している。

$$\begin{array}{ccc} -\text{ガ} & & \text{形容詞} \\ \Downarrow & & \Downarrow \\ -\text{ガ} \quad -\text{ヲ} & & \text{形容詞-がる} \end{array}$$

したがって、「がる」は以下のような語彙項目を持つと考えられる。

(443)　が $\vdash S_{v::5::r \atop stem} \backslash NP_{ga} \backslash NP_o \backslash (S_{a::i \atop stem} \backslash NP_{ga})$

$\quad\quad : \lambda P.\lambda y.\lambda x.\lambda e.\varepsilon e'.garu(e, x, Pye')$

「怖が（る）」の導出は以下の通りである。形容詞「怖い」の対象は、「怖がる」ではヲ格名詞句によって表されることが分かる。[*6]

(444)

$$\cfrac{\cfrac{\text{怖}}{S_{a::i::auo \atop stem} \backslash NP_{ga}}_{(170)} \quad \cfrac{\text{が}}{S_{v::5::r \atop stem} \backslash NP_{ga} \backslash NP_o \backslash (S_{a::i \atop stem} \backslash NP_{ga})}_{(443)}}{\begin{array}{c} S_{v::5::r \atop stem} \backslash NP_{ga} \backslash NP_o \\ : \lambda y.\lambda x.\lambda e.\varepsilon e'.garu(e, x, kowai(e', y)) \end{array}}<$$

中央の意味表示: $: \lambda x.\lambda e.kowai(e, x) \quad\quad : \lambda P.\lambda y.\lambda x.\lambda e.\varepsilon e'.garu(e, x, Pye')$

「がる」によって派生された動詞は、一人称のガ格名詞句を取ると、以下のように不適切な表現となる。しかし、これらの不適切さは「がる」の意味に関わる問題であると考え、統語論的には排除しない。

(445)　a.　# 私はお化けを怖がります。

　　　b.　# 私達は冬を寒がる。

「がる」は第 6.2 節で述べる形容詞性接尾辞によって派生された形容詞の一部にも接続する。

[*6] 一方、ガ格名詞句は「怖がる」主体を表すのであるが、そのことを保証するためには述語 $garu$ の第一引数が、第二引数が表すイベントの主体を表すように述語 $garu$ を定義する必要がある。

(446) a. 食べたがる
　　　b. ?食べにくがる

ただし、第 6.2.3 節で述べる「らしい」や第 6.2.4 節で述べる「っぽい」によって派生された形容詞には接続できない。また「ない」や、「ない」を含む接尾語にも接続できない。

(447) a. *学生っぽがる
　　　b. *学生らしがる
　　　c. *食べながる
　　　d. *学生かもしれながる

しかし、形容詞性接尾語によって派生された形容詞だけではなく、「赤がる」「早がる」等も言えないことから、この制約は統語的な制約ではないように思われる。これらの区別は本分析では扱わず、今後の研究課題として残したい。

なお、「強がる」「可愛がる」等は、統語的に (443) を用いて派生されるものと統語的にも意味的にも異なるため、独立した動詞として語彙項目を用意する必要がある。

(448) 強が, つよが $\vdash S_{v::5::r \atop stem} \backslash NP_{ga} : \lambda x.\lambda e.tuyogaru(e,x)$

　　　可愛いが, かわいが $\vdash S_{v::5::r \atop stem} \backslash NP_{ga} \backslash NP_o$

　　　　　$: \lambda y.\lambda x.\lambda e.kawaigaru(e,x,y)$

　　　…

また、「嫌がる」は形態的・統語的に、「がる」によって派生される形式と類似しているが、対応する形容詞が存在しない。状詞「嫌だ」から派生されていると考えることもできるが、他に「がる」が接続しうる状詞が見あたらないことを考慮すれば、以下のような単独の動詞であるとするのが妥当であろう。

(449) 嫌が, いやが $\vdash S_{v::5::r \atop stem} \backslash NP_{ga} \backslash NP_o : \lambda y.\lambda x.\lambda e.iyagaru(e,x,y)$

6.1.7 めく

「めく」「ばむ」「ぐむ」「びる」等の形式は、普通名詞に接続して動詞を派生することが知られているが、すべての名詞に接続するわけではなく、以下に挙げるような少数のものに限られる。

(450) a. 春めく、夏めく、秋めく、艶めく、色めく、等
b. 汗ばむ、黄ばむ、青ばむ、気色ばむ、しわばむ、煤ばむ、等
c. 大人びる、田舎びる、等
d. 涙ぐむ、芽ぐむ、角ぐむ、等

したがって、これらは統語的に派生するのではなく、以下のようにそれぞれ一語の動詞として扱う。

(451) 春め, はるめ $\vdash S_{v::5::k \atop stem} \backslash NP_{ga} : \lambda x.\lambda e.harumeku(e,x)$
...

しかし、「めく」に関しては (452) のように、上に挙げた「春めく」等とは若干意味の異なる生産的な用法がある。

(452) a. いよいよ難事件めいてきた。
b. 隠し味めいたものを感じさせる。
c. 遺書めいた封筒を持ってきた。
d. 何やら儀式めいた手つきで箱を開けた。
e. 哲学めいたレトリックで自己正当化する。

この「めく」については、(453) のような語彙項目が存在し、(454) のように普通名詞と統語的に結びつくと仮定する。

(453) め $\vdash S_{v::5::k \atop stem} \backslash NP_{ga} \backslash N : \lambda N.\lambda x.\lambda e.\varepsilon s.meku(e,x,Nxs)$

(454)

$$\frac{(61)\frac{\text{難事件}}{N\ :\lambda x.\lambda s.nanjiken(s,x)} \quad (453)\frac{\text{め}}{S_{v::5::k\atop stem}\backslash NP_{ga}\backslash N\ :\lambda N.\lambda x.\lambda e.\varepsilon s.meku(e,x,Nxs)}}{S_{v::5::k\atop stem}\backslash NP_{ga}\ :\lambda x.\lambda e.meku(e,x,nanjiken(s,x))}<$$

6.2 形容詞性接尾語

他の形式の用言に接続し、全体として形容詞をなす（形容詞として活用する）ものを形容詞性接尾語と呼ぶ。

6.2.1 ない

否定の「ない」は形容詞性接尾語であり、「ない」の付いた形式は形容詞として扱う。否定の「ない」の語彙項目は以下の通りである。

(455) $\text{な}\vdash S_{a::i::NAS\atop stem,+n}\backslash S_{neg\atop \pm n,\pm N}\ :\lambda P.\lambda e.\sim Pe$

したがって、「なかった」自体は語彙項目ではなく、以下のように派生されることになる。

(456)

$$\frac{(455)\frac{\text{な}}{S_{a::i::NAS\atop stem,+n}\backslash S_{neg\atop \pm n,\pm N}\ :\lambda P.\lambda e.\sim Pe} \quad (174)\frac{\text{かっ}}{S_{\boxed{1}\atop euph::t,\boxed{2}}\backslash S_{a::i::\boxed{1}\atop stem,\pm n:\boxed{2}}\ :id}}{\underset{<B}{\frac{S_{a::i::NAS\atop euph::t,+n}\backslash S_{neg\atop \pm n,\pm N}\ :\lambda P.\lambda e.\sim Pe} \quad (308)\frac{\text{た}}{S_{\boxed{1}\atop term|attr,+t,\boxed{2},\boxed{3}}\backslash S_{v|a|n:\boxed{1}\atop euph::t,\pm p:\boxed{2},\pm n:\boxed{3}}\ :\lambda P.\lambda e.(ta(e);Pe)}}}{\underset{<B}{S_{a::i::NAS\atop term|attr,+t}\backslash S_{neg\atop \pm n,\pm N}\ :\lambda P.\lambda e.(ta(e);\sim Pe)}}$$

終止形・連体形の「ない」については以下のように派生される。

(457)
$$\frac{(455)\;\dfrac{\text{な}}{S_{a::i::NAS\;stem\;+n}\backslash S_{neg\;\pm n,\pm N}}:\lambda P.\lambda e.\sim Pe \quad\quad (174)\;\dfrac{\text{い}}{S_{\boxed{1}\;term|attr\;\boxed{2}}\backslash S_{a::i:\boxed{1}\;stem\;\pm n:\boxed{2}}}:id}{\underset{<B}{\;}\;\dfrac{}{S_{a::i::NAS\;term|attr,+n}\backslash S_{neg\;\pm n,\pm N}}:\lambda P.\lambda e.\sim Pe}$$

ここで述べた形容詞性接尾語の「ない」は、「存在しない」ことを意味する形容詞「ない」とは区別する必要がある。

(458) 無, な ⊢ $S_{a::i::NAS\;stem,+n}\backslash NP_{ga}:\lambda x.\lambda e.\sim aru(e,x)$

後者がナシ型活用形容詞であるのに対して、前者はアウオ段イ活用とナシ型活用の間で揺れがあるようである。前者は (459) に示すようにソウ接続形において「さ」が挿入されうるが、後者については (460) のような形式を文法的だとする話者と、そうでない話者に分かれる。

(459)　a. 怪我がなさそうで安心した。

　　　 b. 怪我がなさげだ。

(460)　a. ?怪我してなさそうで安心した。

　　　 b. ?怪我してなさげだ。

(460) のような形式が文法的であるとする話者においては、否定の形容詞性接尾語「ない」は (455) に示したようなナシ型活用形容詞であるが、(460) が文法的でないとする話者においては、「ない」は以下に示すようなアウオ段イ形容詞であると考えられる。

(461) 無, な ⊢ $S_{a::i::auo\;stem,+n}\backslash S_{neg\;\pm n,\pm N}:\lambda P.\lambda e.\sim Pe$

このような活用系統上の差は、「なさそうだ」の派生に以下のような差をもたらす。なお、状詞性接尾語「そう」および挿入される「さ」について

は、第 6.3.2 節 (503) を参照のこと。

(462)

$$
\begin{array}{c}
(455)\dfrac{な}{\substack{S_{a::i::NAS}\backslash S_{neg}\\ \text{stem}\\ +n \quad \pm n,\pm N}} \quad (502)\dfrac{さ}{\substack{S_{a::i::NAS}\backslash S_{a::i::NAS}\\ \text{mod}::s \quad \text{stem}\\ \boxed{1} \quad \pm n:\boxed{1}}}\\
:\lambda P.\lambda e.\sim Pe \qquad\qquad :id \\
<B\ \overline{\qquad\qquad\qquad\qquad\qquad\qquad\qquad\qquad\qquad} \qquad (498)\dfrac{そう}{\substack{S_{n::da|na|ni}\backslash S_{mod::s}\\ \text{stem}}}\\
\dfrac{S_{a::i::NAS}\backslash S_{neg}}{\text{mod}::s,+n \quad \pm n,\pm N}\\
:\lambda P.\lambda e.\sim Pe \qquad\qquad\qquad :\lambda P.\lambda e.\varepsilon e'.soo{:}s(e,Pe')\\
<B\ \overline{\qquad\qquad\qquad\qquad\qquad\qquad\qquad\qquad\qquad\qquad\qquad\qquad}\\
\dfrac{S_{n::da|na|ni}\backslash S_{neg}}{\text{stem} \quad \pm n,\pm N}\\
:\lambda P.\lambda e.\varepsilon e'.soo{:}s(e,\sim Pe')
\end{array}
$$

(463)

$$
\begin{array}{c}
(461)\dfrac{な}{\substack{S_{a::i::auo}\backslash S_{neg}\\ \text{stem}\\ +n \quad \pm n,\pm N}} \quad (502)\dfrac{\varnothing}{\substack{S_{\boxed{1}} \quad \backslash S_{a::i:\boxed{1}}\\ \text{mod}::s \quad \text{stem}\\ \boxed{2} \quad \pm n:\boxed{2}}}\\
:\lambda P.\lambda e.\sim Pe \qquad\qquad :id \\
<B\ \overline{\qquad\qquad\qquad\qquad\qquad\qquad\qquad\qquad\qquad} \qquad (498)\dfrac{そう}{\substack{S_{n::da|na|ni}\backslash S_{mod::s}\\ \text{stem}}}\\
\dfrac{S_{a::i::auo}\backslash S_{neg}}{\text{mod}::s,+n \quad \pm n,\pm N}\\
:\lambda P.\lambda e.\sim Pe \qquad\qquad\qquad :\lambda P.\lambda e.\varepsilon e'.soo{:}s(e,Pe')\\
<B\ \overline{\qquad\qquad\qquad\qquad\qquad\qquad\qquad\qquad\qquad\qquad\qquad\qquad}\\
\dfrac{S_{n::da|na|ni}\backslash S_{neg}}{\text{stem} \quad \pm n,\pm N}\\
:\lambda P.\lambda e.\varepsilon e'.soo{:}s(e,\sim Pe')
\end{array}
$$

否定の形容詞性接尾語「ない」にまつわるこのような「揺れ」は、元々アウオ段イ形容詞の活用であったものが、ナシ型形容詞「ない」との類推によって過学習が起こった結果、ナシ型に変化しつつあるということかもしれない。

終止形・連体形「ない」の変化として、以下のような少々くだけた形式がある。これらは形容詞性接尾語「ない」、形容詞「ない」の両方に存在する。

(464)　ねえ, ねぇ, ねー ⊢ $S_{a::i::NAS \atop \text{term}|attr,+n} \backslash S_{neg \atop \pm n,\pm N}$: $\lambda P.\lambda e.\sim Pe$

(465)　ねえ, ねぇ, ねー ⊢ $S_{a::i::NAS \atop \text{term}|attr,+n} \backslash NP_{ga}$: $\lambda x.\lambda e.\sim aru(e,x)$

また、「食べないで」における「ないで」という形式については、形容詞性接尾語「ない」のテ形ではなく、否定の助動詞として扱うが、その理由は第 5.3.3 節で既に述べた。

更に、連用節を導入する表現として「なしに」という形式があるが、こちらは形容詞の「ない」からの変化した状詞であると思われる。

(466)　どこのだれが何の見返りもなしに、数百万円単位で、現金を役人に渡すものか。

(467)　無し, なし $\vdash S_{n::da|no|ni} \backslash NP_{ga} : \lambda x.\lambda e.\sim aru(e,x)$

ところで、形式述語「ない」が、形容詞「無い」(173)、否定の形容詞性接尾語「ない」(455)、および形式述語「ない」(383) に後続すると、一般的には奇異な印象を受ける。

(468)　a.　形容詞「無い」

　　　　　?? 今月はお金が無くない。

　　　b.　否定の形容詞性接尾語「ない」

　　　　　?? 天候が回復したので飛行機が飛ばなくない。

　　　c.　形式述語「ない」

　　　　　?? 大地震の首都圏への影響は大きくなくない。

ただし、形式述語の前に取り立て助詞を置いた場合、容認性は高くなる。

(469)　a.　今月はお金が無くもない。

　　　b.　天候が回復したので飛行機が飛ばなくはない。

　　　c.　大地震の首都圏への影響は大きくなくもない。

また、以下のような構文の中では容認性が上がる。その場合、一種の回りくどい表現として、あるいは先行文脈中で「お金が無くない」という表現があったとき、その言明を否定する表現として理解されよう。

(470)　（決して）お金が無くない（という）ことはない。

しかし、この文は論理的には「無い」ということを二回否定しているのであるから「お金が無い」という意味であるはずが、文脈がしっかり設定されていない場合、印象として「お金が多少はある」という響きに聞こえてしまうこともある。これは意味計算の混乱に依るものかもしれないが、理論的な説明には一考を要する。

また、以下のような形式は、近年の会話においては特定のアクセントを伴って頻出する。ただしこの場合の「ない」は終助詞的に変化した別語である可能性もあり、否定の意味は失われつつある。

(471)　今月って何だか知らないけどお金が無くない？

いずれにせよ、(468a)(468b)(468c) に示したような「ない」に「ない」が接続するパターンは、容認可能な場合は後者が別語化している場合に限られるという可能性もあるが、ひとまず形態論的には容認する方針を採っておく。具体的には、語彙項目 (173)(455)(383) における $\pm n$ の指定により、否定形式にも接続することが可能となる。

(468a)(468b)(468c) の不適切さは、語用論的な制約に由来する可能性もあろう。わざわざ否定を二回繰り返すのであるから、肯定形とは別の意味合いを帯びるのでなければ、肯定形で言う方が望ましいからである。

6.2.2　たい、にくい、やすい

「たい」「にくい」「やすい」等の形式は、動詞連用形に接続して形容詞を派生する。

(472)　a.　食べたい
　　　 b.　食べにくい
　　　 c.　食べやすい

これらの形容詞性接尾語は、第 6.1.5 節で述べた授受表現同様、接続先の動詞の項構造を変化させる場合がある。「私が寿司を食べる」のような形式に「たい」が接続した場合、以下のような項構造が可能となる。

(473)　a.　　私が寿司を食べたい（こと）
　　　 b.　　私が寿司が食べたい（こと）
　　　 c.　　私に寿司が食べたい（こと）
　　　 d.　＊私に寿司を食べたい（こと）

(473) の対照が生まれる理由については、これまで変形生成文法において様々な説明がなされてきたが、本分析では単に「たい」が以下の二つの語彙項目を持つものとして扱う。

(474)　a.　た $\vdash S_{a::i::auo \atop stem} \backslash NP_{ga} \backslash (S_{v \atop cont} \backslash NP_{ga})$

$: \lambda P.\lambda x.\lambda e.\varepsilon e'.tai(e, x, Pxe')$

　　　b.　た $\vdash S_{a::i::auo \atop stem} \backslash NP_{ni|ga} \backslash NP_{ga} \backslash (S_{v \atop cont} \backslash NP_{ga} \backslash NP_o)$

$: \lambda P.\lambda y.\lambda x.tai(e, x, Pyxe')$

同様に、「にくい」「やすい」等もそれぞれ二つの語彙項目を持つと考えられる。

(475)　a.　難, にく $\vdash S_{a::i::auo \atop stem} \backslash NP_{ga} \backslash (S_{v \atop cont} \backslash NP_{ga}) : nikui'$

　　　b.　難, にく $\vdash S_{a::i::auo \atop stem} \backslash NP_{ni|ga} \backslash NP_{ga} \backslash (S_{v \atop cont} \backslash NP_{ga} \backslash NP_o)$

$: nikui'$

(476)　a.　易, やす $\vdash S_{a::i::auo \atop stem} \backslash NP_{ga} \backslash (S_{v \atop cont} \backslash NP_{ga}) : yasui'$

　　　b.　易, やす $\vdash S_{a::i::auo \atop stem} \backslash NP_{ni|ga} \backslash NP_{ga} \backslash (S_{v \atop cont} \backslash NP_{ga} \backslash NP_o) : yasui'$

6.2.3　らしい

「らしい」は助動詞とする分析もあるが、本書ではダロウ接続形に接続して形容詞を派生する形式として考える。

(477)　a.　食べるらしい／食べたらしい

　　　b.　赤いらしい／赤かったらしい

　　　c.　静からしい／*静かだらしい／静かだったらしい

　　　d.　学生らしい／*学生だらしい／学生だったらしい

(478)　らし $\vdash S_{a::i::i \atop stem} \backslash S_{mod::d} : \lambda P.\lambda e.rasii(Pe)$

6.2.4 っぽい

「っぽい」はイ形容詞および状詞語幹に接続して、形容詞を派生する。

(479)   a. 赤っぽい

         b. 静かっぽい

         c. 学生っぽい

(480)   っぽ $\vdash S_{a::i::auo} \backslash S_{a::i|n::da} : \lambda P.\lambda e.poi(Pe)$
                $\scriptstyle stem$ $\scriptstyle stem$

6.2.5 くさい

「くさい」は名詞に接続して形容詞を派生する。

(481)   泥くさい、面倒くさい、土くさい、乳くさい、青くさい、等

「くさい」はそれほど生産的ではないため、名詞と統語的に接続されているとは言い難い。しかし、近年では (482) のような表現が俗語として頻出している。

(482)   ?? 鈴木さんが秋葉原に到着したくさい。

このような用法は、名詞接続する用法から過剰生成され、ダロウ接続する語彙項目が生じていると考えられる。この場合、「泥くさい」などの「くさい」とは意味的な型が異なっており、「らしい」に準ずる推量の意味に転じているようである。

(483)   くさ $\vdash S_{a::i::auo} \backslash S_{mod::d} : \lambda P.\lambda e.kusai(Pe)$
                $\scriptstyle stem$

6.2.6 べし、べき

「べき」(終止形は文語残存終止形の「べし」) は、動詞の終止形に接続し、ベシ型活用形容詞をなす。

(484)   a. 飛ぶべし／飛ぶべき時

b. 食べるべし／食べるべき時

c. 来るべし／来るべき時

d. するべし／するべき時

語彙項目については、(200) を再掲する。

(200) ベ ⊢ $S_{a::BES \atop stem} \backslash S_{v \atop {term \atop \pm l}}$: $\lambda P.\lambda e.besi(Pe)$

(485)

$$\cfrac{(94)\ \cfrac{飛ぶ}{S_{v::5::b \atop term|attr} \backslash NP_{ga} : \lambda y.\lambda x.\lambda e.tobu(e,x,y)}\quad \cfrac{(200)\ \cfrac{ベ}{S_{a::BES \atop stem} \backslash S_{v \atop term,\pm l}} : \lambda P.\lambda e.besi(Pe)\quad (201)\ \cfrac{し}{S_{a::BES \atop term,+l} \backslash S_{a::BES \atop stem}} : id}{S_{a::BES \atop term,+l} \backslash S_{v \atop term,\pm l} : \lambda P.\lambda e.besi(Pe)}<B}{S_{a::BES \atop term,+l} \backslash NP_{ga} : \lambda x.\lambda e.besi(tobu(e,x))}<B$$

(486)

$$\cfrac{(94)\ \cfrac{飛ぶ}{S_{v::5::b \atop term|attr} \backslash NP_{ga} : \lambda y.\lambda x.\lambda e.tobu(e,x,y)}\quad \cfrac{(200)\ \cfrac{ベ}{S_{a::BES \atop stem} \backslash S_{v \atop term,\pm l}} : \lambda P.\lambda e.besi(Pe)\quad (201)\ \cfrac{き}{S_{a::BES \atop attr,+l} \backslash S_{a::BES \atop stem}} : id}{S_{a::BES \atop attr,+l} \backslash S_{v \atop term,\pm l} : \lambda P.\lambda e.besi(Pe)}<B}{S_{a::BES \atop attr,+l} \backslash NP_{ga} : \lambda x.\lambda e.besi(tobu(e,x))}<B$$

$\pm l$ が指定されているのは、以下のような形式が存在するためである。

(487) a. 勉強すべし／勉強すべき時

b. 案ずべし／案ずべき時

また、「べきだ」の形が多用されることから、「べき」という状詞性接尾語が別に派生していると考える必要があるかもしれない。

(488)　べき ⊢ $S_{n::da} \backslash S_{v\ term\ \pm l} : \lambda P.\lambda e.besi(Pe)$

なお、以下のような用例には、注意が必要である。

(489)　当時から国側が関係者に対して誠意をもって対応したと受け取られない面があり、反省 すべき と考えていた。

(490)　日本とは比較 すべく もない。

(491)　注目 すべき は、新東京国際空港の容量不足などから乗り入れできなかった多くの国・地域から直行便就航が実現したことだ。

(489) については、ト節を導入する「と」が状詞性接尾語「べきだ」の語幹に直接接続していると考えるのが妥当であろう。「と」が状詞語幹に接続する例には、以下のようなものがある。

(492)　a. 市民会議が主体となることがうってつけ と 考えて取り組み始めました。

b. 我々はそのような社会こそが、安心して心豊かな生活を送ることができる社会 と 考えています。

(490) の「べく」は、形容詞性接尾語「べし」の連用形「べく」＋取り立て助詞「も」(385) ＋「ない」(383) という構造、すなわち第 6.1.1 節で述べた取り立て構文であると考えられる。

(491) のような形式は、文語残存連体形がそのまま名詞句として振る舞うケースであり、第 9.1.3 節で詳しく取り上げる。

6.3　状詞性接尾語

他の形式の用言に接続し、全体として状詞をなす（状詞として活用する）ものを状詞性接尾語と呼ぶ。

「ようだ」「そうだ」「はずだ」「わけだ」のような形式は、日本語学では形式名詞「よう」「そう」「はず」「わけ」＋判定詞「だ」であるとされることが多い。しかし本書では以下のような理由から、この分析を採用しない。

- 「よう」「そう」等は、格助詞を伴って用言の項となることができない。

- 「よう」「そう」等は、量化子によって量化されない。
- 「よう」「そう」等は、連体節によって修飾されることがない。

すなわち、「形式名詞」は名詞としての性質を持っていない。一方、「ようだ」等の形式は、寺村 (1984) 等では助動詞とされているが、その場合「ようで」「ようです」「ようでした」「ような」等の活用形があることを、別途説明付けなければならない。

本分析では、「ようだ」「そうだ」「はずだ」「わけだ」は一括して状詞性接尾語として扱う。「ようだ」「そうだ」には副詞形「ように」「そうに」、連体形「ような」「そうな」が存在することから $S_{n::da|na|ni} \backslash NP_{ga}$、「はずだ」「わけだ」には連用形「はずに」「わけに」も連体形「はずな」「わけな」も存在しないことから $S_{n::da} \backslash NP_{ga}$ と考える。

6.3.1 ようだ

「ようだ」の語彙項目は以下のようなものである。

(493)　よう $\vdash \underset{stem}{S_{n::da|na|ni} \backslash S_{attr \atop \pm t, \pm n}}$: $\lambda P.\lambda e.\varepsilon e'.yoo(e, Pe')$

「ようだ」は統語範疇 S の連体形に接続し、婉曲・比況・推量の意味を表す。

(494)　太郎が来たようだ。

(495)　波は静かなようだ。

しかし、「ようだ」の意味論は、様相や前提に関わる難しい問題を孕んでいる。たとえば、状詞の連体形に接続している以下のような場合が、上述の「ようだ」と別の語彙項目なのかは議論が分かれるところである。

(496)　太郎は学生のようだ。

詳しくは寺村 (1984)、益岡・田窪 (1992, pp.127-128)、齊藤 (2006) 等を参照のこと。

6.3.2 そうだ

伝聞の「そうだ」は終止形に接続し、推量の「そうだ」はソウ接続形に接続する。ここでは仮に、伝聞を表す意味表示を $soo{:}d$、推量を表す意味表示を $soo{:}s$ としておく。

(497) 　そう $\vdash S_{n{::}da}\backslash S_{term} : \lambda P.\lambda e.\varepsilon e'.soo{:}d(e, Pe')$
　　　　　　$\underset{stem}{}$

(498) 　そう $\vdash S_{n{::}da|na|ni}\backslash S_{mod{::}s} : \lambda P.\lambda e.\varepsilon e'.soo{:}s(e, Pe')$
　　　　　　$\underset{stem}{}$

ソウ接続形とは、状詞性接尾語である「そうだ」が接続する形式である。(499) に示すように、動詞においては連用形に接続し、形容動詞においては語幹に接続する。判定詞語幹には接続できない。

(499) 　a. 　飛びそう。
　　　　b. 　食べそう。
　　　　c. 　静かそう。
　　　　d. 　*学生そう。

問題は形容詞の場合である。アウオ段・イ段イ形容詞では (500) のように語幹に接続するが、ナシ型活用形容詞では (501) のように「さ」が挿入されるのである。この「さ」の挿入は任意であり、「無そう」「無さそう」、「食べたそう」「食べさそう」のように両方の形式が可能となる。

(500) 　a. 赤そう
　　　　b. 無そう
　　　　c. 食べたそう

(501) 　a. 良さそう
　　　　b. 無さそう
　　　　c. 食べたさそう

このような接続パターンについても、本書においてはダロウ接続形同様、一つの活用形として定義することにする。以下が、ソウ接続形を生み出す助動詞の語彙項目である。

ソウ接続形

(502) $\emptyset \vdash S_{\boxed{1} \atop mod::s} \backslash S_{v:\boxed{1} \atop cont} : id$

(503) $\emptyset \vdash S_{\boxed{1} \atop {mod::s \atop \boxed{2}}} \backslash S_{a::i:\boxed{1} \atop {stem \atop \pm n:\boxed{2}}} : id$

さ $\vdash S_{a::i::NAS \atop {mod::s \atop \boxed{1}}} \backslash S_{a::i::NAS \atop {stem \atop \pm n:\boxed{1}}} : id$

ソウ接続形には、「そうだ」ばかりではなく、状詞性接尾語「げ」なども接続する。(504) に示すように、形容詞のソウ接続形に限られるが、すべての形容詞のソウ接続形に接続できるわけではない。また、形容動詞の場合は判断がはっきりしない。

(504) a. 寒げだ。
　　　b. 食べたさげだ。
　　　c. ?赤げだ。
　　　d. *食べげだ。
　　　e. ?*静かげだ。
　　　f. *学生げだ。

(505) げ $\vdash S_{n::da|na|ni} \backslash S_{mod::s} : \lambda P.\lambda e.ge(Pe)$

6.3.3　がちだ、みたいだ

「がちだ」は非過去形連用形に、「みたいだ」はダロウ接続形に接続する。

(506) がち $\vdash S_{n::da|na|ni \atop stem} \backslash S_{cont} : \lambda P.\lambda e.gati(Pe)$

(507) みたい $\vdash S_{n::da|na|ni \atop stem} \backslash S_{mod::d} : \lambda P.\lambda e.mitai(Pe)$

6.3.4 的だ、気味だ

「的だ」は固有名詞・普通名詞に、「気味だ」は普通名詞に接続する。

(508) 的, てき $\vdash S_{n::da|na|ni} \backslash NP_{ga} \backslash NP_{nc}$
$\quad\quad\quad\quad\quad\;\; stem$

$\quad\quad\quad\quad\quad\quad\quad\quad : \lambda y.\lambda x.\lambda e.\varepsilon s.teki(e, x, onaji(s, x, y))$

$\quad\quad$ 的, てき $\vdash S_{n::da|na|ni} \backslash NP_{ga} \backslash N$
$\quad\quad\quad\quad\quad\;\; stem$

$\quad\quad\quad\quad\quad\quad\quad\quad : \lambda N.\lambda x.\lambda e.\varepsilon s.teki(e, x, Nxs)$

(509) 気味, ぎみ $\vdash S_{n::da|na|no|ni} \backslash NP_{ga} \backslash N$
$\quad\quad\quad\quad\quad\;\; stem$

$\quad\quad\quad\quad\quad\quad\quad\quad : \lambda N.\lambda x.\lambda e.\varepsilon s.gimi(e, x, Nxs)$

「的だ」の接続パターンは、判定詞（第 4.5.2 節）と共通点があるが、その是非は意味も含めて検討する必要があるだろう。

6.3.5 なのだ

「なのだ」は状詞語幹に接続する。

(510) $\quad$ なの $\vdash S_{n::da} \backslash S_{n::da} : \lambda P.\lambda e.nano(Pe)$
$\quad\quad\quad\quad\;\; stem \quad\;\; stem$

固有名詞・普通名詞とは、判定詞語幹 (235) を介して接続することに注意する。

6.3.6 のだ、はずだ、わけだ、ものだ

前節の冒頭で述べたように、「のだ」における「の」のような、いわゆる形式名詞は、状詞性接尾語として扱う。

(511) $\quad$ の $\vdash S_{n::da} \backslash S_{attr,\pm N} : \lambda P.\lambda e.no(Pe)$
$\quad\quad\quad\quad\;\; stem$

(512) $\quad$ はず $\vdash S_{n::da|no} \backslash S_{attr} : \lambda P.\lambda e.hazu(Pe)$
$\quad\quad\quad\quad\quad\;\; stem$

(513) わけ $\vdash S_{n::da \atop stem} \backslash S_{attr} : \lambda P.\lambda e.wake(Pe)$

(514) もの $\vdash S_{n::da \atop stem} \backslash S_{attr} : \lambda P.\lambda e.mono(Pe)$

第7章

体言

本章では日本語の体言の構造について述べる。

7.1 格助詞「が・に・を」

格助詞には、「が、に、を、と、で、へ、から、まで、より」がある。また、格助詞相当句として知られる「によって」等も、本書では格助詞として扱うことにする。

動詞にとって必須格であるものと、非必須格であるものでは、以下のように統語範疇が異なる。「に」には必須格と非必須格の両方があることに注意する。「によって」は直接受動文に必須格として現れる（第 8.1 節参照）。

(515) 必須格

  a. が,∅ ⊢ $\boldsymbol{T}\backslash NP_{nc}/(\boldsymbol{T}\backslash NP_{ga}) : id$

  b. を,∅ ⊢ $\boldsymbol{T}\backslash NP_{nc}/(\boldsymbol{T}\backslash NP_{o}) : id$

  c. に,∅ ⊢ $\boldsymbol{T}\backslash NP_{nc}/(\boldsymbol{T}\backslash NP_{ni}) : id$

  d. と ⊢ $\boldsymbol{T}\backslash NP_{nc}/(\boldsymbol{T}\backslash NP_{to}) : id$

  e. によって ⊢ $\boldsymbol{T}\backslash NP_{nc}/(\boldsymbol{T}\backslash NP_{niyotte}) : id$

(516) 非必須格

  a. に ⊢ $\boldsymbol{T}\backslash NP_{nc}/\boldsymbol{T} : \lambda P.\lambda z.\lambda \vec{x}.\lambda e.(ni(e,z); P\vec{x}e)$

  b. まで ⊢ $\boldsymbol{T}\backslash NP_{nc}/\boldsymbol{T} : \lambda P.\lambda z.\lambda \vec{x}.\lambda e.(made(e,z); P\vec{x}e)$

c. より $\vdash \boldsymbol{T}\backslash NP_{nc}/\boldsymbol{T} : \lambda P.\lambda z.\lambda \vec{x}.\lambda e.(yori(e,z); P\vec{x}e)$

格助詞「が」「を」「に」は、以下のように省略できることが知られている。

(517)　オレ、もう夕飯食べたよ。

これについては (515a)(515b)(515c) において、音声的に空の語彙項目が並行して存在すると仮定する。また、「NP が」「NP を」「NP に」全体としても省略可能である（変形生成文法で云う pro が存在する）が、それについては第 7.7 節を参照のこと。

格助詞は (518) のように、型繰り上げを経た NP と動詞との間で、NP に格を与えるカテゴリーとして分析する。

(518)

$$\cfrac{\cfrac{\cfrac{(60)\cfrac{\text{太郎}}{NP_{nc}}}{\boldsymbol{T}/(\boldsymbol{T}\backslash NP_{nc})} >T}{: \lambda P.P(taroo)} \quad (515a)\cfrac{\text{が}}{\boldsymbol{T}\backslash NP_{nc}/(\boldsymbol{T}\backslash NP_{ga})}}{\boldsymbol{T}/(\boldsymbol{T}\backslash NP_{ga})} >B$$
$$: \lambda P.P(taroo)$$

(518) はその後用言と接続するが、その際に格の照合が行われる。

(519)

$$\cfrac{(518)\cfrac{\text{太郎が}}{\boldsymbol{T}/(\boldsymbol{T}\backslash NP_{ga})} \quad (99)\cfrac{\text{走った}}{S_{v::5::r \atop term|attr,+t}\backslash NP_{ga}}}{S_{term \atop +t}} >$$
$$: \lambda P.P(taroo) \quad : \lambda x.\lambda P.\lambda e.(ta(e); hasiru(e,x))$$
$$: \lambda e.(ta(e); hasiru(e, taroo))$$

この分析においては、格助詞は動詞に先に係ることもできる。

7.1. 格助詞「が・に・を」

(520)

$$
\cfrac{\cfrac{太郎}{NP_{nc}} : taroo \quad (60) \quad \cfrac{\cfrac{が}{\boldsymbol{T}\backslash NP_{nc}/(\boldsymbol{T}\backslash NP_{ga})} : id \quad (515a) \quad \cfrac{走った}{S_{v::5::r \atop term|attr,+t}\backslash NP_{ga}} : \lambda x.\lambda P.\lambda e.(ta(e); hasiru(e,x)) \quad (99)}{\cfrac{S_{term} \backslash NP_{nc}}{+t} : \lambda x.\lambda P.\lambda e.(ta(e); hasiru(e,x))} >}{\cfrac{S_{term}}{+t} : \lambda e.(ta(e); hasiru(e, taroo))} <
$$

日本語において、(520) における「が来た」のような構成素が存在するかどうかは議論の分かれるところであろう。しかし日本語学、変形生成文法ともに、「によって」「において」「に対して」といった格助詞＋動詞過去形連用形を、あたかも一つの助詞のように扱うことが多い。(520) によれば、これらの複合形式も、(521) のように構成素として分析することができる。[*1]

(521)

$$
\cfrac{\cfrac{に}{\boldsymbol{T}\backslash NP_{nc}/(\boldsymbol{T}\backslash NP_{ni})} : id \quad (515c) \quad \cfrac{\cfrac{よって}{S_{v::5::r \atop te}\backslash NP_{ga}\backslash NP_{ni}} : \lambda y.\lambda x.\lambda e.yoru(e,x,y) \quad (100) \quad \cfrac{\varnothing}{S_{\boxed{1}}\backslash \$_1\backslash \$_2/(S_{\boxed{1}}\backslash \$_1\backslash \$_2) \atop \backslash (S_{v|a|n}\backslash \$_1) \atop te \atop \pm n} : \lambda P.\lambda Q.\lambda \vec{y}.\lambda \vec{x}.\varepsilon e'. P\vec{x}e'; Q\vec{y}\vec{x} \quad (710)}{S_{\boxed{1}}\backslash NP_{ga}\backslash NP_{ni}/(S_{\boxed{1}}\backslash NP_{ga}\backslash NP_{ni}) : \lambda Q.\lambda y.\lambda x.\lambda e.\varepsilon e'.yoru(e',x,y); Qyxe} <}{S_{\boxed{1}}\backslash NP_{ga}\backslash NP_{nc}/(S_{\boxed{1}}\backslash NP_{ga}\backslash NP_{ni}) : \lambda Q.\lambda y.\lambda x.\lambda e.\varepsilon e'.yoru(e',x,y); Qyxe}
$$

(515e) において格助詞として定義した「によって」は、元々 (521) のように複合的な表現であったものが、格助詞化したものと考えられる。

このような格助詞の分析に対して、いくつかの対案があり得る。たとえ

[*1] (515e) の導出は少々複雑であるので補足する。(710) の空演算子は、テ形用言を連用節に変える演算子である（第 9.2.1 節を参照）。ここでの $ 記法の解釈については（少々雑な述べ方が許されるならば）\$_1 を \NP_{ga}\NP_{ni}、\$_2 を ∅ としている。したがって、$\vec{y}$ は ∅、$\vec{x}$ は $\lambda y.\lambda x.\lambda e.\lambda w$ となる。

ば、(522) のように格助詞が NP に格だけを付与するという分析は、最もシンプルなものである[*2]。その後、必要に応じて型繰り上げを行えば良い。

(522)　が $\vdash NP_{ga} \backslash NP_{nc} : id$

(523)
$$\cfrac{\cfrac{(60)\cfrac{\text{太郎}}{NP_{nc}}}{\quad : taroo} \quad \cfrac{(522)\cfrac{\text{が}}{NP_{ga} \backslash NP_{nc}}}{\quad : id}}{\cfrac{\cfrac{NP_{ga}}{: taroo}}{\cfrac{\boldsymbol{T}/(\boldsymbol{T}\backslash NP_{ga})}{: \lambda P.P(taroo)}}{}^{>T}}{}^{<}$$

あるいは (524) のように、格助詞を量化子的に見なす可能性もあるだろう。また、このように分析すれば、日本語には型繰り上げ規則が必要なくなるようにも思える。

(524)　が $\vdash \boldsymbol{T}/(\boldsymbol{T}\backslash NP_{ga}) \backslash NP_{nc} : \lambda x.\lambda P.Px$

(525)
$$\cfrac{(60)\cfrac{\text{太郎}}{NP_{nc}} \quad \cfrac{\text{が}}{\boldsymbol{T}/(\boldsymbol{T}\backslash NP_{ga}) \backslash NP_{nc}}}{\cfrac{\boldsymbol{T}/(\boldsymbol{T}\backslash NP_{ga})}{: \lambda P.P(taroo)}}{}^{<}$$

しかし、(522)(524) の分析には、共通する問題がある。日本語には「学生三人が」「学生の半数以上が」といった、格助詞より左に現れる量化表現があるためである。詳しくは次節で述べるが、これらの量化表現は一

[*2] Komagata (1997) では、「太郎が」のような NP の内部構造を明示的に述べてはいないものの、このような格助詞が仮定されていると考えられる。

般化量化子として分析されなければならない。しかし以下に見るように、(522)(524) ともに型の不一致が起こってしまう。

(526)

$$\cfrac{(540)\cfrac{\text{学生の半数以上}}{T/(T\backslash NP_{nc})} \quad (522)\cfrac{\text{が}}{NP_{ga}\backslash NP_{nc}}}{??} *$$
$$: \lambda P.\lambda \vec{x}.hansuuijoo(x)[\varepsilon s.gakusei(s,x)][P x \vec{x}] \qquad : id$$

(527)

$$\cfrac{(540)\cfrac{\text{学生の半数以上}}{T/(T\backslash NP_{nc})} \quad (524)\cfrac{\text{が}}{T/(T\backslash NP_{ga})\backslash NP_{nc}}}{??} *$$
$$: \lambda P.\lambda \vec{x}.hansuuijoo(x)[\varepsilon s.gakusei(s,x)][P x \vec{x}] \qquad : \lambda x.\lambda P.P x$$

一方、(515a) の分析のもとでは、このような型の不一致が起こらないのである。したがって、(522)(524) のような格助詞の分析は排除される。

(528)

$$>B\cfrac{(540)\cfrac{\text{学生の半数以上}}{T/(T\backslash NP_{nc})} \quad (515a)\cfrac{\text{が}}{T\backslash NP_{nc}/(T\backslash NP_{ga})}}{T/(T\backslash NP_{ga})}$$
$$: \lambda P.\lambda \vec{x}.hansuuijoo(x) \qquad : id$$
$$[\varepsilon s.gakusei(s,x)][P x \vec{x}]$$

$$: \lambda P.\lambda \vec{x}.hansuuijoo(x)[\varepsilon s.gakusei(s,x)][P x \vec{x}]$$

別のアプローチとしては、格助詞には (529) のように統語的にも意味的にも何もしない語彙項目を割り当てておき、固有名詞の方が自身の右側に格助詞を選択するような分析も考えられるかもしれない。

(529)　が ⊢ $PP_{ga} : ga$

(530)
$$\begin{array}{c} (60)\dfrac{\text{太郎}}{\begin{array}{c} \boldsymbol{T}/(\boldsymbol{T}\backslash NP_{\boxed{1}})/P_{\boxed{1}} \\ : \lambda p.\lambda P.P(taroo) \end{array}} \quad (529)\dfrac{\text{が}}{\begin{array}{c} PP_{ga} \\ : ga \end{array}} \\ <\overline{\qquad\qquad\qquad\qquad\qquad\qquad\qquad\qquad} \\ \boldsymbol{T}/(\boldsymbol{T}\backslash NP_{ga}) \\ : \lambda P.P(taroo) \end{array}$$

しかし、動詞への係り方は、必須格の場合と、非必須格の場合で統語的にも意味的にも異なる。またノ格の項は名詞に係ることを考えれば、「太郎」のような固有名詞の側に少なくとも三通り（必須格として用言に係る場合、非必須格として用言に係る場合、および「の」を介して名詞に係る場合）の語彙項目を用意しなければならなくなってしまう。このような「三重化」が固有名詞に留まらず、あらゆる量化表現にまで及ぶことを考えれば、(529)のような分析は賢明な選択とは言えない。

一方、本書の手法では (532) のように格助詞「の」の側で係り先が名詞であることを指定できる。「の」に複数の意味があることを考慮すれば、これが最善の方策であろう。

(531)　の $\vdash N\backslash NP_{nc}/N : \lambda N.\lambda y.\lambda x.\lambda s.no(x,y); Nxs$

(532)
$$\begin{array}{c} (60)\dfrac{\text{太郎}}{\begin{array}{c} NP_{nc} : taroo \end{array}} \\ >T\,\overline{\dfrac{}{\begin{array}{c} \boldsymbol{T}/(\boldsymbol{T}\backslash NP_{nc}) \\ : \lambda P.P(taroo) \end{array}}} \quad (531)\dfrac{\text{の}}{\begin{array}{c} N\backslash NP_{nc}/N \\ : \lambda N.\lambda y.\lambda x.\lambda s.no(x,y); Nxs \end{array}} \\ >B\,\overline{\qquad\qquad\qquad\qquad\qquad\qquad\qquad\qquad\qquad} \\ N/N \\ : \lambda N.\lambda x.\lambda s.no(x,taroo); Nxs \end{array}$$

7.2 量化表現

前節でも触れたように、日本語の名詞句においては (533) に見るように、複数の位置に量化表現が現れうる。

(533)　a. 三人の学生が/半数以上の学生が

　　　　b. 学生の三人が[*3]/学生の半数以上が

　　　　c. 学生三人が/?学生半数以上が

　　　　d. 学生が三人/学生が半数以上

これらの位置の性質は色々異なり、それ自体独自の研究の対象となりうるものである[*4]が、ここではいずれの位置にも一般化量化子が現れうることを重視し、以下のように分析する。

(534)　半数以上の ⊢ $\boldsymbol{T}/(\boldsymbol{T}\backslash NP_{nc})/N$

　　　　　　　　: $\lambda N.\lambda P.\lambda \vec{x}.hansuuijoo(x)[\varepsilon s.Nsx][Px\vec{x}]$

(535)　の半数以上 ⊢ $\boldsymbol{T}/(\boldsymbol{T}\backslash NP_{nc})\backslash N$

　　　　　　　　: $\lambda N.\lambda P.\lambda \vec{x}.hansuuijoo(x)[\varepsilon s.Nsx][Px\vec{x}]$

(536)　三割 ⊢ $\boldsymbol{T}/(\boldsymbol{T}\backslash NP_{nc})\backslash N$

　　　　　　　　: $\lambda N.\lambda P.\lambda \vec{x}.sanwari(x)[\varepsilon s.Nxs][Px\vec{x}]$

数量詞も同様の範疇を持つものとして分析する。

[*3] この形式は、一般的には「三人」が照応的である場合のみ可能。ただし、以下のような例では存在量化的な読みが可能だとする話者もいる。

(i)　?? このマンガカレッジでは、過去の卒業生の三人がプロの漫画家になった。

[*4] (533c) の位置に現れることが可能かどうかは、一般化量化子の種類によって異なる。「学生三割が来た」は問題ないが、「学生ほとんどが来た」は文法性が落ちる。また、「三人」のような数量詞にとって集団読み (collective reading)、累積読み (cumulative reading)、照応読み (anaphoric reading) が可能なのは (533a)(533b)(533c) の位置に現れた場合に限られ、(533d) の位置に現れた場合は分配読み (distributive reading) のみが可能である。

(537)　三人の ⊢ $T/(T\backslash NP_{nc})/N : \lambda N.\lambda P.\lambda \vec{x}.3(x)[\varepsilon s.Nxs; Px\vec{x}]$

(538)　三人 ⊢ $T/(T\backslash NP_{nc})\backslash N : \lambda N.\lambda P.\lambda \vec{x}.3(x)[\varepsilon s.Nxs; Px\vec{x}]$

(539)

$$> \cfrac{(534)\cfrac{\text{半数以上の}}{T/(T\backslash NP_{nc})/N} \quad (61)\cfrac{\text{学生}}{N}}{T/(T\backslash NP_{nc})} \\ : \lambda N.\lambda P.\lambda \vec{x}.hansuuijoo(x)[\varepsilon s.Nsx][Px\vec{x}] \quad : \lambda x.\lambda s.gakusei(s,x) \\ : \lambda P.\lambda \vec{x}.hansuuijoo(x)[\varepsilon s.gakusei(x,s)][Px\vec{x}]$$

(540)

$$< \cfrac{(61)\cfrac{\text{学生}}{N} \quad (535)\cfrac{\text{の半数以上}}{T/(T\backslash NP_{nc})\backslash N}}{T/(T\backslash NP_{nc})} \\ : \lambda x.\lambda s.gakusei(s,x) \quad : \lambda N.\lambda P.\lambda \vec{x}.hansuuijoo(x)[\varepsilon s.Nxs][Px\vec{x}] \\ : \lambda P.\lambda \vec{x}.hansuuijoo(x)[\varepsilon s.gakusei(x,s)][Px\vec{x}]$$

(541)

$$< \cfrac{(61)\cfrac{\text{学生}}{N} \quad (536)\cfrac{\text{三割}}{T/(T\backslash NP_{nc})\backslash N}}{T/(T\backslash NP_{nc})} \\ : \lambda x.\lambda s.gakusei(s,x) \quad : \lambda N.\lambda P.\lambda \vec{x}.sanwari(x)[\varepsilon s.Nxs][Px\vec{x}] \\ : \lambda P.\lambda \vec{x}.sanwari(x)[\varepsilon s.gakusei(x,s)][Px\vec{x}]$$

(542)

$$> \cfrac{(537)\cfrac{\text{三人の}}{T/(T\backslash NP_{nc})/N} \quad (61)\cfrac{\text{学生}}{N}}{T/(T\backslash NP_{nc})} \\ : \lambda N.\lambda P.\lambda \vec{x}.3(x)[\varepsilon s.Nxs; Px\vec{x}] \quad : \lambda x.\lambda s.gakusei(s,x) \\ : \lambda P.\lambda \vec{x}.3(x)[\varepsilon s.gakusei(x,s); Px\vec{x}]$$

(543)

$$\cfrac{\cfrac{\text{学生}}{N\quad:\lambda x.\lambda s.gakusei(s,x)}\text{(61)} \quad \cfrac{\text{三人}}{\boldsymbol{T}/(\boldsymbol{T}\backslash NP_{nc})\backslash N\quad :\lambda N.\lambda P.\lambda \vec{x}.3(x)[\varepsilon s.Nxs;Px\vec{x}]}\text{(538)}}{\boldsymbol{T}/(\boldsymbol{T}\backslash NP_{nc})\quad :\lambda P.\lambda \vec{x}.3(x)[\varepsilon s.gakusei(x,s);Px\vec{x}]}<$$

普通名詞がそのまま文中に現れた場合、解釈は少なくとも三通りあると思われる。すなわち、存在読み (existential reading)、総称読み (generic reading)、および照応読み (anaphoric reading) である。ここではそれぞれの解釈に対応する空範疇を語彙項目として導入し、解釈の違いを空範疇として何を選択したかという違いに還元することにしよう。なお、照応的な場合については第 7.6 節において導入する。

これらの空範疇が取りうる位置としては、普通名詞の前と後の二箇所が考えられる。まず存在量化の場合を (545) と (546) に示そう。

(544)　∃ ⊢ $\boldsymbol{T}/(\boldsymbol{T}\backslash NP_{nc})/N : \lambda N.\lambda P.\lambda \vec{x}.\varepsilon x.\varepsilon s.Nxs;Px\vec{x}$

　　　　∃ ⊢ $\boldsymbol{T}/(\boldsymbol{T}\backslash NP_{nc})\backslash N : \lambda N.\lambda P.\lambda \vec{x}.\varepsilon x.\varepsilon s.Nxs;Px\vec{x}$

(545)

$$\cfrac{\cfrac{\cfrac{\exists}{\boldsymbol{T}/(\boldsymbol{T}\backslash NP_{nc})/N\quad :\lambda N.\lambda P.\lambda \vec{x}.\varepsilon x.\varepsilon s.Nxs;Px\vec{x}}\text{(544)}\quad \cfrac{\text{学生}}{N\quad :\lambda x.\lambda s.gakusei(s,x)}\text{(61)}}{\boldsymbol{T}/(\boldsymbol{T}\backslash NP_{nc})\quad :\lambda P.\lambda \vec{x}.\varepsilon x.\varepsilon s.gakusei(s,x);Px\vec{x}}>\quad \cfrac{\text{が}}{\boldsymbol{T}\backslash NP_{nc}/(\boldsymbol{T}\backslash NP_{ga})\quad :id}\text{(515a)}}{\boldsymbol{T}/(\boldsymbol{T}\backslash NP_{ga})\quad :\lambda P.\lambda \vec{x}.\varepsilon x.\varepsilon s.gakusei(s,x);Px\vec{x}}>B$$

(546)
$$\begin{array}{c}
\dfrac{(61)\ \overline{\text{学生}\ \atop N\ \atop :\lambda x.\lambda s.gakusei(s,x)}\quad (544)\ \overline{\exists\ \atop T/(T\backslash NP_{nc})\backslash N\ \atop :\lambda N.\lambda P.\lambda \vec{x}.\varepsilon x.\varepsilon s.Nxs;P x \vec{x}}}{\underset{<}{\dfrac{T/(T\backslash NP_{nc})}{:\lambda P.\lambda \vec{x}.\varepsilon x.\varepsilon s.gakusei(s,x);P x \vec{x}}}}\quad (515a)\ \overline{\dfrac{\text{が}}{T\backslash NP_{nc}/(T\backslash NP_{ga})}\ :id} \\
\underset{>B}{\dfrac{}{\dfrac{T/(T\backslash NP_{ga})}{:\lambda P.\lambda \vec{x}.\varepsilon x.\varepsilon s.gakusei(s,x);P x \vec{x}}}}
\end{array}$$

この空範疇による存在量化は、第 9.1 節で述べる連体節の分析において重要な役割を担っている。総称的な場合も同様である。

(547) $\varnothing \vdash T/(T\backslash NP_{nc})/N : \lambda N.\lambda P.\lambda \vec{x}.GEN(x)[\varepsilon s.Nxs][Px\vec{x}]$

$\varnothing \vdash T/(T\backslash NP_{nc})\backslash N : \lambda N.\lambda P.\lambda \vec{x}.GEN(x)[\varepsilon x.Nxs][Px\vec{x}]$

(548)
$$\begin{array}{c}
\dfrac{(547)\ \overline{\dfrac{GEN}{T/(T\backslash NP_{nc})/N}\ :\lambda N.\lambda P.\lambda \vec{x}.GEN(x)[\varepsilon s.Nxs][Px\vec{x}]}\quad (61)\ \overline{\dfrac{\text{学生}}{N}\ :\lambda x.\lambda s.gakusei(s,x)}}{\underset{>}{\dfrac{T/(T\backslash NP_{nc})}{:\lambda P.\lambda \vec{x}.GEN(x)[\varepsilon s.gakusei(x,s)][Px\vec{x}]}}}\quad (515a)\ \overline{\dfrac{\text{が}}{T\backslash NP_{nc}/(T\backslash NP_{ga})}\ :id} \\
\underset{>B}{\dfrac{}{\dfrac{T/(T\backslash NP_{ga})}{:\lambda P.\lambda \vec{x}.GEN(x)[\varepsilon s.gakusei(x,s)][Px\vec{x}]}}}
\end{array}$$

(549)
$$\begin{array}{c}
\dfrac{(61)\ \overline{\dfrac{\text{学生}}{N}\ :\lambda x.\lambda s.gakusei(s,x)}\quad (547)\ \overline{\dfrac{GEN}{T/(T\backslash NP_{nc})\backslash N}\ :\lambda N.\lambda P.\lambda \vec{x}.GEN(x)[\varepsilon s.Nxs][Px\vec{x}]}}{\underset{<}{\dfrac{T/(T\backslash NP_{nc})}{:\lambda P.\lambda \vec{x}.GEN(x)[\varepsilon s.gakusei(x,s)][Px\vec{x}]}}}\quad (515a)\ \overline{\dfrac{\text{が}}{T\backslash NP_{nc}/(T\backslash NP_{ga})}\ :id} \\
\underset{>B}{\dfrac{}{\dfrac{T/(T\backslash NP_{ga})}{:\lambda P.\lambda \vec{x}.GEN(x)[\varepsilon s.gakusei(x,s)][Px\vec{x}]}}}
\end{array}$$

7.3　提題助詞「は」

提題助詞「は」の扱いについては慎重な議論を要するが、ここではひとまず以下のように定義しておく。これは必須格の格助詞「が」「を」「に」に交替して現れることができるように指定されている。

(550)　は $\vdash \boldsymbol{T}_{\boxed{1},\boxed{2}}\backslash NP_{nc}/(\boldsymbol{T}_{term|imp|pre|te:\boxed{1},\boxed{2}}\backslash NP_{ga|o|ni}) : id$

意味表示は単に id としているが、これは明らかに単純化しすぎであろう。提題の「は」の意味表示は、たとえば以下のようにスコープと指標を持った形式として表されるべきものであると考えられる。

(551)　は $\vdash \boldsymbol{T}_{\boxed{1},\boxed{2}}\backslash NP_{nc}/(\boldsymbol{T}_{term|imp|pre|te:\boxed{1},\boxed{2}}\backslash NP_{ga|o|ni})$
$: \lambda P.\lambda x.TOP(x)[Px]$

しかし、「は」の意味論的、談話的な機能（すなわち意味表示 $TOP(x)[\phi]$ の定義）については今後の課題として残しておく。しかし、(550) の語彙項目においては「は」が終止形・推量形・命令形・テ形の用言にしか係らないことが指定されており、これだけでも提題の「は」について以下の性質が演繹されることになる。

- 連体節内には現れないこと。連体節内に現れるためには、連体形に係る必要があるため。
- 条件節内には現れないこと。条件節内に現れるためには、条件形に係る必要があるため。
- 「〜ナガラ」「〜ツツ」等、従属節導入表現が連用形に接続する従属節内には現れないこと。
- 「食べなかったようだ」のように語尾が連続した場合、最後の要素に係る傾向があること、すなわち命題表現とモダリティ表現のうち、モダリティ表現があればモダリティの側に係ること。

ただし、これだけでは解決しない問題もある。たとえば条件節に関しては、第 9.3.2 節で述べる「〜と」は条件形ではなく終止形に接続する条件節

導入表現である。しかしながら、「〜と」条件節内において、やはり提題の「は」が現れることはできない。したがって、以下のような対照は別途説明されなければならない。

(552) a. 　　桶屋が、風が吹くと儲かる。
　　　　b. 　　＊桶屋が、風は吹くと儲かる。

また、対比の「は」については、統語的には (550) よりも制約の緩い助詞として記述できるが、意味的な差についてはやはり今後の課題とする。

(553)　　は $\vdash \boldsymbol{T}\backslash NP_{nc}/(\boldsymbol{T}\backslash NP_{ga|o|ni}) : id$

7.4　ノ格名詞句と量化のスコープ

量化表現を含む名詞句がノ格名詞句として他の普通名詞に係る場合、量化表現は普通名詞の存在量化より上のスコープを取る場合と下のスコープを取る場合がある。たとえば (554) では、「三人」のスコープが上になる場合と、「父親」の存在量化のスコープが上になる場合がある。

(554)　　（うちのクラスでも）三人の少年の父親が転職した。
　　　　　　3 > ∃：三人の少年にそれぞれ別の父親がいる（可能性がある）読み
　　　　　　∃ > 3：ある父親が三人の少年全員の父親である読み

しかし、前節までの分析では、このうち ∃ > 3 の読みしか派生できない。以下、∃ > 3 となる導出を示す。まず、「三人の少年」は以下のように導出される。ここでは「三人の」の量化的解釈に絞り、照応的解釈は考慮しないことにする。まずは「三人の少年の父親」の導出である。

(555)

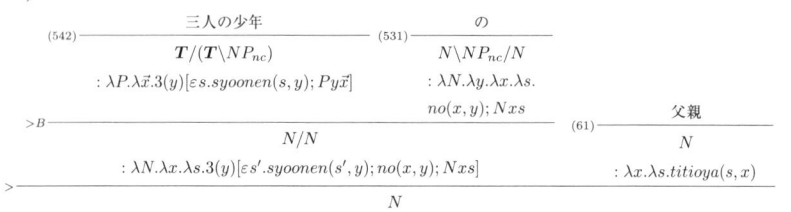

$$
\cfrac{\cfrac{\cfrac{\text{三人の少年}}{\boldsymbol{T}/(\boldsymbol{T}\backslash NP_{nc})} \text{(542)} \quad \cfrac{の}{N\backslash NP_{nc}/N} \text{(531)}}{\cfrac{N/N}{:\lambda N.\lambda x.\lambda s.3(y)[\varepsilon s'.syoonen(s',y); no(x,y); Nxs]} >B} \quad \cfrac{父親}{N} \text{(61)}}{\cfrac{N}{:\lambda x.\lambda s.3(y)[\varepsilon s'.syoonen(s',y); no(x,y); titioya(s,x)]} >}
$$

7.4. ノ格名詞句と量化のスコープ　205

これに以下のように存在量化子が係ることが、存在量化子が「三人」より上のスコープを取る原因となっている。

(556)

$$
\begin{array}{c}
\dfrac{(544)\ \dfrac{\exists}{T/(T\backslash NP_{nc})/N}\quad (555)\ \dfrac{\text{三人の少年の父親}}{N}}{\substack{:\lambda N.\lambda P.\lambda \vec{x}.\varepsilon x.\varepsilon s.Nxs;P x\vec{x}\qquad :\lambda x.\lambda s.3(y)[\varepsilon s'.syoonen(s',y);\\ no(x,y);titioya(s,x)]}}\\[2pt]
> \quad \dfrac{T/(T\backslash NP_{nc})}{:\lambda P.\lambda \vec{x}.\varepsilon x.\varepsilon s.3(y)[\varepsilon s'.syoonen(s',y);no(x,y);titioya(s,x)];Px\vec{x}}
\end{array}
$$

(557)

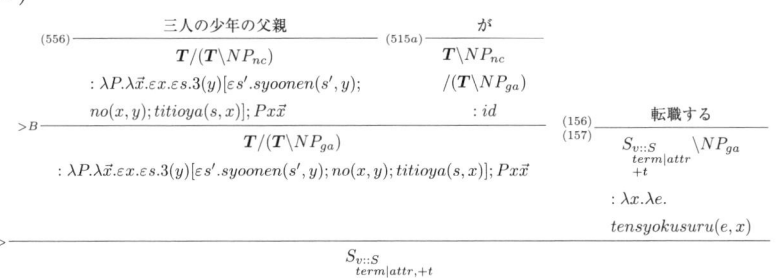

$$
\begin{array}{c}
(556)\ \dfrac{\text{三人の少年の父親}}{T/(T\backslash NP_{nc})}\quad (515a)\ \dfrac{\text{が}}{T\backslash NP_{nc}/(T\backslash NP_{ga})}\\
:\lambda P.\lambda \vec{x}.\varepsilon x.\varepsilon s.3(y)[\varepsilon s'.syoonen(s',y);\qquad\qquad :id\\
no(x,y);titioya(s,x)];Px\vec{x}\\[2pt]
>B\ \dfrac{T/(T\backslash NP_{ga})}{:\lambda P.\lambda \vec{x}.\varepsilon x.\varepsilon s.3(y)[\varepsilon s'.syoonen(s',y);no(x,y);titioya(s,x)];Px\vec{x}}\quad (156)(157)\ \dfrac{\text{転職する}}{S_{v::S\atop term|attr,+t}\backslash NP_{ga}}\\
:\lambda x.\lambda e.\\ tensyokusuru(e,x)\\[2pt]
> \quad \dfrac{S_{v::S\atop term|attr,+t}}{:\lambda e.\varepsilon x.\varepsilon s.3(y)[\varepsilon s'.syoonen(s',y);no(x,y);titioya(s,x)];tensyokusuru(e,x)}
\end{array}
$$

では、3 > ∃ となる読みはどのように導出されうるであろうか。この読みは指定部束縛 (Specifier Binding: Reinhart (1987)) と呼ばれる現象とも関係があり、そもそも現象の性質をどのようなレベルにおいて捉えるのかについて慎重な議論が必要であるが、ここでは CCG を用いた分析によって初めて可能となる（おそらくは）少々意外な解決法を示したい。まず、(531) の「の」は、以下のように名詞句と先に接続することもできる。

(558)

$$\frac{(531)\overline{\quad\text{の}\quad} \quad (61)\overline{\quad\text{父親}\quad}}{\dfrac{N\backslash NP_{nc}/N \qquad\qquad N}{\quad:\lambda N.\lambda y.\lambda x.\lambda s.no(x,y);Nxs \quad :\lambda x.\lambda s.titioya(s,x)\quad}}$$

$$>\frac{}{\begin{array}{c} N\backslash NP_{nc} \\ :\lambda y.\lambda x.\lambda s.no(x,y);titioya(s,x) \end{array}}$$

次に、(544) の存在量化のうち、普通名詞に後ろから係るものは、(558) と次のように関数合成規則によって接続することができる。

(559)

$$\frac{(558)\overline{\quad\text{の父親}\quad} \quad (544)\overline{\quad\exists\quad}}{\begin{array}{cc} N\backslash NP_{nc} & \boldsymbol{T}/(\boldsymbol{T}\backslash NP_{nc})\backslash N \\ :\lambda y.\lambda x.\lambda s.no(x,y);titioya(s,x) & :\lambda N.\lambda P.\lambda \vec{x}.\varepsilon x.\varepsilon s.Nxs;Px\vec{x} \end{array}}$$

$$<B\frac{}{\begin{array}{c} \boldsymbol{T}/(\boldsymbol{T}\backslash NP_{nc})\backslash NP_{nc} \\ :\lambda y.\lambda P.\lambda \vec{x}.\varepsilon x.\varepsilon s.no(x,y);titioya(s,x);Px\vec{x} \end{array}}$$

すると、「三人の少年の父親」には以下のような導出も存在することになる。

(560)

$$\frac{(542)\overline{\quad\text{三人の少年}\quad} \quad (559)\overline{\quad\text{の父親}\quad}}{\begin{array}{cc} \boldsymbol{T}/(\boldsymbol{T}\backslash NP_{nc}) & \boldsymbol{T}/(\boldsymbol{T}\backslash NP_{nc})\backslash NP_{nc} \\ :\lambda P.\lambda \vec{x}.3(y)[\varepsilon s.syoonen(s,y);Py\vec{x}] & :\lambda y.\lambda P.\lambda \vec{x}.\varepsilon x.\varepsilon s.no(x,y); \\ & titioya(s,x);Px\vec{x} \end{array}}$$

$$>\frac{}{\begin{array}{c} \boldsymbol{T}/(\boldsymbol{T}\backslash NP_{nc}) \\ :\lambda P.\lambda \vec{x}.3(y)[\varepsilon s.syoonen(s,y);\varepsilon x.\varepsilon s.no(x,y);titioya(s,x);Px\vec{x}] \end{array}}$$

「三人の少年の父親」を (560) のように導出した場合、(555) の場合と異なり、以下のように、$3 > \exists$ の読みが導出されることが分かるであろう。

(561)

$$\cfrac{\cfrac{\cfrac{三人の少年の父親}{T/(T\backslash NP_{nc})} \text{(560)} \quad \cfrac{が}{T\backslash NP_{nc}/(T\backslash NP_{ga})} \text{(515a)}}{\cfrac{T/(T\backslash NP_{ga})}{:\lambda P.\lambda \vec{x}.3(y)[\varepsilon s.syoonen(s,y);\varepsilon x.\varepsilon s.no(x,y);titioya(s,x);P\vec{x}]} >B} \quad \cfrac{転職する}{S_{v::S \atop term|attr \atop +t}\backslash NP_{ga}} \text{(156)} \atop \text{(157)}}{S_{v::S \atop term|attr,+t} \atop :\lambda e.3(y)[\varepsilon s.syoonen(s,y);\varepsilon x.\varepsilon s.no(x,y);titioya(s,x);tensyokusuru(e,x)]} >$$

このように本分析においては、導出過程の差のみによって、∃ > 3 の読みと 3 > ∃ の読みの両方を導出することができるのである。付加的な語彙項目や規則を導入する必要は一切ないというのは、この分析の利点であろう。(562) の導出過程は、いずれも ∃ > 3 の読みとなり、(563) の導出過程は、3 > ∃ の読みとなる。

(562)

$\lambda e.\varepsilon x.\varepsilon s.3(y)[\varepsilon s'.syoonen(s',y);no(x,y);titioya(s,x)];tensyokusuru(e,x)$

(563)

$\lambda e.3(y)[\varepsilon s.syoonen(s,y);\varepsilon x.\varepsilon s.no(x,y);titioya(s,x)];tensyokusuru(e,x)]$

7.5 二重ガ格構文

7.5.1 「象は鼻が長い」

さて、所有格の「の」、提題の「は」を導入したところで、三上 (1960) において取り上げられた「象は鼻が長い」構文について、本書の分析を提示したい。

以下の二つの節は大まかに言って同じ意味（真理条件）を持っている。

(564) a. 象は鼻が長い

b. 象の鼻が長い（こと）

ガ格の数は二つに限らない。ただし、三つ以上のガ格名詞句が並ぶと奇異な響きとなるので、最初の名詞句を「は」でマークした文を最初に示しておく。この場合、以下のすべての文は真理条件的には同一である。

(565) ミネソタはドライバーが運転が荒い。

(566) a. ？ミネソタがドライバーが運転が荒い（こと）

b. 　ミネソタのドライバーが運転が荒い（こと）

c. 　ミネソタがドライバーの運転が荒い（こと）

d. 　ミネソタのドライバーの運転が荒い（こと）

またこの構文は、形容詞に限らず、動詞や形容動詞でも可能である。

(567) a. キックボクシングはタイ人が膝蹴りが良く決まる。

b. このスキー場は東側が斜面がなだらかだ。

本書の分析は、三上の最初の直観に近いものである。変形生成文法的に言えば「象の鼻が長い」の「象の」が移動して、主文のガ格位置を形成する、というのと等価な分析である。具体的には、「鼻」の量化子の位置に、以下のような空範疇が現れると考える。

(568) $\emptyset_{zoo} \vdash \boldsymbol{T}\backslash NP_{ga}/(\boldsymbol{T}\backslash NP_{nc})/N$

$: \lambda N.\lambda P.\lambda x.\lambda \vec{x}.\varepsilon y.\varepsilon s.no(y,x); Nys; P y\vec{x}$

(569)
$$\cfrac{\cfrac{\varnothing_{zoo}}{\boldsymbol{T}\backslash NP_{ga}/(\boldsymbol{T}\backslash NP_{nc})/N}\ (568)\quad \cfrac{鼻}{N}\ (61)}{\cfrac{\boldsymbol{T}\backslash NP_{ga}/(\boldsymbol{T}\backslash NP_{nc})}{:\lambda P.\lambda x.\lambda \vec{x}.\varepsilon y.\varepsilon s.no(y,x); hana(s,y); Py\vec{x}}\ >\quad \cfrac{が}{\boldsymbol{T}\backslash NP_{nc}/(\boldsymbol{T}\backslash NP_{ga})}\ (515a)}{\cfrac{\boldsymbol{T}\backslash NP_{ga}/(\boldsymbol{T}\backslash NP_{ga})}{:\lambda P.\lambda x.\lambda \vec{x}.\varepsilon y.\varepsilon s.no(y,x); hana(s,y); Py\vec{x}}\ >B}$$

(上から順に) $\lambda N.\lambda P.\lambda x.\lambda \vec{x}.\varepsilon y.\varepsilon s.no(y,x); Nys; Py\vec{x}$、$\lambda x.\lambda s.hana(s,x)$、$:id$

これが主節の「長い」と接続すると、以下のようにもう一つのガ格位置が現れる。この位置は、意味論的に「鼻」と結びついている。一方、「象は」は以下のように派生できる。

(570)
$$\cfrac{\cfrac{GEN}{\boldsymbol{T}/(\boldsymbol{T}\backslash NP_{nc})/N}\ (547)\quad \cfrac{象}{N}\ (61)}{\cfrac{\boldsymbol{T}/(\boldsymbol{T}\backslash NP_{nc})}{:\lambda P.\lambda \vec{x}.GEN(x)[\varepsilon s.zou(s,x)][Px\vec{x}]}\ >\quad \cfrac{は}{\boldsymbol{T}_{\boxed{1},\boxed{2}}\backslash NP_{nc}/(\boldsymbol{T}_{term|imp|pre|te:\boxed{1},\boxed{2}}\backslash NP_{ga|o|ni})}\ (550)}{\cfrac{\boldsymbol{T}_{\boxed{1},\boxed{2}}/(\boldsymbol{T}_{term|imp|pre|te:\boxed{1},\boxed{2}}\backslash NP_{ga|o|ni})}{:\lambda P.\lambda \vec{x}.GEN(x)[\varepsilon s.zou(s,x)][Px\vec{x}]}\ >B}$$

$\lambda N.\lambda P.\lambda \vec{x}.GEN(x)[\varepsilon s.Nxs][Px\vec{x}]$、$\lambda x.\lambda s.zou(s,x)$、$:id$

これらを組み合わせると、以下のように「象は鼻が長い」が派生できることが分かる。

(571)

$$
\cfrac{
  (570)\cfrac{\text{象は}}{\begin{array}{c} \bm{T}/(\bm{T}\backslash NP_{ga|o|ni}) \\ : \lambda P.\lambda\vec{x}.GEN(x)[\\ \varepsilon s.zou(s,x)][Px\vec{x}] \end{array}}
  \quad
  \cfrac{
    (569)\cfrac{\text{鼻が}}{\begin{array}{c} \bm{T}\backslash NP_{ga}/(\bm{T}\backslash NP_{ga}) \\ : \lambda P.\lambda x.\lambda\vec{x}.\varepsilon y.\varepsilon s.no(y,x); \\ hana(s,y); Py\vec{x} \end{array}}
    \quad
    (182)\cfrac{\text{長い}}{\begin{array}{c} S_{a::i::auo \atop term|attr}\backslash NP_{ga} \\ : \lambda x.\lambda e.nagai(e,x) \end{array}}
  }{\begin{array}{c} S_{a::i::auo \atop term|attr}\backslash NP_{ga} \\ : \lambda x.\lambda e.\varepsilon y.\varepsilon s.no(y,x); hana(s,y); nagai(e,y) \end{array}}
}{\begin{array}{c} S_{a::i::auo \atop term|attr} \\ : \lambda e.GEN(x)[\varepsilon s.zou(s,x)][\varepsilon y.\varepsilon s.no(y,x); hana(s,y); nagai(e,y)] \end{array}}
$$

一方、「象の鼻が長い」について考えよう。この文の読みは「象」が主文に対して総称的であり、「鼻」の存在量化より上のスコープを取っていることから、第 7.4 節で分析した「三人の少年の父親」と同じ方針を採ることにする。まず、「象の鼻」について以下のように導出する。

(572)

$$
\cfrac{
  (570)\cfrac{\text{象}}{\begin{array}{c} \bm{T}/(\bm{T}\backslash NP_{nc}) \\ : \lambda P.\lambda\vec{x}.GEN(x) \\ {[\varepsilon s.zou(s,x)][Px\vec{x}]} \end{array}}
  \quad
  \cfrac{
    (558)\cfrac{\text{の鼻}}{\begin{array}{c} N\backslash NP_{nc} \\ : \lambda x.\lambda y.\lambda s. \\ no(y,x); hana(s,y) \end{array}}
    \quad
    (544)\cfrac{\exists}{\begin{array}{c} \bm{T}/(\bm{T}\backslash NP_{nc})\backslash N \\ : \lambda N.\lambda P.\lambda\vec{x}. \\ \varepsilon y.\varepsilon s.Nys; Py\vec{x} \end{array}}
  }{\begin{array}{c} \bm{T}/(\bm{T}\backslash NP_{nc})\backslash NP_{nc} \\ : \lambda x.\lambda P.\lambda\vec{x}.\varepsilon y.\varepsilon s.no(y,x); hana(s,y); Py\vec{x} \end{array}}
}{\begin{array}{c} \bm{T}/(\bm{T}\backslash NP_{nc}) \\ : \lambda P.\lambda\vec{x}.GEN(x)[\varepsilon s.zou(s,x)][\varepsilon y.\varepsilon s.no(y,x); hana(s,y); Py\vec{x}] \end{array}}
$$

「象の鼻が長い」全体の導出は以下のようになる。

(573)

$$
\begin{array}{c}
\cfrac{\cfrac{\text{象の鼻}}{\substack{(572)\\ \boldsymbol{T}/(\boldsymbol{T}\backslash NP_{nc})\\ :\lambda P.\lambda\vec{x}.GEN(x)[\varepsilon s.zou(s,x)]\\ [\varepsilon y.\varepsilon s.no(y,x); hana(s,y); Py\vec{x}]}}\quad \cfrac{\text{が}}{\substack{(515a)\\ \boldsymbol{T}\backslash NP_{nc}\\ /(\boldsymbol{T}\backslash NP_{ga})\\ :id}}}{\substack{\boldsymbol{T}/(\boldsymbol{T}\backslash NP_{ga})\\ :\lambda P.\lambda\vec{x}.GEN(x)[\varepsilon s.zou(s,x)][\varepsilon y.\varepsilon s.no(y,x); hana(s,y); Py\vec{x}]}}>_B \quad \cfrac{\text{長い}}{\substack{(182)\\ S_{\substack{a::i::auo\\ term|attr}}\backslash NP_{ga}\\ :\lambda x.\lambda e.nagai(e,x)}}\\
\cfrac{}{\substack{S_{\substack{a::i::auo\\ term|attr}}\\ :\lambda e.GEN(x)[\varepsilon s.zou(s,x)][\varepsilon y.\varepsilon s.no(y,x); hana(s,y); nagai(e,y)]}}>
\end{array}
$$

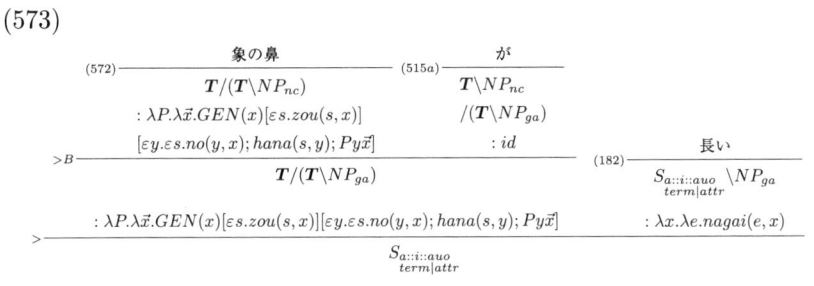

このように、(571) と (573) の導出において、最終的な意味表示が等価になることが分かる。この結果は (568) の演算子が、(564) の真理条件上の等価性を正しく予測していることを示している。

(568) の演算子によってもたらされる構造、すなわち「∅$_{zoo}$ 鼻」の構造は、第 7.4 節で示したような「の鼻 ∃」の構造と類似性がある。このことは ∅$_{zoo}$ 演算子の由来を示している可能性があるが、ここでは立ち入らない。

7.5.2 「カキ料理は広島が本場だ」

また、以下のようなケースも一見、前節の分析に対する反例のように思われる。[*5]

(574) a.　カキ料理は広島が本場だ。
    b.　# カキ料理の広島が本場だ。

しかし、これまでの分析を総合すると、(574a) を導出する別の方法がある。まず、(574a) は以下の文と同じ真理条件であるように思われる。

(575)　広島が [カキ料理の本場] だ。

前節の ∅$_{zoo}$ 演算子を用いれば、上の文と同じ真理条件を持つ以下のような文が派生できる。

(576)　広島が [カキ料理が [∅$_{zoo}$ 本場] だ]。

[*5] この例文は西山 (1990) に依る。

この文から、かき混ぜ規則によって「カキ料理が」を文頭に移動すれば、(574a) が派生されるのである。ここまで直感的な説明を述べたが、具体的な導出を示すことにしよう。まず、判定詞「だ」は、NP_{nc} と接続するものを用いる。

(577)

$$<B\frac{(235)\frac{\varnothing}{\underset{stem}{S_{n::da|no|tar}\backslash NP_{ga}\backslash NP_{nc}}} \quad (218)\frac{だ}{\underset{term}{S_{\boxed{1}}}\underset{stem}{\backslash S_{n::da:\boxed{1}}}}}{\underset{term}{S_{n::da|no|tar}\backslash NP_{ga}\backslash NP_{nc}}}$$

$$: \lambda y.\lambda x.\lambda e.onaji(e,x,y) \qquad : id$$

$$: \lambda y.\lambda x.\lambda e.onaji(e,x,y)$$

次に、「本場」に $\varnothing_{zoo}$ 演算子を組み合わせると、以下のようになる。

(578)

$$>\frac{(568)\frac{\varnothing_{zoo}}{\boldsymbol{T}\backslash NP_{ga}/(\boldsymbol{T}\backslash NP_{nc})/N} \quad (61)\frac{本場}{N}}{\boldsymbol{T}\backslash NP_{ga}/(\boldsymbol{T}\backslash NP_{nc})}$$

$$: \lambda N.\lambda P.\lambda x.\lambda\vec{x}.\varepsilon y.\varepsilon s. \qquad : \lambda x.\lambda s.$$
$$no(y,x); Nys; P y\vec{x} \qquad honba(s,x)$$

$$: \lambda P.\lambda x.\lambda \vec{x}.\varepsilon y.\varepsilon s.no(y,x); honba(s,y); P y\vec{x} \qquad (577)\frac{だ}{\underset{term}{S_{n::da|no|tar}\backslash NP_{ga}\backslash NP_{nc}}}$$

$$: \lambda y.\lambda x.\lambda e.onaji(e,x,y)$$

$$>\frac{}{\underset{term}{S_{n::da|no|tar}\backslash NP_{ga}\backslash NP_{ga}}}$$

$$: \lambda x.\lambda z.\lambda e.\varepsilon y.\varepsilon s.no(y,x); honba(s,y); onaji(e,z,y)$$

一方、「カキ料理は広島が」の部分は、かき混ぜ規則によって以下のような構成素をなす。

(579)

$$\cfrac{\cfrac{\text{カキ料理は}}{\substack{T/(T\backslash NP_{ga|o|ni}) \\ : \lambda P.\lambda \vec{x}.GEN(x)[\varepsilon s.kaki(s,x)][Px\vec{x}]}} \quad (570)}{\cfrac{(T/(X\backslash NP_{ga|o|ni}))/(T/X)}{: \lambda Q.\lambda P.Q(\lambda \vec{x}.GEN(x)[\varepsilon s.kaki(s,x)][Px\vec{x}])} >\sigma \quad \cfrac{\text{広島が}}{\substack{T/(T\backslash NP_{ga}) \\ : \lambda P.P(hirosima)}} (518)}{\cfrac{T/(T\backslash NP_{ga}\backslash NP_{ga|o|ni})}{: \lambda P.\lambda \vec{x}.GEN(x)[\varepsilon s.kaki(s,x)][Px(hirosima)\vec{x}]}} >$$

組み合わせると、以下のようになる。

(580)

$$\cfrac{\cfrac{\text{カキ料理は広島が}}{\substack{T/(T\backslash NP_{ga}\backslash NP_{ga|o|ni}) \\ : \lambda P.\lambda \vec{x}.GEN(x)[\varepsilon s.kaki(s,x)] \\ [Px(hirosima)\vec{x}]}} (579) \quad \cfrac{\text{本場だ}}{\substack{S_{n::da|no|tar \atop term}\backslash NP_{ga}\backslash NP_{ga} \\ : \lambda x.\lambda z.\lambda e.\varepsilon y.\varepsilon s.no(y,x); \\ honba(s,y); onaji(e,z,y)}} (578)}{\cfrac{S_{n::da|no|tar \atop term}}{: \lambda e.GEN(x)[\varepsilon s.kaki(s,x)][\varepsilon y.\varepsilon s.no(y,x); honba(s,y); onaji(e,hirosima,y)]}} >$$

意味表示の真理条件は「カキには一般的に、その本場であり、かつ広島と同一であるようなものが存在する」というものであり、言い換えるならば「カキは一般的に、広島がその本場である」ということである。したがって、(574a) に対する正しい意味表示となっていることが分かる。

7.5.3 「酒はロシア人が強い」

このように、$\varnothing_{zoo}$ 演算子とかき混ぜ規則の組み合わせを用いることで、様々な例を導き出すことができる。たとえば、以下のようなケースも、一見前節の分析に対する反例のように思われるであろう。

(581) a. 酒はロシア人が強い。

b. # 酒のロシア人が強い。

しかしこれは「強い」が「—ガ」という一項形容詞と、「—ガ—ニ」という二項形容詞の間で曖昧であるために生じる現象と考えられる。上記の例における「酒」はニ格の項であり、したがって以下のような項構造を持っている。

(582)　ロシア人が酒に強い。

この文はかき混ぜによって (583) のようになる。(581a) では、(583) のニ格名詞句の代わりに「酒は」が現れていると考えることができるであろう。

(583)　酒にロシア人が強い。

導出は以下のようになる。「酒はロシア人が」の部分については、「カキ料理は広島が」と同様に構成素をなす。

(584)

$$
\cfrac{\cfrac{(570)\ \overline{\quad\text{酒は}\quad}}{\cfrac{T/(T\backslash NP_{ga|o|ni})}{:\lambda P.\lambda \vec{x}.GEN(x)[\varepsilon s.sake(s,x)][Px\vec{x}]}} \quad >\sigma}{\cfrac{(T/(X\backslash NP_{ga|ni|o}))/(T/X)}{:\lambda Q.\lambda P.Q(\lambda \vec{x}.GEN(x)[\varepsilon s.sake(s,x)][Px\vec{x}])} \quad (518)\ \cfrac{\overline{\quad\text{ロシア人が}\quad}}{\cfrac{T/(T\backslash NP_{ga})}{:\lambda P.P(rosiajin)}}} \quad >
$$

$$
\cfrac{}{\cfrac{T/(T\backslash NP_{ga}\backslash NP_{ga|ni|o})}{:\lambda P.\lambda \vec{x}.GEN(x)[\varepsilon s.sake(s,x)][Px(rosiajin)\vec{x}]}}
$$

これを「—ガ—ニ」の二項形容詞「強い」と組み合わせると以下のようになる。

(585)

$$
\cfrac{(584)\ \cfrac{\overline{\quad\text{酒はロシア人が}\quad}}{\substack{T/(T\backslash NP_{ga}\backslash NP_{ga|ni|o}) \\ :\lambda P.\lambda \vec{x}.GEN(x) \\ [\varepsilon s.sake(s,x)][Px(rosiajin)\vec{x}]}} \quad (182)\ \cfrac{\overline{\quad\text{強い}\quad}}{\substack{S_{a::i::auo} \backslash NP_{ga}\backslash NP_{ni} \\ term|attr \\ :\lambda y.\lambda x.\lambda e.tuyoi(e,x,y)}}}{\substack{S_{a::i::auo} \\ term|attr \\ :\lambda e.GEN(x)[\varepsilon s.sake(s,x)][tuyoi(e,rosiajin,x)]}} \quad >
$$

意味表示の真理条件は「酒は一般的に、ロシア人がそれに強い」というものであり、(581a) に対する正しい意味表示が導出されていると云えるだ

ろう。

7.6 照応

指示詞については、以下のような語彙項目を用意する。

(586)　そこ $\vdash \boldsymbol{T}/(\boldsymbol{T}\backslash NP_{nc}) : \lambda P.\lambda \vec{x}.ref(x)[so(x)][Px\vec{x}]$

(587)　あそこ $\vdash \boldsymbol{T}/(\boldsymbol{T}\backslash NP_{nc}) : \lambda P.\lambda \vec{x}.ref(x)[a(x)][Px\vec{x}]$

(588)　ここ $\vdash \boldsymbol{T}/(\boldsymbol{T}\backslash NP_{nc}) : \lambda P.\lambda \vec{x}.ref(x)[ko(x)][Px\vec{x}]$

意味表示に関して、注意すべき点は三つある。第一に、$ref(x)$ が指定されているため（定義 B.3.9 参照）、x は先行文脈に存在する指標でなければならないことである。第二に、それぞれ $so(x)$、$a(x)$、$ko(x)$ という前提が指定されているので、指標 x はそれぞれ so、a、ko が定める範囲のものでなければならない[*6]。第三に、$ref(x)$ 演算子が用いられているため、上記の前提を満たした x については、その指し示す実体のすべてについて、$Px\vec{x}$ で表される命題（すなわち係り先の用言の意味内容）が成り立つことが主張されているのである。

同様の概念を用いて、連体詞の場合の語彙項目も与えることができる。ただし、係り先の名詞の意味内容が、前提部に加わることに注意する。

(589)　その $\vdash \boldsymbol{T}/(\boldsymbol{T}\backslash NP_{nc})/N$
　　　　　　: $\lambda N.\lambda P.\lambda \vec{x}.ref(x)[so(x); ref(s)[Nxs]][Px\vec{x}]$

(590)　あの $\vdash \boldsymbol{T}/(\boldsymbol{T}\backslash NP_{nc})/N$
　　　　　　: $\lambda N.\lambda P.\lambda \vec{x}.ref(x)[a(x); ref(s)[Nxs]][Px\vec{x}]$

(591)　この $\vdash \boldsymbol{T}/(\boldsymbol{T}\backslash NP_{nc})/N$
　　　　　　: $\lambda N.\lambda P.\lambda \vec{x}.ref(x)[ko(x); ref(s)[Nxs]][Px\vec{x}]$

[*6] so、a、ko の詳しい内容については本分析では立ち入らないが、so は「最近登場した」指標、a は「長期記憶にある」指標、ko は「現在意識に上っている」指標、というような制限を課すものと想定している。

この分析に基づいて、第 7.2 節において触れた、普通名詞が照応的に解釈される場合についても、以下のような語彙項目を与えることができる。

(592) $\varnothing \vdash \boldsymbol{T}/(\boldsymbol{T}\backslash NP_{nc})/N : \lambda N.\lambda P.\lambda \vec{x}.ref(x)[ref(s)[Nxs]][Px\vec{x}]$

$\varnothing \vdash \boldsymbol{T}/(\boldsymbol{T}\backslash NP_{nc})\backslash N : \lambda N.\lambda P.\lambda \vec{x}.ref(x)[ref(s)[Nxs]][Px\vec{x}]$

「学生が」が照応的に解釈される場合の導出を二通り示しておく。

(593)

$$
\dfrac{\dfrac{\dfrac{(592)\ \ \varnothing}{\boldsymbol{T}/(\boldsymbol{T}\backslash NP_{nc})/N : \lambda N.\lambda P.\lambda \vec{x}.ref(x)[so(x); ref(s)[Nxs]][Px\vec{x}]} \quad \dfrac{(61)\ \ \text{学生}}{N : \lambda x.\lambda s.gakusei(s,x)}}{\boldsymbol{T}/(\boldsymbol{T}\backslash NP_{nc}) : \lambda P.\lambda \vec{x}.ref(x)[so(x); ref(s)[gakusei(s,x)]][Px\vec{x}]}> \quad \dfrac{(515a)\ \ \text{が}}{\boldsymbol{T}\backslash NP_{nc}/(\boldsymbol{T}\backslash NP_{ga}) : id}}{\boldsymbol{T}/(\boldsymbol{T}\backslash NP_{ga}) : \lambda P.\lambda \vec{x}.ref(x)[so(x); ref(s)[gakusei(s,x)]][Px\vec{x}]}>B
$$

(594)

$$
\dfrac{\dfrac{\dfrac{(61)\ \ \text{学生}}{N : \lambda x.\lambda s.gakusei(s,x)} \quad \dfrac{(592)\ \ \varnothing}{\boldsymbol{T}/(\boldsymbol{T}\backslash NP_{nc})\backslash N : \lambda N.\lambda P.\lambda \vec{x}.ref(x)[so(x); ref(s)[Nxs]][Px\vec{x}]}}{\boldsymbol{T}/(\boldsymbol{T}\backslash NP_{nc}) : \lambda P.\lambda \vec{x}.ref(x)[so(x); ref(s)[gakusei(s,x)]][Px\vec{x}]}< \quad \dfrac{(515a)\ \ \text{が}}{\boldsymbol{T}\backslash NP_{nc}/(\boldsymbol{T}\backslash NP_{ga}) : id}}{\boldsymbol{T}/(\boldsymbol{T}\backslash NP_{ga}) : \lambda P.\lambda \vec{x}.ref(x)[so(x); ref(s)[gakusei(s,x)]][Px\vec{x}]}>B
$$

さて、本節の意味表示の記法では、各語の「先行詞」が何であるかは明示されていない。しかし、先行詞が決定された意味表示を記述したい場合もある。$\varepsilon x.\phi$ および $ref(x)[\phi]$ といった命題においては、x は指標型の変数である。厳密な定義は補遺 B において与えられているが、命題の内部では、この x は指標型の定数に置き換えられている。たとえば、以下のような文章を考える。

(595) （今日の市場で、また）IT 企業が上場した。そこが（今月）球団を買収するらしい。

一文目の意味表示は、以下のようなものである。

$\varepsilon e.\varepsilon x.\varepsilon s.ITkigyoo(s,x); ta(e); joojoosuru(e,x)$

このとき、命題内部で変数 e, x, s を置き換えている指標を明示する方法として、以下のような添え字を用いる。

$$\varepsilon^{i_1} e.\varepsilon^{i_2} x.\varepsilon^{i_3} s.ITkigyoo(s,x); ta(e); joojoosuru(e,x)$$

また、二文目の意味表示は、以下のようなものである。

$$\varepsilon e.rasii(ref(x)[so(x)][\varepsilon y.\varepsilon s.kyuudan(s,y); baisyuusuru(e,x,y))]$$

こちらも同様に、指標を明示することができる。

$$\varepsilon^{i_4} e.rasii(ref^{i_2}(x)[so(x)][\varepsilon^{i_5} y.\varepsilon s.kyuudan(s,y); baisyuusuru(e,x,y))]$$

このとき、$ref(x)$ が指標 i_2 を与えられていることによって、「そこ」の先行詞が一文目の「IT企業」であることを表すことができる。今後、照応における先行詞を明示したい場合には、この方法を用いることにしよう。

7.7 項の省略 (*pro*)

日本語では必須格を持つ項を省略することができる。変形生成文法の日本語研究で長く仮定されてきたように、本書でも音声的に空である項が存在すると考える。

具体的には、以下のような語彙項目を用意する。これらは必須格としての「NP が」「NP に」「NP を」に代わって現れることができる。意味的には、存在量化されているものと、照応的なものがある。

(596) $\quad pro \vdash \boldsymbol{T}/(\boldsymbol{T}\backslash NP_{ga|o|ni}) : \lambda P.\lambda \vec{x}.\varepsilon x.Px\vec{x}$

(597) $\quad pro \vdash \boldsymbol{T}/(\boldsymbol{T}\backslash NP_{ga|o|ni}) : \lambda P.\lambda \vec{x}.ref(x)[Px\vec{x}]$

7.8 力節

以下の下線部のような形式を、仮に「力節」と呼ぶことにしよう。

(598) a. 私には 太郎が来るか 分かる。

b. 私は 太郎が来るか 知っている。

「か」は、形態的には主にダロウ接続形に接続するが、終止形も許される場合があるようである。

(599)　a.　　私は 太郎が学生か 知っている。

　　　　b.　　?私は 太郎が学生だか 知っている。

　　　　c.　　私は 太郎が学生だったか 知っている。

本分析ではカ節は名詞句[*7]であると分析するが、その理由を以下に述べる。第一に、カ節が動詞の項として現れる場合は、必ず特定の格助詞が現れうる。たとえば、動詞が「分かる」の場合は「が」が、「知っている」の場合は「を」が現れうる。

(600)　a.　私には 太郎が来るか　が　分かる。

　　　　b.　私は 太郎が来るか　を　知っている。

したがって(598)の場合は、第7.1節で述べたような「格助詞の省略」と見なすことができる。

第二に、次のように動詞の項の、名詞句が現れる位置に、カ節が現れる場合が少なからず存在することである。

(601)　a.　太郎が来るか が問題である。

　　　　b.　契約の成否は 太郎が来るか によって決まる。

　　　　c.　しかし 太郎が来るか を気にしすぎるのもおかしい。

これらは、引用節（ト節）の場合には見られない現象である。引用節では、以下の例に見るように、格助詞を伴う形式は存在しない。

(602)　a.　*太郎が来たと{ が | を | に } 思った。

　　　　b.　*太郎が来たと{ が | を | に } 信じた。

カ節が名詞句であるとすれば、その意味表示はどのようなものであろうか。おそらく「是非」「安否」「合否」といった名詞句の意味に似た構造を

[*7] 正確には、統語範疇は $T/(T\backslash NP)$ であり、NP ではない。なお、カ節を名詞句であるとする分析は、Fukui (1986, pp.217-228)、Fukui (1992, pp.114-121) に遡る。

持っていると思われる。ここでは、「か」の語彙項目を以下のように定義する。"$\hat{\phi}$" 演算子については、補遺 B.4 を参照のこと。

(603)　か $\vdash \boldsymbol{T}/(\boldsymbol{T}\backslash NP_{nc})\backslash S_{term|mod:d} : \lambda P.\lambda Q.\lambda \vec{x}.\varepsilon w.\varepsilon e'.\hat{}(Pe')w;Qw\vec{x}$

(604)

$$
\begin{array}{c}
\cfrac{(519)\cfrac{\text{太郎が走った}}{\begin{array}{c}S_{term}\\+t\end{array}}\quad (603)\cfrac{\text{か}}{\boldsymbol{T}/(\boldsymbol{T}\backslash NP_{nc})\backslash S_{term|mod:d}}}{\begin{array}{c}:\lambda e.(ta(e);hasiru(e,taroo))\end{array}\quad :\lambda P.\lambda Q.\lambda \vec{x}.\varepsilon w.\varepsilon e'.\hat{}(Pe')w;Qw\vec{x}}<\\
\cfrac{\boldsymbol{T}/(\boldsymbol{T}\backslash NP_{nc})\quad (515b)\cfrac{\text{を}}{\boldsymbol{T}\backslash NP_{nc}/(\boldsymbol{T}\backslash NP_o)}}{:\lambda Q.\lambda \vec{x}.\varepsilon w.\varepsilon e'.\hat{}ta(e');hasiru('e,taroo)w;Qw\vec{x}\quad :id}\\
>B\cfrac{}{\boldsymbol{T}/(\boldsymbol{T}\backslash NP_o)}\\
:\lambda Q.\lambda \vec{x}.\varepsilon w.\varepsilon e'.\hat{}ta(e');hasiru('e,taroo)w;Qw\vec{x}
\end{array}
$$

(605)

$$
>\cfrac{(604)\cfrac{\text{太郎が走ったかを}}{\boldsymbol{T}/(\boldsymbol{T}\backslash NP_o)}\quad \cfrac{\text{知っている}}{S_{term|attr}\backslash NP_{ga}\backslash NP_o}}{\begin{array}{c}:\lambda Q.\lambda \vec{x}.\varepsilon w.\varepsilon e'.\hat{}(ta(e');hasiru('e,taroo))w;Qw\vec{x}\quad :\lambda y.\lambda x.\lambda e.sitteiru(e,x,y)\end{array}}\\
\cfrac{}{S_{term|attr}\backslash NP_{ga}}\\
:\lambda x.\lambda e.\varepsilon w.\varepsilon e'.\hat{}ta(e');hasiru('e,taroo)w;sitteiru(e,x,w)
$$

第 8 章

態（ヴォイス）

8.1 受動態

8.1.1 形態

受動態は、各動詞の受身接続形に、受身の動詞性接尾語「れる」が接続することによって派生される。各動詞活用系統毎の受身接続形は、以下のようなものであった（第 4 章参照）。

(606) 五段活用動詞 [$_{vo::r}$ [$_{stem}$ 飛] ば]
　　　一段活用動詞 [$_{vo::r}$ [$_{stem}$ 食べ] ら]
　　　カ行変格活用動詞 [$_{vo::r}$ [$_{stem}$ ∅] 来ら]
　　　サ行変格活用動詞 [$_{vo::r}$ [$_{stem}$ 勉強] さ]
　　　ザ行変格活用動詞 [$_{vo::r}$ [$_{stem}$ 案] ぜら]

受身の動詞性接尾語「れる」は、以下のような語彙項目によって表される。

れる（受身）

(607)　間接受身：

$$れ \vdash S_{v::1 \atop stem} \backslash NP_{ga} \backslash NP_{ni} \backslash (S_{vo::r} \backslash NP_{ga})$$

$$: \lambda P.\lambda y.\lambda x.\lambda e.\varepsilon e'.Pye'; reru(e, x, e')$$

(608)　直接受身：

$$れ \vdash S_{v::1 \atop stem} \backslash NP_{ga} \backslash NP_{ni|niyotte} \backslash (S_{vo::r} \backslash NP_{ga} \backslash NP_{ni|o})$$

$$: \lambda P.\lambda y.\lambda x.\lambda e.Pxye$$

なお、尊敬の動詞性接尾語「れる」（本書では扱わない）、可能の動詞性接尾語「れる」（第 8.3 節 (660) 参照）はこれらと同形式であり、やはり動詞の受身接続形に接続する。これらの形式が同一の語彙項目から派生されている可能性も考えられるが、本分析ではその問題に立ち入らず、それぞれ別の語彙項目で表しておく。

8.1.2　間接受動文と直接受動文

日本語の受動文には、間接受動文と直接受動文の二種類があると言われている[1]。間接受動文は自動詞・他動詞の両方から派生し、直接受動文は他動詞からのみ派生する。

(609)　（間接受動文）

太郎は（折角ゴルフに出かけたのに）雨に降られた。

(610)　（直接受動文）

解答用紙が（試験官によって）回収された。

(611)　（曖昧な場合）

太郎は犬に咬まれた。

間接受動文においては、ガ格名詞句は当該のイベントによって何らかの影響を受けている、という解釈が生じる。これはいわゆる「めいわく受身」

---

[1] Kuroda (1979) 参照。

であるが、本書ではこの意味に深入りせず、述語 $reru(e,x,e')$ で表すにとどめる。ここで、e は「めいわくしている」というイベント、x はその主体、e' はめいわくの対象を表す。その結果、ガ格名詞句は有生 (animate) のものに限られるが、無生 (inanimate) のものが現れた場合は、擬人化された印象を与えることになる。

一方、直接受動文においては、ガ格名詞句が影響を受けている、という解釈はなく、その結果 (610) のように無生の主語が現れることも可能となる。しかし、他動詞と有生のガ格名詞句からなる (611) の場合は間接・直接受動文のいずれであるかは決定できないため、曖昧であると考えざるを得ない。

では、受動文の導出過程を示そう。まず、間接受動文の例として、(607) の「れる」が自動詞を取る場合を示す。自動詞の場合は第 4.1.1 節 (90) で示したように、動詞と「れる」が項名詞句より先に接続する。

(612)

$$
\begin{array}{c}
\cfrac{降ら}{\underset{(87)}{S_{v::5::b \atop neg|vo::(r|s)} \backslash NP_{ga}}} \quad \cfrac{れ}{\underset{(607)}{S_{v::1 \atop stem} \backslash NP_{ga} \backslash NP_{ni}}} \\
: \lambda x.\lambda e.huru(e,x) \quad \backslash (S_{vo::r} \backslash NP_{ga}) \\
: \lambda P.\lambda y.\lambda x.\lambda e.\varepsilon e'.Pye';reru(e,x,e')
\end{array}
$$

$$
\cfrac{\cfrac{雨に}{\underset{(545)}{T/(T\backslash NP_{ni})}} \quad \cfrac{S_{v::1 \atop stem} \backslash NP_{ga} \backslash NP_{ni}}{: \lambda y.\lambda x.\lambda e.\varepsilon e'.huru(e',y);reru(e,x,e')}}{S_{v::1 \atop stem} \backslash NP_{ga}}
$$

$: \lambda P.\lambda \vec{x}.\varepsilon y.\varepsilon s.ame(s,y);Py\vec{x}$

$: \lambda x.\lambda e.\varepsilon y.ame(y);\varepsilon e'.huru(e',y);reru(e,x,e')$

一方、他動詞の場合は、二つの導出経路が存在する。まず、(612) の場合と同様に、動詞と「れる」が項名詞句より先に接続する場合である。ただしこの接続は、自動詞の場合が関数適用規則に依っていたのと異なり、関数合成規則に依るものである。

(613)

$$\begin{array}{c} (87)\cfrac{咬ま}{\underset{neg|vo::(r|s)}{S_{v::5::m}} \backslash NP_{ga}\backslash NP_o} \quad (607)\cfrac{れ}{\underset{stem}{S_{v::1}}\backslash NP_{ga}\backslash NP_{ni}\backslash (S_{vo::r}\backslash NP_{ga})} \\ <B\cfrac{:\lambda y.\lambda x.\lambda e.kamu(e,x,y) \qquad :\lambda P.\lambda y.\lambda x.\lambda e.\varepsilon e'.Pye';reru(e,x,e')}{\underset{stem}{S_{v::1}}\backslash NP_{ga}\backslash NP_{ni}\backslash NP_o} \\ :\lambda z.\lambda y.\lambda x.\lambda e.\varepsilon e'.kamu(e',y,z);reru(e,x,e') \end{array}$$

(614)

$$\begin{array}{c} (596)\cfrac{pro_i}{T/(T\backslash NP_{ga|o|ni})} \quad (613)\cfrac{咬まれ}{\underset{stem}{S_{v::1}}\backslash NP_{ga}\backslash NP_{ni}\backslash NP_o} \\ :\lambda P.\lambda\vec{x}.ref^i(z)[Pz\vec{x}] \qquad :\lambda z.\lambda y.\lambda x.\lambda e. \\ \varepsilon e'.kamu(e',y,z); \\ reru(e,x,e') \\ (545)\cfrac{犬に}{T/(T\backslash NP_{ni})} \quad >\cfrac{}{\underset{stem}{S_{v::1}}\backslash NP_{ga}\backslash NP_{ni}} \\ :\lambda P.\lambda\vec{x}.\varepsilon y.\varepsilon s.inu(s,y);Py\vec{x} \qquad :\lambda y.\lambda x.\lambda e.ref^i(z)[\varepsilon e'.kamu(e',y,z);reru(e,x,e')] \\ >\cfrac{}{\underset{stem}{S_{v::1}}\backslash NP_{ga}} \\ :\lambda x.\lambda e.\varepsilon y.\varepsilon s.inu(s,y);ref^i(z)[\varepsilon e'.kamu(e',y,z);reru(e,x,e')] \end{array}$$

これに対して、動詞が「れる」より先に項と接続する場合は以下のような導出となるが、最終的には統語範疇も意味表示も (614) の場合と等価になることが分かる。

(615)

$$\begin{array}{c} (596)\cfrac{pro_i}{T/(T\backslash NP_{ga|o|ni})} \quad (87)\cfrac{咬ま}{\underset{neg|vo::(r|s)}{S_{v::5::m}}\backslash NP_{ga}\backslash NP_o} \\ :\lambda P.\lambda\vec{x}.ref^i(z)[Pz\vec{x}] \qquad :\lambda y.\lambda x.\lambda e.kamu(e,x,y) \\ <B\cfrac{}{\underset{neg|vo::(r|s)}{S_{v::5::m}}\backslash NP_{ga}} \\ :\lambda x.\lambda e.ref^i(z)[kamu(e,x,z)] \end{array}$$

(616)

$$
\begin{array}{c}
\cfrac{\cfrac{\text{犬に}}{\substack{T/(T\backslash NP_{ni}) \\ : \lambda P.\lambda \vec{x}.\varepsilon y.\varepsilon s. \\ inu(s,y); P y \vec{x}}} \quad \cfrac{\cfrac{\text{咬ま}}{\substack{S_{v::5::m} \\ neg|vo::(r|s)}\backslash NP_{ga} \\ : \lambda x.\lambda e.ref^i(z)[kamu(e,x,z)]} \quad \cfrac{\text{れ}}{\substack{S_{v::1} \\ stem}\backslash NP_{ga}\backslash NP_{ni} \\ \backslash (S_{vo::r}\backslash NP_{ga}) \\ : \lambda P.\lambda y.\lambda x.\lambda e. \\ \varepsilon e'.Pye'; reru(e,x,e')}}{\substack{S_{v::1} \\ stem}\backslash NP_{ga}\backslash NP_{ni} \\ : \lambda y.\lambda x.\lambda e.\varepsilon e'.ref^i(z)[kamu(e',y,z)]; reru(e,x,e')}}{\substack{S_{v::1} \\ stem}\backslash NP_{ga} \\ : \lambda x.\lambda e.\varepsilon y.\varepsilon s.inu(s,y); \varepsilon e'.ref^i(z)[kamu(e',y,z)]; reru(e,x,e')}
\end{array}
$$

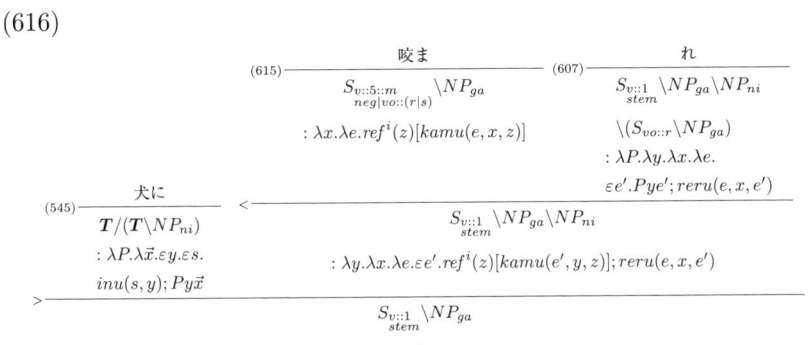

　他動詞の受動文において、「咬まれた」対象と主語は必ずしも一致しない。次のような文においては、「盗まれた」対象も「咬まれた」対象も同節中には言語的に現れていないが、どちらも主語ではなく鞄であると解釈するのが自然であろう。したがって、それらの要素は *pro*（第 7.7 節 (596) 参照）で表されるのが妥当であろう。

(617) 太郎と次郎はお揃いの鞄を買ったが、次郎は旅行中に盗まれ、太郎は飼い犬に咬まれてダメにしてしまった。

　一方で、通常の文脈で頻繁に現れるのは、直接受動文の方である。直接受動文を導出する「れる」(608) は自動詞に接続することができないため (610) のような文を導出することはない。他動詞に接続する場合、たとえば (611) の文については以下のような導出過程となる。この導出には *pro* が関わらず、咬まれた対象は義務的に「太郎」となっている。

(618)

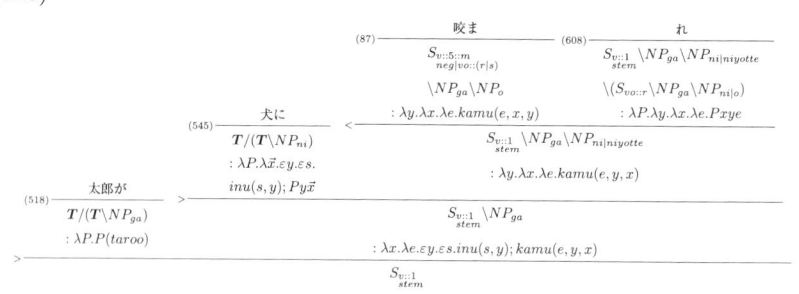

$$\cfrac{\cfrac{(518)\ \ \cfrac{太郎が}{T/(T\backslash NP_{ga})}}{:\lambda P.P(taroo)}\quad \cfrac{\cfrac{(545)\ \ \cfrac{犬に}{T/(T\backslash NP_{ni})}}{:\lambda P.\lambda \vec{x}.\varepsilon y.\varepsilon s.inu(s,y);P y \vec{x}}\quad \cfrac{\cfrac{(87)\ \ \cfrac{\cfrac{咬ま}{S_{v::5::m}\atop neg|vo::(r|s)}}{\backslash NP_{ga}\backslash NP_o}}{:\lambda y.\lambda x.\lambda e.kamu(e,x,y)}\quad \cfrac{(608)\ \ \cfrac{\cfrac{れ}{S_{v::1\atop stem}\backslash NP_{ga}\backslash NP_{ni|niyotte}}}{\backslash (S_{vo::r}\backslash NP_{ga}\backslash NP_{ni|o})}}{:\lambda P.\lambda y.\lambda x.\lambda e.Pxye}}{\cfrac{S_{v::1\atop stem}\backslash NP_{ga}\backslash NP_{ni|niyotte}}{:\lambda y.\lambda x.\lambda e.kamu(e,y,x)}}<}{\cfrac{S_{v::1\atop stem}\backslash NP_{ga}}{:\lambda x.\lambda e.\varepsilon y.\varepsilon s.inu(s,y);kamu(e,y,x)}}>}{\cfrac{S_{v::1\atop stem}}{:\lambda e.\varepsilon y.\varepsilon s.inu(s,y);kamu(e,y,taroo)}}>$$

8.2 使役態

8.2.1 形態

使役態は、各動詞の使役接続形に、使役の動詞性接尾語「せる」が接続することによって派生される。動詞活用系統毎の使役接続形を以下に挙げる。

(619) 五段活用動詞 [$_{vo::s}$ [$_{stem}$ 飛] ば]

　　　一段活用動詞 [$_{vo::s}$ [$_{stem}$ 食べ] さ]

　　　カ行変格活用動詞 [$_{vo::s}$ [$_{stem}$ ∅] 来さ]

　　　サ行変格活用動詞 [$_{vo::s}$ [$_{stem}$ 勉強] さ]

ザ行変格活用動詞は使役接続形を欠いている。たとえば「案ずる」の受身接続形+「れる」は「案ぜられる」であるが、使役態は「案じさせる」のみであり、これは一段活用動詞「案じる」の使役接続形「案じさ」+「せる」である。

使役文には以下の (620a) と (620b) のように、被使役主体（下線部）をヲ格名詞句で表す場合と、ニ格名詞句で表す場合とがある。ここでは前者をヲ使役文（*o*-causative）、後者をニ使役文（*ni*-causative）と呼ぶことにする。

(620) 　a. 監督が <u>部員達を</u> 走らせた。

　　　b. 監督が <u>部員達に</u> 走らせた。

本分析では、使役の動詞性接尾語「せる」の語彙項目には、受身の動詞性接尾語「れる」との間に、統語的・意味的な並行性が見られる一方で、ヲ使役文を導出するものと、ニ使役文を導出するものの二つが存在すると考える。しかし具体的な語彙項目を示す前に、まずはヲ使役文とニ使役文の違いを見てゆくことにしよう。

8.2.2 ニ使役文と制御可能性

以下の対照は、ヲ使役文とニ使役文の違いとして知られている。

(621) a.　　山越え気流が 雨を 降らせた。
　　　 b.　*山越え気流が 雨に 降らせた。
(622) a.　　花子は 洗濯物を 乾燥させた。
　　　 b.　*花子は 洗濯物に 乾燥させた。
(623) a.　　力道山がついに 空手チョップを 炸裂させた。
　　　 b.　*力道山がついに 空手チョップに 炸裂させた。

この対照の説明として、以下の三つの説を検討してみよう。

1. ニ使役文においては、被使役主体は有生でなければならない。
2. ニ使役文においては、当該の行為が被使役主体にとって制御可能 (self-controllable) なものでなければならない。
3. ニ使役文においては、被使役主体が当該の行為について意志的 (volitional) でなければならない。

第二の説は、第一の説における「被使役主体が有生である」という条件を含意する。有生でないものにとっては、いかなる行為も制御可能ではないからである。また、第三の説は、第二の説を含意する。なぜならば、被使役主体は、自身に制御不可能な行為に関して、意志的であることはできないからである。したがって、三つの説の間には以下のような包含関係がある。

$$\begin{array}{l} 被使役主体\ x\ が行為\ e\ について意志的 \\ \subseteq 被使役主体\ x\ にとって行為\ e\ が制御可能 \\ \subseteq 被使役主体\ x\ が有生 \end{array}$$

また、「制御可能」という概念に似たものとして「権限がある」という概念があるが、この両者は区別する必要がある。「権限がある」場合は必ず「制御可能」でなければならないが、「制御可能である」場合に必ずしも「権限がある」とは限らないからである。また、「権限がある」という概念は、「意志的である」という概念とは独立した関係にあると考えられる。すなわち、1) 権限があって希望している場合、2) 権限はないが希望している場合、3) 権限はあるが希望していない場合、4) 権限がなく希望していない場合、に場合分けすることができる。したがって、先の三つの概念に「権限がある」を加えた四つの概念間の包含関係は、図に描くならば以下のようになろう。

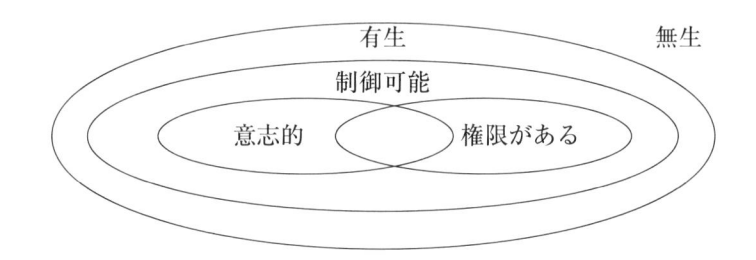

さて、この包含関係を念頭に、三つの説の妥当性を考察する。まず第一の説は、井上 (1971)、Nakau (1973) 等によるものである。この説では、先の例では被使役主体である「雨」「洗濯物」「空手チョップ」がいずれも無生であるため、ニ使役文は非文法的であるということになる。実際、ニ使役文において被使役主体が無生であることはない。あったとしても、以下のように「擬人化」されている場合に限られる。

(624) a. 太郎は自分で答える代わりに、腹話術を用いて 人形に 答えさせた。
    b. 山田先生の小説が漫画化されたが、どうにも評判が悪い。しかし、彼は 漫画に 小説を宣伝させていると思って割り切っているようだ。

しかし、この説に対しては、Harada (1973, pp.202-203) において以下のような反例が挙げられている。

(625)　a.　　太郎は友達を困らせた。

　　　　b.　　＊太郎は友達に困らせた。

(626)　a.　　太郎は花子を気絶させた。

　　　　b.　　＊太郎は花子に気絶させた。

　これらは、被使役主体が有生であるにもかかわらず、ニ使役文が非文法的となる例である。これらは「被使役主体が無生であるにもかかわらず、ニ使役文が文法的となる例」ではないため、第一の説に対する直接の反証ではないが、第一の説がニ使役文にかかる制約として「十分」ではないことを示している。

　第二の説は、Harada (1973, p.203) によるものである。この説では、(621) の被使役主体「雨」にとって、「降る」という行為は制御可能なものではないため、非文法的である、ということになる。「洗濯物」にとっての「乾く」という行為、「空手チョップ」にとっての「炸裂する」という行為も同様である。また、(625)(626) の例も、「困る」「気絶する」という行為が制御可能なものではないため、排除される。したがって、第二の説は第一の説よりも制約が強い。

　更に、もし受動文が一般的に制御可能でない行為を表しているとすれば、受動文を使役化した「受動使役文」が一般的に文法的でないことも同時に説明されることになる。以下の例は、受動使役文の中で比較的容認可能性が高いとされているものであるが、「(自分から) 滝に打たれる」「(わざと) 敵兵に殴られる」といったように、受動文であるにも関わらず、主体がその行為を制御している、という意味合いがある例に限られていることは、第二の説の説明と一致している。

(627)　a.　　＊/ok 監督は山田を滝に打たれさせた。

　　　　b.　　＊/ok 隊長は捕虜達を敵兵に殴られさせた。

　これに対して、第三の説は、Kuroda (1965, 1978) によるもので、被使役主体が行為に対して意志的でなければならない、というものである。一般に使役文の意味には「強制」と「許可」の二つがあると言われているが、以下の例ではヲ使役文には強制の読みしかなく、ニ使役文には許可の読みし

かないように思われる。

(620) a. 監督が 部員達を 走らせた。
      b. 監督が 部員達に 走らせた。

Kuroda (1965, Chapter VI) に依れば、(620b) における許可の読みとは、「部員達」が「走る」行為に対して意志的であったことが前提とされている読みである。言い換えれば、被使役主体が当該の行為について意志的であれば、使役文は「許可」の読みとなる。一方、(620a) における強制の読みにはそのような前提がない。すなわち、「部員達」が走りたいと思っていようがいまいが、どちらでも構わない。

制御可能であるが意志的ではない行為には、どのようなものがあるだろうか。意志的ではないということを「望んでいない」という意味に取るならば、「謝る」のような行為が（適切な文脈においては）それに当てはまるだろう。しかし、そうであるならば、次に挙げる例は第三の説に対する反証となる。

(628) a. 太郎は息子に謝らせた。
      b. デストロイヤーは四の字固めで力道山にギブアップさせた。

したがって、第二の説が最も妥当であると考えられる。すなわちニ使役文においては、当該の行為が被使役主体にとって制御可能 (self-controllable) なものでなければならない。このような分析を踏まえて、ニ使役文における動詞性接尾語「せる」の語彙項目は以下のようなものになる。

せる（ニ使役文）

(629) せ $\vdash \underset{stem}{S_{v::1}} \backslash NP_{ga} \backslash NP_{ni} \backslash (S_{vo::s} \backslash NP_{ga})$

$: \lambda P.\lambda y.\lambda x.\lambda e.\varepsilon e'.Pye'; seru\text{:}ni(e, x, y, e')$

述語 $seru:ni$ においては、イベントの制御可能性が意味論的な前提となっていると考える。このことを記述するにはいくつかの方法が考えられるが、ここでは $seru:ni$ の内容を更に次のように分解して定義する方法を

採ることにしよう。*2

$$seru{:}ni(e,x,y,e') \stackrel{def}{\equiv} \begin{pmatrix} \partial(controllable(y,e')); \\ make(e); \\ agent(e,x); \\ experiencer(e,y); \\ theme(e,e') \end{pmatrix}$$

意味表示中の $\partial(\ldots)$ は、$(\ldots)$ 以下の内容が前提であることを表すものとする（定義 B.2.14 参照）。したがって、$\partial(controllable(y,e'))$ という部分は、被使役主体 y にとってイベント e' が制御可能なものであることを意味している。ヲ使役文はこのような制約を持たない。

ニ使役文の統語構造は以下のようになる。(630) は動詞の統語範疇が $S\backslash NP_{ga}$ （いわゆる自動詞）の場合、(631) は $S\backslash NP_{ga}\backslash NP_o$ （いわゆる他動詞）の場合である。「せる」の語彙項目として同じものが用いられている点に注目されたい。

(630)

---

*2 Harada (1973, p.203) では、制御可能性はイベントの性質だから、「せる」の選択制約として記述できるものとしている。しかし、実際はイベントの制御可能性はイベント単体の性質ではなく、被使役主体とイベントの間の関係、すなわち被使役主体にとってイベントが制御可能であるか否か、という問題のようである。以下の例に示すように、同じ動詞を用いても、被使役主体が違えば制御可能性が異なる場合がある。

(i) a. 太郎は付き人に洗濯物を乾燥させた。
    b. #太郎は乾燥機に洗濯物を乾燥させた。

したがって、「せる」の選択制約は、動詞だけではなく被使役主体も参照しなければならないが、CCG を用いた本分析では、(629) に示すように被使役主体 y と動詞のイベント e' を自然に参照することができる。

(631)

$$\cfrac{\cfrac{-が}{T/(T\backslash NP_{ga})}> \quad \cfrac{\cfrac{-に}{T/(T\backslash NP_{ni})}> \quad \cfrac{\cfrac{-を}{T/(T\backslash NP_o)}> \quad \cfrac{\cfrac{食べさ}{S_{v::5::r\atop vo::s}\backslash NP_{ga}\backslash NP_o} \quad \cfrac{(629)}{\cfrac{せ}{S_{v::1\atop stem}\backslash NP_{ga}\backslash NP_{ni}}} \quad \backslash(S_{vo::s}\backslash NP_{ga})}{S_{v::1\atop stem}\backslash NP_{ga}\backslash NP_{ni}\backslash NP_o}<B}{S_{v::1\atop stem}\backslash NP_{ga}\backslash NP_{ni}}}{S_{v::1\atop stem}\backslash NP_{ga}}}{S_{v::1\atop stem}}$$

8.2.3　ヲ使役文と二重ヲ格制約

一方、ヲ使役文については、(632b) のような対照が知られている。

(632)　a.　太郎は猫にカツオブシを食べさせた。

　　　 b.　*太郎は猫をカツオブシを食べさせた。

(632b) が非文法的になる要因は、二重ヲ格制約 (double-o constraint) として知られている。二重ヲ格制約とは、大雑把にいえば「同節内に二つのヲ格名詞句が現れてはならない」とする制約である[*3]。本分析において、二重ヲ格制約を記述する方法として、少なくとも二つの方法が考えられる。

[*3] 二重ヲ格制約は Harada (1973, Section 4) において提唱された概念である。元の定義は以下のように、Chomsky (1965) の標準理論の存在を想定して提示されている。また、二重ヲ格制約は表層形における制約であり、導出過程においては同節内に二つのヲ格名詞句が現れることがあっても構わないとされている。

> The Double-O Constraint
>
> A derivation is marked as ill-formed if it terminates in a surface structure which contains two occurrences of NPs marked wiht *o* both of which are immediately dominated by the same VP-node.

この制約は、表示 (representation) にかかる制約ではなく、派生 (derivation) にかかる制約として記述されている。CCG では「統語派生は文法理論上のオブジェクトとして扱わない」という方針を採っているが、その理由の一つは、派生にかかる制約が文法内に存在すると、言語処理（人間であろうと機械であろうと）の計算量が不必要に大きくなってしまうという欠点があるからである。したがって、本分析では二重ヲ格制約を「語彙化」してしまうという方針を採っている。

±o 素性

第一の方法は、統語範疇 S の素性に、新たに $\pm o$ という素性を導入することである。S_{+o} は、用言としてヲ格名詞句を項として持つことを意味し、S_{-o} は持たないことを意味する。デフォルトの値は $\pm o$ としておく。この素性を導入すると、動詞語幹の語彙項目は以下のように書き換えられる。

(633) a. 走 $\vdash S_{v::5::r \atop -o} \backslash NP_{ga} : \lambda x.\lambda e.hasiru(e,x)$

b. 食べ $\vdash S_{v::1 \atop +o} \backslash NP_{ga} \backslash NP_o : \lambda y.\lambda x.\lambda e.taberu(e,x,y)$

ここで、「食べ」には元々 $\backslash NP_o$ の指定があるのだから、それに加えて $+o$ という指定を記述するのは冗長であると思われるかもしれない。しかし $\backslash NP_o$ 指定とは異なり、$+o$ 指定はヲ格名詞句と接続した後も残る。

(634)

$$\cfrac{(545)\cfrac{\text{ごはんを}}{\begin{array}{c} T/(T\backslash NP_o) \\ :\lambda P.\lambda \vec{x}.\varepsilon y.\varepsilon s.gohan(s,y);Py\vec{x} \end{array}} \quad \cfrac{\text{食べる}}{\begin{array}{c} S_{v::1 \atop +o} \backslash NP_{ga} \backslash NP_o \\ :\lambda y.\lambda x.\lambda e.taberu(e,x,y) \end{array}}}{\begin{array}{c} S_{v::1 \atop +o} \backslash NP_{ga} \\ :\lambda x.\lambda e.\varepsilon y.gohan(y);taberu(e,x,y) \end{array}} >$$

すなわち、ヲ格名詞句を項として持つ動詞は、ヲ格名詞句が接続する前であるか接続した後であるかに関わらず、$+o$ の指定を持っている。したがって、ヲ使役文を派生する「せる」が、$+o$ 指定された動詞に接続できないように指定すれば、二重ヲ格制約と同等の制約が与えられる。語彙項目は以下のように与えられる。

せる（ヲ使役文：$\pm o$ 素性版）

(635) せ $\vdash S_{v::1 \atop {stem \atop +o}} \backslash NP_{ga} \backslash NP_o \backslash (S_{vo::s \atop -o} \backslash NP_{ga})$

$: \lambda P.\lambda y.\lambda x.\lambda e.\varepsilon e'.Pye'; seru:o(e,x,y,e')$

この語彙項目の下では、二重ヲ格構文は以下のように排除される。

(636)

$$\cfrac{\cfrac{\text{食べさ}}{S_{v::5::r \atop vo::s,+o} \backslash NP_{ga} \backslash NP_o} \quad (635) \cfrac{\text{せ}}{S_{v::1 \atop stem \atop +o} \backslash NP_{ga} \backslash NP_o \backslash (S_{vo::s \atop -o} \backslash NP_{ga})}}{*}$$

(637)

$$\cfrac{\cfrac{\text{ごはんを食べさ}}{S_{v::5::r \atop vo::s,+o} \backslash NP_{ga}} \quad (635) \cfrac{\text{せ}}{S_{v::1 \atop stem \atop +o} \backslash NP_{ga} \backslash NP_o \backslash (S_{vo::s \atop -o} \backslash NP_{ga})}}{*}$$

一方、統語範疇 $S\backslash NP_{ga}$ の動詞や、統語範疇 $S\backslash NP_{ga}\backslash NP_{ni}$ の動詞には接続する。

(638)

$$\cfrac{\cfrac{-が}{T/(T\backslash NP_{ga})} \quad \cfrac{\cfrac{-を}{T/(T\backslash NP_o)} \quad \cfrac{(633a)(81)\cfrac{\text{走ら}}{S_{v::5::r \atop vo::s,-o}\backslash NP_{ga}} \quad (635)\cfrac{\text{せ}}{S_{v::1 \atop stem \atop +o}\backslash NP_{ga}\backslash NP_o\backslash(S_{vo::s \atop -o}\backslash NP_{ga})}}{S_{v::1 \atop stem \atop +o}\backslash NP_{ga}\backslash NP_o}}{S_{v::1 \atop stem \atop +o}\backslash NP_{ga}}>}{S_{v::1 \atop stem \atop +o}}>$$

(639)

$$\cfrac{\cfrac{-が}{T/(T\backslash NP_{ga})} \quad \cfrac{\cfrac{-を}{T/(T\backslash NP_o)} \quad \cfrac{\cfrac{-に}{T/(T\backslash NP_{ni})} \quad <B\cfrac{\cfrac{\text{会わ}}{S_{v::5::w \atop vo::s,-o}\backslash NP_{ga}\backslash NP_{ni}} \quad (635)\cfrac{\text{せ}}{S_{v::1 \atop stem \atop +o}\backslash NP_{ga}\backslash NP_o\backslash(S_{vo::s \atop -o}\backslash NP_{ga})}}{S_{v::1 \atop stem \atop +o}\backslash NP_{ga}\backslash NP_o\backslash NP_{ni}}}{S_{v::1 \atop stem \atop +o}\backslash NP_{ga}\backslash NP_o}>}{S_{v::1 \atop stem \atop +o}\backslash NP_{ga}}>}{S_{v::1 \atop stem \atop +o}}>$$

しかし、この分析を成立させるためには、文法体系全体にかなりの修正を加えなければならない。まず、活用語尾や助動詞の語彙項目には、すべて以下のような制約を加えなければならないだろう。

$$S_{\boxed{1}} \backslash S_{\pm o:\boxed{1}}$$

また、文法全体にわたり、統語範疇 S が登場するたびに $\pm o$ の指定を気に掛けなければならないというコストに比して、$\pm o$ 素性を参照する語彙項目は使役の「せる」一語のみである[*4]というのは、割に合わない印象を受ける。「そもそもこの素性が何のためにあるのか」という疑問も残るであろう。

勿論、本書の文法全体をそのように修正することは可能である。二重ヲ格制約の存在は、CCG による日本語文法にとって位置付けの難しい現象ではあるものの、少なくとも「反例」とはならないことを強調しておきたい。

前提としての二重ヲ格制約

二重ヲ格制約を記述するもう一つの方法は、二重ヲ格制約を意味論的な前提と見なす、というものである。すなわち、「せる」が接続する動詞のイベントには、"theme" が存在しない、という前提を置く方法である。具体的には、以下のように記述できるであろう。

[*4] Harada (1973) では、以下のような文も二重ヲ格制約によって排除されるとしている。

(i) 　　*警官は犯人を銀行を出たところを捕まえた。

(i) の判断は Harada (1973) によるものであるが、実際はこの文がそれほど容認不可能ではない、とする話者も多い。そのような話者の判断が示唆するのは、以下のようにポーズを置くことで容認性が上がる、というものである。

(ii) 　　?警官は犯人を、銀行を出たところを捕まえた。

これは用言の同一の項について、先に述べた内容を詳細化する形で述べる形式であると思われる。この形式には以下のような例がある。統語構造としては、等位接続構文をなしていると考えられる。

(iii) 　a. 　?太郎は [次郎を、次郎の顔の真ん中を] 殴った。
　　　b. 　?太郎は [秋に、紅葉の最も美しい季節に] 京都旅行を楽しんだ。

せる（ヲ使役文：意味論的前提版）

(640)   せ $\vdash S_{\substack{v::1 \\ stem}} \backslash NP_{ga} \backslash NP_o \backslash (S_{vo::s} \backslash NP_{ga})$

$\qquad\qquad : \lambda P.\lambda y.\lambda x.\lambda e.\varepsilon e'.Pye'; seru{:}o(e,x,y,e')$

このとき、述語 $seru{:}o$ は更に以下のように定義されているとする。

$$seru{:}o(e,x,y,e') \stackrel{def}{\equiv} \begin{pmatrix} \partial(\sim\varepsilon z.theme(e',z)); \\ make(e); \\ agent(e,x); \\ experiencer(e,y); \\ theme(e,e') \end{pmatrix}$$

この制約が機能するためには、仮定が必要になる。これまで意味表示において、$hasiru$、$taberu$ 等の述語はイベント（以下の e）およびイベントへの参加者（以下の x,y）の関係として記述してきたが、新デイビッドソン主義のイベント意味論[*5]のように、イベントと各参加者の関係を、それぞれ θ 役割に相当する述語（以下の $agent, theme$ 等）によって明示する。

$$hasiru(e,x) \stackrel{def}{\equiv} hasiru(e); agent(e,x)$$
$$taberu(e,x,y) \stackrel{def}{\equiv} taberu(e); agent(e,x); theme(e,y)$$

(640) の意味表示における前提部 $\sim\varepsilon z.theme(e',z)$ は、動詞のイベント e' に "theme" に相当する参加者が存在しないことを意味している。この制約によって、ヲ使役文の導出は以下のようになる。まず、「走る」のような動詞については、イベントに "theme" が存在しないので、前提は満たされる。

[*5] 元々のデイビッドソンによるイベント意味論については Davidson (1967) を、新ディビッドソン主義と呼ばれる意味表示の記述法については Parsons (1990) をそれぞれ参照して頂きたい。

(641)

$$\frac{(87)\overline{\underset{vo::s}{S_{v::5::r}} \backslash NP_{ga}}\ 走ら\quad (640)\overline{\underset{stem}{S_{v::1}} \backslash NP_{ga}\backslash NP_o\backslash (S_{vo::s}\backslash NP_{ga})}\ せ}{\underset{stem}{S_{v::1}}\backslash NP_{ga}\backslash NP_o}$$

$>$: $\lambda x.\lambda e.hasiru(e,x)$: $\lambda P.\lambda y.\lambda x.\lambda e.\varepsilon e'.Pye'; seru{:}o(e,x,y,e')$

: $\lambda y.\lambda x.\lambda e.\varepsilon e'.hasiru(e',y); seru{:}o(e,x,y,e')$

しかし「食べる」のような動詞については、イベントに "theme"（以下の z）が存在するので、前提が満たされないことになる。したがって、意味表示は必ず「不適格」となることになる。

(642)

$$\frac{(140)\overline{\underset{vo::s}{S_{v::5::r}}\backslash NP_{ga}\backslash NP_o}\ 食べさ\quad (640)\overline{\underset{stem}{S_{v::1}}\backslash NP_{ga}\backslash NP_o\backslash (S_{vo::s}\backslash NP_{ga})}\ せ}{\underset{stem}{S_{v::1}}\backslash NP_{ga}\backslash NP_o\backslash NP_o}$$

$<B$: $\lambda y.\lambda x.\lambda e.taberu(e,x,y)$: $\lambda P.\lambda y.\lambda x.\lambda e.\varepsilon e'.Pye'; seru{:}o(e,x,y,e')$

: $\lambda z.\lambda y.\lambda x.\lambda e.\varepsilon e'.taberu(e',y,z); seru{:}o(e,x,y,e')$

この方法は、$\pm o$ 素性を導入するのに比べて安上がりであると言える。問題があるとすれば、ヲ格名詞句が常に "theme" を表しているかどうかについては議論が分かれる、ということであろうか。たとえば以下のような例において、「橋」「港」は「渡る」「出航する」の表すイベントに対する "location" および "source" であると考えられている。

(643)　a.　橋を渡る

　　　b.　港を出港する

しかし、「橋」は "location" であると同時に "theme" であり、「港」は "source" であると同時に "theme" であると考えることもできる。すなわ

ち、上記の文の意味表示は以下のようであると考えても良さそうである。

$$wataru(e, x, y) \stackrel{def}{\equiv} wataru(e);\ agent(e, x);$$
$$theme(e, y);\ location(e, y)$$
$$syukkoosuru(e, x, y) \stackrel{def}{\equiv} syukkoosuru(e);\ agent(e, x);$$
$$theme(e, y);\ source(e, y)$$

一方、ヲ格名詞句でも "theme" を表さないものがあると考えることにより、以下のようにヲ格名詞句が重なっているにもかかわらず容認可能な例[*6]についても正しく捉えることができるであろう。

(644) a. 太郎は雨の中を花子を歩かせた。

b. 太郎は霧の中を自動車を走らせた。

しかし、この分析についても、±o 素性を用いる分析と同様の疑問が生じる。すなわち、これらの制約のでどころは何か、ということである。一つの考え方としては、ヲ使役文には寺村 (1984) において指摘されているように「自動詞の他動詞化」という作用があり、以下のように他動詞化する場合も多い。

(645) a. 車を走らせる

b. 車を走らす

(646) a. みんなを笑わせる

b. みんなを笑わす

[*6] 柴谷 (1978, pp.290-291) に依る。柴谷はこれらの例が容認可能であることについて、

「二重ヲ格制約は「単に格範疇、対格に対するものでなく、対格目的語に対して働くものである」とし、「副詞的な」対格であれば問題ない」

として、以下のような例を挙げている (p.262 (119))。

a. 太郎は急な坂を自転車を一生懸命押した。

b. 少年は雨のなかを坂をのぼりきり、院長の前で立ちどまり、ぴょこんと頭を下げた。(立原「冬の旅 (上)」)

もし、柴谷 (1978) における「目的語」が、本節で云う "theme" と対応するならば、本節の二重ヲ格制約は柴谷 (1978) の分析の延長上にあると言える。

もしヲ使役文の「せる」が、潜在的に他動詞化を指向しているのであれば、使役化した際に一つの他動詞的イベントと見なしにくいイベント、すなわち既に "theme" を持っているようなイベントについては、適用されることを嫌う、という可能性も考えられる。しかし、これは観念的な説明の域を出ないのは確かである。

以上、二重ヲ格制約を本分析において実現するための方策を二つ述べてきたが、現段階ではいずれを採択するかについては結論を避けておく。全く別の方法を採るという可能性も含めて、今後の課題としたい。

8.3 可能態

可能態は、三種類の動詞性接尾語によって表される。第一に、動詞の可能接続形に、動詞性接尾語「る」が接続する場合がある。ただし、可能接続形は五段活用動詞にしか存在しない。たとえば「走る」における「走れ」、「話す」における「話せ」がその例である。

「話す」のように、接続する動詞の統語範疇が $S\backslash NP_{ga}\backslash NP_o$ である場合、「話せる」の項構造には (648) に示す三つのパターンが存在する。可能態の分析においては、この三つのパターンを許しつつ、(648d) のような「-に-を」のパターンをどう排除するかが課題となる。

(647)　ジョンが英語を話す（こと）

(648)　a.　　ジョンが英語を話せる（こと）

　　　b.　　ジョンが英語が話せる（こと）

　　　c.　　ジョンに英語が話せる（こと）

　　　d.　＊ジョンに英語を話せる（こと）

一方「走る」のように、動詞の統語範疇が $S\backslash NP_{ga}$ の場合は、「走れる」の項構造は「-が」のみとなる。[*7]

(649)　a.　　ジョンが早く走れた。

　　　b.　＊ジョンに早く走れた。

[*7] (649)-(651) の例文は井上 (1976, (27)-(29)) に依る。

(650) a. メアリーが急行に乗れた。

b. ＊メアリーに急行に乗れた。

(651) a. ジョンが泳げない。

b. ＊ジョンに泳げない。

本分析では、可能の動詞性接尾語「る」には以下の二つの語彙項目が存在すると考える。

る（可能）

(652) a. $\emptyset \vdash S_{v::1 \atop stem} \backslash NP_{ga} \backslash (S_{vo::e} \backslash NP_{ga})$

$: \lambda P.\lambda x.\lambda e.\varepsilon e'.eru(e, x, Pxe')$

b. $\emptyset \vdash S_{v::1 \atop stem} \backslash NP_{ni|ga} \backslash NP_{ga} \backslash (S_{vo::e} \backslash NP_{ga} \backslash NP_o)$

$: \lambda P.\lambda y.\lambda x.\lambda e.\varepsilon e'.eru(e, x, Pyxe')$

意味表示 $eru(e, x, Pxe')$ は、直感的には「Pxe' が真であるような世界が、可能な世界として存在する」という意味であり、様相概念を含んでいる。Pxe' が真であることを含意しないという意味において、可能の「る」の意味は受動や使役の意味とは異なっている。

また、語幹が $\emptyset$ であることに注意する。「る」は一段活用動詞の活用語尾であり、以下のように接続する。

(653)

$$\frac{\displaystyle (652a) \frac{\emptyset}{S_{v::1 \atop stem} \backslash NP_{ga} \backslash (S_{vo::e} \backslash NP_{ga}) \quad : \lambda P.\lambda x.\lambda e.\varepsilon e'.eru(e, x, Pxe')} \quad (132) \frac{る}{S_{v::1 \atop term|attr} \backslash S_{v::1 \atop stem} \quad : id}}{S_{v::1 \atop term|attr} \backslash NP_{ga} \backslash (S_{vo::e} \backslash NP_{ga}) \quad : \lambda P.\lambda x.\lambda e.\varepsilon e'.eru(e, x, Pxe')} <B$$

(654)
$$\cfrac{(652b)\cfrac{\varnothing}{\underset{stem}{S_{v::1}}\backslash NP_{ni|ga}\backslash NP_{ga}\backslash(S_{vo::e}\backslash NP_{ga}\backslash NP_o)} \quad (132)\cfrac{\text{る}}{\underset{term|attr}{S_{v::1}}\backslash \underset{stem}{S_{v::1}}}}{<B \cfrac{:\lambda P.\lambda y.\lambda x.\lambda e.\varepsilon e'.eru(e,x,Pyxe') \qquad :id}{\underset{term|attr}{S_{v::1}}\backslash NP_{ni|ga}\backslash NP_{ga}\backslash(S_{vo::e}\backslash NP_{ga}\backslash NP_o)}}$$
$$:\lambda P.\lambda y.\lambda x.\lambda e.\varepsilon e'.eru(e,x,Pyxe')$$

まず、動詞の統語範疇が $S\backslash NP_{ga}\backslash NP_o$ である場合については、(652a) が接続すると (655)、(652b) が接続すると (656) のようになる。

(655)
$$<B\cfrac{(97)\cfrac{\text{話せ}}{\underset{hyp|imp|vo::e}{S_{v::5::s}}\backslash NP_{ga}\backslash NP_o} \quad (653)\cfrac{\text{る}}{\underset{term|attr}{S_{v::1}}\backslash NP_{ga}\backslash(S_{vo::e}\backslash NP_{ga})}}{:\lambda y.\lambda x.\lambda e.hanasu(e,x,y) \qquad :\lambda P.\lambda x.\lambda e.\varepsilon e'.eru(e,x,Pxe')}$$
$$\cfrac{}{\underset{term|attr}{S_{v::1}}\backslash NP_{ga}\backslash NP_o}$$
$$:\lambda y.\lambda x.\lambda e.\varepsilon e'.eru(e,x,hanasu(e,x,y))$$

(656)
$$<\cfrac{(97)\cfrac{\text{話せ}}{\underset{hyp|imp|vo::e}{S_{v::5::s}}\backslash NP_{ga}\backslash NP_o} \quad (654)\cfrac{\text{る}}{\underset{term|attr}{S_{v::1}}\backslash NP_{ni|ga}\backslash NP_{ga}\backslash(S_{vo::e}\backslash NP_{ga}\backslash NP_o)}}{:\lambda y.\lambda x.\lambda e.hanasu(e,x,y) \qquad :\lambda P.\lambda y.\lambda x.\lambda e.\varepsilon e'.eru(e,x,Pyxe')}$$
$$\cfrac{}{\underset{term|attr}{S_{v::1}}\backslash NP_{ga|ni}\backslash NP_{ga}}$$
$$:\lambda y.\lambda x.\lambda e.\varepsilon e'.eru(e,x,hanasu(e,x,y))$$

このいずれの結果からも、(648d) のパターンは生成されないことが分かる。一方、(648a) のパターンに対しては (655) を用いる。

(657)

$$
\cfrac{
  \cfrac{\text{ジョンが}}{\substack{T/(T\backslash NP_{ga}) \\ :\lambda P.P(john)}}(518)
  \quad
  \cfrac{
    \cfrac{\text{英語を}}{\substack{T/(T\backslash NP_{o}) \\ :\lambda P.P(eigo)}}(518)
    \quad
    \cfrac{\text{話せる}}{\substack{S_{v::1}{}_{term|attr}\backslash NP_{ga}\backslash NP_{o} \\ :\lambda y.\lambda x.\lambda e.\varepsilon e'.eru(e,x,hanasu(e',x,y))}}(655)
  }{\substack{S_{v::1}{}_{term|attr}\backslash NP_{ga} \\ :\lambda x.\lambda e.\varepsilon e'.eru(e,x,hanasu(e',x,eigo))}}>
}{\substack{S_{v::1}{}_{term|attr} \\ :\lambda e.\varepsilon e'.eru(e,john,hanasu(e',john,eigo))}}>
$$

また、(648b) および (648c) のパターンに対しては (656) を用いればよい。

(658)

$$
\cfrac{
  \cfrac{\text{ジョンが}}{\substack{T/(T\backslash NP_{ga}) \\ :\lambda P.P(john)}}(518)
  \quad
  \cfrac{
    \cfrac{\text{英語が}}{\substack{T/(T\backslash NP_{ga}) \\ :\lambda P.P(eigo)}}(518)
    \quad
    \cfrac{\text{話せる}}{\substack{S_{v::1}{}_{term|attr}\backslash NP_{ga|ni}\backslash NP_{ga} \\ :\lambda y.\lambda x.\lambda e.\varepsilon e'.eru(e,x,hanasu(e',x,y))}}(656)
  }{\substack{S_{v::1}{}_{term|attr}\backslash NP_{ga|ni} \\ :\lambda x.\lambda e.\varepsilon e'.eru(e,x,hanasu(e',x,eigo))}}>
}{\substack{S_{v::1}{}_{term|attr} \\ :\lambda e.\varepsilon e'.eru(e,john,hanasu(e',john,eigo))}}>
$$

(659)

$$
\cfrac{
  \cfrac{\text{ジョンに}}{\substack{T/(T\backslash NP_{ni}) \\ :\lambda P.P(john)}}(518)
  \quad
  \cfrac{
    \cfrac{\text{英語が}}{\substack{T/(T\backslash NP_{ga}) \\ :\lambda P.P(eigo)}}(518)
    \quad
    \cfrac{\text{話せる}}{\substack{S_{v::1}{}_{term|attr}\backslash NP_{ga|ni}\backslash NP_{ga} \\ :\lambda y.\lambda x.\lambda e.\varepsilon e'.eru(e,x,hanasu(e',x,y))}}(656)
  }{\substack{S_{v::1}{}_{stem}\backslash NP_{ga|ni} \\ :\lambda x.\lambda e.\varepsilon e'.eru(e,x,hanasu(e',x,eigo))}}>
}{\substack{S_{v::1}{}_{stem} \\ :\lambda e.\varepsilon e'.eru(e,john,hanasu(e',john,eigo))}}>
$$

第二に、(660a)(660b) に示す動詞性接尾語「れる」がある。一段活用動詞およびカ行変格活用動詞については、(652a)(652b) ではなくこちらの形式を用いる。項構造が異なる語彙項目が二つずつある点やその使い分けに関しては、(660a)(660b) と同様である。

れる（可能）

(660)　a.　れ $\vdash S_{v::1 \atop stem} \backslash NP_{ga} \backslash (S_{v::(1|K) \atop vo::r} \backslash NP_{ga})$

　　　　　　　: $\lambda P.\lambda x.\lambda e.\varepsilon e'.eru(e, x, Pxe')$

　　　b.　れ $\vdash S_{v::1 \atop stem} \backslash NP_{ni|ga} \backslash NP_{ga} \backslash (S_{v::(1|K) \atop vo::r} \backslash NP_{ga} \backslash NP_o)$

　　　　　　　: $\lambda P.\lambda y.\lambda x.\lambda e.\varepsilon e'.eru(e, x, Pyxe')$

　第三に、動詞性接尾語「得る」があり、こちらは動詞連用形に接続する。「うる」の方は変格活用動詞であることに留意する。これらにも、項構造の異なる二つずつの語彙項目が存在する。

得る（可能）

(661)　a.　得, え $\vdash S_{v::1 \atop stem} \backslash NP_{ga} \backslash (S_{cont}^{v} \backslash NP_{ga})$

　　　　　　　: $\lambda P.\lambda x.\lambda e.\varepsilon e'.eru(e, x, Pxe')$

　　　b.　得, え $\vdash S_{v::1 \atop stem} \backslash NP_{ga|ni} \backslash NP_{ga} \backslash (S_{cont}^{v} \backslash NP_{ga} \backslash NP_o)$

　　　　　　　: $\lambda P.\lambda y.\lambda x.\lambda e.\varepsilon e'.eru(e, x, Pyxe')$

(662)　a.　得, う $\vdash S_{v::URU \atop stem} \backslash NP_{ga} \backslash (S_{cont}^{v} \backslash NP_{ga})$

　　　　　　　: $\lambda P.\lambda x.\lambda e.\varepsilon e'.eru(e, x, Pxe')$

　　　b.　得, う $\vdash S_{v::URU \atop stem} \backslash NP_{ga|ni} \backslash NP_{ga} \backslash (S_{cont}^{v} \backslash NP_{ga} \backslash NP_o)$

　　　　　　　: $\lambda P.\lambda y.\lambda x.\lambda e.\varepsilon e'.eru(e, x, Pyxe')$

　ところで以下に見るように、これらのいずれの形式についても、命令形で用いることはできない。

(663)　a.　＊走れろ。

　　　b.　＊食べられろ。（可能態で）

　　　c.　＊有り得ろ。

　これらの形式の不適切性は、形態論的・統語論的な理由よりも、可能態の意味と、命令形の意味が両立しないことに依るように思われる。詳細な分析は今後の課題としたい。

8.4 ら抜き表現

「ら抜き表現」とは、一段活用動詞およびカ行変格活用動詞において、可能態から「ら」が抜ける現象である。以下に例を挙げる。

(664) a. この饅頭はまだ食べられる。

b. この饅頭はまだ食べれる。

(665) a. 今日は遅れずに来られた。

b. 今日は遅れずに来れた。

この現象をどのように捉えるべきであろうか。前節で述べたように、(652a)(652b) の「る」が接続可能な可能接続形は、五段活用動詞にしか存在しない。一段活用動詞やカ行変格活用動詞に関しては、(660) の「れる」が受身接続形に接続するのであるが、これらは受動態や自発態、尊敬の形式とまったく同形式であり、曖昧である場合も多い。たとえば (665a) についても、文脈さえ適切に与えれば受動や尊敬の読みも存在することが分かる。

その結果、一段動詞やカ行変格活用動詞に、以下のような可能接続形の活用語尾が生じてきたのではあるまいか。

(666) $れ \vdash S_{v::1 \atop vo::e} \backslash S_{v::1 \atop stem} : id$

(667) $来れ, これ \vdash S_{v::K \atop vo::e} \backslash S_{v::K \atop stem} : id$

この変化には、曖昧性が避けられる他にも、少なくとも二つの有利な点があると考えられる。一つ目に、(660) の可能の「れる」が不要になり、(652a)(652b) のみを用いれば良いという点である。二つ目に、これまでは五段活用動詞と、一段活用動詞・カ行変格活用動詞では可能態に接続する活用形が異なっていたのが、可能接続態に統一することができる点である。このような「経済上」の利点が、言葉の乱れと嘆かれながらも「ら抜き表現」が廃れずにいる原動力ではないかと思われる。

上記語彙項目を用いた「食べれる」と「来れる」の派生を示す。

8.4. ら抜き表現　　245

(668)

$$
\begin{array}{c}
(131)\dfrac{\text{食べ}}{S_{v::1\atop stem}\backslash NP_{ga}\backslash NP_o} \quad (666)\dfrac{\text{れ}}{S_{v::1\atop vo::e}\backslash S_{v::1\atop stem}}\\
:\lambda y.\lambda x.\lambda e.taberu(e,x,y) \qquad :id
\end{array}
$$

$$
<B\dfrac{}{\begin{array}{c}S_{v::1\atop vo::e}\backslash NP_{ga}\backslash NP_o\\ :\lambda y.\lambda x.\lambda e.taberu(e,x,y)\end{array}} \quad (653)\dfrac{\text{る}}{\begin{array}{c}S_{v::1\atop term|attr}\backslash NP_{ga}\\ \backslash(S_{vo::e}\backslash NP_{ga})\\ :\lambda P.\lambda x.\lambda e.\varepsilon e'.\\ eru(e,x,Pxe')\end{array}}
$$

$$
<B\dfrac{}{\begin{array}{c}S_{v::1\atop term|attr}\backslash NP_{ga}\backslash NP_o\\ :\lambda y.\lambda x.\lambda e.\varepsilon e'.eru(e,x,taberu(e',x,y))\end{array}}
$$

(669)

$$
\begin{array}{c}
(154)\dfrac{\varnothing}{S_{v::K\atop stem}\backslash NP_{ga}} \quad (667)\dfrac{\text{来れ}}{S_{v::K\atop vo::e}\backslash S_{v::K\atop stem}}\\
:\lambda x.\lambda e.kuru(e,x) \qquad :id
\end{array}
$$

$$
<B\dfrac{}{\begin{array}{c}S_{v::K\atop vo::e}\backslash NP_{ga}\\ :\lambda x.\lambda e.kuru(e,x)\end{array}} \quad (653)\dfrac{\text{る}}{\begin{array}{c}S_{v::1\atop term|attr}\backslash NP_{ga}\\ \backslash(S_{vo::e}\backslash NP_{ga})\\ :\lambda P.\lambda x.\lambda e.\varepsilon e'.\\ eru(e,x,Pxe')\end{array}}
$$

$$
<\dfrac{}{\begin{array}{c}S_{v::1\atop term|attr}\backslash NP_{ga}\\ :\lambda x.\lambda e.\varepsilon e'.eru(e,x,kuru(e',x))\end{array}}
$$

第 9 章

複文構造

複文構造とは、従属節を含む文構造である。言い換えれば、文の内部に統語範疇 S の構造が含まれるような構造である。

本章では、連体形、連用形、条件形等に接続する要素を導入し、これまでに派生された連体形、連用形、条件形がいかなる過程を経て、他の文構造に掛かって行くかを述べたい。これまでの章を単文論とするならば、本章からは複文論に踏み込むことになる。

9.1 連体節

9.1.1 制限用法

前章で明らかにしたように、普通名詞の統語範疇は N であり、量化表現（統語範疇 $\bm{T}/(\bm{T}\backslash NP_{nc})/N$ もしくは $\bm{T}/(\bm{T}\backslash NP_{nc})\backslash N$）と接続することによって、動詞にとっての項となる。連体節、すなわち用言の連体形からなる節は、統語範疇 N/N の要素として、普通名詞の意味を限定する作用を持つ。

名詞に接続する、という連体形の統語的・意味的性質は、以下のように、空範疇である連体節化演算子 rel を用いることから生じる。

(670) $rel \vdash N/N\backslash S_{attr \atop \pm l,\pm t,\pm p,\pm n}$: $\lambda P.\lambda N.\lambda x.\lambda s.\varepsilon e.\Delta x.(Pe);Nxs$

この演算子を用いて、「踊る人形」という形式を導出してみよう。本分析

では、「踊る」の主語は、変形生成文法の用語で云えば、移動の痕跡 (trace) ではなく pro であると考えるが、その理由は後に述べる。

(671)

$$
\begin{array}{c}
\dfrac{(596)\ \dfrac{pro_i}{\bm{T}/(\bm{T}\backslash NP_{ga|o|ni})}}{\quad : \lambda P.\lambda\vec{x}.ref^i(z)[Pz\vec{x}]\quad} \quad \dfrac{(94)\ \dfrac{踊る}{S_{v::5::r \atop term|attr}\backslash NP_{ga}}}{\quad : \lambda x.\lambda e.odoru(e,x)\quad}\\
\dfrac{>\quad S_{v::5::r \atop term|attr}}{\quad : \lambda e.ref^i(z)[odoru(e,z)]\quad}\quad \dfrac{(670)\ rel}{\dfrac{N/N\backslash S_{attr \atop \pm l,\pm t,\pm p,\pm n}}{: \lambda P.\lambda N.\lambda x.\lambda s.\varepsilon e.\Delta x.(Pe);Nxs}}\\
<\quad \dfrac{N/N}{: \lambda N.\lambda x.\lambda s.\varepsilon e.\Delta x.(ref^i(z)[odoru(e,z)]);Nxs}
\end{array}
$$

その後、以下のように普通名詞に係る。普通名詞は連体節が係ったのち、存在量化されると仮定する。

(672)

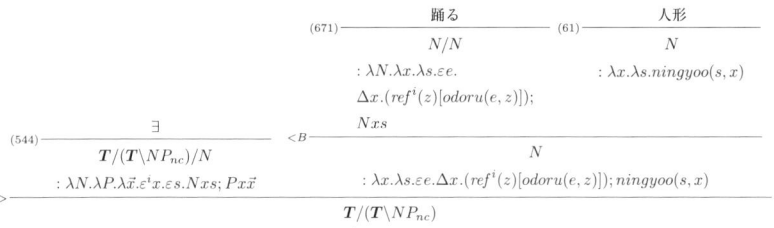

$$
\begin{array}{c}
(671)\ \dfrac{踊る}{N/N} \quad (61)\ \dfrac{人形}{N}\\
: \lambda N.\lambda x.\lambda s.\varepsilon e.\Delta x.(ref^i(z)[odoru(e,z)]);Nxs \quad : \lambda x.\lambda s.ningyoo(s,x)\\
(544)\ \dfrac{\exists}{\bm{T}/(\bm{T}\backslash NP_{nc})/N} \quad <B\ \dfrac{N}{: \lambda x.\lambda s.\varepsilon e.\Delta x.(ref^i(z)[odoru(e,z)]);ningyoo(s,x)}\\
: \lambda N.\lambda P.\lambda\vec{x}.\varepsilon^i x.\varepsilon s.Nxs;Px\vec{x}\\
>\quad \dfrac{\bm{T}/(\bm{T}\backslash NP_{nc})}{: \lambda P.\lambda\vec{x}.\varepsilon^i x.\varepsilon s.\varepsilon e.\Delta x.(ref^i(z)[odoru(e,z)]);ningyoo(s,x);Px\vec{x}}
\end{array}
$$

ここでは、pro と存在量化が同一指標 i を持つ（すなわち、pro の先行詞が存在量化子である）場合を示している。このことは義務的ではないが、pro を含む連体節においては最も一般的なケースである。その場合、意味表示は「それぞれが踊り、なおかつ人形であるようなもの」という真理条件を記述していることになり、意図した結果が導出されていることになる。

ところで、rel は (671) のような順序で適用される代わりに、以下のように先に動詞と接続することもできる。

(673)

$$
\cfrac{
  \cfrac{pro_i}{\substack{T/(T\backslash NP_{ga|o|ni}) \\ :\lambda P.\lambda\vec{x}.ref^i(z)[P z\vec{x}]}}(596) \quad
  \cfrac{
    \cfrac{踊る}{\substack{S_{v::5::r} \\ term|attr}\backslash NP_{ga} \\ :\lambda x.\lambda e.odoru(e,x)}(94) \quad
    \cfrac{rel}{\substack{N/N\backslash S_{attr} \\ \pm l,\pm t,\pm p,\pm n} \\ :\lambda P.\lambda N.\lambda x.\lambda s. \\ \varepsilon e.\Delta x.(Pe);Nxs}(670)
  }{\substack{N/N\backslash NP_{ga} \\ :\lambda z.\lambda N.\lambda x.\lambda s.\varepsilon e.\Delta x.(odoru(e,z));Nxs}}<B
}{
  \substack{N/N \\ :\lambda N.\lambda x.\lambda s.ref^i(z)[\varepsilon e.\Delta x.(odoru(e,z))];Nxs}
}>
$$

この結果は、(671) とスコープが異なっているため、この場合は存在量化子が接続すると以下のような導出となってしまうが、この意味表示の前提が満たされることはない。

(674)

$$
\cfrac{
  \cfrac{\exists}{\substack{T/(T\backslash NP_{nc})/N \\ :\lambda N.\lambda P.\lambda\vec{x}.\varepsilon^i x.\varepsilon s.Nxs;P x\vec{x}}}(544) \quad
  \cfrac{
    \cfrac{踊る}{\substack{N/N \\ :\lambda N.\lambda x.\lambda s.ref^i(z)[\varepsilon e. \\ \Delta x.(odoru(e,z))];Nxs}}(673) \quad
    \cfrac{人形}{\substack{N \\ :\lambda x.\lambda s.ningyou(s,x)}}(61)
  }{\substack{N \\ :\lambda x.\lambda s.ref^i(z)[\varepsilon e.\Delta x.(odoru(e,z))];ningyoo(s,x)}}>
}{
  \substack{T/(T\backslash NP_{nc}) \\ :\lambda P.\lambda\vec{x}.\varepsilon^i x.\varepsilon s.ref^i(z)[\varepsilon e.\Delta x.(odoru(e,z));ningyoo(s,x)];P x\vec{x}}
}>
$$

したがって、(673) の順番で導出が行われた場合、必然的に名詞句は (592) を用いて照応的に成らざるを得ない。導出は以下のようになる。

(675)

$$
\cfrac{
  \cfrac{\varnothing}{\substack{T/(T\backslash NP_{nc})/N \\ :\lambda N.\lambda P.\lambda\vec{x}. \\ ref^i(x)[ref(s)[Nxs]][P x\vec{x}]}}(592) \quad
  \cfrac{
    \cfrac{踊る}{\substack{N/N \\ :\lambda N.\lambda x.\lambda s.ref^i(z)[\varepsilon e. \\ \Delta x.(odoru(e,z))];Nxs}}(673) \quad
    \cfrac{人形}{\substack{N \\ :\lambda x.\lambda s.ningyou(s,x)}}(61)
  }{\substack{N \\ :\lambda x.\lambda s.ref^i(z)[\varepsilon e.\Delta x.(odoru(e,z))];ningyoo(s,x))}}>
}{
  \substack{T/(T\backslash NP_{nc}) \\ :\lambda P.\lambda\vec{x}.ref^i(x)[ref(s)[ref^i(z)[\varepsilon e.\Delta x.(odoru(e,z))];ningyoo(s,x))]][P x\vec{x}]}
}>
$$

さて、連体節内のいわゆる「空所」を、移動の痕跡 (trace) ではなく *pro* であると考える理由は、以下の通りである。

残留代名詞

日本語では、空所の代わりに残留代名詞 (resumptive pronoun) を用いることが出来る。特に、斜格性が高い場合は必ず代名詞を用いなければならない[*1]。

(676) a. ?太郎ががっかりしたニュース
    b. 太郎が { それに | それで } がっかりしたニュース

(677) a. ?ジョンがヨーロッパへ旅立った空港
    b. ジョンがそこからヨーロッパへ旅立った空港

(678) a. 自治体が我慢しなければならない予算
    b. 自治体が { それを | それに | それで } 我慢しなければならない予算

(678) の例では、残留代名詞に付く格助詞によって、意味が異なる。すなわち、「それを我慢する」場合、予算が割り当てられていないという意味になるが、「それに我慢する」「それで我慢する」場合は、予算は割り当てられているが、その額に（その額で）我慢する、という意味になる。この意味の差は、「我慢する」というサ変動詞に、項構造の異なる二つの項目が存在するためだと考えられる。

一方で、残留代名詞がない例においては、この意味は曖昧になるが、これは第 7.7 節で述べたように、*pro* がヲ格名詞句としてもニ格名詞句としても振る舞うことによる。

複合名詞句制約の不在

空所は、連体節内に埋め込まれた節の中にも、存在することができる。

(679) a. 着ている服が汚れていた紳士

[*1] 井上 (1976, p.170) では「ジョンががっかりしたニュース」は非文法的とされているが、「実は最近がっかりしたニュースがあってね」等の表現では許容度が高いことを考えると、文法的と考えるべきであろう。

b. 書いた本がこの書店に出ている学者

したがって、これらの連体節の形成に移動が関わっていると考えると、Chomsky (1970) の下接の条件のうち複合名詞句制約に（上記の場合は文主語制約にも）違反する。

空所が一つもない連体節の存在

日本語には、空所の存在を仮定できない連体節が存在することが知られている。移動分析では、これらの連体節を、空所を持つ連体節とは全く異なる構造として分析しなければならない。

(680) a. ウナギを焼く匂い
   b. カバが逆立ちした絵
   c. 巨人が三連敗した太郎は、ヤケ酒を呷った。

空所が二つ以上ある連体節の存在

以下の例の一文目では、二文目が示唆するように、連体節の中に空所が二箇所存在する。

(681) a. 花子がつまみ食いしながら作ったクッキー
   b. 花子が（それを）つまみ食いしながら（それを）作ったクッキー

このような例においても、「それを」の代わりに *pro* が現れていると考えれば良い。この考え方が移動分析より優れている点は、二つの *pro* または「それ」が必ずしも「クッキー」を指していない場合が存在することである。上の二つの文はいずれも、以下の三つの意味で解釈することが可能である。

(682) a. 花子が（クッキーを）つまみ食いしながら（クッキーを）作ったクッキー
   b. 花子が（クッキーを）つまみ食いしながら夕食を作ったクッキー
   c. 花子がピーナツをつまみ食いしながら（クッキーを）作ったクッキー

したがって、空所は *pro* であると考えるのが、最もシンプルな解決であろう。

9.1.2 非制限用法

また、連体節には非制限用法と呼ばれる用法がある。典型的には、以下の例[*2]のように、固有名詞を修飾する場合がある。

(683) 今回会長を辞任した鈴木氏は、当分の間静養したいともらした。

非制限連体節の意味表示は、一般的には連体節の内容と主節の内容の連言と見なされることが多い。たとえば (683) の真理条件は、(684) の真理条件とほぼ等価であるとされている。

(684) 鈴木氏は今回会長を辞任した。そして、鈴木氏は当分の間静養したいともらした。

しかし、これについては一考の余地がある。次の例を考えてみよう。

(685) 一次試験に合格した 70 %の受験者が、本日二次試験に臨んだ。

この文の真理条件は、以下の文の真理条件と等価ではない。

(686) 70 %の受験者が一次試験に合格した。そして、70 %の受験者が本日二次試験に臨んだ。

(686) では、一次試験に合格した 70 %の受験者と、本日二次試験に臨む 70 %の受験者が、必ずしも同一の集団でなくても良い[*3]。しかし、(685) にはそのような意味はない。言い換えれば、(685) の真理条件は次の文の真理条件と等価である。

(687) 70 %の受験者が一次試験に合格した。そして、<u>一次試験に合格した受験者達全員</u> が本日二次試験に臨んだ。

[*2] 井上 (1976, p.165 (11)) による。
[*3] つまり、一次試験不合格者も二次試験を受験できたり、二次試験だけで合格できるシステムがあるような状況を想定すればよい。

すなわち、これは Evans (1980) の E タイプ照応 (E-type anaphora)[*4]である。ただし (685) は単文でありながら、(687) と並行するような構造を持っていることになる。

したがって (685) の一文目と二文目の意味表示は、大雑把にいえば次のようなものである必要がある。

70 % (x)[受験者 (x)][一次試験合格 (x)]

$\forall x$(受験者 $(x) \wedge$ 一次試験合格 $(x))) \rightarrow$ (二次試験臨む (x))

このことを踏まえて、(685) からこのような意味表示を導出する連体節化演算子を導入する。

(688) $\quad rel_{nr} \vdash \boldsymbol{T}/(\boldsymbol{T}\backslash NP_{\boxed{1}})/(\boldsymbol{T}/(\boldsymbol{T}\backslash NP_{\boxed{1}}))\backslash S_{attr \atop \pm l, \pm t, \pm p, \pm n}$

$\quad : \lambda P.\lambda Q.\lambda R.\lambda \vec{x}.\varepsilon^i x.\varepsilon e.(Q(\lambda y.x \approx y; Pe); ref^i(x)[Rx\vec{x}])$

まず、制限用法連体節の場合と同様、「一時試験に合格した」の導出には pro が関わっていると考える。

(689)

$$\cfrac{\cfrac{pro_i}{\boldsymbol{T}/(\boldsymbol{T}\backslash NP_{ga|o|ni})}\text{(596)} \quad \cfrac{\text{試験に合格した}}{S_{v::S \atop term|attr,+t}\backslash NP_{ga}}}{\cfrac{S_{v::S \atop term|attr,+t}}{: \lambda e.ref^i(z)[ta(e); gookaku(e,z,siken)]} \quad \cfrac{rel_{nr}}{\boldsymbol{T}/(\boldsymbol{T}\backslash NP_{\boxed{1}})/(\boldsymbol{T}/(\boldsymbol{T}\backslash NP_{\boxed{1}}))\backslash S_{attr \atop \pm l, \pm t, \pm p, \pm n}}\text{(688)}}$$

$: \lambda Q.\lambda R.\lambda \vec{x}.\varepsilon^i x.\varepsilon e.(Q(\lambda y.x \approx y; ref^i(z)[ta(e); gookaku(e,z,siken)]); ref^i(x)[Rx\vec{x}])$

[*4] 以下は Evans (1980) における E タイプ照応の例である。

(i) Few congressmen admire Kennedy. <u>They</u> are junior.

二つ目の下線部 "they" の指す内容は "the congressmen who admire Kennedy" でありそれ以外の解釈はないが、そのような構造は一文目の中に直接見出すことはできない。この真理条件をどのように導出するかは、照応 (anaphora) 現象の本質に関わる問題であり、近年の形式意味論のテーマの一つである。

(690)

$$\cfrac{\cfrac{(689)\ \ \overline{\begin{array}{c}\text{試験に合格した}\\ \boldsymbol{T}/(\boldsymbol{T}\backslash NP_{\boxed{1}})/(\boldsymbol{T}/(\boldsymbol{T}\backslash NP_{\boxed{1}}))\\ :\lambda Q.\lambda R.\lambda\vec{x}.\varepsilon^i x.\varepsilon e.(Q(\lambda y.x\approx y;\\ ref^i(z)[ta(e); gookaku(e,z,siken)]);ref^i(x)[Rx\vec{x}])\end{array}}\quad (539)\ \ \overline{\begin{array}{c}70\,\%\text{の受験者}\\ \boldsymbol{T}/(\boldsymbol{T}\backslash NP_{nc})\\ :\lambda P.\lambda\vec{x}.70\%(x)\\ [\varepsilon s.jukensya(s,x)][Px\vec{x}]\end{array}}}{\begin{array}{c}\boldsymbol{T}/(\boldsymbol{T}\backslash NP_{nc})\\ :\lambda R.\lambda\vec{x}.\varepsilon^i x.\varepsilon e.(70\%(y)[\varepsilon s.jukensya(s,y)][x\approx y;\\ ref^i(z)[ta(e); gookaku(e,z,siken)]];ref^i(x)[Rx\vec{x}])\end{array}}}{}>$$

ここで二点ほど注意が必要である。第一に、制限用法の連体節と同様、連体節に空所が存在する必要はない。空所のない非制限用法連体節としては、次のような例がある。

(691) 阪神タイガースが優勝した250万人の大阪市民は、優勝パレードに沸き返った。

ただし、この場合「250万人」が「大阪市民」全体の人数でなければならない。なぜなら、空所のない連体節では、「大阪市民」を「阪神タイガースが優勝した」市民と、そうでない市民に区別することができないからである。

第二に、一見非制限用法の連体節に見える場合でも、制限用法の連体節が「かき混ぜ規則」によって節頭に来ている場合があることである。次の例を見てみる。

(692) <u>テストを受けた70%の受験者</u>が、試験内容が難しすぎると感じた。

この文は曖昧であるが、下線部を非制限連体節として解釈すれば、真理条件は(693a)のようになるであろう。しかし、この文にはその他に(693b)のような真理条件も存在する。

(693) a. 70%の受験者がテストを受け、その全員が試験内容が難しすぎると感じた。
    b. テストを受けた受験者のうち70%が、試験内容が難しすぎると感じた。

制限用法連体節がかき混ぜで文頭に来ている例には、他にも以下のようなものがある。この文の下線部を非制限用法連体節として解釈すると、す

9.1. 連体節　255

べての学生が英語を習っていることになってしまう。

(694)　<u>英語を習っているすべての学生</u> が留学を希望している。

　　　　真理条件：すべての学生が英語を習っており、留学を希望している。

このような場合の導出を示す。以下の例は (693b) の場合である。まず連体節「テストを受けた」に、かき混ぜ規則が適用される。

(695)

$$\cfrac{\cfrac{\text{テストを受けた}}{S_{v::1\;attr,+t}} \quad (670)\cfrac{rel}{N/N\backslash S_{attr\;\pm l,\pm t,\pm p,\pm n}}}{\cfrac{: \lambda e.\forall x(ta(e); ukeru(e,x,tesuto))\qquad : \lambda P.\lambda N.\lambda x.\lambda s.\varepsilon e.\Delta x.(Pe); Nxs}{\cfrac{N/N}{\cfrac{: \lambda N.\lambda x.\lambda s.\varepsilon e.\Delta x.(\forall x(ta(e); ukeru(e,x,tesuto))); Nxs}{T/N/(T/N)}\;>\sigma}}<}$$
$$: \lambda P.\lambda N.P(\lambda x.\lambda s.\varepsilon e.\Delta x.(\forall x(ta(e); ukeru(e,x,tesuto))); Nxs$$

次に、これが量化詞「70％の」と接続すると「かき混ぜ」が行われ、スコープ上は「テストを受けた」が「70％の」の下に接続していることが、最終的な意味表示において示されている。

(696)

$$\cfrac{(695)\cfrac{\text{テストを受けた}}{T/N/(T/N)} \quad (534)\cfrac{70\%\text{の}}{T/(T\backslash NP_{nc})/N}}{T/(T\backslash NP_{nc})/N}>$$

$: \lambda P.\lambda N.P(\lambda x.\lambda s.\varepsilon e.$　　　　$: \lambda N.\lambda P.\lambda \vec{x}.70\%(x)$
$\Delta x.(\forall x(ta(e); ukeru(e,x,tesuto))); Nxs)$　$[\varepsilon s.Nsx][P x\vec{x}]$

$: \lambda N.\lambda P.\lambda \vec{x}.70\%(x)[\varepsilon s.\varepsilon e.\Delta x.(\forall x(ta(e); ukeru(e,x,tesuto))); Nxs)][Px\vec{x}]$

9.1.3　注意すべき構文

以下の下線部のように、文語残存連体形が名詞句として用いられるものがある。

(697)　a.　同時に必要なのは、<u>守るべき</u> は守る、<u>闘うべき</u> は闘う組合の原点である。

b. まず 実施すべき は労働市場の整備ではなかろうか。

この構文は文語文法の連体節の名残であると考えられ、そのせいか用いることができるのは文語残存連用形に限られる。本書では、連体節化演算子に以下のようなバリアントが存在すると考える。

(698)　$rel_{+l} \vdash N\backslash S_{attr \atop +l,\pm t,\pm p,\pm n} \quad : \lambda P.\lambda x.\lambda s.\varepsilon e.Pe$

これを用いて、「守るべき（は守る）」を導出しよう。まず、「守る」にはガ格とヲ格に pro が接続するとする。

(699)

$$\cfrac{\cfrac{pro}{\cfrac{T/(T\backslash NP_{ga|o|ni})}{:\lambda P.\lambda \vec{x}.ref(x)[P x \vec{x}]}}(596) \quad \cfrac{\cfrac{pro}{\cfrac{T/(T\backslash NP_{ga|o|ni})}{:\lambda P.\lambda \vec{x}.ref(y)[P y \vec{x}]}}(596) \quad \cfrac{\cfrac{守る}{\cfrac{S_{v::5::r \atop term|attr}\backslash NP_{ga}\backslash NP_o}{:\lambda y.\lambda x.\lambda e.mamoru(e,x,y)}}(94)}{\cfrac{S_{v::5::r \atop term|attr}\backslash NP_{ga}}{:\lambda x.\lambda e.ref(y)[mamoru(e,x,y)]}}>}{\cfrac{S_{v::5::r \atop term|attr}}{:\lambda e.ref(x)[ref(y)[mamoru(e,x,y)]]}}>$$

「べき」が接続した形式は $+l$ 指定となるが、(698) の連体節化演算子を用いることで以下のように普通名詞を導出できる。

(700)

$$\cfrac{\cfrac{\cfrac{守る}{\cfrac{S_{v::5::r \atop term|attr}}{:\lambda e.ref(x)[ref(y)[mamoru(e,x,y)]]}}(699) \quad \cfrac{\cfrac{べき}{\cfrac{S_{a::BES \atop attr,+l}\backslash S_{v \atop term,\pm l}}{:\lambda P.\lambda e.besi(Pe)}}(486)}{\cfrac{S_{a::BES \atop attr,+l}}{:\lambda e.besi(ref(x)[ref(y)[mamoru(e,x,y)]])}}<} \quad \cfrac{rel_{+l}}{\cfrac{N\backslash S_{attr \atop +l,\pm t,\pm p,\pm n}}{:\lambda P.\lambda x.\lambda s.\varepsilon e.Pe}}(698)}{\cfrac{N}{:\lambda P.\lambda x.\lambda s.\varepsilon e.besi(ref(x)[ref(y)[mamoru(e,x,y)]])}}<$$

また、丁寧形の連体節は名詞を修飾できないとする学説も存在する。たとえば、庵 (2001, p.50) では以下のような例が挙げられている。

(701)　a. 太郎が本を書きました。

　　　b. 太郎が { 書いた／*書きました } 本はおもしろいです。

(702) 野菜を｛食べない／*食べません｝子はよく病気をします。（否定・非過去）

(703) 映画に｛行かなかった／*行きませんでした｝人はだれですか。（否定・過去）

しかし、実際には以下のように丁寧形の連体節が名詞を修飾する事例は少なくない。もし上に挙げた例が不適格であるとするならば、統語的な理由以外の理由に依るものと考えられる。

(704) a. そこに、予め刻んでおきましたタマネギを加えます。
　　　b. 毎日ご愛飲頂いても体重に変化が見られません場合は、全額返金致します。
　　　c. 会場でご案内できませんでした商品については、係員にお尋ね下さい。

9.2 連用節

9.2.1 連用節の係り方

主節に副詞的に係る連用節の導入表現には、用言の連用形、テ形、終止形＋「が」、連用形＋「そして」「かつ」「また」等の接続詞、終止形＋「し」等がある。

(705) a. 太郎がドラムを叩き、ピアノを弾く（こと）
　　　b. 太郎がドラムを叩いて、ピアノを弾く（こと）
　　　c. 太郎がドラムを叩くが、ピアノを弾く（こと）
　　　d. 太郎がドラムを叩き、そしてピアノを弾く（こと）
　　　e. 太郎がドラムを叩くし、ピアノを弾く（こと）

(706) a. 太郎がドラムを叩き、花子がピアノを弾く（こと）
　　　b. 太郎がドラムを叩いて、花子がピアノを弾く（こと）
　　　c. 太郎がドラムを叩くが、花子がピアノを弾く（こと）

　　　　d.　　太郎がドラムを叩き、そして花子がピアノを弾く（こと）

　　　　e.　　太郎がドラムを叩くし、花子がピアノを弾く（こと）

ところが注意深く観察すると、これらは統語的な性質において二つのグループに分かれ、以下のような差異を示す。

(707)　a.　　太郎がピアノを、ドラムを叩き、弾く（こと）

　　　　b.　　太郎がピアノを、ドラムを叩いて、弾く（こと）

　　　　c.　　太郎がピアノを、ドラムを叩くが、弾く（こと）

　　　　d.　＊太郎がピアノを、ドラムを叩き、そして弾く（こと）

　　　　e.　＊太郎がピアノを、ドラムを叩くし、弾く（こと）

(708)　a.　　花子がピアノを、太郎がドラムを叩き、弾く（こと）

　　　　b.　　花子がピアノを、太郎がドラムを叩いて、弾く（こと）

　　　　c.　　花子がピアノを、太郎がドラムを叩くが、弾く（こと）

　　　　d.　＊花子がピアノを、太郎がドラムを叩き、そして弾く（こと）

　　　　e.　＊花子がピアノを、太郎がドラムを叩くし、弾く（こと）

本研究では、第一のグループと第二のグループのそれぞれについて、節を連用節に変える「連用化演算子」が存在すると考える。第一のグループに属する形式には、連用形、テ形、および終止形＋「が」があり、以下のような連用化演算子が適用される。

(709)　　$\varnothing \vdash S_{\boxed{1}}\backslash\$_1\backslash\$_2/(S_{\boxed{1}}\backslash\$_1\backslash\$_2)\backslash(S_{v|a\atop \substack{cont \\ \pm l,\pm n}}\backslash\$_1)$

$$: \lambda P.\lambda Q.\lambda \vec{y}.\lambda \vec{x}.\lambda e.\varepsilon e e'.P\vec{x}e'; Q\vec{y}\vec{x}e$$

(710)　　$\varnothing \vdash S_{\boxed{1}}\backslash\$_1\backslash\$_2/(S_{\boxed{1}}\backslash\$_1\backslash\$_2)\backslash(S_{v|a|n\atop \substack{te \\ \pm n}}\backslash\$_1)$

$$: \lambda P.\lambda Q.\lambda \vec{y}.\lambda \vec{x}.\lambda e.\varepsilon e e'.P\vec{x}e'; Q\vec{y}\vec{x}e$$

(711)　　が $\vdash S_{\boxed{1}}\backslash\$_1\backslash\$_2/(S_{\boxed{1}}\backslash\$_1\backslash\$_2)\backslash(S_{v|a|n\atop \substack{term \\ \pm t,\pm n}}\backslash\$_1)$

$$: \lambda P.\lambda Q.\lambda \vec{y}.\lambda \vec{x}.\lambda e.\varepsilon e e'.P\vec{x}e'; Q\vec{y}\vec{x}e$$

9.2. 連用節　259

　第二のグループに属する形式には、連用形＋「そして」、および終止形＋「し」があり、以下のような連用化演算子が適用される。これらは第一のグループよりも等位接続的であると云うこともできる。

(712)　そして $\vdash S_{\boxed{1}}/S_{\boxed{1}}\backslash S_{cont \atop \pm l, \pm t, \pm p}$ 　:　$\lambda P.\lambda Q.\lambda e.\varepsilon e'.Pe'; Qe$

(713)　し $\vdash S_{\boxed{1}}/S_{\boxed{1}}\backslash S_{term \atop \pm t, \pm p}$ 　:　$\lambda P.\lambda Q.\lambda e.\varepsilon e'.Pe'; Qe$

　二つの連用化演算子が導出において示す差を見てみよう。第一のグループの代表として連用形、第二のグループの代表として「し」を用いることにする。準備として「ドラムを叩き」および「ドラムを叩くし」の導出を示しておく。

(714)

$$\begin{array}{c}
\text{ドラムを} \quad (518) \qquad \text{叩き} \quad (93) \\
T/(T\backslash NP_o) \qquad S_{v::5::k \atop cont}\backslash NP_{ga}\backslash NP_o \\
: \lambda P.P(doramu) \qquad : \lambda y.\lambda x.\lambda e.tataku(e, x, y) \\
\hline
S_{v::5::k \atop cont}\backslash NP_{ga} \qquad \qquad \emptyset \quad (709) \\
: \lambda x.\lambda e.tataku(e, x, doramu) \qquad S_{\boxed{1}}\backslash \$_1\backslash \$_2/(S_{\boxed{1}}\backslash \$_1\backslash \$_2) \\
\backslash (S_{v|a \atop cont \atop \pm l, \pm n}\backslash \$_1) \\
: \lambda P.\lambda Q.\lambda \vec{y}.\lambda \vec{x}.\lambda e. \\
\varepsilon e'.P\vec{x}e'; Q\vec{y}\vec{x}e \\
\hline
S_{\boxed{1}}\backslash NP_{ga}\backslash \$_2/(S_{\boxed{1}}\backslash NP_{ga}\backslash \$_2) \\
: \lambda Q.\lambda \vec{y}.\lambda x.\lambda e.\varepsilon e'.tataku(e', x, doramu); Q\vec{y}xe
\end{array}$$

(715)

$$\begin{array}{c}
\text{ドラムを} \quad (518) \qquad \text{叩く} \quad (94) \\
T/(T\backslash NP_o) \qquad S_{v::5::k \atop term|attr}\backslash NP_{ga}\backslash NP_o \\
: \lambda P.P(doramu) \qquad : \lambda y.\lambda x.\lambda e.tataku(e, x, y) \qquad \text{し} \quad (713) \\
\hline
S_{v::5::k \atop term|attr}\backslash NP_{ga} \qquad \qquad S_{\boxed{1}}/S_{\boxed{1}}\backslash S_{term \atop \pm t, \pm p} \\
: \lambda x.\lambda e.tataku(e, x, doramu) \qquad : \lambda P.\lambda Q.\lambda e.\varepsilon e'.Pe'; Qe \\
\hline
S_{\boxed{1}}/S_{\boxed{1}}\backslash NP_{ga} \\
: \lambda x.\lambda Q.\lambda e.\varepsilon e'.tataku(e', x, doramu); Qe
\end{array}$$

　(714) と (715) の項構造の違いに留意する。「ピアノを弾く」および「花子がピアノを弾く」については以下のように導出されるものとする。ここでは簡略化のため、「ドラム」および「ピアノ」を固有名詞として扱って

いる。

(716)

$$\cfrac{\cfrac{\text{ピアノを}}{(518) \quad T/(T\backslash NP_o)} \quad \cfrac{\text{弾く}}{(94) \quad S_{v::5::k \atop term|attr}\backslash NP_{ga}\backslash NP_o}}{\cfrac{: \lambda P.P(piano) \quad\quad : \lambda y.\lambda x.\lambda e.hiku(e,x,y)}{\cfrac{S_{v::5::k \atop term|attr}\backslash NP_{ga}}{: \lambda x.\lambda e.hiku(e,x,piano)}}} >$$

(717)

$$\cfrac{\cfrac{\text{花子が}}{(518) \quad T/(T\backslash NP_{ga|o|ni})} \quad \cfrac{\text{ピアノを弾く}}{(716) \quad S_{v::5::k \atop term|attr}\backslash NP_{ga}}}{\cfrac{: \lambda P.P(hanako) \quad\quad : \lambda x.\lambda e.hiku(e,x,piano)}{\cfrac{S_{v::5::k \atop term|attr}}{: \lambda e.hiku(e,hanako,piano)}}} >$$

さて、(705) に示す例については、いずれのグループも文法的である。

(705) a. 太郎がドラムを叩き、ピアノを弾く（こと）

e. 太郎がドラムを叩くし、ピアノを弾く（こと）

まず第一のグループにおいては、(718) のように導出される。この後「太郎」が「ドラムを叩き」および「ピアノを弾く」両方の主語となることが分かる。

(718)

$$\cfrac{\cfrac{\text{ドラムを叩き}}{(714) \quad S_{\boxed{1}}\backslash NP_{ga}\backslash \$_2/(S_{\boxed{1}}\backslash NP_{ga}\backslash \$_2)} \quad \cfrac{\text{ピアノを弾く}}{(716) \quad S_{v::5::k \atop term|attr}\backslash NP_{ga}}}{\cfrac{: \lambda Q.\lambda \vec{y}.\lambda x.\lambda e.\varepsilon e'.tataku(e',x,doramu);Q\vec{y}xe \quad\quad : \lambda x.\lambda e.hiku(e,x,piano)}{\cfrac{S_{v::5::k \atop term|attr}\backslash NP_{ga}}{: \lambda x.\lambda e.\varepsilon e'.tataku(e',x,doramu);hiku(e,x,piano)}}} >$$

一方、第二のグループにおいては、以下のように順関数交差置換規則 (forward crossed substitution) が用いられる。(719) の結果が (718) の結果と等しくなるのが分かる。

定義 2.5.8 （順／逆）関数交差置換規則.

$$>S_\times \frac{(X/Y)\backslash Z : f \quad Y\backslash Z : g}{X\backslash Z : \lambda x. fx(gx)} \qquad <S_\times \frac{Y/Z : g \quad (X\backslash Y)/Z : f}{X/Z : \lambda x. fx(gx)}$$

(719)

$$>S_\times \frac{\text{(715)} \frac{\text{ドラムを叩くし}}{S_{\boxed{1}}/S_{\boxed{1}}\backslash NP_{ga}} \quad \text{(716)} \frac{\text{ピアノを弾く}}{S_{v::5::k \atop term|attr} \backslash NP_{ga}}}{S_{v::5::k \atop term|attr} \backslash NP_{ga}}$$

$$: \lambda x.\lambda Q.\lambda e.\varepsilon e'.tataku(e', x, doramu); Qe \qquad : \lambda x.\lambda e.hiku(e, x, piano)$$

$$: \lambda x.\lambda e.\varepsilon e'.tataku(e', x, doramu); hiku(e, x, piano)$$

(706) の場合も同様である。

(706) a. 太郎がドラムを叩き、花子がピアノを弾く（こと）

e. 太郎がドラムを叩くし、花子がピアノを弾く（こと）

まず第一のグループにおいては、(718) と同様の導出である。*5

(720)

$$> \frac{\text{(518)} \frac{\text{太郎が}}{T/(T\backslash NP_{ga|o|ni})} \quad \text{(714)} \frac{\text{ドラムを叩き}}{S_{v::5::k \atop cont} \backslash NP_{ga}}}{\quad}$$

$$: \lambda P.P(taroo) \qquad : \lambda x.\lambda e.tataku(e, x, doramu)$$

$$\frac{}{S_{v::5::k \atop cont}}$$

$$: \lambda e.tataku(e, taroo, doramu)$$

(709) $\frac{\emptyset}{S_{\boxed{1}}\backslash \$_1\backslash \$_2/(S_{\boxed{1}}\backslash \$_1\backslash \$_2)}$

$\backslash (S_{v|a \atop cont, \pm l, \pm n} \backslash \$_1)$

$: \lambda P.\lambda Q.\lambda \vec{y}.\lambda \vec{x}.\lambda e.$

$\varepsilon e'.P\vec{x}e'; Q\vec{y}\vec{x}e$

$$< \frac{}{S_{\boxed{1}}\backslash \$_2/(S_{\boxed{1}}\backslash \$_2)}$$

$$: \lambda Q.\lambda \vec{y}.\lambda e.\varepsilon e'.tataku(e', taroo, doramu); Q\vec{y}e$$

[*5] ただし (714) では連用化演算子の '$\$_1$' 部分が '$NP_{ga}$' と単一化していたのに対し、(720) では '$\$_1$' 部分はどの要素とも単一化していない。結果として、(721) では、連用節と主節は項を共有しないことになっている。

(721)

$$
\cfrac{
  (720)\cfrac{\text{太郎がドラムを叩き}}{\begin{array}{c}S_{\boxed{1}}\backslash \$_2/(S_{\boxed{1}}\backslash \$_2)\\ :\lambda Q.\lambda\vec{y}.\lambda e.\varepsilon e'.tataku(e',taroo,doramu);Q\vec{y}e\end{array}}
  \quad
  (717)\cfrac{\text{花子がピアノを弾く}}{\begin{array}{c}S_{v::5::k}_{\;term|attr}\\ :\lambda e.hiku(e,hanako,piano)\end{array}}
}{
\begin{array}{c}S_{v::5::k}_{\;term|attr}\\ :\lambda e.\varepsilon e'.tataku(e',taroo,doramu);hiku(e,hanako,piano)\end{array}
} >
$$

第二のグループについては、(706) のように連用節の中に項が揃っている場合は、交差置換規則を用いる必要がない。

(722)

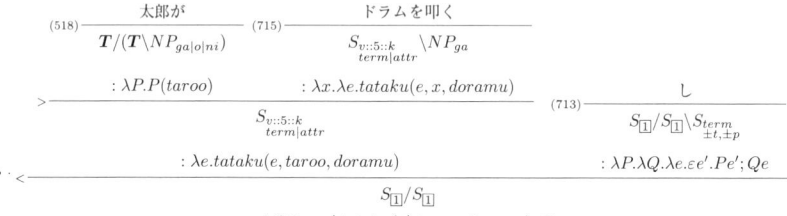

$$
\cfrac{
\cfrac{
(518)\cfrac{\text{太郎が}}{\boldsymbol{T}/(\boldsymbol{T}\backslash NP_{ga|o|ni}) : \lambda P.P(taroo)}
\quad
\cfrac{
(715)\cfrac{\text{ドラムを叩く}}{\begin{array}{c}S_{v::5::k}_{\;term|attr}\backslash NP_{ga}\\ :\lambda x.\lambda e.tataku(e,x,doramu)\end{array}}
}{\begin{array}{c}S_{v::5::k}_{\;term|attr}\\ :\lambda e.tataku(e,taroo,doramu)\end{array}} >
\quad
(713)\cfrac{\text{し}}{\begin{array}{c}S_{\boxed{1}}/S_{\boxed{1}}\backslash S_{term\;\pm t,\pm p}\\ :\lambda P.\lambda Q.\lambda e.\varepsilon e'.Pe';Qe\end{array}}
}{\begin{array}{c}S_{\boxed{1}}/S_{\boxed{1}}\\ :\lambda Q.\lambda e.\varepsilon e'.tataku(e',taroo,doramu);Qe\end{array}} <
}{}
$$

(723)

$$
\cfrac{
(722)\cfrac{\text{太郎がドラムを叩くし}}{\begin{array}{c}S_{\boxed{1}}/S_{\boxed{1}}\\ :\lambda Q.\lambda e.\varepsilon e'.tataku(e',taroo,doramu);Qe\end{array}}
\quad
(717)\cfrac{\text{花子がピアノを弾く}}{\begin{array}{c}S_{v::5::k}_{\;term|attr}\\ :\lambda e.hiku(e,hanako,piano)\end{array}}
}{
\begin{array}{c}S_{v::5::k}_{\;term|attr}\\ :\lambda e.\varepsilon e'.tataku(e',taroo,doramu);hiku(e,hanako,piano)\end{array}
} >
$$

この場合も、(721) と (723) の結果は等しくなる。では、(707) の場合に二つのグループはどのように異なるのであろうか。

(707)　a.　太郎がピアノを、ドラムを叩き、弾く（こと）

　　　e.　＊太郎がピアノを、ドラムを叩くし、弾く（こと）

まず、第一のグループの場合は、'$\$_2$' および '$\lambda\vec{y}$' の指定があるため、項の数が異なっていても接続することができる。以下の例では '$\$_2$' は '$NP_o$' と単一化している。

(724)

$$\cfrac{(714)\cfrac{\text{ドラムを叩き}}{\begin{array}{c}S_{\boxed{1}}\backslash NP_{ga}\backslash \$_2/(S_{\boxed{1}}\backslash NP_{ga}\backslash \$_2)\\ :\lambda Q.\lambda \vec{y}.\lambda x.\lambda e.\varepsilon e'.tataku(e',x,doramu);Q\vec{y}xe\end{array}}\quad (94)\cfrac{\text{弾く}}{\begin{array}{c}S_{\substack{v::5::k\\ term|attr}}\backslash NP_{ga}\backslash NP_o\\ :\lambda y.\lambda x.\lambda e.hiku(e,x,y)\end{array}}}{\begin{array}{c}S_{\substack{v::5::k\\ term|attr}}\backslash NP_{ga}\backslash NP_o\\ :\lambda y.\lambda x.\lambda e.\varepsilon e'.tataku(e',x,doramu);hiku(e,x,y)\end{array}}>$$

しかし、第二のグループの場合は「ドラムを叩き」と「弾く」を接続する術がない。NP_o があるため、交差置換規則も適用できないことが分かる。

(725)

$$*\cfrac{(715)\cfrac{\text{ドラムを叩くし}}{\begin{array}{c}S_{\boxed{1}}/S_{\boxed{1}}\backslash NP_{ga}\\ :\lambda x.\lambda Q.\lambda e.\varepsilon e'.tataku(e',x,doramu);Qe\end{array}}\quad (94)\cfrac{\text{弾く}}{\begin{array}{c}S_{\substack{v::5::k\\ term|attr}}\backslash NP_{ga}\backslash NP_o\\ :\lambda y.\lambda x.\lambda e.hiku(e,x,y)\end{array}}}{??}$$

(708) の場合も同様のコントラストが生じる。

(708) a. 花子がピアノを、太郎がドラムを叩き、弾く（こと）
　　　 b. ＊花子がピアノを、太郎がドラムを叩くし、弾く（こと）

(726) においては、'$\$_2$' および '$\lambda \vec{y}$' が項の数の差を吸収するのに対し、(727) においては連用節を接続する手だてがない。

(726)

$$\cfrac{(720)\cfrac{\text{太郎がドラムを叩き}}{\begin{array}{c}S_{\boxed{1}}\backslash \$_2/(S_{\boxed{1}}\backslash \$_2)\\ :\lambda Q.\lambda \vec{y}.\lambda e.\varepsilon e'.tataku(e',taroo,doramu);Q\vec{y}e\end{array}}\quad (94)\cfrac{\text{弾く}}{\begin{array}{c}S_{\substack{v::5::k\\ term|attr}}\backslash NP_{ga}\backslash NP_o\\ :\lambda y.\lambda x.\lambda e.hiku(e,x,y)\end{array}}}{\begin{array}{c}S_{\substack{v::5::k\\ term|attr}}\backslash NP_{ga}\backslash NP_o\\ :\lambda y.\lambda x.\lambda e.\varepsilon e'.tataku(e',taroo,doramu);hiku(e,x,y)\end{array}}>$$

(727)

$$\ast\frac{(722)\frac{\text{太郎がドラムを叩くし}}{S_{\boxed{1}}/S_{\boxed{1}}}\quad (94)\frac{\text{弾く}}{S_{term}\backslash NP_{ga}\backslash NP_o}}{??}$$
$$\quad :\lambda Q.\lambda e.\varepsilon e'.tataku(e',taroo,doramu);Qe \qquad :\lambda y.\lambda x.\lambda e.hiku(e,x,y)$$

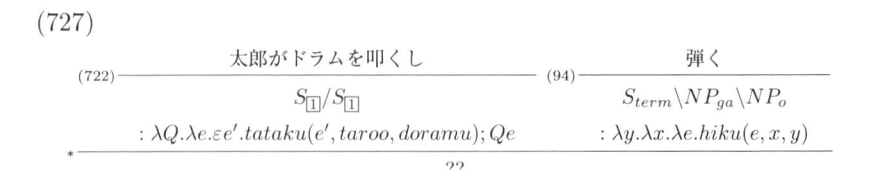

このような対照をこれまでの文法理論で説明することは、特に意味合成まで視野に入れると、極めて難しいのではないだろうか。現象自体は Kuno (1970) 等において「等位接続の深さ」として報告されているが、「何故そうなるか」という疑問には、これまでのところ答えが出されていない[*6]

9.2.2 状詞の副詞的用法

第 4.5 節で述べたように、状詞 +「に」という形式が、主節の様態を表す連用節をなす場合がある。

(211) a. <u>静かに</u> 耳を傾ける。
   b. <u>別々に</u> お金を払う。
   c. <u>劇的に</u> 勝利する。

これらの形式は、第 5.5.2 節および第 6.1.1 節で述べた状詞のニ形とは異なることに注意する。ニ形はすべての状詞に存在するが、第 4.5 節のテスト (207) で見たようにすべての状詞が「に」を伴って副詞化するわけではないからである。この「に」は以下のような語彙項目を持つが、接続先の状詞の素性値として $n::ni$ が指定されているのはそのためである。

[*6] 国語研 (1963)、南 (1964, 1974) による従属節の分類に対しては、戸次 (2007) において私見を述べさせて頂いた。なお、戸次 (2007) では、動詞連用形に接続して連用節をなす「ながら」「つつ」のような表現についても言及している。「ながら」節内の主語は主節の主語にコントロールされることが知られているが、本分析では意味合成も含めてこの現象を捉えることができる。

(270) ながら, つつ ⊢ $S\backslash NP_{ga}\backslash \$/(S\backslash NP_{ga}\backslash \$)\backslash (S^v_{cont}\backslash NP_{ga})$

$\quad :\lambda P.\lambda Q.\lambda \vec{y}.\lambda x.\lambda e.\varepsilon e'.nagara(e,Pxe');Q\vec{y}xe$

(728) に $\vdash \boldsymbol{T}/\boldsymbol{T} \backslash (S_{n::ni \atop stem} \backslash NP_{ga}) : \lambda P.\lambda Q.\lambda \vec{x}.\lambda e.\varepsilon e'.Pee';Q\vec{x}e$

この語彙項目を「静か」と組み合わせた例を挙げる。ここでは「静か」なのは主節のイベント e であるとしておく。

(729)

$$\cfrac{(225)\cfrac{\text{静か}}{\substack{S_{n::da|na|ni} \backslash NP_{ga} \\ stem \\ : \lambda x.\lambda e.sizuka(e,x)}} \quad (728)\cfrac{\text{に}}{\substack{\boldsymbol{T}/\boldsymbol{T} \backslash (S_{n::ni \atop stem} \backslash NP_{ga}) \\ : \lambda P.\lambda Q.\lambda \vec{x}.\lambda e.\varepsilon e'.Pee';Q\vec{x}e}}}{\boldsymbol{T}/\boldsymbol{T} \\ : \lambda Q.\lambda \vec{x}.\lambda e.\varepsilon e'.sizuka(e',e);Q\vec{x}e}<$$

以上が、(211) のように $S_{n::ni}$ が指定された状詞の場合である。一方、$S_{n::\varnothing}$ もしくは $S_{n::to}$ が指定された状詞の場合は、代わりに以下のような語彙項目を用いて連用節を形成する。

(730) $\varnothing \vdash \boldsymbol{T}/\boldsymbol{T} \backslash (S_{n::\varnothing \atop stem} \backslash NP_{ga}) : \lambda P.\lambda Q.\lambda \vec{x}.\lambda e.\varepsilon e'.Pee';Q\vec{x}e$

(731) と $\vdash \boldsymbol{T}/\boldsymbol{T} \backslash (S_{n::to \atop stem} \backslash NP_{ga}) : \lambda P.\lambda Q.\lambda \vec{x}.\lambda e.\varepsilon e'.Pee';Q\vec{x}e$

(732)

$$\cfrac{(228)\cfrac{\text{度々}}{\substack{S_{n::da|no|\varnothing} \backslash NP_{ga} \\ stem \\ : \lambda x.\lambda e.tabitabi(e,x)}} \quad (730)\cfrac{\varnothing}{\substack{\boldsymbol{T}/\boldsymbol{T} \backslash (S_{n::\varnothing \atop stem} \backslash NP_{ga}) \\ : \lambda P.\lambda Q.\lambda \vec{x}.\lambda e.\varepsilon e'.Pee';Q\vec{x}e}}}{\boldsymbol{T}/\boldsymbol{T} \\ : \lambda Q.\lambda \vec{x}.\lambda e.\varepsilon e'.tabitabi(e',e);Q\vec{x}e}<$$

(733)
$$
\begin{array}{c}
\underbrace{\overset{\text{堂々}}{(252)\ \underset{stem}{S_{n::tar|to}}\backslash NP_{ga}}}_{:\lambda x.\lambda e.doodoo(e,x)} \quad \underbrace{\overset{\text{と}}{(731)\ T/T\backslash(\underset{stem}{S_{n::to}}\backslash NP_{ga})}}_{:\lambda P.\lambda Q.\lambda \vec{x}.\lambda e.\varepsilon e'.Pee';Q\vec{x}e} \\
< \overline{\rule{0pt}{0pt}\hspace{6cm}} \\
T/T \\
:\lambda Q.\lambda \vec{x}.\lambda e.\varepsilon e'.doodoo(e',e);Q\vec{x}e)
\end{array}
$$

9.2.3 ヨウニ節

さて、以下のように「〜ように」に導かれる節（以下ヨウニ節）は、第 6.3.1 節 (493) で述べた状詞性接尾語「ようだ」が第 9.2.2 節 (728) の「に」によって副詞化したものであると考えられる。

(734) 助監督達が、まるで雨が降っているように水を蒔いた。

すなわち、「水を蒔く」というイベントが「まるで雨が降っているような」イベントであることが述べられている。しかし以下の例では、状詞性接尾語「ようだ」の副詞化したものとは意味が異なっている。

(735)　a. 太郎は受験に合格するように、神仏に祈った。
　　　　b. 太郎はご加護を下さるように、神仏に祈った。
　　　　c. 太郎は明日雨が降るように、神仏に祈った。

すなわち、「神仏に祈る」というイベントが「受験に合格するような」イベントである、ということが述べられているわけではない。したがって、これらは状詞の副詞的用法とは区別する必要がある。

本分析では、(735) のようなヨウニ節の統語範疇を、S_{yooni} と見なす。活用形としての $yooni$ は少々例外的な形式であるとも言えるが、第 7.1 節で述べた $NP_{niyotte}$ に通じるものである。元々は複合的な形式（状詞「ようだ」の副詞化）であり、統語的・意味的な構造を保っていたものが、独自の意味を持つ形式に変化したものと考えられる。

(736)　ように ⊢ $S_{yooni} \backslash S_{attr \atop \pm n} : id$

　ヨウニ節を取る動詞には、(735) のように主語コントロールがあるものと、そうでないものがある。(735a)(735b) は、それぞれ従属節に明示的な主語が現れていない例、(735c) は従属節に主語が現れている例である。従属節の意味的な主語については、(735a) では「受験に合格する」のは主節の主語である「太郎」であり、(735b) では「ご加護を下さる」のは主節のニ格目的語である「神仏」、(735c) では「降る」のは従属節の主語である「雨」である。

　したがって、「祈る」のような動詞においては、ヨウニ節の主語はコントロールされておらず、任意の主語を持つことができる。(735a) および (735b) においては、ヨウニ節の主語は pro であろう。このような動詞の語彙項目は以下のようなものである。

(737)　祈 ⊢ $S_{v::5::r \atop stem} \backslash NP_{ga} \backslash S_{yooni} : \lambda P.\lambda x.\lambda e.(inoru(e, x, \varepsilon e'.Pe')$

　導出は以下の通りである。
(738)

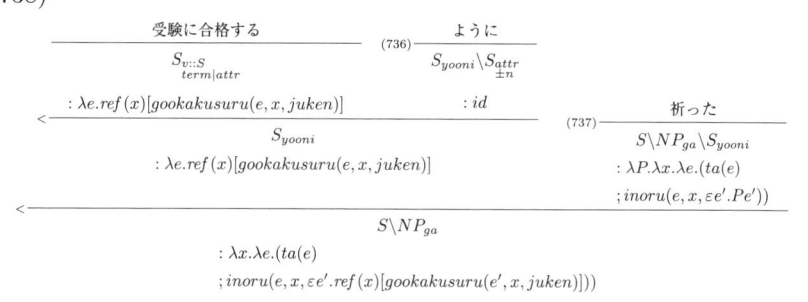

$$\cfrac{\cfrac{\cfrac{受験に合格する}{S_{v::S \atop term|attr} : \lambda e.ref(x)[gookakusuru(e,x,juken)]} \quad \cfrac{(736)\;ように}{S_{yooni}\backslash S_{attr \atop \pm n} : id}}{S_{yooni} : \lambda e.ref(x)[gookakusuru(e,x,juken)]}< \quad \cfrac{(737)\;祈った}{S\backslash NP_{ga}\backslash S_{yooni} : \lambda P.\lambda x.\lambda e.(ta(e); inoru(e,x,\varepsilon e'.Pe'))}}{S\backslash NP_{ga} : \lambda x.\lambda e.(ta(e); inoru(e,x,\varepsilon e'.ref(x)[gookakusuru(e',x,juken)]))}<$$

　一方、次のような動詞においてはヨウニ節の主語はコントロールされており、ヨウニ節の意味的な主語は、主節のニ格目的語に限られる。

(739)　a. 板前は弟子に大根の皮を剥くように命じた。
　　　　b. 太郎は次郎にパーティに来るように頼んだ。

　たとえば、ヨウニ節に主節のニ格目的語と異なる主語が現れることはできない。

(740)　a.　*板前は弟子に新入りが大根の皮を剥くように命じた。

　　　　b.　*太郎は次郎に花子がパーティに来るように頼んだ。

このように、ヨウニ節を項として取る動詞のうち、主語コントロールを持つ場合については、$S_{yooni}\backslash NP_{ga}$ を項として取ると考える。語彙項目は、以下のように与えられる。

(741)　a.　命じ, めいじ $\vdash S_{\substack{v::1\\stem}} \backslash NP_{ga}\backslash NP_{ni}\backslash(S_{yooni}\backslash NP_{ga})$

　　　　　　　　　　　$: \lambda P.\lambda y.\lambda x.\lambda e.meijiru(e,x,y,\varepsilon e'.Pye')$

　　　　b.　頼, たの $\vdash S_{\substack{v::1\\stem}} \backslash NP_{ga}\backslash NP_{ni}\backslash(S_{yooni}\backslash NP_{ga})$

　　　　　　　　　　　$: \lambda P.\lambda y.\lambda x.\lambda e.tanomu(e,x,y,\varepsilon e'.Pye')$

導出は以下の通りである。

(742)

$$\cfrac{\cfrac{\cfrac{\text{パーティに来る}}{S_{\substack{v::K\\term|attr}}\backslash NP_{ga}} \quad \cfrac{\text{ように}}{S_{yooni}\backslash S_{\substack{attr\\\pm n}}}(736)}{\cfrac{S_{yooni}}{:\lambda x.\lambda e.kuru(e,x,party)}} \quad \cfrac{\text{頼}}{S_{\substack{v::1\\stem}}\backslash NP_{ga}\backslash NP_{ni}\backslash(S_{yooni}\backslash NP_{ga}) : \lambda P.\lambda y.\lambda x.\lambda e.tanomu(e,x,y,\varepsilon e'.Pye')}(741b)}{S\backslash NP_{ga}\backslash NP_{ni} : \lambda y.\lambda x.\lambda e.tanomu(e,x,y,\varepsilon e'.kuru(e',y,party))}$$

9.2.4　動詞ニ形

一方、動詞のニ形（第 5.5.2 節）には、主節の動作の目的を表す用法がある。

(743)　a.　イタリア料理を食べに行く。

　　　　b.　冬物の服を買いに来た。

　　　　c.　忘れ物を取りに戻った。

これらの節は「〜するために」という意味を表すため、「食べに行く」は「食べ∅するために行く」の省略によって生じる、とする説（Martin (1975, p.404)）がある。しかし、これらの連用形は、移動を表す特定の動詞としか共起しないことが知られている。以下の例では、「〜するために」と置き換えれば文法的であるにも関わらず、上記の「に」が使えない。

(744) a. ＊イタリア料理を食べにバルサミコを買った。
   b. 　イタリア料理を食べるためにバルサミコを買った。

(745) a. ＊冬物の服を買いにボーナスをおろした。
   b. 　冬物の服を買うためにボーナスをおろした。

(746) a. ＊忘れ物を取りに学校に電話した。
   b. 　忘れ物を取るために学校に電話した。

したがって、省略による分析は妥当とは言えず、これらの連用形は主節動詞の項であると考えられる。

(747)

$$\begin{array}{c}
\cfrac{\cfrac{\text{イタリア料理を}}{T/(T\backslash NP_o)} \quad \cfrac{\text{食べ}}{S_{v::1\atop neg|cont|euph::t}\backslash NP_{ga}\backslash NP_o}}{\cfrac{S_{v::1\atop neg|cont|euph::t}\backslash NP_{ga}}{\lambda x.\lambda e.taberu(e,x,itariaryoori)}} \quad \cfrac{\text{に}}{S_{\boxed{1}\atop ni}\backslash S_{v::\boxed{1}\atop cont}}
\end{array}$$

本分析では、これらの節をニ節と呼ぶ。一方、ニ節を項とする移動動詞には、以下のようなものがある（城田 (1998, p.102)）。

(748) 行く、来る、戻る、出る、出かける、入る、赴く、寄る、立ち寄る、走る、歩く、向かう、登る、降りる、立つ、逃げる、押し寄せる、群がる、帰る、引き返す、等

これらの動詞は、以下のような語彙項目を持つと考えられる。

(749) 行, い $\vdash S_{v::5::IKU \atop stem} \backslash NP_{ga} \backslash NP_{ni} \backslash (S_{v_{ni}} \backslash NP_{ga})$

$: \lambda P.\lambda y.\lambda x.\lambda e.mokuteki(e, \varepsilon e'.Pxe'); iku(e,x,y)$

$\varnothing \vdash S_{v::K \atop stem} \backslash NP_{ga} \backslash NP_{ni} \backslash (S_{v_{ni}} \backslash NP_{ga})$

$: \lambda P.\lambda y.\lambda x.\lambda e.mokuteki(e, \varepsilon e'.Pxe'); kuru(e,x,y)$

戻, もど $\vdash S_{v::5::r \atop stem} \backslash NP_{ga} \backslash NP_{ni} \backslash (S_{v_{ni}} \backslash NP_{ga})$

$: \lambda P.\lambda y.\lambda x.\lambda e.mokuteki(e, \varepsilon e'.Pxe'); modoru(e,x,y)$

降り, おり $\vdash S_{v::1 \atop stem} \backslash NP_{ga} \backslash NP_{o} \backslash (S_{v_{ni}} \backslash NP_{ga})$

$: \lambda P.\lambda y.\lambda x.\lambda e.mokuteki(e, \varepsilon e'.Pxe'); oriru(e,x,y)$

...

ニ節が動作の目的を表すことは、動詞の側の意味表示に含まれている。このことは、以下の「かかる」のように[*7]、必ずしも「書きに」「食べに」が目的を表さない場合があることを考えると必然的である。

(750) a. 書きにかかる

b. 食べにかかる

(749) に挙げた語彙項目は、「降りる」を除いては、ニ格名詞句とニ節の両方を項として持つ。その理由は、以下のようにニ格名詞句とニ節が同時に現れる場合があるからである。

(751) a. レストランにイタリア料理を食べに行く。

b. デパートに冬物の服を買いに来た。

c. 学校に忘れ物を取りに戻った。

[*7] このような「かかる」の用法は、城田 (1998, p.102) において指摘されている。なお、以下のように、動詞連用形が名詞句に転化している場合とは区別する必要がある。

(i) a. 遊びに熱中する。

b. 動きに注目する。

9.2. 連用節

「イタリア料理を食べに」と「行く」の接続は以下のようになる。

(752)

$$\cfrac{(747)\cfrac{\text{イタリア料理を食べに}}{\underset{ni}{S_{v::1}}\backslash NP_{ga}} \quad (749)\cfrac{\text{行}}{\underset{stem}{S_{v::5::IKU}}\backslash NP_{ga}\backslash NP_{ni}\backslash (S^v_{ni}\backslash NP_{ga})}}{\underset{stem}{S_{v::5::IKU}}\backslash NP_{ga}\backslash NP_{ni}} <$$

$:\lambda x.\lambda e.taberu(e,x,itariaryoori)$ $:\lambda P.\lambda y.\lambda x.\lambda e.$
$mokuteki(e,\varepsilon e'.Pxe');iku(e,x,y)$

$:\lambda y.\lambda x.\lambda e.mokuteki(e,\varepsilon e'.taberu(e',x,itariaryoori));iku(e,x,y)$

このとき、ニ節内のガ格名詞句は、主節ガ格名詞句のコントロールを受けていることに注意する。たとえば、以下のような構文は排除される。

(753)　　＊太郎が、花子がイタリア料理を食べに行く。

　　　（意図する読み：花子がイタリア料理を食べるために、太郎がどこかへ行く）

その理由は、上の文の導出過程 (754)(755) に現れる。まず「花子がイタリア料理を食べに」は以下のように導出される。「食べる」のすべての項が節内に現れることによって、全体の統語範疇は S_{ni} となる。

(754)

$$\cfrac{(518)\cfrac{\text{花子が}}{T/(T\backslash NP_{ga})} \quad (747)\cfrac{\text{イタリア料理を食べ}}{\underset{neg|cont|euph::t}{S_{v::1}}\backslash NP_{ga}}}{\underset{neg|cont|euph::t}{S_{v::1}}} \quad (376)\cfrac{\text{に}}{S_{\boxed{1}}\backslash S_{v:\boxed{1}}}$$

$:\lambda P.P(hanako)$ $:\lambda x.\lambda e.taberu(e,x,itariaryoori)$ $:id$

$:\lambda e.taberu(e,hanako,itariaryoori)$

$\underset{ni}{S_{v::1}}$

$:\lambda e.taberu(e,hanako,itariaryoori)$

しかし以下に示すように、(754) が「行く」と接続する方法は存在しない。したがって、(753) を導出することはできないのである。

(755)

$$\cfrac{\cfrac{\text{花子がイタリア料理を食べに}}{\underset{ni}{S_{v::1}_{stem}} : \lambda e.taberu(e,hanako,itariaryoori)} (754) \quad \cfrac{\text{行}}{\underset{stem}{S_{v::5::IKU}}\backslash NP_{ga}\backslash NP_{ni}\backslash(S_v\backslash NP_{ga}) : \lambda P.\lambda y.\lambda x.\lambda e.mokuteki(e,\varepsilon e'.Pxe');iku(e,x,y)} (749)}{*??}$$

一方、ヲ格名詞句は必ずしもニ節内部にある必要はない。たとえば、(752) とは別に、以下のような導出が存在する。

(756)

$$\cfrac{\cfrac{\cfrac{\text{食べ}}{\underset{neg|cont|euph::t}{S_{v::1}}\backslash NP_{ga}\backslash NP_o} : \lambda y.\lambda x.\lambda e.taberu(e,x,y)}{S_{v::1}_{ni}\backslash NP_{ga}\backslash NP_o : \lambda y.\lambda x.\lambda e.taberu(e,x,y)} \quad \cfrac{\text{に}}{\underset{ni}{S_{\boxed{1}}}\backslash S_{v_{\boxed{1}}cont} : id} \quad \cfrac{\text{行}}{\underset{stem}{S_{v::5::IKU}}\backslash NP_{ga}\backslash NP_{ni}\backslash(S_v\backslash NP_{ga}) : \lambda P.\lambda y.\lambda x.\lambda e.mokuteki(e,\varepsilon e'.Pxe');iku(e,x,y)}}{\underset{stem}{S_{v::5::IKU}}\backslash NP_{ga}\backslash NP_{ni}\backslash NP_o : \lambda z.\lambda y.\lambda x.\lambda e.mokuteki(e,\varepsilon e'.taberu(e',x,z));iku(e,x,y)}$$

この導出が存在することにより、以下のような係り結びが可能になると考えられるが、本書では紙面の都合上、詳しく述べない。

(757) 太郎はイタリア料理しか食べにいかない。

この構文は、連用節の場合と異なり、ニ節と主節の間で項の共有ができない。たとえば、(758a) は連用節の例であるが、「車を調べるために、車を降りた」という意味に解釈可能である。一方、(758b) はニ節の例であるが、「何かを調べに車を降りた」という意味か、「車を調べに何かを降りた」という意味にしかならない。

(758) a. 太郎は車を、調べるために降りた。
　　　b. #太郎は車を、調べに降りた。

この理由は、(758a) には (759) に示すように交差置換規則が適用可能であるが、(758b) には不可能であり、(760) と (761) に示すように「調べ」か「降りた」のいずれかに pro を用いざるを得ないことに依る。以下、統語範

(759)

(760)

(761)

9.3 条件節

9.3.1 「ば」と「ならば」—活用語尾か、接続助詞か、助動詞か

「飛べば」「美しければ」のような形式においては、動詞については $-(r)eba$、形容詞については $-kereba$ を活用語尾と見なすのが一般的である。しかし、次の事実を考慮すると問題がないとは言えない。

1. 「食わば」「美しからば」のように、文語文法のいわゆる未然形に「ば」が接続する場合が残存していること。特に、ワ行五段活用動詞・トウ型活用動詞には数多く見られる。

    - 戦わば、問わば、宣わば、等。

2. 「食えど」「食わねど」のように、逆接の接続助詞「ど」が条件形に接続すること。

    - 呼べど答えず、捜せど見えず。
    - 行けども行けども砂ばかりだ。

したがって、-(r)eba や -kereba を動詞・形容詞の活用語尾と考えるのは妥当ではなく、以下に見るように、「食わ」「食え」「食わね」等の活用形と、「ば」「ど」等の接続助詞が接続していると考えるべきであろう。

(762) a.　　食わ＋ば
　　　b.　　食え＋ば
　　　c.　　食わね＋ば

(763) a.　＊食わ＋ど
　　　b.　　食え＋ど
　　　c.　　食わね＋ど

(764) a.　　美しから＋ば
　　　b.　　美しけれ＋ば

(765) a.　＊美しから＋ど
　　　b.　　美しけれ＋ど*8

上記の分布は、これらの形式が以下のような接続条件を持つことを示唆している。

---

*8 「美しいけれど」とは別の形式である。「けれど」は用言の終止形に接続すると考えられる。例：食べるけれど、食べたけれど、静かだけれど、静かだったけれど

- 「食わ」は文語残存打消形、「食え」「食わね」は口語条件形。同様に、「美しから」は文語残存打消形、「美しけれ」は口語条件形[*9]。
- 「ば」は文語残存打消形／口語条件形の両方に、「ど」は口語条件形のみに接続する。

文語残存打消形「食わ」「美しから」は、以下のように「ず」「ぬ、ん」が接続する形式であった（第 5.3.1 節および第 5.3.2 節参照）。

(766) a. 食わず
   b. 食わぬ
   c. 美しからず
   d. 美しからぬ

そして、接続助詞「ば」「ど」の語彙項目は、文語残存打消形もしくは口語条件形に接続する接続助詞として以下のように与えることができる。逆接の意味論については慎重な議論が必要であるが、ここでは単なる連接としておく。

(767) ば $\vdash S_{\boxed{1}}/S_{\boxed{1}}\backslash S_{(neg,+l)|(hyp,\pm l) \atop \pm p, \pm n} : \lambda P.\lambda Q.\lambda e.\varepsilon e'.Pe' \Rightarrow Qe$

(768) ど $\vdash S_{\boxed{1}}/S_{\boxed{1}}\backslash S_{hyp \atop \pm l, \pm p, \pm n} : \lambda P.\lambda Q.\lambda e.\varepsilon e'.Pe'; Qe$

ところが、この分析は三つの問題に直面することになる。まず、過去形の条件形は以下のように、タ接続形＋「たら（ば）」となる。この「ば」は省略でき、現在では省略する方が標準的である。

(769) a. 食ったら（ば）
   b. 美しかったら（ば）
   c. 静かだったら（ば）

[*9] 歴史的には、文語残存打消形は文語文法の未然形、口語条件形は文語文法の已然形に由来する。文語文法においては、未然形に「ば」が接続することで仮定の意味を表していたが、已然形＋「ば」が条件の意味を表すようになるにつれ、未然形＋「ば」を仮定の意味に用いる用法が減ってきたという経緯がある。

また、この形式は逆接の「ど」には接続しない。

(770) a. ＊食ったらど
　　　 b. ＊美しかったらど
　　　 c. ＊静かだったらど

　したがって、先の議論が正しければ、「たら」は文語残存打消形であると考える必要がある。「たら」は文語文法において「たり」の未然形であるから、歴史的にも妥当であるように思われる。ところが、「たら」には「ず」「ぬ」「ん」が接続しないのである。

(771) a. ＊食ったらず
　　　 b. ＊美しかったらず
　　　 c. ＊静かだったらず

　したがって、「たら」を文語残存打消形と考えると、「ず」「ぬ」「ん」が接続しないことが説明できない。一方で、「たら」を口語条件形と考えると、「ど」が接続しないことが説明できない。これが第一のパズルである。

　第二のパズルは、「なら（ば）」という形式に関わる。まず、状詞の条件形は、以下のようになる。

(772) a. 　静かなら（ば）
　　　 b. 　静かだったなら（ば）

　非過去形の「静か」＋「なら」は、文語的活用語尾である「静か」＋「なり／なる／なれ」と形態的に連続性がある。もし「なら」を「なり」の文語残存打消形と考えると、以下のように「ず」「ぬ」「ん」が接続することが説明できる。

(773) a. 　静かならず
　　　 b. 　静かならぬ
　　　 c. 　静かならん

　しかし、状詞過去形に接続する「なら」については、「ず」「ぬ」「ん」が接続しないのである。

(774) a. *静かだったならず
b. *静かだったならぬ
c. *静かだったならん

したがって、「静かなら」と「静かだったなら」では、「なら」が別物である可能性がある。事実、この形式は動詞・形容詞の非過去・過去形にも接続するが、その場合はやはり「ず」「ぬ」「ん」の後続を許さない。

(775) a. 食うなら（ば）
b. 食ったなら（ば）
c. 美しいなら（ば）
d. 美しかったなら（ば）

(776) a. *食うならず
b. *食ったならず
c. *美しいならず
d. *美しかったならず

この「なら（ば）」の分布は、「だろう」「らしい」「に違いない」と同様、ダロウ接続形であると考えられる。しかし、「なら（ば）」がダロウ接続形に接続する助動詞であると考えると、状詞の語幹にも接続することになる。そうだとすると、「静かならず」の「なら」は何であろうか。なぜこのときだけ「ず」「ぬ」「ん」が接続できるのであろうか。これが第二のパズルである。

第三のパズルは、「たら（ば）」「なら（ば）」の両方にまつわるものである。これらの「ば」は省略可能であるが、「食べれば」「食べねば」「美しければ」の「ば」は省略できない。この事実をどのように記述しうるか、これが第三のパズルである。

以下、本分析の考え方を示す。まず、第 4.5 節で提示した状詞の文語的活用語尾を再掲する。

278　第 9 章　複文構造

状詞活用語尾（文語ナリ形）

(221)　なら ⊢ $S_{\boxed{1} \atop {neg \atop +l}} \backslash S_{n::da:\boxed{1} \atop stem} : id$

　　　なり ⊢ $S_{\boxed{1} \atop {term \atop +l}} \backslash S_{n::da:\boxed{1} \atop stem} : id$

　　　なる ⊢ $S_{\boxed{1} \atop {attr \atop +l}} \backslash S_{n::da:\boxed{1} \atop stem} : id$

　　　なれ ⊢ $S_{\boxed{1} \atop {hyp|imp \atop +l}} \backslash S_{n::da:\boxed{1} \atop stem} : id$

状詞活用語尾（文語タリ形）

(222)　たら ⊢ $S_{\boxed{1} \atop {neg \atop +l}} \backslash S_{n::tar:\boxed{1} \atop stem} : id$

　　　たり ⊢ $S_{\boxed{1} \atop {term \atop +l}} \backslash S_{n::tar:\boxed{1} \atop stem} : id$

　　　たる ⊢ $S_{\boxed{1} \atop {attr \atop +l}} \backslash S_{n::tar:\boxed{1} \atop stem} : id$

　　　たれ ⊢ $S_{\boxed{1} \atop {hyp|imp \atop +l}} \backslash S_{n::tar:\boxed{1} \atop stem} : id$

これらは状詞語幹に接続する形式である。文語残存打消形「なら」に (767) の「ば」が接続すると、以下のようになる。この形式においては、「ば」を省略すると条件節が形成されない。

(777)

$$\dfrac{(225)\dfrac{静か}{S_{n::da|na|ni \atop stem} \backslash NP_{ga}} \quad \dfrac{(221)\dfrac{なら}{S_{\boxed{1} \atop {neg,+l \atop}} \backslash S_{n::da \atop stem}} \quad (767)\dfrac{ば}{S_{\boxed{1}}/S_{\boxed{1}} \backslash S_{(neg,+l)|(hyp,\pm l) \atop \pm p, \pm n}}}{<B \quad : id \qquad : \lambda P.\lambda Q.\lambda e.\varepsilon e'.Pe' \Rightarrow Qe}}{} $$

（図式的導出；紙面の制約により簡略表示）

そして (777) 中の構成素「ならば」が、次のように変化したものと考える。

(778)

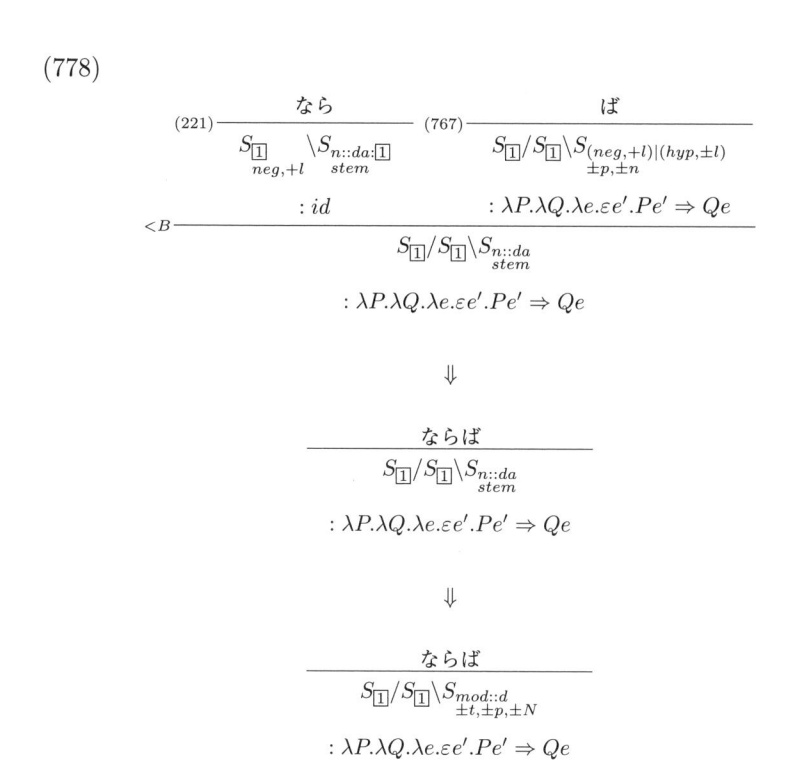

$$\cfrac{(221)\ \cfrac{なら}{S_{\boxed{1}\,neg,+l}\backslash S_{n::da:\boxed{1}\,stem}}\ :id \qquad (767)\ \cfrac{ば}{S_{\boxed{1}}/S_{\boxed{1}}\backslash S_{(neg,+l)|(hyp,\pm l)\atop \pm p,\pm n}}\ :\lambda P.\lambda Q.\lambda e.\varepsilon e'.Pe'\Rightarrow Qe}{S_{\boxed{1}}/S_{\boxed{1}}\backslash S_{n::da\atop stem}}\ <B$$

$$:\lambda P.\lambda Q.\lambda e.\varepsilon e'.Pe'\Rightarrow Qe$$

$$\Downarrow$$

$$\cfrac{ならば}{S_{\boxed{1}}/S_{\boxed{1}}\backslash S_{n::da\atop stem}}$$

$$:\lambda P.\lambda Q.\lambda e.\varepsilon e'.Pe'\Rightarrow Qe$$

$$\Downarrow$$

$$\cfrac{ならば}{S_{\boxed{1}}/S_{\boxed{1}}\backslash S_{mod::d\atop \pm t,\pm p,\pm N}}$$

$$:\lambda P.\lambda Q.\lambda e.\varepsilon e'.Pe'\Rightarrow Qe$$

最後の '$\Downarrow$' は、一種の過剰一般化ということになるが、「だろう」「でしょう」に起こったものと同様の変化であると考えられる。その結果、条件節をマークする機能が「ば」から「なら」に移ったため、これらの形式においてのみ「ば」が省略可能となったのではあるまいか。

「たら」「だら」の場合は、文語における過去の助動詞「たり」「だり」を元に、同様の変化を経て得られたと考えられる。したがって本分析では、「なら」および「たら」「だら」を以下のような語彙項目を持つものと仮定する。

(779)　なら, ならば $\vdash S_{\boxed{1}}/S_{\boxed{1}}\backslash S_{mod::d\atop \pm t,\pm p,\pm N}$ ： $\lambda P.\lambda Q.\lambda e.\varepsilon e'.Pe'\Rightarrow Qe$

(780)　たら, たらば $\vdash S_{\boxed{1}}/S_{\boxed{1}}\backslash S_{euph::t\atop \pm p,\pm n}$ ： $\lambda P.\lambda Q.\lambda e.\varepsilon e'.Pe'\Rightarrow Qe$

(781)　だら, だらば $\vdash S_{\boxed{1}}/S_{\boxed{1}}\backslash S_{euph::d\atop \pm p,\pm n}$ ： $\lambda P.\lambda Q.\lambda e.\varepsilon e'.Pe'\Rightarrow Qe$

これらは既に文語残存打消形や条件形を派生する活用語尾ではなく、直接条件節を導入する形式となっている。したがって、「ず」「ぬ」「ん」が接続することもなければ、「ど」が接続することもない。

また、状詞の非過去形においては、「静かならば」のような形式は構造上曖昧であるということになる。すなわち、(777) のような導出と、以下の (782) のような導出の両方が可能であるとする。しかし最終的な意味表示は等価である。

(782)

$$\cfrac{\cfrac{(225)\cfrac{\text{静か}}{S_{n::da|na|ni}\backslash NP_{ga}}}{\underset{stem}{S_{n::da|na|ni}\backslash NP_{ga}}} \quad (354)\cfrac{\varnothing}{\underset{mod::d}{S_{\boxed{1}}}\backslash \underset{stem}{S_{n::da:\boxed{1}}}}}{\underset{<B}{}}$$

$$: \lambda x.\lambda e.sizuka(e,x) \qquad : id \qquad (779)\cfrac{\text{ならば}}{\underset{\pm t, \pm p, \pm N}{S_{\boxed{1}}/S_{\boxed{1}}\backslash S_{mod::d}}}$$

$$\cfrac{S_{n::da|na|ni}\backslash NP_{ga}}{\underset{mod::d}{}}$$

$$: \lambda x.\lambda e.sizuka(e,x) \qquad\qquad : \lambda P.\lambda Q.\lambda e.\varepsilon e'.Pe' \Rightarrow Qe$$

$$<B\cfrac{}{S_{\boxed{1}}/S_{\boxed{1}}\backslash NP_{ga}}$$

$$: \lambda x.\lambda Q.\lambda e.\varepsilon e'.sizuka(e',x) \Rightarrow Qe$$

この分析の下では、状詞の非過去形については、(777) の導出が存在することにより、「ず」「ぬ」「ん」の接続が可能であることが分かる。

(783)

$$(221)\cfrac{\text{なら}}{\underset{neg,+l}{S_{\boxed{1}}}\backslash \underset{stem}{S_{n::da:\boxed{1}}}} \quad (330)\cfrac{\text{ず}}{\underset{term\ +l,+n}{S_{\boxed{1}}}\backslash \underset{neg\ +l}{S_{\boxed{1}}}}$$

$$(225)\cfrac{\text{静か}}{\underset{stem}{S_{n::da|na|ni}\backslash NP_{ga}}} \quad <B\cfrac{: id \qquad\qquad : \lambda P.\lambda e.\sim\!Pe}{\underset{term,+l,+n}{S_{\boxed{1}}}\backslash \underset{stem}{S_{n::da:\boxed{1}}}}$$

$$: \lambda x.\lambda e.sizuka(e,x) \qquad\qquad : \lambda P.\lambda e.\sim\!Pe$$

$$<B\cfrac{}{\underset{term,+l,+n}{S_{n::da|na|ni}\backslash NP_{ga}}}$$

$$: \lambda x.\lambda e.\sim\!sizuka(e,x)$$

しかし、これはダロウ接続形に接続する (779)(780)(781) に対しては起こりえない。以上で、三つのパズルに対し一通りの解決を見た。

9.3.2 終止形＋「と」

条件節を導入する表現としては、動詞・形容詞・状詞の終止形に接続する「と」が存在する。以下に示すように、過去形には接続しないが丁寧形には接続する。

(784) a.　　飛ぶと、早い。
　　　b.　　飛ばないと、早い。
　　　c.　＊飛んだと、早い。
　　　d.　＊飛ぶまいと、早い。
　　　e.　＊飛ぼうと、早い。
　　　f.　　飛びますと、早いです。
　　　g.　　航空便ですと、早いです。

語彙項目は以下の通りである。

(785) と $\vdash S_{\boxed{1}}/S_{\boxed{1}\atop\pm p\atop\pm n}\backslash S_{term} : \lambda P.\lambda Q.\lambda e.\varepsilon e'.Pe' \Rightarrow Qe$

9.3.3 条件節の使い分け

ここまで述べてきたことをまとめると、日本語の条件節には以下の四つの形式が存在することになる。本節では、これらの形式の用法の差について触れておきたい。

1. 条件形＋「ば」
2. 過去接続形＋「たら（ば）」
3. ダロウ接続形＋「なら（ば）」
4. 終止形＋「と」

このうち、「ば」と「たら（ば）」は用法に重なり合う部分が多く、交換可能である場合も少なくない。しかし「ば」と「たら（ば）」が交換可能でなくなるのは、以下のような場合においてである。

第一に、(786a) においては「仕事が片づく」ということは予期されている未来の出来事であるため、予期されていることを否定すると文脈的に多少不自然となる。しかし (786b) においては「仕事が片づく」という期待は存在しない。「たら」のこのような用法は、益岡 (1997) において「現実化以前の事態を表す」用法と呼ばれ、「仮定的事態を表す」用法と区別されている。

(786)　a.　?? この仕事が片づいたら、皆休暇を取ることができる。この仕事が片づくかどうかは全く分からないが。

　　　　b.　この仕事が片づけば、皆休暇を取ることができる。この仕事が片づくかどうかは全く分からないが。

ただし、前件の事態が常識的に、確実に起こることが予想されるものである場合は、「ば」でも「現実化以前の事態を表す」ことができる。以下は益岡 (1997, p.54) の例である。この場合、二文目の不適切さは、一文目との兼ね合いにあるのではなく、二文目の意味内容そのものから来ている。

(787)　a.　?明日になれば、結果が分かる。明日になるかは分からないが。

　　　　b.　?明日になったら、結果が分かる。明日になるかは分からないが。

第二に、条件節の別の用法である「既然の事態を表す用法」(益岡 (1997, p.52)) においては、「ば」「なら（ば）」は用いることができない。「たら（ば）」および「と」は用いることができる。

(788)　a.　*朝起きれば芋虫になっていた。
　　　　b.　　朝起きたら芋虫になっていた。
　　　　c.　*朝起きるならば芋虫になっていた。
　　　　d.　*朝起きたならば芋虫になっていた。
　　　　e.　　朝起きると芋虫になっていた。

(789)　a.　*幕が上がれば、カメラマンは一斉にフラッシュを焚いた。
　　　　b.　?幕が上がったら、カメラマンは一斉にフラッシュを焚いた。

　　　　c.　＊幕が上がるならば、カメラマンは一斉にフラッシュを焚いた。

　　　　d.　＊幕が上がったならば、カメラマンは一斉にフラッシュを焚いた。

　　　　e.　幕が上がると、カメラマンは一斉にフラッシュを焚いた。

　さて、(789b) は特定の文脈が与えられない状態では、あまり適切な表現ではない。一般に「たら」が「既然の事態を表す用法」で用いられる際には、主節は状態を表す用言（動詞テ形＋「いる」を含む）であることが要求される。主節の用言が動作を表す場合は、「そうしなければ、そうならなかったが、そうして初めてそうなった」というような対比の意味が含まれる。したがって、以下のような文では許容度が上がる。

(790)　それまで観客はどちらかというと醒めたムードであったが、あの有名俳優が登場したら、会場のボルテージは最高潮に達した。

　したがって (789b) も以下のような文脈を与えると、同様に許容度が上がる。

(791)　開幕前の舞台挨拶では、カメラマン達は全く舞台に興味を示さない様子であったが、幕が上がったら、カメラマンは一斉にフラッシュを焚いた。

　第三に、主節が意志・依頼・命令を表す場合、条件節において「ば」を用いることができないことは鈴木 (1978) が指摘している。加えて、過去形（から派生したダロウ接続形）＋「なら（ば）」は許容されるようであるが、非過去形（から派生したダロウ接続形）＋「なら（ば）」および「と」は用いることができない。

(792)　a.　?＊巨人が勝てば、全員にビールを奢ろう！

　　　　b.　巨人が勝ったら、全員にビールを奢ろう！

　　　　c.　?巨人が勝ったなら、全員にビールを奢ろう！

　　　　d.　＊巨人が勝つなら、全員にビールを奢ろう！

　　　　e.　＊巨人が勝つと、全員にビールを奢ろう！

(793) a. ＊駅に着けば、連絡してくれませんか。
　　　b. 　駅に着いたら、連絡してくれませんか。
　　　c. 　駅に着いたなら、連絡してくれませんか。
　　　d. ＊駅に着くならば、連絡してくれませんか。
　　　e. ＊駅に着くと、連絡してくれませんか。

(794) a. ＊次に同じ失敗をすれば、ここを出ていけ。
　　　b. 　次に同じ失敗をしたら、ここを出ていけ。
　　　c. 　次に同じ失敗をしたならば、ここを出ていけ。
　　　d. ＊次に同じ失敗をするならば、ここを出ていけ。
　　　e. ＊次に同じ失敗をすると、ここを出ていけ。

　この制約は純粋に形式に対するものであり、意味的なものではない。その証拠に、上の例とほぼ同じ意味である以下の文は、「ば」を用いているにも関わらず許容される。

(795) a. 巨人が勝てば、全員にビールを奢るつもりだ。
　　　b. 次に同じ失敗をすれば、ここを出ていってもらう。

　ところが、以下の例は主節が依頼の形式ではないにも関わらず、許容されない。この文が上記の二例と異なるのは、「駅に着いたら」という条件節は「現実化以前の用法」しかない、という点である。

(796) 　＊駅に着けば、私に連絡して欲しい。

　したがって、「現実化以前の用法」の条件節は、「たら」もしくは「なら（ば）」の形式に限られるようである。
　本書では詳細に述べないが、このような条件節の諸用法は、条件節を取って主節に係るような空範疇によって表されるものと考えられる。そして各空範疇は接続先に対して独自の形態論的制約を持っていると考えれば、本節で挙げたようなコントラストは少なくとも現象的には記述されるであろう。ただし、各空範疇の意味論的な内容や、その前提となる条件節の諸用法の正確な分類については、今後の研究課題としたい。

9.3.4 縮約条件形

条件形の形式において、しばしば問題になるのが、以下のような音韻変化の扱いである。

(797)　k.　書けば／書きゃ
　　　　s.　貸せば／貸しゃ
　　　　t.　立てば／立ちゃ
　　　　n.　死ねば／死にゃ
　　　　m.　飲めば／飲みゃ
　　　　r.　乗れば／乗りゃ
　　　　w.　買えば／買や
　　　　g.　泳げば／泳ぎゃ
　　　　b.　飛べば／飛びゃ

このような形式を、たとえば「『けば』が『きゃ』に変化していると考える」あるいは「『eba』が『ya』に変化している」と述べることは簡単であるが、「ば」を接続助詞として扱う多くの分析にとって「けば」は構成素ではないため、PF においてのみ変化している、と言わざるを得ない。しかしそのような捉え方は文理解、習得のモデルを不必要に複雑化してしまう。

しかし本分析においては活用語尾と「ば」が構成素をなすので、このような音韻変化形も語彙項目として扱うことができる。たとえば「飛べば」の派生は (96) に示したが（以下再掲）、関数合成規則の性質によって、(798) のような派生もまた存在する。

(96)

$$\cfrac{\cfrac{(75)\ \overline{\cfrac{\text{飛}}{\underset{stem}{S_{v::5::b}}\backslash NP_{ga}}}\quad (84)\ \overline{\cfrac{\text{べ}}{\underset{hyp|imp|vo::e}{S_{v::5::b}}\backslash \underset{stem}{S_{v::5::b}}}}}{<B\ \cfrac{}{\underset{hyp|imp|vo::e}{S_{v::5::b}}\backslash NP_{ga}}\quad (767)\ \overline{\cfrac{\text{ば}}{\underset{\pm p,\pm n}{S_{\boxed{1}}/S_{\boxed{1}}\backslash S_{(neg,+l)|(hyp,\pm l)}}}}}}{<B\ \cfrac{}{S_{\boxed{1}}/S_{\boxed{1}}\backslash NP_{ga}}}$$

$$: \lambda x.\lambda Q.\lambda e.\varepsilon e'.tobu(e',x) \Rightarrow Qe$$

(798)

$$\cfrac{(75)\ \overline{\cfrac{\text{飛}}{\underset{stem}{S_{v::5::b}}\backslash NP_{ga}}}\quad \cfrac{(84)\ \overline{\cfrac{\text{べ}}{\underset{hyp|imp|vo::e}{S_{v::5::b}}\backslash \underset{stem}{S_{v::5::b}}}}\quad (767)\ \overline{\cfrac{\text{ば}}{\underset{\pm p,\pm n}{S_{\boxed{1}}/S_{\boxed{1}}\backslash S_{(neg,+l)|(hyp,\pm l)}}}}}{<B\ \cfrac{}{S_{\boxed{1}}/S_{\boxed{1}}\backslash \underset{stem}{S_{v::5::b}}}}}{<B\ \cfrac{}{S_{\boxed{1}}/S_{\boxed{1}}\backslash NP_{ga}}}$$

$$: \lambda x.\lambda Q.\lambda e.\varepsilon e'.tobu(e',x) \Rightarrow Qe$$

したがって、(798) のうち「べば」の部分が「びゃ」に変化して語彙項目化したと考えればよい。

(799)

$$\cfrac{(84)\ \overline{\cfrac{\text{べ}}{\underset{hyp|imp|vo::e}{S_{v::5::b}}\backslash \underset{stem}{S_{v::5::b}}}}\quad (767)\ \overline{\cfrac{\text{ば}}{\underset{\pm p,\pm n}{S_{\boxed{1}}/S_{\boxed{1}}\backslash S_{(neg,+l)|(hyp,\pm l)}}}}}{<B\ \cfrac{:id\qquad :\lambda P.\lambda Q.\lambda e.\varepsilon e'.Pe' \Rightarrow Qe}{S_{\boxed{1}}/S_{\boxed{1}}\backslash \underset{stem}{S_{v::5::b}}}}$$

$$: \lambda P.\lambda Q.\lambda e.\varepsilon e'.Pe' \Rightarrow Qe$$

$$\Downarrow$$

$$\cfrac{\text{びゃ}}{S_{\boxed{1}}/S_{\boxed{1}}\backslash \underset{stem}{S_{v::5::b}}}$$

$$: \lambda P.\lambda Q.\lambda e.\varepsilon e'.Pe' \Rightarrow Qe$$

各活用系統毎の語彙項目を (800) に示す。

縮約条件形（動詞）

(800) きゃ ⊢ $S_{\boxed{1}}/S_{\boxed{1}}\backslash S_{v::5::k|IKU|YUK \atop stem} : \lambda P.\lambda Q.\lambda e.\varepsilon e'.Pe' \Rightarrow Qe$

しゃ ⊢ $S_{\boxed{1}}/S_{\boxed{1}}\backslash S_{v::5::s \atop stem} : \lambda P.\lambda Q.\lambda e.\varepsilon e'.Pe' \Rightarrow Qe$

ちゃ ⊢ $S_{\boxed{1}}/S_{\boxed{1}}\backslash S_{v::5::t \atop stem} : \lambda P.\lambda Q.\lambda e.\varepsilon e'.Pe' \Rightarrow Qe$

にゃ ⊢ $S_{\boxed{1}}/S_{\boxed{1}}\backslash S_{v::5::n \atop stem} : \lambda P.\lambda Q.\lambda e.\varepsilon e'.Pe' \Rightarrow Qe$

みゃ ⊢ $S_{\boxed{1}}/S_{\boxed{1}}\backslash S_{v::5::m \atop stem} : \lambda P.\lambda Q.\lambda e.\varepsilon e'.Pe' \Rightarrow Qe$

りゃ ⊢ $S_{\boxed{1}}/S_{\boxed{1}}\backslash S_{v::(5::r|ARU|NAS)|1 \atop stem} : \lambda P.\lambda Q.\lambda e.\varepsilon e'.Pe' \Rightarrow Qe$

や ⊢ $S_{\boxed{1}}/S_{\boxed{1}}\backslash S_{v::5::w|TOW \atop stem} : \lambda P.\lambda Q.\lambda e.\varepsilon e'.Pe' \Rightarrow Qe$

ぎゃ ⊢ $S_{\boxed{1}}/S_{\boxed{1}}\backslash S_{v::5::g \atop stem} : \lambda P.\lambda Q.\lambda e.\varepsilon e'.Pe' \Rightarrow Qe$

びゃ ⊢ $S_{\boxed{1}}/S_{\boxed{1}}\backslash S_{v::5::b \atop stem} : \lambda P.\lambda Q.\lambda e.\varepsilon e'.Pe' \Rightarrow Qe$

来りゃ, くりゃ ⊢ $S_{\boxed{1}}/S_{\boxed{1}}\backslash S_{v::K \atop stem} : \lambda P.\lambda Q.\lambda e.\varepsilon e'.Pe' \Rightarrow Qe$

すりゃ ⊢ $S_{\boxed{1}}/S_{\boxed{1}}\backslash S_{v::S \atop stem} : \lambda P.\lambda Q.\lambda e.\varepsilon e'.Pe' \Rightarrow Qe$

ずりゃ ⊢ $S_{\boxed{1}}/S_{\boxed{1}}\backslash S_{v::Z \atop stem} : \lambda P.\lambda Q.\lambda e.\varepsilon e'.Pe' \Rightarrow Qe$

これらの語彙項目は、第 4.1.1 節で述べた仮名関数 $kana$ を用いて、以下のようにまとめることもできる。ただし、ワ行五段活用動詞、変格活用動詞の場合は別途定義する必要がある。

(801) $kana(\boxed{2}, i) \oplus$ ゃ ⊢ $S_{\boxed{1}}/S_{\boxed{1}}\backslash S_{v::5::\boxed{2} \atop stem} : \lambda P.\lambda Q.\lambda e.\varepsilon e'.Pe' \Rightarrow Qe$

また、形容詞の場合は、以下のように二通りの縮約条件形が存在する。

(802) a. 赤ければ
　　　 b. 赤けりゃ
　　　 c. 赤きゃ

(803) a. 美しければ

b. 美しけりゃ

c. 美しきゃ

縮約条件形（動詞）

(804)　けりゃ $\vdash S_{\boxed{1}}/S_{\boxed{1}}\backslash S_{\underset{stem}{a::i}}$: $\lambda P.\lambda Q.\lambda e.\varepsilon e'.Pe' \Rightarrow Qe$

きゃ $\vdash S_{\boxed{1}}/S_{\boxed{1}}\backslash S_{\underset{stem}{a::i}}$: $\lambda P.\lambda Q.\lambda e.\varepsilon e'.Pe' \Rightarrow Qe$

「ならば」には縮約条件形が存在しないようである。したがって状詞には縮約条件形はない。

(805)　静かならば／*静かなりゃ

しかし、文語における「ならば」の已然形「なれば」には縮約形が存在する。したがって、この縮約形は已然形由来の条件形のみに適用されるようである。

(806)　言うなれば／言うなりゃ

第 10 章

発話形式と引用

　文が実際に使われるときには、発話者の「行為」として使われる。統語範疇 S は命題的内容のみを表すものであるが、コミュニケーションにおいて用いられる文には、その命題が話し手のどのような行為——疑問、意志・勧誘、命令、感嘆等——として表出されるか、という情報が付加されていると考えられる。本章では、そのような「発話レベル」の構造を表す統語範疇 $\bar{S}$ を導入する。

　ただし、「発話レベルの統語構造」は、「発話」という行為そのものとは区別されなければならない。後者は行為であるが、前者は発話という行為に用いられる文法的オブジェクトである。日本語学では伝統的に、以下の四段階の文構造を措定しているが、本書でいう統語範疇 $\bar{S}$ は、以下のうち田窪 (1987) の用語で云えば「発話／伝達」レベルの文構造を表している。

林 (1960)	描叙段階	判断段階	表出段階	伝達段階
南 (1974)	A類	B類	C類	D類
田窪 (1987)	動詞句／動作	節／事態	主節／判断	発話／伝達
南 (1993)	描叙段階	判断段階	提出段階	表出段階
益岡 (1997)	事態命名レベル	現象レベル	判断レベル	表現・伝達レベル

10.1　統語範疇 $\bar{S}$

　統語範疇 $\bar{S}$ の素性と、対応する素性値を以下に示す。

> **定義 10.1.1** ($\bar{S}$ の素性).
>
> | 素性 | 素性値 |
> |---|---|
> | 発話形式 | $dec \mid int \mid vol \mid imp \mid exc$ |
> | 引用形式 | $nq \mid qt \mid lq \mid to$ |

10.1.1 発話形式素性

発話レベルの文には、平叙文、疑問文、意志・勧誘文、命令文、感嘆文といった形式が存在する。$\bar{S}_{dec}$ は平叙文 (declarative sentence)、$\bar{S}_{int}$ は疑問文 (interrogative sentence)、$\bar{S}_{vol}$ は意志・勧誘文 (volitional sentence)、$\bar{S}_{imp}$ は命令文 (imperative)、$\bar{S}_{exc}$ は感嘆文 (exclamatory sentence) をそれぞれ表すものとする。これらの他に、推量、反語、要求、呼びかけ等の類型を立てることも考えられるが、本書ではそれぞれ平叙文、疑問文、命令文、感嘆文に含めておく。

10.1.2 引用形式素性

$\bar{S}_{nq}$ は引用符のない形式 (non-quoted form)、$\bar{S}_{qt}$ は「」等によって括弧付けされた形式 (quoted form)[*1]、$\bar{S}_{lq}$ は左括弧だけがついた形式、$\bar{S}_{to}$ は引用助詞「と」が付いた形式をそれぞれ表す。デフォルトの値は nq である（すなわち、省略した場合は nq であると見なす）。

10.2 発話形式

10.2.1 平叙文

「太郎が来る」という文は統語範疇 S であるが、これを「平叙文」化する以下のような語彙項目（音声的には空）が存在すると考える。

[*1] 必要に応じて、括弧の種類に応じて引用形式素性を区別することも考えられる。

(807) $\varnothing \vdash \bar{S}_{dec} \backslash S_{term|pre \atop \pm l, \pm t, \pm p, \pm n} \quad : \lambda P.\langle dec, \varepsilon e.Pe\rangle$

この語彙項目は、日本語学でいう「確言のモダリティ」を表していると考えることもできる。以下の例に見るように、平叙文の意味表示は、発話形式を表す dec と、発話に付随する命題を表す $kuru'taroo'$ のペア（直積）である。

(808)

$$
\cfrac{(519)\cfrac{\text{太郎が走った}}{\substack{S_{term} \\ +t} \\ : \lambda e.(ta(e); hasiru(e, taroo))} \quad (807)\cfrac{\varnothing}{\bar{S}_{dec}\backslash S \\ : \lambda P.\langle dec, \varepsilon e.Pe\rangle}}{\bar{S}_{dec} \\ : \langle dec, \varepsilon e.ta(e); hasiru(e, taroo)\rangle}<
$$

この意味表示から、発話形式もしくは命題を取り出すには、直積の投射関数を用いればよい。[*2]

$$\pi_1(\langle dec, \varepsilon e.kuru(e, taroo)\rangle) = dec$$
$$\pi_2(\langle dec, \varepsilon e.kuru(e, taroo)\rangle) = \varepsilon e.kuru(e, taroo)$$

平叙文を派生する終助詞には、他にも以下のようなものがあるが、これらの終助詞は (807) とは異なり意味論的な前提を持っていると考えられる。すなわち、「な」は願望、「よ」は相手が命題を知らないこと、「ね」は相手が命題を知っていること、である。しかし、これら終助詞の詳細を記述するのは別の機会に譲りたい。

(809) a. $な \vdash \bar{S}_{dec}\backslash S_{term|pre \atop \pm l, \pm t, \pm p, \pm n} \quad : \lambda P.\langle dec, \varepsilon e.Pe; \partial(na(e))\rangle$

b. $よ \vdash \bar{S}_{dec}\backslash S_{term|pre \atop \pm l, \pm t, \pm p, \pm n} \quad : \lambda P.\langle dec, \varepsilon e.Pe; \partial(yo(e))\rangle$

c. $ね \vdash \bar{S}_{dec}\backslash S_{term|pre \atop \pm l, \pm t, \pm p, \pm n} \quad : \lambda P.\langle dec, \varepsilon e.Pe; \partial(ne(e))\rangle$

[*2] この投射関数に相当するものさえ存在すれば、$\bar{S}$ に対応する意味表示は必ずしも直積である必要はない。

10.2.2 疑問文

これに対して、「太郎が来る」という文は終助詞「か」によって「疑問文」化される。「か」の語彙項目は以下のように与えられる。

(810) $\quad$ か$,\emptyset \vdash \bar{S}_{int} \backslash \bar{S}_{mod:d \atop \pm t, \pm p, \pm n} \quad : \lambda P.\langle int, \varepsilon e.Pe \rangle$

(811)

$$\cfrac{(808)\cfrac{\text{太郎が走った}}{\bar{S}_{dec} \quad : \langle dec, \varepsilon e.ta(e); hasiru(e, taroo) \rangle} \quad (810)\cfrac{\text{か},\emptyset}{\bar{S}_{int} \backslash \bar{S}_{mod:d \atop \pm t, \pm p, \pm n} \quad : \lambda P.\langle int, \varepsilon e.Pe \rangle}}{\bar{S}_{int} \quad : \langle int, \varepsilon e.ta(e); hasiru(e, taroo) \rangle}<$$

この「か」は、第 7.8 節で述べた、名詞句を導入する「か」とは異なる。名詞句を導入する「か」は、終助詞の「か」とは異なり丁寧形と接続することができない。

(812) a. 太郎が走りましたかと尋ねた。
   b. 太郎が走りましたかと訊いた。

(813) a. *太郎が来ますかが分からない。
   b. *太郎が来ますかを伝えてもらった。

なお、(810) において "$\emptyset$" が併記されているのは、「か」は音声的に空でも構わないからである。

(814) 太郎は来る？

10.2.3 命令文

命令文には、典型的には以下のように命令形の用言が現れる。

(815) a. 言われなくても勉強しろ。

b. 日々鍛錬せよ。

c. いらっしゃいませ。

d. ここからは入るな。

e. 心も美しかれ。

f. 星条旗よ永遠なれ。

本分析では、以下 (816) のような「命令演算子」とも呼ぶべき語彙項目が存在し、(817) のように命令形の形式に接続して命令文を派生すると考える。

(816) $\varnothing \vdash \bar{S}_{imp} \backslash S_{imp} : \lambda P.\langle imp, \varepsilon e.Pe \rangle$

(817)

$$(596)\frac{pro}{\substack{T/(T\backslash NP_{ga|o|ni}) \\ : \lambda P.\lambda \vec{x}.ref(x)[P x \vec{x}]}} \quad (95)\frac{飛べ}{\substack{S_{v::5::b}_{hyp|imp|vo::e} \backslash NP_{ga} \\ : \lambda x.\lambda e.tobu(e,x)}}$$

$$>\frac{}{\substack{S_{v::5::b}_{hyp|imp|vo::e} \\ : \lambda e.ref(x)[tobu(e,x)]}} \quad (816)\frac{\varnothing}{\substack{\bar{S}_{imp}\backslash S_{imp} \\ : \lambda P.\langle imp, \varepsilon e.Pe \rangle}}$$

$$<\frac{}{\substack{\bar{S}_{imp} \\ : \langle imp, \varepsilon e.ref(x)[tobu(e,x)] \rangle}}$$

(816) のような空範疇を用いることが冗長に感じられるかもしれない。たとえば、命令形を表す活用語尾が既に発話的意味を持っていると考えれば、空範疇は不要であるようにも思われる。第 4.2 節では、一段活用動詞の命令形活用語尾「ろ」を、以下のように定義した。

(132) ろ $\vdash S_{v::1 \atop imp} \backslash S_{v::1 \atop stem} : id$

これを、はじめから以下のように定義すれば (816) の空範疇は不要であり、ひいては「命令形」という活用形を措くこと自体も不要であるように思われるかもしれない。

(818) ろ $\vdash \bar{S}_{imp} \backslash S_{v::1 \atop stem} : \lambda P.\langle imp, \varepsilon e.Pe \rangle$

しかし、本分析で (818) のような活用語尾を採用しない理由は二つある。第一に、以下の例に見るように、用言の命令形が必ずしも命令文として用いられるとは限らないからである。*3

(819)　そんなことを言ってみろ、ただではおかないぞ。

(819) では、命令形の節が条件節をなしている。このような用法は条件形による条件節ほど生産的ではないが、(818) のように活用語尾に命令の発話的意味を持たせてしまうと、このような意味の使い分けを記述するのは少々面倒になるであろう。

しかし、命令形活用語尾自体には発話的意味を持たせずに、(820) のような空範疇を (816) と使い分けることで、命令形から派生する複数の用法を導出し分けることができる。

(820)　$\emptyset \vdash S/S \backslash S_{imp} : \lambda P.\lambda Q.\lambda e.\varepsilon e'.Pe' \Rightarrow Qe$

第二に、命令文をなすのは必ずしも用言の命令形とは限らない。以下 (821) のような過去形による命令、(822) のような非過去形による命令、(823) のようなテ形による命令が存在する。*4

(821)　a.　買った、買った。
　　　　b.　どいた、どいた。

(822)　さあ、机を片づける。

(823)　冷蔵庫に色々入っているから、レンジでチンして食べて。

このような命令文を導出するには、以下のように過去形、非過去形に接続する空範疇を用意すれば良い。これらの命令文の意味には差があると言

---

*3 (819) の例文は、城田 (1998, p.47) に依る。命令形の用法としては、以下のような「譲歩」の用法も挙げられている。

(i)　a.　親切からとはいえ、お節介すぎてうるさい。
　　　b.　いいにしよ（せよ）、わるいにしろ（せよ）、早く結論を出したほうがよい。

ただし城田 (1998, p.47) では、命令形の譲歩用法は「ある・いる・する」の三動詞程度に限られること、丁寧形や否定形を持たないこと等から、「譲歩を表す語彙」であることが指摘されており、本分析でもその方針に従う。

*4 (821)、(822) の例文は、城田 (1998, pp.34,39) に依る。

われており*5、別々の語彙項目としておく。また、非過去形の命令文にのみ否定の形式も現れうることに注意しておく（「弱音を吐かない！」等）。

(824) $\quad \emptyset \vdash \bar{S}_{imp} \backslash S_{term \atop +t} : \lambda P.\langle imp, \varepsilon e.Pe\rangle$

(825) $\quad \emptyset \vdash \bar{S}_{imp} \backslash S_{term \atop \pm n} : \lambda P.\langle imp, \varepsilon e.Pe\rangle$

このように、したがって、本分析では活用形としての命令形 (S_{imp}) と発話形式としての命令文 ($\bar{S}_{imp}$) を区別する。

なお、テ形による命令文は「くれ」の省略と考えられる。第 4.2 節の (150) を用いた以下のように導出によって、「食べて」自体が命令形と見なされる。これは、(816) と接続することができるため、テ形命令文のための空範疇を別に用意する必要はない。

(826)

$$\cfrac{\cfrac{\text{食べて}}{S_{v::1 \atop te}\backslash NP_{ga}\backslash NP_o}{(148)} \quad \cfrac{\emptyset}{S_{v::5::r \atop imp}\backslash S_{v \atop te \atop \pm n}}{(150)}}{S_{v::5::r \atop imp}\backslash NP_{ga}\backslash NP_o}{<}$$

$: \lambda y.\lambda x.\lambda e.taberu(e,x,y) \qquad : id$

$: \lambda y.\lambda x.\lambda e.taberu(e,x,y)$

10.2.4 感嘆文

間投詞は単独で発話レベルの感嘆文をなす品詞である。間投詞には以下のようなものがある。

---

*5 城田 (1998, p.47) では、過去形 (ia) の非過去形 (ib) に対する特徴は「動作の急速な実現、ひいては表現の粗暴さになってあらわれる」ことが指摘されている。

(i) a. さあ、机を片づけた。
    b. さあ、机を片づける。

ただし、この違いが過去の意味の有無から説明できるものか、それとも用法自体が異なるのかについては、今の段階では明確ではない。したがって、(824) と (825) の意味表示には差を設けていないが、この点については今後の研究の進展に委ねたい。

(827) こんにちは、こんばんわ、はい、いいえ、ありがとう、なるほど、バカヤロー、やった、いてえ、うりゃー、コラ、ぎゃふん、等

このうち「ありがとう」は元々形容詞の文語残存連用形、「やった」「いてえ」等は動詞の終止形であり、また「バカヤロー」のように名詞であったものもある。間投詞の語彙項目には、以下のような記述を与えることができる。

(828) a. 今日は, こんにちは $\vdash \bar{S}_{exc} : \langle exc, konnitiwa \rangle$
   b. はい $\vdash \bar{S}_{exc} : \langle exc, hai \rangle$
   ...

ただし、$konnitiwa$、hai といった「命題」が具体的にどのような内容を持つかについては、今後の研究課題ということになるだろう。

10.3 引用

10.3.1 引用符

括弧などの引用符は以下のような語彙項目として定義することができる。[*6]

(829) 「 $\vdash \bar{S}_{\boxed{1},lq}/\bar{S}_{\boxed{1},nq} : id$

(830) 」 $\vdash \bar{S}_{\boxed{1},qt}\backslash \bar{S}_{\boxed{1},lq} : id$

括弧付けは、以下のように導出される。nq は引用形式素性のデフォルトの値であるため、(811) の統語素性は $\bar{S}_{int,nq}$ であることに注意する。

[*6] ここでは、引用内容に対して左括弧が先に接続するように定義したが、これは必ずしもそうする必要はない。引用形式素性として lq の代わりにたとえば rq を定義し、括弧に以下のような語彙項目を与えたとしても、文法的には等価である。

(i) 「 $\vdash \bar{S}_{\boxed{1},qt}/\bar{S}_{\boxed{1},rq} : id$
(ii) 」 $\vdash \bar{S}_{\boxed{1},rq}\backslash \bar{S}_{\boxed{1},nq} : id$

(831)

$$\cfrac{\cfrac{(829)\overline{\quad「\quad}}{\bar{S}_{\boxed{1},lq}/\bar{S}_{\boxed{1},nq}} \quad \cfrac{(811)\overline{\quad 太郎が走ったか\quad}}{\bar{S}_{int}}}{\cfrac{: id \qquad\qquad\qquad : \langle int, \varepsilon e.ta(e); hasiru(e, taroo)\rangle}{\bar{S}_{int,lq}}} >$$

$$: \langle int, \varepsilon e.ta(e); hasiru(e, taroo)\rangle \qquad \cfrac{(830)\overline{\quad 」\quad}}{\bar{S}_{\boxed{1},qt}\backslash\bar{S}_{\boxed{1},lq}} : id$$

$$<\cfrac{}{\bar{S}_{int,qt}}$$

$$: \langle int, \varepsilon e.ta(e); hasiru(e, taroo)\rangle$$

また、引用助詞「と」は以下のような語彙項目として定義できる。*7

(832)　と ⊢ $\bar{S}_{\underset{to}{\boxed{1}}}\backslash\bar{S}_{\underset{nq|qt}{\boxed{1}}}$ ： id

引用助詞の「と」は、括弧のついた形式にもついていない形式にも接続することができる。しかし、引用助詞「と」がついた形式には、括弧をつけることはできなくなる。

(833)

$$\cfrac{(831)\cfrac{\overline{\quad「太郎が走ったか」\quad}}{\bar{S}_{int,qt}} \qquad (832)\cfrac{\overline{\quad と\quad}}{\bar{S}_{\boxed{1},to}\backslash\bar{S}_{\boxed{1},nq|qt}}}{: \langle int, \varepsilon e.ta(e); hasiru(e, taroo)\rangle \qquad\qquad\qquad : id} <$$

$$\cfrac{}{\bar{S}_{int,to}}$$

$$: \langle int, \varepsilon e.ta(e); hasiru(e, taroo)\rangle$$

(834)

$$\cfrac{(811)\cfrac{\overline{\quad 太郎が走ったか\quad}}{\bar{S}_{int,nq}} \qquad (832)\cfrac{\overline{\quad と\quad}}{\bar{S}_{\boxed{1},to}\backslash\bar{S}_{\boxed{1},nq|qt}}}{: \langle int, \varepsilon e.ta(e); hasiru(e, taroo)\rangle \qquad\qquad\qquad : id} <$$

$$\cfrac{}{\bar{S}_{int,to}}$$

$$: \langle int, \varepsilon e.ta(e); hasiru(e, taroo)\rangle$$

---

*7 引用助詞の「と」は、一般的には節（変形生成文法で云えば CP）を導入する主辞であると考えられているが、本分析では引用符に準ずるものとして分析している。この考え方は Fukui (1995) に依る。

(835)

$$\underset{\ast}{\underbrace{\underbrace{(829)\underbrace{\begin{array}{c}「\\ \bar{S}_{\boxed{1},lq}/\bar{S}_{\boxed{1},nq}\\ :id\end{array}}\quad (834)\underbrace{\begin{array}{c}太郎が走ったかと\\ \bar{S}_{int,to}\\ :\langle int, \varepsilon e.ta(e); hasiru(e, taroo)\rangle\end{array}}}}}$$

10.3.2 引用節

引用助詞の「と」で導かれる節を「引用節」と呼ぶことにする。引用節を項として取る動詞には、「思う」とその類(「思いこむ」「思い浮かべる」「思い出す」等)の他に、「言う」「聞く」「分かる」「信じる」「知る」「尋ねる」「訊く」「命じる」等が存在する。

このうち、「思う」「言う」は、平叙文、疑問文、命令文等、多様な発話形式の引用節に接続することができる。

(836) a.　太郎が来たと思った／言った。

　　　b.　花子が来たかと思った／言った。

　　　c.　お前が来いと思った／言った。

しかし、以下に見るように、接続する引用節の発話形式に対して選択制約を持つ動詞も存在する。「信じる」「知る」等は平叙文、「尋ねる」「訊いる」等は疑問文、「命じる」等は命令文の引用節にしか接続できない。

(837) a.　太郎が来たと信じた／知った。

　　　b.　#花子が来たかと信じた／知った。

　　　c.　#お前が来いと信じた／知った。

(838) a.　#太郎が来たと尋ねた／訊いた。

　　　b.　花子が来たかと尋ねた／訊いた。

　　　c.　#お前が来いと尋ねた／訊いた。

(839) a.　#太郎が来たと命じた。

　　　b.　#花子が来たかと命じた。

c. お前が来いと命じた。

この制限は、統語範疇 $\bar{S}$ の発話形式素性を用いることで正しく記述することができる。

(840) a. 信じ, しんじ $\vdash S_{v::1 \atop stem} \backslash NP_{ga} \backslash \bar{S}_{dec \atop to}$

$: \lambda P.\lambda x.\lambda e.sinjiru(e, x, \pi_2(P))$

b. 知, し $\vdash S_{v::5::r \atop stem} \backslash NP_{ga} \backslash \bar{S}_{dec \atop to}$

$: \lambda P.\lambda x.\lambda u.siru(e, x, \pi_2(P))$

(841) a. 尋ね, たずね $\vdash S_{v::1 \atop stem} \backslash NP_{ga} \backslash NP_{ni} \backslash \bar{S}_{int \atop to}$

$: \lambda P.\lambda y.s\lambda x.\lambda e.siru(e, x, y, \pi_2(P))$

b. 訊, き $\vdash S_{v::5::k \atop stem} \backslash NP_{ga} \backslash NP_{ni} \backslash \bar{S}_{int \atop to}$

$: \lambda P.\lambda y.s\lambda x.\lambda e.kiku(e, x, y, \pi_2(P))$

(842) a. 命じ, めいじ $\vdash S_{v::1 \atop stem} \backslash NP_{ga} \backslash NP_{ni} \backslash \bar{S}_{imp \atop to}$

$: \lambda P.\lambda y.s\lambda x.\lambda e.meijiru(e, x, y, \pi_2(P))$

これに対して、「思う」「言う」は引用節の発話形式に制限を持たないと考えられる。

(843) a. 思, おも $\vdash S_{v::5::w \atop stem} \backslash NP_{ga} \backslash \bar{S}_{to}$

$: \lambda P.\lambda x.\lambda e.omou(e, x, \pi_2(P)); ito(e, \pi_1(P))$

b. 言, い $\vdash S_{v::5::w \atop stem} \backslash NP_{ga} \backslash \bar{S}_{to}$

$: \lambda P.\lambda x.\lambda e.iu(e, x, \pi_2(P)); ito(e, \pi_1(P))$

ただし、この手法には問題が残らないわけではない。問題となるのは、形式と発話意図が一致していない場合である。たとえば、命令文は主語が三人称の場合は「祈願」や場合によっては「呪詛」の意味で用いられることが知られているが、その場合命令文であっても「命じた」というのは不適切に感じられる。

(844) a. #何とかヒットを打ってくれ、と命じた。
　　　 b. 　何とかヒットを打ってくれ、と祈った／念じた。

(845) a. #くたばってしまえ、と命じた。
　　　 b. 　くたばってしまえ、と呪った。

第 11 章

おわりに

　第 1 章「はじめに」で述べたように、本書の目標は、組合せ範疇文法 (CCG) と高階動的論理に基づいて、以下の三つの要請を同時に満たす日本語文法を構築・提示することであった。

1. 日本語の言語現象に対する「網羅性」
2. 計算機で扱うのに充分な「形式的厳密性」
3. 活用体系・統語構造・意味合成に亘る「理論的統合性」

また、それによって、理論言語学、記述言語学、自然言語処理の分野間に存在する不連続性・乖離を解消することであった。

　本書の日本語文法において、上記三要請を同時に満たす、という目標はある程度まで達成できたものと思う。その点において、本書の日本語文法は、文科系言語学である理論言語学・記述言語学と、工科系言語学である自然言語処理・計算言語学に、共通の理論的プラットフォームを与えうるものである。そして、これまで理論言語学・記述言語学において蓄積されてきた知見を再解釈・統合して言語処理に「到達」させ、言語処理における言語学の「復権」を目指す試みでもある。

　一方で、残された課題も決して少なくはない。特に、紙面の都合もあり、本書ではいくつかの重要な構文を取り上げなかった。その中には、断裂文 (cleft sentence)、遊離数量詞 (floating quantifier) 等が含まれる。それらについては機会を改めて議論したい。

そして、たとえ完全なものとは言えずとも、このような体系をひとたび構築・提示すると、様々な反例や未解決の現象が現れてくるであろう。本書の中でも、随所で未解決課題について言及したが、たとえば、第 5.4.1 節で触れた「推量」「意向」の意味論、第 6.1.1 節で触れた取り立て助詞の統一的分析、第 6.1.4 節で触れたアスペクトの重層の問題、第 6.1.6 節で述べた「がる」の接続条件、第 7.1 節では簡略化して扱った提題助詞の意味論、第 9.3 節で触れた逆接の意味論、等々。

しかし、反例が見つかることは、反証可能な理論言語学としてスタートを切ったことを意味している。また、分析の解像度が上がるにつれ、解決している問題と解決していない問題の区別が明瞭になり、新たな課題が立ち現れるのは必然である。是非、ご批判・ご意見をお寄せ頂きたい。

補遺 A

高階論理

　本書では、組合せ範疇文法 (CCG) の意味表示として、動的意味論に基づく意味表示を採用している。この動的意味論の詳細は補遺 B で述べるが、そこでは動的意味論を直観主義高階論理に基づいて定義する。

　まず本章では、直観主義高階論理を「型付きラムダ計算」に基づいて定義する。「型付きラムダ計算」は元々 Church (1941) によって提唱された高階論理であり、コンピュータ言語に意味論 (semantics) を与えるため、ひいては数学に基礎 (foundation) を与えるために用いられる形式言語・普遍論理である。理論言語学においては、Montague (1973) が「文の意味」の記述に使用して以来、今日に至るまで、形式意味論の標準的記述言語として用いられている。

　ここで定義する型付きラムダ計算は、正確に言えば「カリー流の単純型付きラムダ計算」(simply typed lambda calculi a la Curry: $\lambda{\rightarrow}$-Curry) に、直積型を付け加えた言語を用い、束の公理を加えて拡張したものである。

　紙面の都合上、ここではラムダ計算自体の解説はせず、定義のみの列挙となることを了承されたい。ラムダ計算そのものについて学ぶには、Barendregt (1981, 1992) が古典的文献であり、代表的な教科書としては Pierce (2002, 2005), Hankin (2004), Hindley and Seldin (2008) 等が知られている。

A.1 型と項

定義 A.1.1 (記号). 型付きラムダ計算の**記号**(alphabet) ($\mathcal{A}$ と記す) は、以下の要素からなる四つ組 $\mathcal{A} = (\mathcal{GT}, \mathcal{C}on, \mathcal{V}ar, \Sigma)$ で指定される。

$\mathcal{GT} = \{e, i, t\}$　　基底型 (ground types) の集合
$\mathcal{C}on$　　　　　　　定数記号 (constant symbols) の集合
$\mathcal{V}ar$　　　　　　　変項 (variables) の集合
$\Sigma : \mathcal{C}on \to \mathcal{T}yp$　　定数記号への型付け関数 (signature)

定義 A.1.2 (型). 基底型 $\mathcal{GT}$ が与えられたとき、**型**(type) の集合 ($\mathcal{T}yp$ と記す) は BNF 記法によって以下のように定義される。ただし、$\gamma \in \mathcal{GT}$ とする。

$$\mathcal{T}yp ::= \gamma \mid \mathcal{T}yp\mathcal{T}yp \mid unit \mid \mathcal{T}yp \times \mathcal{T}yp$$

定義 A.1.3 (項). 記号 $\mathcal{A} = (\mathcal{GT}, \mathcal{C}on, \mathcal{V}ar, \Sigma)$ が与えられたとき、**項**(raw terms) の集合 (Λ と記す) は、以下の BNF 記法によって再帰的に定義される。ただし、$x \in \mathcal{V}ar$、$c \in \mathcal{C}on$ とする。

$$\Lambda ::= x \mid c \mid \lambda x.\Lambda \mid \Lambda\Lambda \mid \forall x.\Lambda \mid \exists x.\Lambda$$
$$\mid\ (\ ) \mid (\Lambda) \mid (\Lambda, \Lambda) \mid \pi_1(\Lambda) \mid \pi_2(\Lambda)$$

定義 A.1.4 (環境). **環境**(context) は変項と型からなる有限リストである ($\Gamma = x_1 : \alpha_1, \ldots, x_n : \alpha_n$ と記す)。ただし、環境中に現れる変項はすべて異なるとする。

定義 A.1.5 (型判定). **型判定**(judgment) は $\Gamma \vdash M : \alpha$ という形式（ただし Γ は環境、M は項、α は型とする）のうち、以下の規則によって導出される形式をいう。

変項
$$\overline{\Gamma, x : \alpha, \Gamma' \vdash x : \alpha}$$

定数記号
$$\overline{\Gamma \vdash c : \Sigma(c)}$$

直積
$$\overline{\Gamma \vdash (\,) : unit}$$

$$\frac{\Gamma \vdash M : \alpha \quad \Gamma \vdash N : \beta}{\Gamma \vdash (M, N) : \alpha \times \beta}$$

投射
$$\frac{\Gamma \vdash M : \alpha \times \beta}{\Gamma \vdash \pi_1(M) : \alpha} \qquad \frac{\Gamma \vdash M : \alpha \times \beta}{\Gamma \vdash \pi_2(M) : \beta}$$

ラムダ抽象
$$\frac{\Gamma, x : \alpha \vdash M : \beta}{\Gamma \vdash \lambda x.M : \alpha \to \beta}$$

関数適用
$$\frac{\Gamma \vdash M : \alpha \to \beta \quad \Gamma \vdash N : \alpha}{\Gamma \vdash MN : \beta}$$

置換
$$\frac{\Gamma, x : \alpha \vdash M : \beta \quad \Gamma \vdash N : \alpha}{\Gamma \vdash M[N/x] : \beta}$$

全称・存在量化
$$\frac{\Gamma, x : \alpha \vdash M : t}{\Gamma \vdash \forall x.M : t} \qquad \frac{\Gamma, x : \alpha \vdash M : t}{\Gamma \vdash \exists x.M : t}$$

定義 A.1.6 (恒等関数). 任意の $\tau \in \mathcal{T}yp$ について、恒等関数は以下のように定義される。
$$id_\tau \stackrel{def}{\equiv} \lambda x.x : \tau \to \tau$$

A.2 自由変項と置換

定義 A.2.1 (自由変項). ラムダ項 M の**自由変項**(free variables) ($fv(M)$ と記す) は以下の規則によって再帰的に定義される。

$$fv(x) \stackrel{def}{\equiv} \{x\}$$
$$fv(c) \stackrel{def}{\equiv} \varnothing$$
$$fv((\ )) \stackrel{def}{\equiv} \varnothing$$
$$fv((M, N)) \stackrel{def}{\equiv} fv(M) \cup fv(N)$$
$$fv(\pi_1(M)) \stackrel{def}{\equiv} fv(M)$$
$$fv(\pi_2(M)) \stackrel{def}{\equiv} fv(M)$$
$$fv(\lambda x.M) \stackrel{def}{\equiv} fv(M) - \{x\}$$
$$fv(MN) \stackrel{def}{\equiv} fv(M) \cup fv(N)$$
$$fv(M[N/x]) \stackrel{def}{\equiv} (fv(M) - \{x\}) \cup fv(N)$$
$$fv(\forall x.\phi) \stackrel{def}{\equiv} fv(\phi) - \{x\}$$
$$fv(\exists x.\phi) \stackrel{def}{\equiv} fv(\phi) - \{x\}$$

定義 A.2.2 (置換). **置換**(substitution) は以下の規則によって再帰的に定義される。

$$x[L/x] \stackrel{def}{\equiv} L$$
$$y[L/x] \stackrel{def}{\equiv} y \quad \text{ただし } y \neq x$$
$$c[L/x] \stackrel{def}{\equiv} c$$
$$()[L/x] \stackrel{def}{\equiv} ()$$
$$(M, N)[L/x] \stackrel{def}{\equiv} (M[L/x], N[L/x])$$

$$(\pi_1 P)[L/x] \stackrel{def}{\equiv} \pi_1(P[L/x])$$
$$(\pi_2 P)[L/x] \stackrel{def}{\equiv} \pi_2(P[L/x])$$
$$(\lambda x.M)[L/x] \stackrel{def}{\equiv} \lambda x.M$$
$$(\lambda y.M)[L/x] \stackrel{def}{\equiv} \lambda y.(M[L/x]) \quad \text{ただし } x \notin fv(M) \vee y \notin fv(L)$$
$$(\lambda y.M)[L/x] \stackrel{def}{\equiv} \lambda w.(M[w/y])[L/x] \quad \text{ただし } x \in fv(M) \wedge y \in fv(L)$$
$$(MN)[L/x] \stackrel{def}{\equiv} (M[L/x])(N[L/x])$$
$$(\forall x.\phi)[X/x] \stackrel{def}{\equiv} \forall x.\phi$$
$$(\forall x.\phi)[X/y] \stackrel{def}{\equiv} \forall x.(\phi[X/y])$$
$$(\exists x.\phi)[X/x] \stackrel{def}{\equiv} \exists x.\phi$$
$$(\exists x.\phi)[X/y] \stackrel{def}{\equiv} \exists x.(\phi[X/y])$$

A.3 型付きラムダ計算の公理

公理 A.3.1 (構造規則).

$$(P)\frac{\Gamma, x:\alpha, y:\beta, \Gamma' \vdash M = N : \delta}{\Gamma, y:\beta, x:\alpha, \Gamma' \vdash M = N : \delta}$$

$$(W)\frac{\Gamma \vdash M = N : \beta}{\Gamma, x:\alpha \vdash M = N : \beta}$$

$$(Sub)\frac{\Gamma, x:\alpha \vdash N = N' : \beta \quad \Gamma \vdash M = M' : \alpha}{\Gamma \vdash N[M/x] = N'[M'/x] : \beta}$$

$$(=\lambda)\frac{\Gamma, x:\alpha \vdash M = N : \beta}{\Gamma \vdash \lambda x:\alpha.M = \lambda x:\alpha.N : \alpha \to \beta}$$

公理 A.3.2 (等号の公理).

$$(=R)\frac{\Gamma \vdash M : \alpha}{\Gamma \vdash M = M : \alpha} \qquad (=S)\frac{\Gamma \vdash M = N : \alpha}{\Gamma \vdash N = M : \alpha}$$

$$(=T)\frac{\Gamma \vdash L = M : \alpha \quad \Gamma \vdash M = N : \alpha}{\Gamma \vdash L = N : \alpha}$$

公理 A.3.3 (直積の公理).

$$(unit)\frac{\Gamma \vdash M : unit}{\Gamma \vdash M = () : unit}$$

$$(\times)\frac{\Gamma \vdash P : \alpha \times \beta}{\Gamma \vdash (\pi_1(P), \pi_2(P)) = P : \alpha \times \beta}$$

$$(\pi_1)\frac{\Gamma \vdash M : \alpha \quad \Gamma \vdash N : \beta}{\Gamma \vdash \pi_1(M, N) = M : \alpha} \qquad (\pi_2)\frac{\Gamma \vdash M : \alpha \quad \Gamma \vdash N : \beta}{\Gamma \vdash \pi_2(M, N) = N : \beta}$$

公理 A.3.4 ($\alpha\beta\eta$ 変換).

$$(\alpha)\frac{\Gamma, x : \alpha \vdash M : \beta}{\Gamma \vdash \lambda x.M = \lambda y.M[y/x] : \alpha \to \beta} \qquad \text{ただし } y \notin fv(M)$$

$$(\beta)\frac{\Gamma, x : \alpha \vdash F : \beta \quad \Gamma \vdash M : \alpha}{\Gamma \vdash (\lambda x : \alpha.F)M = F[M/x] : \beta}$$

$$(\eta)\frac{\Gamma \vdash M : \alpha \to \beta}{\Gamma \vdash \lambda x : \alpha.(Mx) = M : \alpha \to \beta} \qquad \text{ただし } x \notin fv(M)$$

A.4 高階直観主義論理の公理

定義 A.4.1 (ハイティング束の演算子). 任意の $\tau \in \gamma$ について、定数記号 $\top_\tau, \bot_\tau, \wedge_\tau, \vee_\tau, \to_\tau$ を定義する。各定数記号の型は以下のように定義される。

$$\begin{array}{rclcrcl}
\Sigma(\top_\tau) &=& \tau & \quad & \Sigma(\wedge_\tau) &=& (\tau \times \tau)\tau \\
\Sigma(\bot_\tau) &=& \tau & \quad & \Sigma(\vee_\tau) &=& (\tau \times \tau)\tau \\
&&&& \Sigma(\to_\tau) &=& (\tau \times \tau)\tau
\end{array}$$

以下、τ が自明である場合は省略し、単に $\top, \bot, \wedge, \vee, \to$ と記す。

定義 A.4.2 (中置記法).

$$\phi \wedge \psi \stackrel{def}{\equiv} \wedge(\phi,\psi) \quad \phi \vee \psi \stackrel{def}{\equiv} \vee(\phi,\psi) \quad \phi \to \psi \stackrel{def}{\equiv} \to(\phi,\psi)$$

公理 A.4.3 (ハイティング束の公理). 任意の $\tau \in \gamma$ について以下の推論が成り立つ。

結合律

$$(Asc)\frac{}{x:\tau, y:\tau, z:\tau \vdash x \vee (y \vee z) = (x \vee y) \vee z : \tau}$$

$$(Asc)\frac{}{x:\tau, y:\tau, z:\tau \vdash x \wedge (y \wedge z) = (x \wedge y) \wedge z : \tau}$$

交換律

$$(Cmt)\frac{}{x:\tau, y:\tau \vdash x \vee y = y \vee x : \tau}$$

$$(Cmt)\frac{}{x:\tau, y:\tau \vdash x \wedge y = y \wedge x : \tau}$$

吸収律

$$(Abs)\frac{}{x:\tau, y:\tau \vdash x \vee (x \wedge y) = x}$$

$$(Abs)\frac{}{x:\tau, y:\tau \vdash x \wedge (x \vee y) = x}$$

単位元

$$(Unit\wedge)\frac{}{x:\tau \vdash x \wedge \top = x}$$

$$(Unit\vee)\frac{}{x:\tau \vdash x \vee \bot = x}$$

直観主義含意

$$(def\!\rightarrow)\frac{x:\tau, y:\tau, z:\tau \vdash x \wedge y \leq z}{x:\tau, y:\tau, z:\tau \vdash x \leq (y\rightarrow z)}$$

定義 A.4.4 (束における順序 $\leq$ の定義). $\quad x \leq y \stackrel{def}{\equiv} y = x \vee y$

公理 A.4.5 (全称・存在量化). 任意の $\tau \in \gamma$ について以下の推論が成り立つ。

$$(\forall E)\frac{\Gamma \vdash \phi[M/x] \leq \psi : \tau}{\Gamma \vdash \forall x.\phi \leq \psi : \tau}$$

$$(\forall I)\frac{\Gamma \vdash \psi \leq \phi : \tau}{\Gamma \vdash \psi \leq \forall x.\phi : \tau} \quad \text{ただし } x \notin fv(\psi)$$

$$(\exists I)\frac{\Gamma \vdash \psi \leq \phi[M/x] : \tau}{\Gamma \vdash \psi \leq \exists x.\phi : \tau}$$

$$(\exists E)\frac{\Gamma \vdash \phi \leq \psi : \tau}{\Gamma \vdash \exists x.\phi \leq \psi} \quad \text{ただし } x \notin fv(\psi)$$

補遺 B

動的意味論

本書で用いた意味表示は、独自の動的意味論に基づいて記述されている。本章では動的意味論の厳密な定義を、補遺 A で定義した高階論理に基づいて与えることにする。しかしその前に、本分析における動的意味論の概念が、古典的意味論とどのように異なっているのかについて述べておきたい。[*1]

B.1 古典的意味論から動的意味論へ

B.1.1 動的命題

動的意味論においては、「命題」という概念が、古典的意味論のそれとは異なっている。古典的意味論においては、「命題」は「真偽」を表す概念であるのに対して、本分析で採用する動的意味論では、「命題」は「文脈」から「文脈」への「部分関数」であると考える(「動的命題」と呼ぶ)。

「文脈」とは何であるかについては次節で述べるとして、「部分関数」であるとは、以下のような意味である。

1.「命題」は関数的である。すなわち、命題 ϕ に文脈 G を与えたとき、

[*1] 本章の内容は、戸次 (2009) における発表内容に加筆・修正を加えたものである。

任意の文脈 H, H' について、

$$G \xrightarrow{\phi} H$$
$$G \xrightarrow{\phi} H'$$

ならば、$H = H'$ である（同じ入力に対しては、出力が一意に決まる）。
2. 「命題」の関数としての定義域が必ずしも「文脈」全体ではなく、「文脈」の部分集合のいずれかである。すなわち、「命題」はすべての「文脈」に対して定義されているわけではない。このことは「命題」が「前提」を持つ場合に関係しているが、それについては後述する。

部分関数を表記するには様々な方法があるが、「入力と出力のペア」の集合として表記するのは一般的な方法の一つである。「真偽」「文脈」を表す型（タイプ）を、それぞれ t, c とすると、「命題」の型は $(c \times c)t$ となり、一般化すると以下のような形式を持つことになるだろう。ただし、G は「入力文脈と出力文脈のペア」を表す変数であり、Φ は二つの文脈の関係を表すような、型 t を持つ何らかの式であるとする。

$$\lambda G.\Phi(\pi_1(G), \pi_2(G)) : (c \times c)t \tag{B.1.1}$$

しかし上記のように、その都度投射関数 π を用いて書くと表記が煩雑になるので、本書ではこれをカリー化 (Currying)[*2] したものを用いる。すなわち、命題の型を $c(ct)$ とし、一般化すると以下のような形式を持つものと

[*2] カリー化とは、SchönfinkelとFregeによって考案された技法である。型 $(X \times Y) \to Z$ の関数 f に対して、f をカリー化した関数を $curry(f)$ とすると、$curry(f)$ は型 $X \to (Y \to Z)$ を持つ。直積を持つ型付きラムダ計算では、$curry(f) \stackrel{def}{\equiv} \lambda x.\lambda y.f((x,y))$ と定義できる。式 (B.1.1) に適用すると、式 (B.1.2) が導かれることを示しておこう。

$$\begin{aligned} curry(\lambda G.\Phi(\pi_1(G), \pi_2(G))) &= \lambda x.\lambda y.(\lambda G.\Phi(\pi_1(G), \pi_2(G)))((x,y)) \\ &= \lambda x.\lambda y.\Phi(\pi_1((x,y)), \pi_2((x,y))) \\ &= \lambda x.\lambda y.\Phi(x,y) \end{aligned}$$

する。G は入力文脈、H は出力文脈を表す変数である。

$$\lambda G.\lambda H.\Phi(G, H) : c(ct)$$

B.1.2 文脈と割り当て

「文脈」を構成するのは、指標 (index)[*3]とモノ (entity) である。これらは型 i、型 e のラムダ項を用いて表す[*4]。また、真偽（型 t）とモノ（型 e）については、ブール束 (Boolean lattice) の構造を持つ（結び $\vee$、交わり $\wedge$、補元 $\neg$ が定義されている）と仮定する。

さて、言語は認識内で指標を割り振られるが、言語の生成・理解には、指標をモノと結びつけるプロセスが関わっている。ここで、指標とモノの対応を表すために「割り当て (assignment)」という概念を導入する。「割り当て」とは、指標をモノに割り当てる関数（型 ie）である。たとえば、ある名詞句が指標 x_1 を持ち、モノとしてジョン、ビル、メアリーがそれぞれ j, b, m と表示されているすると、「割り当て」には以下の 8 通りがあることになる。[*5]

[*3] これは言語的指標である。すなわち、統語論の研究において同一指示や照応関係を表記するときに用いられる（以下の例における "i" のような）ものを想定している。

(i) John loves [a girl]$_i$. But Bill does not like [her]$_i$.

[*4] これらはいずれも、認識内の表示である。モノはほとんどの場合、外界の事物を認知した結果として認識内に生じる表示であるが、次のような場合には、外界と対応を持たないモノが存在することになる。

1. 認知機構のミス（錯覚、幻覚等）
2. 推論によってモノを考え出した場合

しかし、認識内では、外界の事物を認知した結果生まれたモノと、推論によって考え出したモノを（$actual$ 等、型 et の関数によって）区別していると考える。

[*5] ここでは j, b, m は互いに disjoint である（すなわち $j \wedge b = \bot$, $b \wedge m = \bot$, $m \wedge j = \bot$）と仮定する。

	x_1		x_1
g_0	$\bot$	g_4	$j \vee b$
g_1	j	g_5	$b \vee m$
g_2	b	g_6	$m \vee j$
g_3	m	g_7	$j \vee b \vee m$

このような「割り当ての集合」を「文脈」と呼ぶことにする。すなわち、「文脈」とは型 $(ie)t$ である。以下は「文脈」の例である。

集合論的表記	直観主義高階論理による表記
$\{\}$	$\lambda g.\bot$
$\{g_1, g_2\}$	$\lambda g.(g = g_1 \vee g = g_2)$
$\{g_2, g_4, g_5\}$	$\lambda g.(g = g_2 \vee g = g_4 \vee g = g_5)$

ここで、「命題」とは「文脈」から「文脈」への部分関数であったことを思い出すと、「命題」の型は $((ie)t)((ie)t)t$ となる。ここまでに導入した概念の型をまとめておく。

定義 B.1.1 (割り当て、文脈、命題).

$$a(ssignment) \stackrel{def}{\equiv} ie$$

$$c(ontext) \stackrel{def}{\equiv} (ie)t$$

$$p(roposition) \stackrel{def}{\equiv} ((ie)t)((ie)t)t$$

では動的命題とは入力文脈に対して、どのような文脈を出力するのであろうか。たとえば、$boy(x_1)$ という命題を考える。ここで、x_1 は指標（型 i）であり、boy は一項述語（型 et）である。この命題に上記の文脈が与え

られると、以下のように「文脈」をフィルタリングするのである。

$$
\begin{array}{c|c}
 & x_1 \\
\hline
g_0 & \bot \\
g_1 & j \\
g_2 & b \\
g_3 & m \\
g_4 & j \vee b \\
g_5 & b \vee m \\
g_6 & m \vee j \\
g_7 & j \vee b \vee m
\end{array}
\quad \xrightarrow{boy(x_1)} \quad
\begin{array}{c|c}
 & x_1 \\
\hline
g_1 & j \\
g_2 & b
\end{array}
$$

一方、同じ文脈を命題 $girl(x_1)$ に与えると、フィルタリングによって別の文脈となる。

$$
\begin{array}{c|c}
 & x_1 \\
\hline
g_0 & \bot \\
g_1 & j \\
g_2 & b \\
g_3 & m \\
g_4 & j \vee b \\
g_5 & b \vee m \\
g_6 & m \vee j \\
g_7 & j \vee b \vee m
\end{array}
\quad \xrightarrow{girl(x_1)} \quad
\begin{array}{c|c}
 & x_1 \\
\hline
g_3 & m
\end{array}
$$

また、同じ文脈を命題 $dog(x_1)$ に与えると、結果は空集合となってしまう。

$$
\begin{array}{c|c}
 & x_1 \\
\hline
g_0 & \bot \\
g_1 & j \\
g_2 & b \\
g_3 & m \\
g_4 & j \vee b \\
g_5 & b \vee m \\
g_6 & m \vee j \\
g_7 & j \vee b \vee m
\end{array}
\quad \xrightarrow{dog(x_1)} \quad \emptyset
$$

B.1.3　動的命題の真偽

このように、フィルタリングの結果として、「割り当て」が一つでも残れば、その動的命題は「真」である。したがって、$boy(x)$ と $girl(x)$ は真であ

り、$dog(x)$ はそうではない。以下の定義によって、動的命題（型 p）の真偽と、静的命題（型 t）の真偽が関係付けられる。

定義 B.1.2 (動的命題の真偽).

$$true(\phi) \ under \ G \overset{def}{\equiv} \exists H.(\phi GH \wedge H \neq \varnothing)$$
$$false(\phi) \ under \ G \overset{def}{\equiv} \exists H.(\phi GH \wedge H = \varnothing)$$
$$defined(\phi) \ under \ G \overset{def}{\equiv} \exists H.(\phi GH)$$
$$undefined(\phi) \ under \ G \overset{def}{\equiv} \neg \exists H.(\phi GH)$$

これによって、意味論的推論 ($\vDash$) の概念は以下のように定義される。

定義 B.1.3 (意味論的推論).

$$\phi \vDash \psi \overset{def}{\equiv} \forall G.(true(\phi) \ under \ G \to true(\psi) \ under \ G)$$

B.2 動的命題

本節では、実際に意味表示内で用いる動的命題を順に定義する。動的命題には、以下の表 B.1 に列挙したような形式がある。動的命題は、これらおよびその組み合わせのみによって記述される。

まず記述の準備として、集合論的演算子を使えるようにしておく。一般に、型 τt の式は、型 τ のものの集合を表していると考えることができる（集合の特性関数であるから）。右辺の式は、いずれも補遺 A の直観主義高階論理によって定義されたものである。

表 B.1　本分析で用いられる動的命題の記法

基本述語 (Atomic predicate)	$R(x_1, \ldots, x_n)$
合成 (Composition)	$\phi; \psi$
内部否定 (Internal negation)	$\sim \phi$
外部否定 (External negation)	$\approx \phi$
含意 (Implication)	$\phi \Rightarrow \psi$
連言 (Conjunction)	$\phi \otimes \psi$
選言 (Disjunction)	$\phi \oplus \psi$
分配 (Distribution)	$\Delta x.(\phi)$
前提 (Presupposition)	$\partial(\phi)$
存在量化 (Existential Quantification)	$\varepsilon x.\phi$
指示演算子 (Referential Operator)	$ref(x)[\phi][\psi]$
一項量化子 (Unary Quantification)	$1(x)[\phi], 2(x)[\phi], \ldots$
二項量化子 (Binary Quantification)	$every(x)[\phi][\psi],$ $most(x)[\phi][\psi],$ $few(x)[\phi][\psi],$ $\ldots$

定義 B.2.1 (集合論的演算子).

$$a \in X \stackrel{def}{\equiv} Xa$$
$$X \cap Y \stackrel{def}{\equiv} \lambda x.(x \in X \wedge x \in Y)$$
$$X \cup Y \stackrel{def}{\equiv} \lambda x.(x \in X \vee x \in Y)$$
$$\mathcal{U} \stackrel{def}{\equiv} \lambda x.\top$$
$$\varnothing \stackrel{def}{\equiv} \lambda x.\bot$$

B.2.1 基本述語

前節の $boy(x)$ や $girl(x)$、$dog(x)$ のように文脈のフィルタリングを行う命題を基本述語 (atomic predicate) と呼ぶ。基本述語の定義は以下の通りである。

> **定義 B.2.2** (基本述語：Atomic Predicate).
> $$R(x_1, \ldots, x_n) \stackrel{def}{\equiv} \lambda G.\lambda H.H = G \cap \lambda g.((gx_1, \ldots, gx_n) \in R)$$

以下、G は入力文脈、H は出力文脈を表す変数である。文脈は割り当ての集合であり、命題は文脈から文脈への部分関数であることを思い出すと、基本述語は入力 G に対して、そのメンバーであり、かつ指標 $x_1, \ldots, x_n$ への割り当てが関係 R を満たすような割り当てのみからなる文脈を返す。以下に二項述語の例を示す。

	e_1	x_1
g_0	$\bot$	$\bot$
g_1	$\bot$	j
g_2	$\bot$	b
g_3	$\bot$	$j \vee b$
g_4	e_1	$\bot$
g_5	e_1	j
g_6	e_1	b
g_7	e_1	$j \vee b$
g_8	e_2	$\bot$
g_9	e_2	j
g_{10}	e_2	b
g_{11}	e_2	$j \vee b$
g_{12}	$e_1 \vee e_2$	$\bot$
g_{13}	$e_1 \vee e_2$	j
g_{14}	$e_1 \vee e_2$	b
g_{15}	$e_1 \vee e_2$	$j \vee b$

$\xrightarrow{dog(x)} \varnothing$

B.2.2 合成

与えられた文脈に対して、二つの命題を続けて適用する操作を、命題の「合成」と呼ぶ。合成命題は以下のように定義される。

定義 B.2.3 (合成：Composition).

$$\phi;\psi \stackrel{def}{\equiv} \lambda G.\lambda H.\exists K.(\phi GK \wedge \psi KH)$$

例として、命題 $boy(x)$ の結果として残った文脈を考える。

	x_1
g_0	$\bot$
g_1	j
g_2	b
g_3	m
g_4	$j \vee b$
g_5	$b \vee m$
g_6	$m \vee j$
g_7	$j \vee b \vee m$

$\xrightarrow{boy(x_1)}$

	x_1
g_1	j
g_2	b

ここで、仮に「ジョンとメアリーは来ていないが、ビルは来た」という状況を考える。「来た」ということを $came$ という述語で表すとして、$came(x)$ という命題で、上の文脈を更にフィルタリングしてみると、以下のようになる。

	x_1
g_1	j
g_2	b

$\xrightarrow{came(x)}$

	x_1
g_2	b

この結果は、最初の文脈を $boy(x)$ でフィルタリングし、その結果を $came(x)$ でフィルタリングしたものとなっている。このことを合成命題を使って表すと、以下のようになる。

	x_1
g_0	$\bot$
g_1	j
g_2	b
g_3	m
g_4	$j \vee b$
g_5	$b \vee m$
g_6	$m \vee j$
g_7	$j \vee b \vee m$

$\xrightarrow{boy(x_1);came(x_1)}$

	x_1
g_2	b

合成には結合則 (associative law) が成り立つ。

定理 B.2.4 (合成命題の結合則).

$$\phi:p, \psi:p, \chi:p \vdash (\phi;\psi);\chi = \phi;(\psi;\chi)$$

したがって、今後 $(\phi;\psi);\chi$ もしくは $\phi;(\psi;\chi)$ を、$\phi;\psi;\chi$ と書いても構わないものとする。場合によっては、以下のように縦書きする場合もある。

$$\begin{pmatrix} \phi; \\ \psi; \\ \chi \end{pmatrix}$$

B.2.3 内部否定

基本述語が入力文脈に対して「フィルタ」であるのに対して、否定命題は「テスト」として働く。つまり、入力文脈のうち条件を満たす部分集合を返すのではなく、入力文脈が全体として条件を満たすならば、入力文脈をそのまま返し、満たさないならば $\varnothing$ を返すのである。定義は以下の通りである。

定義 B.2.5 (内部否定: Internal negation).

$$\sim\phi \stackrel{def}{\equiv} \lambda G.\lambda H.\exists K.(\phi GK \wedge H = G \cap (\lambda g.K = \varnothing))$$

入力文脈 G に対して、$\sim\phi$ は ϕ が *false under G* であるとき、出力と

して G をそのまま返し、そうでないときは $\varnothing$ を返す（すなわち $\sim\phi$ が *false under G* となる）。ただし、ϕ が *undefined under G* であるときは、$\sim\phi$ も *undefined under G* となる。

B.2.4 外部否定

> **定義 B.2.6** (外部否定：External negation).
>
> $$\approx \phi \stackrel{def}{\equiv} \lambda G.\lambda H.H = (G \cap \lambda g.(\phi G \varnothing \vee \neg \exists K.\phi GK))$$

入力文脈 G に対して、$\approx\phi$ は ϕ が *false under G* であるとき、出力として G をそのまま返し、そうでないときは $\varnothing$ を返す点では内部否定と同様である。しかし、ϕ が *undefined under G* であるときは、出力として G をそのまま返す点が、内部否定と異なる。

B.2.5 連言

連言は自然言語の "and" に相当する演算子である。

> **定義 B.2.7** (連言：Conjunction).
>
> $$\phi \otimes \psi \stackrel{def}{\equiv} \lambda G.\lambda H.\exists K.\exists J.(\phi GK \wedge \psi GJ \wedge \\ H = (K \cup J) \cap \lambda g.(K \neq \varnothing \wedge J \neq \varnothing))$$

入力文脈 G に対し、ϕ と ψ がそれぞれ空でない出力 K, J を持つとき、$\phi \otimes \psi$ の出力は $K \cup J$ であり、そうでないときは出力が $\varnothing$ となる。

なお、連言には結合則 (associative law) が成り立つ。すなわち、以下の定理が成り立つ。

定理 B.2.8 (連言の結合則).

$$\phi:p, \psi:p, \chi:p \vdash (\phi \otimes \psi) \otimes \chi = \phi \otimes (\psi \otimes \chi)$$

B.2.6 選言

選言は自然言語の "or" に相当する演算子である。

定義 B.2.9 (選言：Disjunction).

$$\phi \oplus \psi \stackrel{def}{\equiv} \lambda G.\lambda H.\exists K.\exists J.(\phi GK \wedge \psi GJ \wedge (H = K \cup J))$$

入力文脈 G に対し、ϕ と ψ の出力 K, J が存在する（空でも可）とき、出力は $K \cup J$ となる。そうでないときは出力は $\emptyset$ となるが、ϕ と ψ がともに *false under G* のときも $\emptyset$ となる点で連言と異なっている。

選言にも、連言同様、結合則 (associative law) が成り立つ。すなわち、以下の定理が成り立つ。

定理 B.2.10 (選言の結合則).

$$\phi:p, \psi:p, \chi:p \vdash (\phi \oplus \psi) \oplus \chi = \phi \oplus (\psi \oplus \chi)$$

B.2.7 分配

分配演算子 (Δ) を定義する準備として、「分割文脈」を以下のように定義する。文脈 G の指標 x、モノ d による「分割文脈」$G|_{x=d}$ とは、G のメンバーで、指標 x を d に割り当てる割り当てのみからなる文脈である。

定義 B.2.11 (分割文脈：Strip context).

$$G|_{x=d} \stackrel{def}{\equiv} \lambda g.(g \in G \wedge gx = d)$$

分配命題は、入力文脈 G を指標 x で分割したものを各々 ϕ に与え、それらの出力の union をとったものである。この演算子が意味表示に現れると、そのスコープ内にいわゆる「分配読み (distributive reading)」を生み出す。

定義 B.2.12 (分配：Distribution).
$$\Delta x.\phi \stackrel{def}{\equiv} \lambda G.\lambda H.(H = \lambda g.\exists d.\exists K.(g \in K) \wedge \phi(G|_{x=d})K))$$

分配命題の拡張として、以下のように「単位分配命題」を定義しておく。

定義 B.2.13 (単数分配：Atomic Distribution).
$$\delta x.(\phi) \stackrel{def}{\equiv} \Delta x.(At(x); \phi)$$

B.2.8 前提

前提演算子は、意味論的前提 (presupposition) を記述するのに用いられる。

定義 B.2.14 (前提演算子：Presupposition operator).
$$\partial(\phi) \stackrel{def}{\equiv} \lambda G.\lambda H.(H = G) \wedge \phi GH$$

直感的に言えば、命題 $\partial(\phi)$ とは、ϕ が入力文脈 ϕ において「既に成立している」ことを表している。そうでない場合、そのような G に対して $\partial(\phi)$ は「定義されていない」ことになる。この関係は、以下の定義によって明瞭になるだろう。

定義 B.2.15 (前提). 以下の等式が成り立つとき、そしてその場合に限り「ϕ が ψ を（意味論的に）前提としている」と云う。
$$defined(\phi) \ under \ G \iff \psi GG$$

B.2.9　等号

動的等号 ≈ は二つの指標を結び、入力文脈 G のうち、それら二つの指標に同じモノを割り当てるメンバーのみからなる文脈を返す。動的等号は「フィルタ」である。

定義 B.2.16 (等号：Equation).
$$x \approx y \stackrel{def}{\equiv} \lambda G.\lambda H.H = G \cap \lambda g.(g(x) = g(y))$$

B.2.10　含意

含意は否定と合成によって定義する。

定義 B.2.17 (含意：Implication).
$$\phi \Rightarrow \psi \stackrel{def}{\equiv} \sim(\phi; \sim\psi)$$

B.3　動的量化

動的意味論における量化は、遅延量化 (delayed quantification: Bekki (2000a,b)) と呼ばれる仕組みによって行われる。以下、遅延量化の概念を順を追って定義するが、準備として「無限交わり／結び」「スライス」「基数」という概念を導入する。

公理 B.3.1 (無限交わり／結び：Infinite join/meet). 無限交わり ($\bigvee P$)、無限結び ($\bigwedge P$) は型 e のラムダ項であり、以下の性質を満たす。

$$\forall x.(x \in P \to x \leq \bigvee P)$$
$$\forall y.((\forall x.(x \in P \to x \leq y)) \to \bigvee P \leq y)$$
$$\forall x.(x \in P \to \bigwedge P \leq x)$$
$$\forall y.((\forall x.(x \in P \to y \leq x)) \to y \leq \bigwedge P)$$

定理 B.3.2.

$$\overline{\phi : p \vdash \bigvee \phi = \bot}$$

定義 B.3.3 (スライス：Slice). 文脈 G の指標 x によるスライス G/x は、G のメンバーが指標 x に割り当てるモノの結び (join) である。

$$G/x \stackrel{def}{\equiv} \bigvee (\lambda d. G|_{x=d} \neq \varnothing)$$

定義 B.3.4 (基数：Cardinality). 任意のモノ d、自然数 n について、基数関係 $\#(d,n)$ は型 t のラムダ項であり、以下の関係を満たす。

$\#(x, n_1) \wedge \#(x, n_2) \to n_1 = n_2$
$\#(\bot, 0)$
$At(d) \to \#(d, 1)$
$\#(x, n_x) \wedge \#(x, n_y) \wedge \#(x \vee y, n_{x \vee y}) \wedge \#(x \wedge y, n_{x \wedge y})$
$\quad \to n_x + n_y = n_{x \vee y} - n_{x \wedge y}$

直感的には $\#(d,n)$ は、d の要素の数が n であることを示している。また、基数を型 en の関数ではなく型 $(e \times n)t$ の演算子として定義している理由は、すべてのモノに基数が定義されているわけではない (uncountable

B.3.1 束縛指標

定義 B.3.5 (自由指標／束縛指標). 任意の $x \in \mathcal{V}ar^i$ について、

$$free(x) \stackrel{def}{\equiv} \lambda G.\lambda H.(H = G) \land x \notin FI(G)$$
$$bound(x) \stackrel{def}{\equiv} \lambda G.\lambda H.(H = G) \land x \in FI(G)$$

上記定義中の $FI(G)$ を定義する方法には色々あるが、一つには G の型を拡張し、文脈と（これまでに使用された）指標の集合のペアとすることである。この場合、$free(x), bound(x)$ は以下のように定義し直されるであろう。

$$free(x) \stackrel{def}{\equiv} \lambda G.\lambda H.(H = (\pi_1(G), \pi_2(G) \cup \{x\}) \land x \notin \pi_2(G))$$
$$bound(x) \stackrel{def}{\equiv} \lambda G.\lambda H.H = G \land x \in \pi_2(G)$$

この方法で意味論全体を書き換えるのは手間ではあるが、難しいことではない。しかし、表記が煩雑になるため、本書では省略する。

これらを用いて、以下の命題を定義しておく。

定義 B.3.6 (指標導入命題).

$$\varepsilon^i x.\phi \stackrel{def}{\equiv} free(i); \phi[i/x]$$
$$\rho^i x.\phi \stackrel{def}{\equiv} bound(i); \phi[i/x]$$

この指標導入命題において、指標 i は省略することができるものとする。

B.3.2 存在量化

動的意味論における存在量化は、指標導入命題によって表される。存在量化には、以下の「ロバ文同値性 (donkey equivalence)」が成り立つ。これは動的意味論の特徴の一つである。

定理 B.3.7.
$$\frac{x \notin fv(\psi)}{x:i, \phi:p, \psi:p \vdash \varepsilon^i x.(\phi); \psi = \varepsilon^i x.(\phi; \psi)}$$

証明.
$$\begin{aligned}
\varepsilon^i x.\phi; \psi &= (free(i); \phi[i/x]); \psi \\
&= free(i); (\phi[i/x]; \psi) \\
&= free(i); (\phi; \psi)[i/x] \\
&= \varepsilon^i x.\phi; \psi
\end{aligned}$$

□

B.3.3 全称量化

全称量化は以下のように定義される。この意味論においては、存在量化と全称量化は双対ではない。

定義 B.3.8 (全称量化: Universal Quantification).
$$\mathcal{A}x.(\phi) \stackrel{def}{=} \lambda G.\lambda H.\exists K.(\phi GK \wedge (H = K \cap \lambda g.G/x = K/x))$$

B.3.4 指示演算子

指示（直示・照応）を表す演算子は、これらを組み合わせることによって定義することができる。

定義 B.3.9 (指示演算子: Referential Operator).
$$ref^i(x)[\phi][\psi] \stackrel{def}{=} \rho x.(\partial(\psi); \mathcal{A}x.(\psi))$$

表記を単純にするために、前提を持たない指示演算子も定義しておく。

定義 B.3.10 (前提のない指示演算子).
$$ref^i(x)[\phi] \stackrel{def}{\equiv} \rho x.(\mathcal{A}x.(\phi))$$

指標導入命題同様、指示演算子においても指標 i は省略することができるものとする。

B.3.5 一項量化子

一項量化子は、以下のような命題によって記述される。

定義 B.3.11 (一項量化：Unary Quantifications).
$$N(x) \stackrel{def}{\equiv} \lambda G.\lambda H.(H = G \cap \lambda g.\#(G/x, N))$$

数量化子によって通常左辺のように記述される命題は、動的意味論では右辺のように記述される。

$$2(x)[\phi] \stackrel{def}{\equiv} \phi; 2(x)$$

B.3.6 二項量化子

二項量化子は、いわゆる一般化量化子 (generalized quantifiers) に相当するものであり、いわば「動的な」一般化量化子であるが、その定義には「静的な」一般化量化子を利用する。まず、静的な（つまり通常の）一般化量化子を以下のように定義する。

定義 B.3.12 (古典的一般化量化子：Static generalized quantifiers).

$$every \stackrel{def}{\equiv} \lambda x.\lambda y.x \leq y$$
$$most \stackrel{def}{\equiv} \lambda x.\lambda y.(x \wedge \neg y) \leq (x \wedge y)$$
$$few \stackrel{def}{\equiv} \lambda x.\lambda y.(x \wedge \neg y) \geq (x \wedge y)$$
$$no \stackrel{def}{\equiv} \lambda x.\lambda y.x \wedge y = \bot$$

二項量化は、(静的) 一般化量化子 Q と、二つの述語からなる命題である。

定義 B.3.13 (二項量化：Binary Quantifications).

$$Q(x)[\phi][\psi] \stackrel{def}{\equiv} \varepsilon x'.\varepsilon x''. \begin{pmatrix} \phi[x'/x]; \\ \phi[x''/x]; \\ \Delta x''.\psi[x''/x]; \\ \lambda G.\lambda H.(H = \lambda g.(g \in G \wedge Q(G/x', G/x''))) \end{pmatrix}$$

例 B.3.14.

$$every(x)[\phi][\psi] \stackrel{def}{\equiv} \varepsilon x'.\varepsilon x''. \begin{pmatrix} \phi[x'/x]; \\ \phi[x''/x]; \\ \Delta x''.\psi[x''/x]; \\ \lambda G.\lambda H.(H = \lambda g.(g \in G \wedge every(G/x', G/x''))) \end{pmatrix}$$

$$most(x)[\phi][\psi] \stackrel{def}{\equiv} \varepsilon x'.\varepsilon x''. \begin{pmatrix} \phi[x'/x]; \\ \phi[x''/x]; \\ \Delta x''.\psi[x''/x]; \\ \lambda G.\lambda H.(H = \lambda g.(g \in G \wedge most(G/x', G/x''))) \end{pmatrix}$$

$$few(x)[\phi][\psi] \stackrel{def}{\equiv} \varepsilon x'.\varepsilon x''. \begin{pmatrix} \phi[x'/x]; \\ \phi[x''/x]; \\ \Delta x''.\psi[x''/x]; \\ \lambda G.\lambda H.(H = \lambda g.(g \in G \wedge few(G/x', G/x''))) \end{pmatrix}$$

B.4 内包論理への拡張

本書ではここまで、動的命題を外延的 (extentional) に定義し、用いてきたが、動的命題の解釈を以下のように変更することにより、内包的

(intentional) に定義された意味論に拡張することができる。

定義 B.4.1 (内包論理：Intentional Settings).

$$
\begin{aligned}
R(x_1,\ldots,x_n) &\stackrel{def}{\equiv} \lambda w.\lambda G.\lambda H.(H = (\lambda g. g \in G \land (gw, gx_1,\ldots, gx_n) \in R)) \\
\phi;\psi &\stackrel{def}{\equiv} \lambda w.\lambda G.\lambda H.(\exists K.(\phi wGK) \land (\psi wKH)) \\
\sim\phi &\stackrel{def}{\equiv} \lambda w.\lambda G.\lambda H.(H = (\lambda g. g \in G \land (\phi wG\varnothing))) \\
\phi \otimes \psi &\stackrel{def}{\equiv} \lambda w.\lambda G.\lambda H.\exists U.\exists W.((H = U \cup W) \land true_{G,U}(\phi w) \land true_{G,W}(\psi w)) \\
\phi \oplus \psi &\stackrel{def}{\equiv} \lambda w.\lambda G.\lambda H.\exists U.\exists W.((H = U \cup W) \land \phi wGU \land \psi wGW) \\
\Delta x.\phi &\stackrel{def}{\equiv} \lambda w.\lambda G.\lambda H.(H = (\lambda g.\exists d.\exists K.(g \in K) \land (\phi w(G|_{x=d})K))) \\
\mathcal{A}x.(\phi) &\stackrel{def}{\equiv} \lambda w.\lambda G.\lambda H.\phi GH \lor (H = \varnothing \land \lambda g.(g \in GK \land \phi wGK \\
\partial(\phi) &\stackrel{def}{\equiv} \lambda w.\lambda G.\lambda H.(H = G) \land \phi wGH
\end{aligned}
$$

この定義の下では、モンタギュー意味論に倣い、可能世界を表す指標を取り出し、埋め込む演算子 ($\hat{\ }$ と $\check{\ }$) を以下のように定義することができる。

定義 B.4.2 (Montague's Up/Down Operator).

$$
\begin{aligned}
\hat{\phi} &\stackrel{def}{\equiv} \lambda w.\lambda w'.\phi w' \\
\check{\phi} &\stackrel{def}{\equiv} \lambda w.\lambda w.\phi ww
\end{aligned}
$$

これらの演算子は互いに打ち消し合うことが、以下の定理によって示される。

定理 B.4.3.

$$\check{\hat{\phi}} = \phi$$

証明.

$$
\begin{aligned}
\check{\hat{\phi}} &= \lambda w.(\hat{\phi})ww \\
&= \lambda w.(\lambda w'.\lambda w''.\phi w'')ww \\
&= \lambda w.\phi w \\
&= \phi
\end{aligned}
$$

□

参考文献

Ades, A. E. and M. J. Steedman. (1982) "On the Order of Words", *Linguistics and Philosophy* **4**, pp.517–558.

Ajdukiewicz, K. (1935) "Die Syntaktische Konnexitat", *Studia Philosophica* **1**, pp.1–27. Transl. In: McCall, S. (Ed.): Polish Logic in 1929-1939. Oxford: Clarendon, 1967.

Bar-Hillel, Y. (1953) "A Quasi-Arithmetical Notation for Syntactic Description", *Language* **29**, pp.47–58.

Barendregt, H. P. (1981) *The Lambda Calculus: Its Syntax and Semantics*, Vol. 103 of *Studies in Logic and the Foundation of Mathematics*. Springer.

Barendregt, H. P. (1992) "Lambda Calculi with Types", In: S. Abramsky, D. M. Gabbay, and T. Maibaum (eds.): *Handbook of Logic in Computer Science*, Vol. 2. Oxford Science Publications, pp.117–309.

Bekki, D. (2000a) "Typed Dynamic Logic for Compositional Grammar", Doctoral dissertation, University of Tokyo.

Bekki, D. (2000b) "Typed Dynamic Logic for E-type Link", In the Proceedings of *Third International Conference on Discourse Anaphora and Anaphor Resolution (DAARC2000)*. Lancaster University, U.K., pp.39–48.

Bloch, B. (1946) "Studies in Colloquial Japanese, Part I, Inflection", *Journals of the American Oriental Society* **66**, pp.97–109.

Bresnan, J. (1978) "A Realistic Transformational Grammar", In: M. Halle, J. Bresnan, and A. Miller (eds.): *Linguistic Theory and Psychological Reality*. Cambridge, Mass., MIT Press.

Bresnan, J. (2001) *Lexical Functional Syntax*. Blackwell.

Chomsky, N. (1957) *Syntactic Structure*. Mouton the Hague.

Chomsky, N. (1965) *Aspects of the Theory of Syntax*. The MIT Press.

Chomsky, N. (1970) "Remarks on nominalization", In: R. A. Jacobs and P. S. Rosenbaum (eds.): *Readings in English Transformational Grammar*. Georgetown Univ School of Language.

Chomsky, N. (1981) *Lectures on Government and Binding*. mouton de gruyter.

Chomsky, N. (1988) *Barriers.* MIT Press.

Chomsky, N. (1995) *The Minimalist Program.* Cambridge, Massachusetts, The MIT Press.

Chomsky, N. (2000) "Minimalist Inquiry: The Framework", In: M. R., D. Michaels, and J. Uriagereka (eds.): *Step by Step: Essays on Minimalist Syntax in Honor of Loward Lasnik.* Cambridge, Mass., MIT pres, pp.89–156.

Church, A. (1941) "The Calculi of Lambda Conversion", *Annals of Mathematical Studies, no. 6, Princeton University Press, Princeton, N. J., 1941,* ii+77.

Davidson, D. (1967) "The logical form of action sentences", In: N. Rescher (ed.): *The Logic of Decision and Action.* Pittsburgh, University of Pittsburgh Press.

Evans, G. (1980) "Pronouns", *Linguistic Inquiry* **11**, pp.337–362.

Fukui, N. (1986) "A Theory of Category Projection and Its Applications", Doctoral dissertation, MIT.

Fukui, N. (1992) *Theory of Projection in Syntax,* Vol. 4 of *Studies in Japanese Linguistics.* CSLI Publisher and Kuroshio Publisher.

Fukui, N. (1995) "The Principles-and-Parameters Approach: A Comparative Syntax of English and Japanese", In: M. Shibatani and T. Bynon (eds.): *Approaches to Language Typology.* Oxford University Press, pp.327–372.

Gunji, T. (1987) *Japanese Phrase Structure Grammar: A Unification-based Approach.* Dordrecht, D. Reidel.

Hankin, C. (2004) *An Introduction to Lambda Calculi for Computer Scientists,* Texts in Computing. King's Colledge London.

Harada, S.-I. (1973) "Counter Equi NP Deletion", *Annual Bulletin RILP, No.7* pp.113–147.

Hindley, J. R. and J. P. Seldin. (2008) *Lambda-Calculus and Combinators: an Introduction.* Cambridge University Press.

Hockenmaier, J. and M. J. Steedman. (2005) "CCGbank Manual", Technical report, Department of Computer and Information Science, University of Pennsylvania.

Hoji, H. (1985) "Logical Form Constraints and Configurational Structures in Japanese", Doctoral dissertation, University of Washington.

Hoji, H. (2003) "Surface and Deep Anaphora, Sloppy Identity, and Experiments in Syntax", In: A. Barss and D. T. Langendoen (eds.): *Anaphora:*

A Reference Guide. Blackwell, pp.172–236.

Kojima, D. (2007) "Extracting Lexical Entries for a Japanese CCG Parser", Master thesis, University of Tokyo.

Komagata, N. (1997) "Efficient Parsing for CCGs with Generalized Type-Raised Categories", In the Proceedings of *the 5th International Workshop on Parsing Technologies*. Boston, MA, pp.135–146, ACL/SIGPARSE.

Komagata, N. (1999) "A Computational Analysis of Information Structure Using Parallel Expository Texts in English and Japanese", Ph.D. thesis, University of Pennsylvania.

Kubota, Y. and S. E. Allyn. (2004) "Syntax and Semantics of Japanese Non-constituent Clefting in Combinatory Categorial Grammar", In the Proceedings of *NELS 36*.

Kuroda, S.-Y. (1965) "Generative Grammatical Studies in the Japanese Language", Doctoral dissertation, MIT.

Kuroda, S.-Y. (1978) "Case-marking, Canonical Sentence Patterns and Counter Equi in Japanese", In: J. Hinds and I. Howard (eds.): *Problems in Japanese Syntax and Semantics*. Tokyo, Kaitakusha.

Kuroda, S.-Y. (1979) "On Japanese Passives", In: G. Bedell, E. Kobayashi, and M. Muraki (eds.): *Explorations in Linguistics: Papers in Honor of Kazuko Inoue*. Tokyo, Kenkyusha.

Lambek, J. (1958) "The Mathematics of Sentence Structure", *American Mathematical Monthly* **65**, pp.154–169.

Lecomte, A. and C. Retore. (1995) "Pomset Logic as an Alternative Categorial Grammar", In the Proceedings of *Formal Grammar*. Barcelona.

Manning, C. D., I. A. Sag, and M. Iida. (1999) "The Lexical Integrity of Japanese Causatives", In: R. D. Levine and G. M. Green (eds.): *Studies in Contemporary Phrase Structure Grammar*. Cambridge University Press, pp.39–79.

Martin, S. (1975) *A Reference Grammar of Japanese*. Yale University Press.

McCawley, J. D. (1968) *The Phonological Component of a Grammar of Japanese*. The Hague: Mouton.

Miyagawa, S. (1989) *Structure and Case Marking in Japanese*. San Diego, Academic Press.

Montague, R. (1973) "The Proper Treatment of Quantification in Ordinary English", In: J. Hintikka, J. Moravcsic, and P. Suppes (eds.): *Approaches to Natural Language*. Dordrecht, Reidel, pp.221–242.

Nakau, M. (1973) *Sentential Complementation in Japanese*. Tokyo,

Kaitakusha.

Parsons, T. (1990) *Events in the Semantics of English: A Study in Subatomic Semantics.* Cambridge MA, The MIT Press.

Pierce, B. C. (2002) *Types and Programming Languages.* The MIT Press.

Pierce, B. C. (ed.) (2005) *Advanced Topics in Types and Programming Languages.* The MIT Press.

Pollard, C. J. and I. A. Sag. (1994) *Head-Driven Phrase Structure Grammar*, Studies in Contemporary Linguistics. Chicago, London, University of Chicago Press.

Popper, K. R. (1934) *The Logic of Scientific Discovery.* Routledge.

Reinhart, T. (1987) "Specifier and Operator Binding", In: E. J. Reuland and A. G. ter Meulen (eds.): *The Representation of (In)definiteness.* The MIT Press, pp.130–167.

Ross, J. R. (1967) "Constraints on Variables in Syntax", Unpublished ph.d. dissertation, MIT.

Sag, I. A. and T. Wasow. (1999) *Syntactic Theory.* CSLI.

Sag, I. A., T. Wasow, and E. M. Bender. (2003) *Syntactic Theory: A Formal Introduction (Second Edition).* CSLI Publications.

Saito, M. (1985) "Some Asymmetries in Japanese and Their Theoretical Implications", Doctoral dissertation, MIT.

Saito, M. (1992) "Long Distance Scrambling in Japanese", *Journal of East Asian Linguistics* **1**(1), pp.69–118.

Steedman, M. and J. Baldridge. (2007) "Combinatory Categorial Grammar", In: R. Borsley and K. Borjars (eds.): *Non-Transformational Syntax.* Blackwell.

Steedman, M. J. (1996) *Surface Structure and Interpretation.* The MIT Press.

Steedman, M. J. (2000) *The Syntactic Process (Language, Speech, and Communication).* The MIT Press.

Ueyama, A. (1998) "Two Types of Dependencies", Doctoral dissertation, University of Southern California. distributed by GSIL publications.

Ueyama, A. (2003) "Two Types of Scrambling Constructions in Japanese", In: A. Barss (ed.): *Anaphora: A Reference Guide.* Cambridge, Blackwell.

Yoshida, K. (2005) "Corpus-Oriented Development of Japanese HPSG Parsers", In the Proceedings of *The 43rd ACL Student Research Workshop.* Ann Arbor, Michigan, pp.139–144, Association for Computational Linguistics.

有坂秀世. (1931) 「国語にあらはれたる一種の母音交替について」, 『音声の研究』

4.

有坂秀世. (1931)「母音交替の法則について」『音声学協会々報』34.『国語音韻史の研究』, 明世堂書店, 1944.（増補新版, 三省堂, 1957.)

庵功雄. (2001)「新しい日本語学入門 ことばのしくみを考える」, スリーエーネットワーク.

井上和子. (1971)「変形文法と日本語」,『英語教育』誌連載記事.

井上和子. (1976)『変形文法と日本語 (上)(下)』, 大修館書店.

川添愛. (2005)「動詞・項名詞句の意味合成と文構造」, 博士論文, 九州大学文学部.

川端善明. (1978-9)『活用の研究』(I)(II), 大修館書店.

北原保雄. (1981)『日本語助動詞の研究』, 大修館書店.

金水敏. (1997)「国文法」益岡隆志, 仁田義雄, 郡司隆男, 金水敏『岩波講座 言語の科学 5 文法』第四章, pp.119-158, 岩波書店.

金田一春彦. (1953)「不変化助動詞の本質 上, 下」（上『国語国文』22-2, 下「国語国文」22-3, 再収『日本の言語学 3』服部・大野・阪倉・松村編, 1978, 大修館書店.)

黒田成幸. (1990)「使役の助動詞の自立性について」,『文法と意味の間──国広哲弥教授還暦退官記念論文集』, pp.93-104, くろしお出版.

黒橋禎夫, 長尾真. (1998)「日本語形態素解析システム JUMAN version 3.6 使用説明書」, 京都大学大学院情報学研究科.

国立国語研究所. (1963)「話しことばの文型 (2)──独話資料による研究──」, 国立国語研報告 23, 秀英出版.

小嶋大起, 戸次大介, 宮尾祐介, 辻井潤一. (2006)「日本語 CCG の語彙項目獲得」, 情報処理学会研究報告. 自然言語処理研究会報告. 2006(124) pp.75-80.

齊藤学. (2006)「自然言語の証拠推量表現と知識管理」, 博士学位論文, 九州大学.

佐久間鼎. (1936)『現代日本語の表現と語法』厚生閣, 増補版, 恒星社厚生閣. 1966. 復刊, くろしお出版, 1983.

柴谷方良. (1978)『日本語の分析』, 大修館書店.

清瀬義三郎則府. (1971)「連結子音と連結母音と──日本語動詞無活用論」,『国語学』86.

城田俊. (1998)『日本語形態論』, ひつじ書房.

鈴木忍. (1978)『教師用日本語教育ハンドブック (3):文法 I』, 国際交流基金.

鈴木泰. (1993)「古代語の文法・文法史」『日本語要説』第二章, pp.41-76. ひつじ書房.

田窪行則. (1987)「統語構造と文脈情報」,『日本語学』6 巻 5 号, pp.37-47.

寺村秀夫. (1984)『日本語のシンタクスと意味 II』, くろしお出版.

寺村秀夫. (1987)「日本語における単文・複文の認定問題」, 寺村秀夫 (1992)『寺村秀夫論文集 I』くろしお出版に再録.

西山佑司. (1990) 「『カキ料理は広島が本場だ』構文について」, 『慶應義塾大学言語文化研究所紀要』22, pp.169-188.

林四郎. (1960) 『基本文型の研究』, 明治図書.

戸次大介. (2007) 「南の従属節分類再考」, 日本言語学会第 134 回大会予稿集, p.306-311, 麗澤大学.

戸次大介. (2009) 「型付きラムダ計算による自然言語の動的意味論」第 23 回人工知能学会全国大会オーガナイズドセッション「意味と理解のコンピューティング」招待講演 (2009/6/19).

益岡隆志, 田窪行則. (1992) 『基礎日本語文法−改訂版−』, くろしお出版.

益岡隆志. (1997) 『複文』, 新日本語文法選書 2, くろしお出版.

松井理直, 郡司隆男. (1996) 「日本語音韻の要素・構造・制約: 制約に基づく日本語音韻論の構築に向けて」, 郡司隆男 編『制約に基づく日本語の構造の研究 国際日本文化研究センター共同研究報告』, pp.183-222, 国際日本文化研究センター.

松本裕治, 北内啓, 山下達雄, 平野善隆, 松田寛, 高岡一馬, 浅原正幸. (2000) 「日本語形態素解析システム『茶筌』 version 2.2.1 使用説明書」, 奈良先端科学技術大学院大学.

三上章. (1960) 『象は鼻が長い』, くろしお出版.

南不二男. (1964) 「複文」, 『講座現代語』6, 明治書院.

南不二男. (1974) 『現代日本語の構造』, 大修館書店.

南不二男. (1993) 『現代日本語文法の輪郭』, 大修館書店.

渡辺実. (1971) 『国語構文論』, 塙書房.

索引

記号
$記法 27

A
accusative case .... → 対格
across-the-board raising . → 大域的繰り上げ
alphabet .... → 記号
anaphoric reading .... → 照応読み
animate .... → 有生
assignment .... → 割り当て
atomic predicate .... → 基本述語
axiom .... → 公理

B
Boolean lattice .... → ブール束

C
Categorial Grammar (CG) → 古典的範疇文法
collective reading .... → 集団読み
context .... → 環境
context-free grammar . → 文脈自由文法
context-sensitive grammar → 文脈依存文法
cumulative reading .... → 累積読み
Curry-Howard-Lambek isomorphism . → カリー＝ホワード＝ラムベック同型
Currying .... → カリー化

D
declarative sentence .... → 平叙文
delayed quantification .... → 遅延量化
distributive reading .... → 分配読み
double-o constraint ... → 二重ヲ格制約

E
entity .... → モノ
exclamatory sentence .... → 感嘆文
existential reading .... → 存在読み

F
falsifiability .... → 反証可能性
free variables .... → 自由変項
functional application rules . → 関数適用規則
functional category ..... → 関数型範疇

G
generalized quantifiers → 一般化量化子
generic reading .... → 総称読み
ground category .... → 基底範疇

H
Head-Driven Phrase Structure Grammar (HPSG) → 主辞駆動句構造文法
Higher-order Dynamic Logic → 高階動的論理

I
inanimate .... → 無生
index .... → 指標
inference rules .... → 推論規則
interrogative sentence .... → 疑問文
island constraints .... → 島の制約

J
judgment .... → 型判定

L
Lexical Functional Grammar (LFG) .. → 語彙機能文法
lexical item .... → 語彙項目

M
mildly context-sensitive grammar .. → 弱文脈依存文法
Montague grammar ... → モンタギュー文法

N
ni-causative .... → ニ使役文

338　索引

nominative case .... → 主格

O
o-causative .... → ヲ使役文

P
phrase structure grammar .. → 句構造文法
presupposition .... → 意味論的前提

R
raw terms .... → 項
resumptive pronoun .... → 残留代名詞

S
subjacency .... → 下接の条件
substitution .... → 置換
syntactic category .... → 統語範疇
syntactic feature .... → 統語素性

T
type .... → 型
Typed Dynamic Logic (TDL) . → 型付き動的論理

い
意味表示 18
意味論的推論 316
意味論的前提 323
引用
　　―助詞 290, 297
　　―節 298
　　―符 296

え
演算子
　　指示― 327
　　集合論的― 316
　　前提― 323

か
下接の条件 13, 251
型 304
型付き動的論理 8
型付きラムダ計算 303
型判定 305
活用形 49
活用系統 44
活用語尾 50, 131
　　過去形― 133
　　推量形― 146

丁寧形― 135
テ形― 154
ニ形― 155, 268
否定形― 140
活用表 45
上一段活用 126
カリー＝ホワード＝ラムベック同型 ... 20
カリー化 312
含意 324
環境 304
間投詞 295

き
記号 304
基数 324
規則
　　かき混ぜ― 40, 212, 213, 254
　　型繰り上げ― 28, 38, 194, 196
　　関数交差置換― 29, 39, 261
　　関数合成― .. 12, 24, 35, 41, 206, 223, 285
　　関数適用― 16, 20, 31
　　等位接続― 22, 34

け
計算言語学 1
形式意味論 1
形式述語 158
形態素解析 3
形容詞 85
　　アウオ段イ― 86
　　イ段イ― 86
　　ナシ型― 87
　　ベシ型― 96
形容動詞 98, 104

こ
語彙項目 14
項 304
高階動的論理 8
公理 11
語幹 49
　　―派生語尾 120, 127
　　副― 119, 126, 127

さ
残留代名詞 250

し
使役文
　　ニ― 226

ヲ— 226
指示詞 215
自然言語処理 1
指標 313
島の制約 13
下一段活用 126
自由変項 306
主格 17
授受動詞 174
受動文
   間接— 222
   直接— 222
状詞 97, 264
省略
   「い」の— 164
   格助詞の— 97, 194, 218
   項の— 217
助詞
   格— 193
   提題— 203
   取り立て— 158
助動詞 50, 131
真偽 311, 316

す

推論規則 11
数量詞 199
スライス 325

せ

節
   カ— 217
   従属— 247
   条件— 273
   ニ— 269
   ヨウニ— 266
   連体— 247
   連用— 257
接尾語
   形容詞性— 157, 179
   状詞性— 157, 187
   動詞性— 157

た

態
   可能— 239
   使役— 226
   受動— 221
大域的繰り上げ 23
対格 17

ち

置換 306

と

統語素性 17, 41
   活用種別素性 45
   品詞素性 44
統語範疇
   $CONJ$ 22, 34, 43
   N 43
   NP 42
   S 43
   $\bar{S}$ 69, 147, 289
動詞 52
   アル型活用— 67
   イク型活用— 64
   一段活用— 72
   ウル型活用— 85
   カ行変格活用— 80
   五段活用— 52
   サ行変格活用— 80
   ザ行変格活用— 83
   トウ型活用— 70
   ナサル型活用— 68
   ユク型活用— 65
動的等号 324

な

内包論理 330

に

二次的
   —活用語尾 131
   —語幹 157
二重ヲ格制約 232
日本語学 1, 13, 46, 187, 195, 289

は

発話 289
反証可能性 5
範疇
   関数型— 15
   基底— 15
   統語— 14
判定詞 107

ひ

鼻音化 115
必須格 193
非必須格 193

ふ

ブール束 313
副詞 110
複文構造 247
文
    感嘆— 295
    疑問— 292
    平叙— 290
    命令— 61, 292
分割文脈 322
文法
    1.5 型— 8
    句構造— 13
    組合せ範疇— 8
    語彙化— 1, 13
    語彙機能— 1
    古典的範疇— 1
    弱文脈依存— 8
    主辞駆動句構造— 1
    生成— 1
    文脈依存— 9
    文脈自由— 9
    変形生成— 1, 23, 27, 40, 184, 194, 195, 217, 248, 297
    モンタギュー— 1
文脈 311, 314

ほ

補助動詞
    テ形— 169
    連用形— 168

む

無限交わり 325
無限結び 325
無生 223, 228

め

命題 311
    基本述語 318
    合成— 319
    指標導入— 326
    選言 322
    単位分配— 323
    動的— 311
    連言 321
めいわく受身 222

も

モーラ 8
モダリティ 203, 291
モノ 313

ゆ

有生 223, 227

よ

読み
    集団— 199
    照応— 199, 201
    総称— 201
    存在— 201
    分配— 199, 323
    累積— 199

ら

ら抜き表現 244
ラムベック計算 11

り

量化
    全称— 327
    存在— 326
    遅延— 324
    —表現 199
量化子
    一項— 328
    一般化— 328
    二項— 328

れ

連体詞 110

わ

割り当て 313

著者紹介

戸次 大介（べっき だいすけ）

1973 年　北海道函館市生まれ
1995 年　東京大学理学部情報科学科卒業
2000 年　理学博士（東京大学）
2000 年〜2003 年　科学技術振興事業団（現在の科学技術振興機構）個人研究推進
　　　　　事業さきがけ研究 21「情報と知」領域専任研究員
2004 年〜2008 年　東京大学 21 世紀 COE「心とことば−進化認知科学的展開−」
　　　　　研究拠点形成特任研究員
2008 年〜2023 年　お茶の水女子大学大学院人間文化創成科学研究科 准教授
2023 年〜現在　　お茶の水女子大学基幹研究院自然科学系 教授

専門は数理言語学、理論言語学、計算言語学。人工知能学会会員、日本言語学会会員、言語処理学会会員。

©BEKKI Daisuke 2010, Printed in Japan

日本語研究叢書 24

日本語文法の形式理論
——活用体系・統語構造・意味合成——

2010 年　3 月 10 日　第 1 刷発行	著者	戸次 大介
2023 年 12 月 19 日　第 4 刷発行	発行人	岡野秀夫
	発行所	くろしお出版
		〒102-0084
		東京都千代田区二番町 4-3
		電話 03-6261-2867
		ファックス 03-6261-2879
		https://www.9640.jp/
	装丁	スズキアキヒロ
	印刷	モリモト印刷

ISBN978-4-87424-468-5 C3081

このシリーズは現代日本語についての開拓的研究を，同学の士の共同財産とするために、できるだけ発表後すみやかに、廉価な形で刊行することを目的とするものです。国内国外で出された博士論文またはそれに準じると思われる論文ということを一応の基準とします。自薦・他薦とも編集部まで随時ご連絡下さい。

　　　　編集委員会　仁田義雄　田窪行則　野田尚史　益岡隆志　森山卓郎
　　　　　　　　　　（企画：寺村秀夫　顧問：宮地裕　奥津敬一郎　北原保雄）

日本語研究叢書（フロンティアシリーズ）投稿について

1. 審査の対象について
　審査にあたり、下記のいずれかの条件を満たす者を審査の対象とします。ただし、下記で発表されている論文と今回の投稿論文の内容が全く異なるものでも構いません。
（1）『国語学』『日本語文法』『言語研究』『社会言語科学』『日本語教育』等の学会誌及びそれに準ずるものに論文が掲載されていること。
（2）商業出版社にて本論文とは別内容の「単行本」の研究書が刊行されていること。
（3）商業出版社での「論文集」に掲載された内容が他の文献にて引用されるなど、一定の評価を得ていること。
当該論文およびその大部分が既に商業出版されている場合には審査の対象外とします。

2. 応募方法について
郵便・FAX・E-mail にて
（1）執筆者の履歴及び研究略歴（論文及びその掲載元を含む）
（2）応募博士論文の要旨（800字程度）・目次・全体の文字数・受理先
をご連絡下さい。小社到着後、詳細を折り返しご連絡いたします。